개혁주의 설교의 원리

: 말씀과 경험의 통합으로서 설교

The Essence of Reformed Preaching : Preaching
as Integration of the Word and Experience
by Wan-Chull Park, Th.M., Ph.D. ⓒ 2007

Hapdong Theological Seminary Press
Published by Hapdong Theological Seminary Press
Mt. 42-3 Woncheon-dong, Yeongtong-gu, Suwon, Korea
All rights reserved.

개혁주의 설교의 원리_ 말씀과 경험의 통합으로서 설교

초판1쇄 | 2007년 8월 24일
지은이 | 박완철
발행인 | 오덕교
펴낸곳 | 합신대학원출판부
주소 | 443-791 수원시 영통구 원천동 산 42-3
전화 | (031)217-0629
팩스 | (031)212-6204
홈페이지 | www.hapdong.ac.kr
출판등록번호 | 제 22-1-1호
출판등록일 | 1987년 11월 16일
인쇄처 | 우림문화사 (02)2637-4462, 4464
총판 | (주)기독교출판유통 (031)906-9191

값 12,000원

ISBN 89-86191-78-3
＊잘못된 책은 교환해 드립니다.

이 도서의 국립중앙도서관 출판시 도서목록(CIP)은 e-CIP 홈페이지
http://www.nl.go.kr/cip.php에서 이용하실 수 있습니다.
(CIP제어번호 : CIP2007002477)

개혁주의 설교의 원리

◆ 박완철 지음 ◆

말씀과 경험의 통합으로서 설교

합신대학원출판부

머리말

설교는 한편으론 특권이고 한편으론 부담이다. 세월이 지나도 이건 마찬가지다. 다가오는 주일 아침을 한편으론 기대하면서 한편으론 피하고 싶은 것이 많은 설교자들의 솔직한 심정이다. 나이를 먹고 설교에 대한 경험이 더해지면서 설교하는 일에 점점 익숙해진다. 소위 '은혜롭게' 설교하는 기술도 늘어간다. 그러나 나는 과연 '제대로' 설교하고 있는가? 단순히 효과적인 설교가 아니라 내가 바른 설교를 하고 있는가는 언제나 설교자의 발목을 붙잡는 결정적인 질문이다.

이 책은 이 질문에 대한 고민으로부터 시작되었다. 설교를 시작한 지 20년이 넘었지만 나는 여전히 이 질문으로부터 자유롭지 못하다. 설교는 살아있는 생물과 같아서 어느때는 이 부분이 잘 안되고 어떤 때는 다른 부분이 아쉽고…… 이런 식이다. 한 편의 설교가 끝날 때마다 말씀의 짐을 내려놓은 만족스러움과 더불어 동반되는 것은 내가 전한 말씀에 대한 불만족이다. 아마 언젠가 자신의 설교에 만족하면 고민도 그쳐지리라! 그러나 그런 행복한 날이 쉽게 올 것처럼 보이진 않는다. 그래서 우선 이 책에서 좀더 바른 설교를 위한 고민과 그 고민의 결과들을 읽는 분들과 함께 나누고 싶다.

오늘날 설교학자들은 전통적인 본문중심의 설교가 청중의 느낌이나 경험을 간과해왔다고 지적한다. 본문의 내용을 바로 설명했을지는 모르나 청중들의 듣기의 중요성을 고려하지 않은 결과 효과 없는 설교에 그치고 만다는 것이다. 이 지적은 사실이다. 모든 것이 유동적이고 진리마저 유동적인 포스트모던 시대에는 더욱 사실이다. 이런 지적과 함께 1970년대에 시작된 새로운 설교학(The New Homiletic) 운동은 지금도 설교학계에 여전히 그 위세를 떨치고 있다. 새로운 설교학은 설교의 초점을 강단과 설교자 중심에서 청중중심으로 바꾸어놓았다. 그 결과 더욱 많은 관심이 청중들의 듣는 경험에 주어지게 되었다. 그리고 이런 변화는 자연히 어떻게 성경적인 메시지를 바로 이해할 것인가 보다 어떻게 이런 경험을 설교자가 만들어낼 것인가에 관심을 갖게 하였다. '설교의 위기'에 관한 우려의 목소리와 더불어 새로운 설교학은 강단의 변화를 거절하는 게으른 설교자들을 각성시키는 긍정적 역할을 했다. 지루하고 딱딱한 전통적인 설교에 새로운 바람을 일으켰다. 그러나 설교의 내용보다는 설교의 효과에 집중하는 설교방식은 여전히 의문의 여지가 많다. 많은 이들은 하나님 말씀을 희생하면서 인간의 경험을 극단적으로 강조하는 오늘날 설교학의 이론에 우려를 가지고 있다.

제대로 된 설교는 분명히 효과적인 설교이다. 그것은 듣는 사람의 마음과 영혼에 깊은 인상을 남긴다. 그러나 그 역은 사실이 아니다. 효과적인 설교라고 해서 언제나 바른 설교는 아닌 것이다. 근래에 설교의 효과에 대해 관심이 높아진 것은 다행한 일이다. 나를 위해서가 아니라 듣는 사람들을 위해 설교한다는 것은 설교에 대한 상식이다. 그러나 효과적인 설교이면서 동시에 그 내용이 바르지 못한 설교도 얼마든지 존재한다. 물론 세상에 완벽한 설교자란 없다. 또 완벽한 설교도 없다. 세상에 참으로 다양한 꽃들이 있는 것처럼 하나님의 교회에도 다양한 설교자들이 있다. 그

꽃들이 저마다 모양과 향기가 다른 것처럼 설교자들도 자신의 통찰과 영성과 기질에 따라 하나님 말씀을 다양하게 표현해낸다. 이처럼 많은 다양한 설교들을 하나님은 각각 다양하게 사용하신다. 하나님이 이 모든 설교를 쓰신다면 누가 무슨 말을 하겠는가? 그러나 하나님이 불완전한 설교를 사용하신다고 해서 그 불완전함을 옳다고 말할 수는 없다. 좀더 바른 성경적 설교를 원하는 개혁주의 설교자라면 누구나 공통적으로 갖추어야 하는 기본적인 틀이 있기 때문이다.

이 책은 이 설교의 기본적인 틀에 관한 이야기다. 다시 말하면 종교개혁 이래 개혁주의 설교가 기본적으로 지니고 있는 본질이 무엇인가를 살피는 것이 주 내용이다. 다른 분야도 그렇지만 설교에서도 가장 중요한 것은 역시 기본기이다. 설교를 변화시키는 것은 설교에 관한 많은 지식이 아니다. 대신 설교에 관한 몇 가지 기본적인 원리이고 이 원리의 실천이다. 신학교에서 학생들에게 설교를 가르치고 설교를 평가하면서 거듭 확인하는 것은 이러한 기본적인 원칙에 대한 분명한 이해의 중요성이다. 나아가 이 원칙을 실천하도록 지속적으로 훈련하는 일의 중요성이다. 설교는 이론 이상으로 실천의 장르이기 때문이다. 설교학을 배운 사람이라면 교과서적인 설교 이론에 이미 익숙할 것이다. 그러나 정작 우리가 물어야 할 것은 '내가 이미 알고 있느냐?'가 아니다. 진정한 질문은 '내가 제대로 알고 있느냐?'이고 '충분히 알고 있느냐?'이다. 더 중요한 것은 '내가 알고 있는 것을 얼마나 실천하고 있느냐?'이다. 내가 알고 있다고 생각하는 것이 나를 움직이지 못한다면 아직 제대로 알고 있는 것이 아니다.

개혁주의 설교는 처음부터 듣는 사람의 감정이나 경험을 소홀히 취급하지 않았다. 그러나 하나님 말씀의 객관적 의미를 배제한 채 주관적 감정만을 강조하는 것과는 거리가 멀다. 대신 개혁주의 설교는 언제나 하나님 말씀을 중심으로 하는 경험설교를 지향해왔다. 설교에서 경험은 참으로 중요한 요소지만 경험을 위한 경험은 하나님 말씀으로서 설교의 본질에 어긋난다. 개혁주의 전통에서 성경적 설교의 원리는 말씀과 경험을 통합하되 말씀을 중심으로 통합하는 것이다. 이 책의 목적은 이러한 설교학적인 원리가 여전히 중요하며 오늘날과 같은 포스트모던 세계에서도 가장 생산적인 것임을 재 확인 시키는 것이다. 이를 위해 이 책은 말씀과 경험의 통합이란 주제를 종교개혁시대로부터 개혁교회를 대표하는 몇 설교자들을 통해서 추적하고 있다. 책의 내용은 원래 London School of Theology(구 London Bible College)에 제출한 박사학위 논문 중에서 필요한 부분만을 번역한 것이다. 2, 4, 6장은「신학정론」에, 3장은「한국교회의 신학인식과 실천」에 5장은「성경과 신학」에 각각 발표되었던 것을 손질하여 하나로 묶었음을 밝힌다.

이 책이 나오기까지 도움을 주신 모든 분들께 감사를 드린다. 출판을 허락해준 합동신학대학원 오덕교 총장님과 좀더 나은 책으로 만들기 위해 수고를 아끼지 않은 출판부에 감사드린다. 특히 물심양면으로 도와주신 홍정길 목사님과 남서울은혜교회 교우들에게 감사드린다. 또한 늦둥이 엄마로 말없이 애쓰는 아내에게 고마운 마음을 전하고 싶다.

2007년 7월
대모산 자락에서
결실의 계절을 기다리며
박 완 철

CONTENTS

제1장

문제와 해답

1. 포스트모더니즘과 '신 설교학'

디오게네스 알렌(Diogenes Allen)은 포스트모던의 새로운 시대가 시작되는 입구에 섰을 때 우리 시대의 지적인 문화가 바야흐로 큰 전환점에 놓여 있다고 지적했다. "거대한 지적 혁명이 일어나고 있는 중인데 이는 아마 중세시대로부터 현대를 가르는 것만큼이나 엄청난 것이다. 현 시대의 기초가 되는 것들이 무너지고 있으며 우리는 포스트모던의 세상 속으로 진입하고 있는 중이다."[1]

알렌이 이렇게 말한 지 20여년이 흐른 지금 포스트모던의 사고는 이미 우리 생활 속에서 눈치 채지 못하게, 그러나 꾸준히 영화나 음악이나 텔레비전을 통해 작동하고 있다. 우리의 문화는 이전의 확실성에 대한 집착으로부터 이제 상대적인 사고 방식에 대한 옹호로 그리고 절대적 진리에 대한 거부로 바뀌었다. 나아가 이러한 포스트모던적인 사고 방식은 우리 주변의 세상을 바라보고 인식하는 방식에 지대한 영향을 미치고 있다. 비록 기독교적 시각이 포스트모던적인 사고 방식을 흔쾌히 받아들일 수 없

---

1) D. Allen, *Christian Belief in a Postmodern World: The Full Wealth of Conviction* (Louisville: Westminster John Knox, 1989), p. 2.

다 해도 분명한 것은 오늘날 교회에 다니는 사람들이 직면하고 있는 문제들과 질문들은 예전과 비교해볼 때 놀랄 만큼 바뀌었다는 사실이다.

매 주일마다 단상 아래 의자에 앉아있는 사람들은 여전히 자신들이 듣는 설교에 동의하며 고개를 끄덕일지 모른다. 하지만 사실상 많은 교회 구성원들은 이미 성경적 관점보다는 포스트모던의 관점에 영향을 더 많이 받고 있는 실정이다. 따라서 설교자는 전하려는 메시지만이 아니라 듣는 사람들이 처해있는 문화적 상황과 입장도 고려해야만 한다. 만일 설교자가 우리의 삶과 인간성에 영향을 미치고 있는 이런 변화를 이해하는데 실패한다면 청중은 조만간 자신들의 설교자가 단지 자기 자신(설교자 본인)에게 이야기할 뿐이라고 단정할지도 모른다. 따라서 오늘날 설교자에게 중요한 질문은 성경의 무슨 메시지를 설교할 것이냐 하는 것만이 아니라 어떻게 하면 그 메시지가 정말로 청중들에게 들려질 수 있게 하느냐 하는 것이다. 그러나 불행히도 많은 설교자들은 포스트모던 시대의 청중들과 효과적으로 의사소통하기 위한 준비나 훈련이 부족한 상태다.[2]

일반적으로 인식되고 있는 것처럼 하나님이나 믿음이나 진리에 대한 포스트모던의 접근 방식은 그 이전의 근대적 접근 방식과는 전혀 다르다. 예를 들어 '객관성'과 '순수한 관찰'은 근대가 추구하던 목표였지만 포

---

[2] G. Johnston, *Preaching to a Postmodern World: A Guide to Preaching Twenty-First Century Listeners* (Grand Rapids: Baker Books, 2001), pp. 9, 14, 15; W.H. Willimon, "This Culture is Overrated," *Leadership* (Winter 1997), pp. 29-31. 스텐리 그랜즈(Stanley Grenz)가 주장하는 것처럼 복음주의를 탄생시켰던 현대의 초기 시절로 우리가 다시 돌아갈 수 없다는 것은 명백하다. 설교자들은 과거의 사람들을 위해서가 아니라 오늘날 새로운 상황에 직면해 있는 사람들을 섬기라고 부름을 받았다. 우리가 처한 오늘의 상황은 포스트모던 사고에 많은 영향을 받고 있기 때문에 설교자들은 이러한 새로운 상황 속에 있는 청중의 마음을 붙잡기 위해 노력해야 한다. 즉 이 시대의 정신적 풍조에 깊은 영향을 미치고 있는 포스트모더니즘이 내포하고 있는 의미를 바로 파악하여 자신을 새롭게 정비할 필요가 있다. S. Grenz, *A Primer on Postmodernism* (Grand Rapids: Eerdmans, 1996), p. 10 참조.

스트모던 시대에서는 이런 것들이 점점 더 달성할 수 없는 목표로 여겨지고 있으며 그 가치 역시 크게 약화된 상태다. 대신 포스트모더니즘은 아무도 어떤 것을 객관적으로 알 수 없다고 선언한다. 실제로 우리에게는 오직 주관적인 세계만이 남아있을 뿐이라고 주장하고 있다.[3)]

따라서 포스트모더니즘에 의하면 우리는 자기 자신의 이해와 개념에 따라 자기 나름의 진리에만 도달할 수 있을 뿐이다. 포스트모던 세계에서 객관적 진리의 존재나 객관적 세계에 대한 생각은 환상이다. 모든 것이 주관적이며 가치나 도덕에 관한 이전의 상대적 다원주의가 포스트모던 시대에 들어와서는 삶의 전반적인 영역으로 확대되었다. 종교적 믿음을 포함한 모든 것이 다원적이기 때문에 누가 진정으로 무언가를 이해했다고 자신 있게 말할 수 있는 경우란 자기 스스로 직접 경험한 것에 국한될 뿐이다. 이렇게 볼 때 포스트모던의 사고에서 절대적으로 옳은 진리란 존재하지 않으며 나와 다른 견해들 역시 내 견해만큼이나 좋은 것이다.[4)] 주관적인 경험을 객관적인 진리보다 중요한 것으로 여기는 이러한 포스트모던의 경향은 객관적 진리에 대한 확고한 믿음을 전제로 하는 전통적인 기독교 설교에 대해 회의적일 수밖에 없다.[5)]

---

3) D.J. Lose, *Confessing Jesus Christ: Preaching in a Postmodern World* (Grand Rapids: Eerdmans, 2003), p. 172. 로스에 의하면 심지어 성경 연구에서도 이제 중요한 것은 "무엇이 실제로 발생했느냐가 아니라 특별한 한 사건이 무엇을 의미했는가, 그리고 더욱 중요하게는 그것이 오늘날 우리에게 아직도 의미하는 것은 무엇인가?" 하는 것이다.

4) M. Robinson, "Post What? Renewing Our Minds in a Postmodern World," *On Being* 24, no. 2 (March 1997), p. 30.

5) '경험'에 대한 논의에서 이 단어는 이 책에서 주로 세 가지 다른 의미로 사용될 것이다. 우선 '경험'이란 단어가 우리의 합리적이고 이성적인 영역과 대조되는 주관적이고 감정적인 면을 지적하는 경우다. 이 때 '경험'이란 단어는 일반적인 인간의 경험을 지칭한다. 두 번째는 오늘날의 청중 중심 혹은 경험 중심의 설교를 논의할 때 경험만 지나치게 강조하는 잘못된 경향을 지적하기 위해 이 단어를 부정적으로 사용하는 경우다. 이 때 '경험'은 균형을 잃고 경험만 극대화하는 '경험주의'의 의미를 내포한다.

전통적으로 한 편의 설교는 분명한 성경적 명제와 이 명제를 논리적으
로 발전시키는 합리적인 설명으로 구성된다. 이는 오랫동안 전통적 설교
의 강점으로 여겨졌다. 많은 이들은 아직도 성경적 설교의 핵심이 영감된
하나님 말씀을 강해하는 것이라는 데 동의한다. 기독교 설교의 역사를 볼
때 이 점은 언제나 하나의 방법론이 아닌 설교에 대한 기본적인 철학으로
작용해왔다.[6] 전통적인 강해 설교에서 가장 중요한 것은 설교자가 성경
의 진리라고 선포하는 내용을 실제로 성경 자체가 말하고 있어야 한다는
것이다.

설교자는 따라서 무엇보다 성경 안에 있는 메시지를 바로 다룰 수 있어
야 하는데 이를 위해 해석학, 즉 성경 본문에 관한 정확한 해석에 우선 관
심을 가져야 한다. 그렇지 않으면 설교자는 설교학(homiletics)을 위해 해
석학(hermeneutics)을 쉽게 희생시키는 우를 범하게 된다. 해돈 로빈슨
(Haddon Robinson)이 주장하듯이 설교자는 어떻게 메시지를 전달할 것
인가를 질문하기 전에 먼저 어떻게 성경의 메시지를 바로 얻을 것인가를
질문해야 한다. 전통적인 강해 설교에서는 관심이 성경 본문에서 출발하
여 오늘날의 상황과 청중에게로 옮겨가는데 이 순서를 뒤바꾸면 안 된다.
한 편의 강해 설교는 성경 본문으로 시작해서 설교의 처음부터 끝까지 본

세 번째 용례는 '경험' 이란 단어를 말씀과 관련하여 긍정적으로 사용하는 경우다.
개혁주의 설교의 핵심을 말씀을 깨달을 때 생기는 '말씀 중심적인 경험' 이라고 할
때의 '경험' 이 여기에 해당된다. 이 책에서 '경험' 이란 단어가 갖는 이 같은 세 가지
다른 의미들은 대부분 이 단어가 사용되고 있는 문맥에 따라서 쉽게 구별될 수 있다.
6) 로날드 알란(Ronald Allen)에 의하면 강해 설교는 과거 쿰란 공동체와 더불어 시작된
가장 오래된 설교형태인데 사해문서의 여러 부분이 이런 형태로 기술되었다. R.J.
Allen, *Patterns of Preaching* (St. Louis: Chalice Press, 1998), p. 29; K. Barth,
Homiletics (Louisville: Westminster John Knox, 1991), pp. 44-50 참조.
7) S.M. Gibson (ed.), *Making a Difference in Preaching* (Grand Rapids: Baker Books,
1999), pp. 69, 74. 데이빗 바트렛(David Bartlett) 역시 "올바른 설교란 성경에 관한
해석이다. 훌륭한 기독교 연설이긴 하지만 설교는 아닌 경우가 참으로 많다. 회중이
방금 듣거나 읽었던 본문에 관한 해석이 아니라면 이는 설교라 할 수 없다" 고 주장한

문에 깊이 밀착하는 특징을 보인다.[7]

그러나 포스트모더니즘의 영향으로 전통적인 강해 설교는 건조하고 지루한 경향을 보인다는 나쁜 평판을 받아왔다. 즉 성경 메시지를 단지 머리로 깨닫는 차원에만 가둔 채 이를 행동으로 옮기도록 설득하는 일에는 상대적으로 소홀했다는 것이다.[8] 오늘날 설교학자들은 강해 설교의 여러 약점들을 여러 각도로 지적해왔다. 우선 강해 설교는 청중의 기대감을 충분히 채워주지 못하는데 이는 언어의 효과에는 관심이 없는 대신 설교를 단순한 단어들로만 채우기 때문이라고 비판한다.[9] 또 강해 설교는 보통 성경 구절들을 많이 언급하는 편이고 따라서 설교가 성경적 정보로 가득 채워지긴 하지만 종종 적절한 관련성이 부족하고 적용에도 인색한 편이다.[10]

다른 비판을 살펴보면, 서구의 설교는 대부분 머리와 이성에 호소하며 지나치게 "자극적인 생각을 산출"하는 데 초점을 맞춘 나머지 느낌이나 감정은 무가치한 것으로 여긴다는 것이다.[11] 명제적인 진리에 대한 지나친 강조는 성경 본문을 마치 생명력 없는 정물화처럼 취급함으로써 본문의 수사학적 스타일을 쉽게 간과한다고 비판한다.[12] 실제로 오로지 추상적이고 개념적인 언어는 설교를 듣는 자들에게 어떤 의미나 중요성을 제대로 전달하기가 어렵다.[13] 설교적인 언어는 인간의 경험과 밀접하게 연

다. D. Bartlett, *Between the Bible and the Church: New Methods for Biblical Preaching* (Nashville: Abingdon, 1999), p. 11 참조.

8) W.C. Kaiser Jr., *Preaching and Teaching from the Old Testament: A Guide for the Church* (Grand Rapids: Baker Academic, 2003), pp. 57, 59.

9) F.B. Craddock, *As One without Authority* (Nashville: Abingdon, 1971), p. 5.

10) D. Buttrick, *Homiletic: Moves and Structures* (London: SCM, 1987), pp. 365-366.

11) H.H. Mitchell, *The Recovery of Preaching* (New York: Harper & Row, 1977), pp. 12-13.

12) D. Buttrick, "Interpretation and Preaching," *Interpretation* 35 (1981), p. 49.

13) R.L. Eslinger, *Pitfalls in Preaching* (Grand Rapids: Eerdmans, 1996), p. 5.

결되어 있는 데도 불구하고 적절한 언어 표현에 무감각함으로써 설교가
끝날 때까지 아무런 "말씀 사건"(Word-event)도 발생하지 않는다는 것이
다. 루시 로스(Lucy Rose)는 이런 설교는 결국 듣는 자들의 삶에 아무 변
화도 가져오지 못한다고 지적한다.[14)]

더욱이 전통적인 연역식 구성의 설교(deductive sermon)[15)]는 "한 편
의 설교가 한 그루의 나무와 같아야 한다"는 점을 고려하지 않는다. 즉 설
교의 형태는 기계적(mechanic)이 아니라 유기적(organic)이어야 하는데
사변적 설교는 설교의 내용과 형태 사이의 이러한 유기적 일치성을 간과
하고 있다는 것이다.[16)] 이럴 때 설교에 여러 가지 유익한 내용들이 들어
있다고 해도 그것들을 "하나의 실로 일관성 있게 꿰지 못하고" 흩으려 놓
는 까닭에 설교를 들을 때 아무 기대감도 주지 못한다.[17)]

이처럼 과거의 설교학은 일반적으로 설교의 내용과 그것의 논리적인
배열에 초점을 맞추었다. 그러나 최근의 설교학자들은 이 같은 아리스토
텔레스의 연역적 접근만으로는 설교자가 자신의 청중을 설교에 참여시킬
수 없다고 지적한다.[18)] 한 마디로 전통적인 설교는 강단에 선 설교자의
책임은 강조하는 반면에 "설교와 [청중의] 믿음 사이에 듣는 행위가 존재
한다"는 사실을 주목하는 데는 실패했다.[19)] 따라서 많은 이들이 설명 위

---

14) L.A. Rose, *Sharing the Word* (Louisville: Westminster John Knox, 1997), p. 71.
15) 설교구성은 크게 둘로 나눌 수 있는데 하나는 전통적으로 시행해온 연역식 설교
   구성 방법이고 다른 하나는 '신 설교학'(the New Homiletic)에서 주장하는 귀납적
   설교구성 방법이다. 연역적 설교구성은 아리스토텔레스의 삼단논법에서 볼 수 있
   는 것처럼 보편적인 진리를 명제화시켜 먼저 말한 다음 이를 논리 정연하게 설명해
   가는 방식인데 일반적으로 전통적인 본문설교나 강해 설교가 취해온 방식이다.
16) H.G. Davis, *Design for Preaching* (Philadelphia: Fortress, 1958), p. 15.
17) E.L. Lowry, *Doing Time in the Pulpit: The Relationship between Narrative and
   Preaching* (Nashville: Abingdon, 1985), pp. 18-19.
18) R.L. Lewis, and G. Lewis, *Inductive Preaching: Helping People Listen* (Wheaton:
   Crossway Books, 1983), p. 31.
19) R.E. Van Harn, *Pew Rights: For People Who Listen to Sermons* (Grand Rapids:

주의 정적인 강해 설교를 거부하게 되었다. 사람들은 이런 설교에서 구체적인 삶의 문제에 관해 듣지 못한다. 왜냐하면 "그들이 경청하는 설교자들이 현실의 실제적인 것에 관해서는 결코 훈련 받은 적이 없기" 때문이다.[20]

만일 어떤 설교자가 하나님 중심적이며 성경 중심적인 설교관을 견지한다면 실용적이고 인간적인 관점의 설교에 반대할 것이다. 또한 삶과 관련을 맺기 위해 설교를 억지로 몰아 부치는 것에 대해서도 거부감을 나타낼 것이다. 이런 태도는 결국 성경 진리의 적용을 등한시하게 된다. 이렇게 될 때 문제는 설교가 "메시지의 성경적 내용과 듣는 사람들의 삶 사이를 잇는 연결고리"를 쉽게 놓치고 만다는 것이다.[21] 덧붙이자면 과거의 청중에게는 효과적이었던 설교가 포스트모던 문화에서는 더 이상 효력을 나타낼 수 없게 되는데 그 이유는 삶 자체가 그만큼 달라졌기 때문이다. 이처럼 삶의 문제를 외면하는 설교에 사람들은 더 이상 귀 기울이지 않는다.

설교자들이 기억해야 할 바는 훌륭한 설교란 어느 세대에서든 주어진 상황 속에 놓인 사람들을 위한, 관련성 깊은 설교라는 점이다.[22] 따라서 만일 설교자가 포스트모던 청중의 마음에 가까이 가고자 한다면 설교를 작성할 때 듣는 자들의 삶을 신중히 고려해야 한다. 설교 안에서 언급되는 기쁨이나 슬픔이 청중 자신들의 구체적 실존과 어떻게 연결되는지를 발견하지 못한다면 설교는 청중이 들었던 복음 진리를 실천할 수 있는 힘

Eerdmans, 1992), p. 5.
20) Interview with John W. Reed, cited by K. Willhite, *Preaching with Relevance* (Grand Rapids: Kregel Publications, 2001), p. 19.
21) Willhite, *Preaching*, p. 17. 윌하이트에 따르면 설교자는 의사 소통 과정의 여러 다양한 부분에 초점을 맞출 수 있다. 예를 들면 메시지(성경)나 전달자(설교자)나 혹은 통로(설교문)와 같은 것들이다. 그러나 '관련성'의 관점에서 결정적인 질문은 설교가 "누구에게 관련되는가?"라는 질문인데 이는 메시지의 수령자인 청중을 강조하는 것으로 전통적인 설교는 여기에 충분히 주의를 기울이지 못했다.
22) Clyde Fant and William Pinson Jr., 재인용, Johnston, *Preaching*, p. 18.

을 줄 수가 없다.[23] 오늘날 강단에서 선포되는 기독교 신앙은 종종 의식
도 못한 사이에 합리주의와 동의어가 되고 마는데 바로 이 때문에 전통적
설교는 비판을 받는다. 크레이그 로스칼조(Craig Loscalzo)는 "우리는 우
리가 아브라함의 자손이라고 생각하지만 결국 데카르트(Descartes)의 후
손일 뿐임이 밝혀졌다"고 주장한다.[24]

고전적인 연역식 설교가 주로 본문을 설명함으로써 그 안에 담긴 의미
를 밝혀내려고 애쓰는 반면 최근의 '신 설교학' (the New Homiletic)적인
접근은 듣는 자의 역할에 많은 주의를 기울인다. 나아가 청중을 본문과
대화할 수 있도록 초대한다. 새로운 설교학에서 설교자의 주요 목표는 복
잡한 본문을 알기 쉽게 설명하는 데 있지 않다. 대신 성경 본문에 근거한,
시간을 초월하는 진리를 청중들에게 가장 적합하도록 그 시대의 흐름과
연결시키려고 한다. 즉 설교의 임무는 설교되는 본문과 의자에 앉아있는
회중을 서로 연관 짓는 데 있다.[25]

이럴 때 강조는 듣는 자의 경험에 있다. 따라서 새로운 설교학을 따르
는 학자들은 설교가 어떻게 하면 청중의 마음에 가 닿아서 설교하는 순간
을 하나의 "말씀사건"으로 만들 것인지에 많은 관심을 기울인다.[26] 한 걸
음 나아가 '신 설교학' 학자들의 견해에 의하면 설교란 단지 말씀 사건을

---

23) T.H. Troeger, *Preaching While the Church is under Reconstruction* (Nashville: Abingdon, 1999), p. 141.
24) C. Loscalzo, "Apologizing for God: Apologetic Preaching to a Postmodern World," *Review & Expositor* 93, no. 3 (1996), p. 412.
25) J.A. Wetzstein, "Liturgy as Story," in P.J. Grime and D.W. Nadasdy (eds.), *Liturgical Preaching* (Saint Louis: Concordia Publishing House, 2001), pp. 211-214.
26) 최근 설교학자들의 이론에서 설교의 궁극적인 목표는 종종 '사건'으로 묘사되는데 이는 듣는 자의 경험을 내포하는 것이다. 많은 설교자들이 이 견해를 지지하는데 몇 사람의 이름만 열거해보면 Fred B. Craddock, Eugene L. Lowry, Paul S. Wilson, David J. Randolph, John R. Claypool, Don M. Wardlaw, Eduard Riegert, James E. Massey, Sallie McFague, and David J. Schlafer 같은 이들이다.

만들어낼 뿐 아니라 "설교 자체가 곧 사건이요 경험"으로서 그 목표는 청중의 세계관을 변화시키는 데 있다. 따라서 설교자의 책임이란 단지 하나님의 자기 계시를 중재하는 것만이 아니라 설교 언어를 통해 이 거룩한 실재이신 하나님을 청중이 경험하도록 부추기는 것이다.[27]

새로운 설교학은 우리가 하는 "말의 기능은 단순히 뭔가를 설명하는 것만이 아니며" 설교자의 임무 역시 훌륭한 교훈을 만드는 데서 끝나지 않는다고 주장한다.[28] 설교에 대해 일반적으로 갖고 있는 잘못된 인상은 설교자가 하는 일이란 무거운 법규나 도덕적 요구와 같은 하나님의 명령을 사람들에게 전달하는 것이 전부라는 것이다. 하지만 설교에 대한 새로운 기준에 따르면 효과적인 설교자는 훈계(exhort)보다 환기시키려는 (evoke) 전략을 선택하며 명령보다는 제안하기 위해 노력한다.[29]

새로운 설교학에서 유능한 설교자들이란 무엇보다 메시지를 통해 듣는 자들의 반응을 끌어내야 한다. 이런 점에서 최근의 설교학자들은 무엇인가를 '행하는' 언어의 특별한 기능을 강조해왔다. 따라서 설교는 역사적 사실을 보고하거나 거룩한 하나님의 명령을 공포하는 데서 그치지 않는다. 대신 설교는 선포하는 내용에 의해 듣는 자들에게서 경험적인 무엇인가를 산출해낸다. 그렇지 않으면 설교란 청중에게 아무 영향도 주지 못하

---

27) C.L. Bartow, *The Preaching Moment: A Guide to Sermon Delivery* (Nashville: Abingdon, 1980), pp. 18, 20.
28) W. Brueggemann, *Texts under Negotiation: The Bible and Postmodern Imagination* (Minneapolis: Fortress, 1993), p. 12.
29) 이 말은 '신 설교학'에서 설교자의 목표가 단순히 성경의 내용을 정리하여 교훈화하거나 명령화 하는데 있는 것이 아니라 성경의 내용을 실제로 느끼고 실감할 수 있도록 영적 감각을 불러일으키는데 있다는 의미이다. 또한 강단 아래 청중의 입장은 배제한 채 청중이 듣든 말든 성경의 명령을 전달하는 것으로 설교자의 임무를 다 하는 것이 아니라 청중이 그러한 명령을 잘 받아들일 수 있도록 여러 가지 효과적인 방법을 모색하는 노력을 아끼지 않는다는 의미이다.

는 일련의 종교적 언어 모음에 불과할 뿐이다.[30] 존 맥클러(John McClure)는 설교자란 회중을 '원탁의 강단' (the roundtable pulpit)에서 일어나는 대화로 초대하는 '사회자' 요, 각 사람이 열린 대화 속에서 자신의 다양한 경험을 마음껏 표현하도록 독려하는 사람이라고 주장한다.[31] 새로운 시대의 설교자는 더 이상 권위적인 인물이 아니다. 설교에서 강조점 역시 강단의 선포에 있지 않고 강단 아래 좌석에 앉아 있는 청중들의 경험에 있으며 그 경험을 나누는 데 있다.

그러나 토마스 롱(Thomas Long)은 "설교에서 청중 지향적인 접근이 복음 전달의 본질적 성격에 더 충실하다는 것이 과연 사실인가?" 라고 질문한다. 그는 곧 이어 "그렇기도 하고 아니기도 하다"라고 대답한다.[32] 설교자가 설교의 명제를 만드는 일에 경험을 주춧돌로 삼으면 커다란 위험이 생길 수 있다. 만일 경험이 정밀한 성경 강해를 대신하게 된다면 경험 자체를 올바로 평가하고 판단할 기준이란 결국 아무것도 남지 않게 될 것이다. 사람들의 경험에 부합한 것은 무엇이든 받아들여지겠지만 사람들의 경험과 일치하지 않으면 그것이 무엇이든 관련성 없는 것으로 쉽게 거부되고 말 것이다.

그러나 비록 경험이 설교에서 중요한 요소라 해도 성경의 권위 있는 말씀 계시를 제쳐둔 채 경험을 신학적 기준으로 삼을 수는 없다. 설교자에게는 경험만이 아니라 삶의 표준적 모범을 제시해주는 성경 본문의 역할을 더 강조하는 접근법이 필요하다.[33] 효과를 위해 경험에 집중한 나머지

---

30) D.J. Schlafer, *Surviving the Sermon* (Boston: Cowley Publications, 1992), pp. 26-31. 또한 Buttrick, *Homiletic*, pp. 272-273 참조.
31) J.S. McClure, *The Roundtable Pulpit* (Nashville: Abingdon, 1995), pp. 29, 50-52.
32) T.G. Long, "And How Shall They Hear?: The Listener in Contemporary Preaching," in G.R. O' Day and T.G. Long(eds.), *Listening to the Word* (Nashville: Abingdon, 1994), p. 172.
33) L.T. Tisdale, *Preaching as Local Theology and Folk Art* (Minneapolis: Fortress,

성경의 내용과 주해적인 정확성을 무시한 설교는 결코 성경적 설교가 될
수 없다. 물론 어느 설교자라도 본문이 말하고자 하는 의미를 완벽하게
이해했다고 말할 수는 없겠지만 그렇다고 본문의 의미를 제멋대로 이해
한 것을 '효과'가 있다는 이유로 쉽게 받아들일 수는 없다.[34] 종교적 감
정을 중심에 놓는 설교는 사람의 경험 자체를 그 출발점으로 옹호하려는
약점 때문에 결국 어려움을 당하기 마련이다.[35]

　새로운 설교학이 보여주는 개인의 경험에 관한 극단적인 강조는 포스
트모더니즘이 가져다 준 새로운 정신의 결과다. 즉 다른 사람을 해치지만
않는다면 우리가 원하는 것은 그것이 무엇이 됐든 믿을 수도 있고 할 수
도 있다는 것이다. 개인의 구체적인 경험이 최종 권위로 인정되는 이런
흐름은 불가피하게 우리 사회의 다원주의(pluralism)를 부추기게 된다.
그 결과 같은 주제에 대해 서로 상충되는 결론을 가지고 있다 해도 모든
사람이 동시에 다 같이 옳을 수 있다고 주장된다. 결국 개개인이 최종 권
위의 주체가 되어 믿음과 도덕성을 포함한 모든 가치들에 대해 판단을 내

1997), pp. 96-97. 또한 D.J. Hall, *Thinking the Faith: Christian Theology in a North American Context* (Minneapolis: Augsburg, 1989), pp. 280-281 참조.

34) M. Graves, *The Sermon as Symphony: Preaching the Literary Forms of the New Testament* (Valley Forge: Judson Press, 1997), p. 8.

35) '신 설교학'의 경험 우선에 대한 믿음과는 달리 성경의 말씀 계시는 설교자의 강해
에서 기초가 되는 동시에 설교를 이끌어가는 주도적 원리가 되어야 한다. 게하르트
마이어(Gerhard Maier)에 따르면 예수님의 제자들 역시 예수님의 말씀을 그들의 신
학과 설교의 출발점으로 삼았다. 부활하신 예수님은 경험에 우선적인 초점을 맞추
지 않았다. 반대로 예수께서 제자들의 마음을 여시고 그들에게 성경의 의미를 깨닫
게 하셨을 때 놀랄만한 경험이 뒤따랐다. 즉 말씀의 내용을 제대로 깨달았을 때 제
자들의 마음이 내적으로 불타올랐던 것이다(눅 24:32). 그들은 이전에 이런 특별한
경험을 가져본 적이 없었고 이를 기대하지도 않았다. 그것은 성경을 원래의 의도대
로 분명하고 정확하게 이해했을 때 주어지는 전적으로 새로운 경험이었다. 중요한
것은 이러한 진정한 영적 경험이 말씀을 이해한 결과로 자연스레 주어졌다는 것이
다. G. Maier, *Biblical Hermeneutics* (Wheaton: Crossway Books, 1994), pp. 36-37,
358-359 참조.

리는 무질서 상태를 아무도 중단시킬 수 없게 된다.[36]

오늘날 너무나 많은 설교들이 "사람들이 서있는 곳"에서부터 출발하는데 이럴 때 설교에서 결정적인 요소는 바로 사람들의 경험이며 그들이 느끼는 필요들이다. 그럴 경우 설교자는 설교를 통해 청중을 복음 쪽으로 움직이지 못하고 설교는 대개 청중이 원하는 것을 주기 위한 도움이나 수단으로 전락하고 만다. 불행한 점은 청중이 복음을 만나기도 전에 이런 일이 벌어진다는 것이다.[37] 윌리엄 윌리몬(William Willimon)은 이런 접근에 대하여 평하기를 "죄나 문화적 현상이나 회중이 행사하는 독재"를 간과하는 것이라고 주장한다.[38] 돈 카슨(Don Carson) 역시 이런 철학적 다원주의와 문화적 다양성이 설교의 영역뿐만 아니라 서구 지성 사회의 거의 모든 영역에 스며들어 있다고 생각한다. 따라서 기독교 설교는 포스트모던의 정신을 비판 없이 수용할 수 없다. 카슨의 말처럼 근대주의(modernism)로 다시 물러서진 않으면서 이러한 철학적 다원주의의 반성경적 특징들을 강하게 거부할 필요가 있다.[39]

2. 해결을 향하여

---

36) Kaiser, *Preaching*, pp. 175, 177. 카이저는 그러므로 포스트모더니즘 식 설교의 침입은 재검토되어야 한다고 주장한다. 사람들은 다양한 배경을 가진 채 본문으로 와서 자신들의 편견을 본문 속에 집어넣는다. 그리하여 인간적 차원에서 만들어질 수 있는 거의 모든 잘못된 내용들이 창궐하게 된다. 카이저는 "이런 접근은 넌센스로 끝나고 만다"고 단언한다. Kaiser, *Preaching*, p. 11 참조.
37) W.H. Willimon, *The Intrusive Word* (Grand Rapids: Eerdmans, 1994), p. 38.
38) W.H. Willimon, *Peculiar Speech: Preaching to the Baptized* (Grand Rapids: Eerdmans, 1992), p. 49. 한 예로 윌리몬은 프레드 크래독의 주장에 반대하는데 이유는 크래독이 사람을 설교에서 지고의 표준으로 삼기 때문이다.
39) D.A. Carson, *The Gagging of God: Christianity Confronts Pluralism* (Grand Rapids: Zondervan, 1996), p. 22.

포스트모던 시대에 성경적 설교자는 두 가지 부담을 안는다. 즉 하나님 말씀을 붙잡는 것과 동시에 청중들의 마음에 가 닿는 일이다. 전통적인 본문 중심의 설교와 청중 중심의 새로운 설교학 이론에는 둘 다 약점이 있다. 양자가 각각 다른 측면은 외면한 채 한 가지만 극단적으로 강조하면 어쩔 수 없이 여러 가지 문제들을 낳게 된다. 설교자들은 문화적인 상대성이나 유행을 따라가는 방식으로 얼마든지 사람들을 설교에 참여시킬 수 있을 것이다. 그러나 만일 청중으로 하여금 하나님 말씀을 직면케 하는 일에 실패한다면 이는 가치 없는 설교일 뿐이다. 반대로 듣는 사람들의 반응은 전혀 고려하지 않고 복음을 전하는 것도 불합리한 일이다. 의사소통에 뛰어난 사람들이라면 둘 중 하나를 희생시킬 필요가 없다. 그들은 이 두 가지 임무를 조화롭게 혼합시켜 서로를 자극하게 만든다.[40]

포스트모더니즘의 영향을 받고 자라난 새로운 세대에게는 이런 간격을 메워줄 수 있는 유능한 설교자들이 필요하다. 존 스토트(John Stott)는 "하나님의 불변하는 말씀을 우리의 항상 변하는 세계와 연관시키기 위해 애쓰는 설교자들, 적용을 위한 관련성 때문에 진리를 희생시키거나 혹은 [설교의] 관련성을 진리의 이름으로 희생시키길 거절하는 설교자들, 대신 성경에 충실하면서도 같은 강도로 오늘에 적절한 설교를 하려고 결심하는 설교자들"을 하나님께서 일으켜 주시도록 기도해야한다고 단언한다.[41]

비결은 말씀과 경험이라는 두 요소가 갖는 각각의 본질적 성격은 잃지 않은 채 균형을 유지하면서 통합하는 것이다. 이는 "이것 아니면 저것"(either/or)이라는 선택의 문제가 아니라 "이것도 저것도"(both/and)라는 통합의 문제라 할 수 있다. 설교자의 임무는 분명히 성경 본문을 잘 설명

40) Johnston, *Preaching*, pp. 18-19.
41) J.R.W. Stott, *I Believe in Preaching* (London: Hodder & Stoughton, 1982), p. 144.

하는 것이다. 그러나 이 말이 설교를 듣는 사람들에게 감정을 담아 말하는 것은 피하거나 청중의 상황을 고려할 필요가 없다는 것을 뜻하진 않는다. 개신교 전통에서 강단에 대한 설교자의 접근은 감정적인 지성(emotional intelligence)에 의해 주도되어 왔고 특징을 이루어 왔다. 캔톤 앤더슨(Kenton Anderson)은 "한 편의 설교는 주관적이면서도 객관적인 권위, 그리고 인지적이면서 직관적인 이해를 동시에 나타내 보일 수 있다"고 주장한다.[42] 설교자들에게는 지적이면서도 감정적인 것이라고 정의할 수 있는 이러한 성경 강해가 필요하다. 성경적 설교를 위한 가장 바람직한 방법은 머리의 빛뿐 아니라 가슴의 열도 함께 사용하는 것이다. 이것이야말로 설교에서 객관적인 인식론과 주관적인 인식론 사이에 존재하는 간극을 매울 수 있는 유일한 방법이다. 개신교 설교의 역사는 성경에 계시된 하나님의 객관적 말씀을 우리의 주관적 경험과 결합하는 것이 매우 중요하다는 것을 거듭 보여준다. 필자는 이 책을 통해 바로 이 문제를 추적하려고 한다.

덧붙여 이 책에서 개혁주의 설교의 전통에는 설교의 이 두 가지 중요한 요소 사이에 분명한 순서가 있다는 것도 확정하려고 한다. "기독교는 감정이 부차적이며 객관적인 말씀에 근거하는 한 감정에 반대하지 않는다"는 말은 기억할 가치가 있다.[43] 감정의 요소가 설교에서 중요하긴 하지만 그렇다고 지성보다 앞서진 않는다. 개혁주의 설교는 지성주의에는 반대하지만 어느 경우든 지성 자체를 반대하지는 않는다. 포스트모던 시대의 사람들은 듣는 자들의 경험을 강조하는 직관적인 설교 방식에 더 긍정적

---

42) K.C. Anderson, *Preaching with Conviction: Connecting with Postmodern Listeners* (Grand Rapids: Kregel Publications, 2001), pp. 54-55.
43) D.A. Meyer, "The Place of the Sermon in the Order of Service," in Grime, *Preaching*, p. 20.

인 반응을 보일지 모른다. 그러나 설교에 대한 보다 바람직한 총체적 접근(a holistic approach)은 성경에 대한 이지적인 설명을 희생하고서는 이루어질 수 없다. 설교에서 설교자가 추구해야 할 경험이란 말씀 없는 경험이 아니다. 반대로 설교자들은 반드시 말씀 중심적인 경험(Word-centered experience)에 목표를 두어야 한다. 이런 통합적 방법론만이 하나님에 관한 지식에서 지적이거나 아니면 감정적 차원으로 분열된 현재의 신학적 문제를 해결할 수 있으며 설교에 관한 개신교 신학을 새롭게 갱신할 수 있다.[44]

설교는 인지적이면서 동시에 감정적인 것이다. 성경 본문 역시 설교자에 의해 구체화될 '잠정적인 경험'을 담고 있다. 설교자의 목표는 이런 본문 말씀을 청중이 경험할 수 있도록 인도하는 것이다. 그러나 본문의 의미는 말씀을 파악하기 전에 심리적 편견으로 결정되지 않는다. 대신 문법적-역사적 해석과 같은 개혁주의 전통이 사용해온 해석의 일반적인 규칙들에 의해 결정된다. 이렇게 해서 성경을 설교하는 인지적 요소와 감정적 요소를 '말씀 중심적'으로 통합하는 것이다.[45]

3. 설교자들을 선택함

설교자들은 설교의 본질이 두 가지 중요한 요소인 성경 말씀과 듣는

---

44) T.L. Cross, "Toward a Theology of the Word and the Spirit: A Review of J. Rodman Williams's *Renewal Theology*," *Journal of Pentecostal Theology* 3 (1993), pp. 130-131. 또한 C.P. Williams, "Protestantism," in S.B. Ferguson and D.F. Wright (eds.), *New Dictionary of Theology* (Leicester: IVP, 1988), pp. 540-541 참조.

45) R.O. Baker, "Pentecostal Bible Reading: Toward a Model of Reading for the Formation of Christian Affections," *Journal of Pentecostal Theology* 7 (1995), pp. 43-44; M. Stibbe, "This is That: Some Thoughts Concerning Charismatic

자의 경험을 통합하는 것이라는 데 동의할지 모른다. 그러나 이 문제를 단지 하나의 이론으로만 생각하는 것은 적절하지 않다. 설교란 항상 실제적이고 구체적인 '지금 여기서'의 삶과 밀착된 언어로 전해지기 때문이다. 따라서 이 주제를 탐구하는 최상의 방법 중 하나는 이러한 생각이 강단의 거인들에 의해 실제로 어떻게 주장되어 왔고 적용되었는지를 살펴보는 것이다. 이 주제와 관련된 그들의 관심과 성취는 오늘의 설교자들에게 격려가 되며 동시에 도전이 될 것이다. 그러나 아쉽게도 뛰어난 개혁주의 설교자들의 생각과 설교 실천으로부터 이 주제를 직접 탐구한 적은 거의 없다. 실제로 이 주제만 집중적으로 다루는 책이 아직 없는 실정이다.

알다시피 기독교 설교는 오랜 전통을 가지고 있다. 그리고 그 안에는 이 문제에 관심을 보였던 설교자들의 훌륭한 역사적 실례들이 얼마든지 있다.[46] 그러나 우리가 추구하고자 하는 연구의 범위는 16세기 종교개혁으로부터 시작된 개신교(Protestant)의 전통에 국한된다. 우리는 당대를 대표했던 몇몇 모범적인 설교자들을 조사할 것이다. 이를 통해 종교개혁 이래 개신교 강단에서 전해진 진정한 성경적 설교의 열쇠가 말씀과 경험을 말씀 중심적으로 통합하는 데 있다는 것을 입증하려 한다.

2장부터 4장까지는 이러한 논점의 역사적 기초가 되는 설교자들을 먼저 살펴볼 터인데 존 칼빈(John Calvin)과 영국의 청교도들(the English Puritans)과 조나단 에드워즈(Jonathan Edwards)가 포함된다. 칼빈은 16세기 종교개혁에서 주도적 역할을 한 개혁자였고 설교에서 말씀과 경험의 통합이라는 주제를 위한 신학적 기초를 놓았다. 같은 신학적 원리가 영국의 청교도들에게 승계되었고 16세기 후반과 17세기에 청교도 설교를

Hermeneutics," *Anvil* 15 (1998), pp. 190-191.

46) 예를 들어 칼빈주의 전통 밖에도 많은 모범적 설교자들을 발견할 수 있다. 존 웨슬리(John Wesley)나 레슬리 웨더헤드(Leslie Weatherhead)와 같은 이들은 감리교도들이었지만 자신들의 설교에서 말씀과 경험의 통합을 추구하였다.

통해 계속 실천되었다. 조나단 에드워즈는 18세기에 살았던 뛰어난 신학자이자 설교자로서 자신의 생각과 설교 사역을 통해 이른바 '사변적 이해'(notional understanding)와 '심정적 이해'(heart understanding)의 통합이라는 주제를 절정에 올려놓았다. 이들 모두 각각 개신교 설교 전통의 핵심을 이루는 '말씀 중심적인 경험설교'(Word-centered experiential preaching)에 뭔가 중요한 내용들을 공헌하였다.

칼빈주의(Calvinism)의 핵심에 뿌리를 내리고 있는 이러한 전통적인 개신교 설교는 지난 세기 중반에 이르기까지 아무 심각한 도전도 받지 않았다. 그러나 현대의 정신적 기초가 붕괴되면서 설교학자들은 전통적인 설교 스타일에 의문을 갖기 시작하였다. 이런 관점에서 5장의 초점은 전통적인 개신교 설교와 소위 '신 설교학'이라 불리는 오늘날의 설교를 비교하면서 그 장단점을 파악하는 데 주어질 것이다.

6장은 이 주제에 관한 20세기 설교자의 한 예로 마틴 로이드존스(D. Martyn Lloyd-Jones)에게 전체를 할애하려고 한다. 의심할 바 없이 로이드존스는 강해 설교자로서 비할 데 없이 탁월한 인물이었는데 활동 당시 가장 영향력 있고 자주 인용되던 복음주의 설교자였다.[47] 그가 주장했던 성경적인 빛과 감정적인 열의 통합이라는 이 결정적으로 중요한 생각은 개혁주의 청교도 전통의 영향, 특히 조나단 에드워즈로부터 온 것이었다.[48] 그는 청교도 관점에서 기독교 경험을 이해하였고 따라서 기독교 설교란 그 본질상 말씀을 경험하는 것이라고 믿었다. 우리는 이러한 통합적 설교가 오늘의 포스트모던 세계에서도 가장 영향력 있는 설교 형태로서

---

47) J. Brencher, *Martyn Lloyd-Jones (1899-1981) and Twentieth - Century Evangelicalism* (Carlisle: Paternoster, 2002), pp. 1, 5. 로이드존스의 책과 설교테이프는 계속 출판중이며 그의 설교는 여전히 복음주의 교회에 큰 영향을 미치고 있다.
48) D.M. Lloyd-Jones, "Jonathan Edwards and the Crucial Importance of Revival," in Lloyd-Jones, *The Puritans: Their Origins and Successors*, Addresses delivered at the

반드시 필요하다는 것을 로이드존스의 예를 통해 확인할 것이다.

연구 전반에 걸쳐 각 장들은 반복적으로 이 책의 핵심적 주장을 여러 가지 다른 차원에서 살펴볼 것이다. 즉 설교의 다양한 형태에도 불구하고 개신교 설교의 핵심은 성경 말씀을 경험과 통합하는 것인데 이는 '경험 중심적' (experience-centered)이 아닌 '말씀 중심적' (Word-centered)으로 이루어져야 한다는 것이다.

Puritan and Westminster Conferences 1919-1978 (Edinburgh: The Banner of Truth, 1987), pp. 348-371; I. Breward, "Puritan Theology," in *New Dictionary*, p. 552. 또한 M.A. Eaton, *Baptism with the Spirit: The Teaching of Martyn Lloyd-Jones* (Leicester: IVP, 1989), Part 2: "Lloyd-Jones's theological forerunners," pp. 41-119 참조.

제 2 장

말씀과 경험의 통합 관점에서 본
존 칼빈의 신학

2장에서 4장에 걸쳐 필자는 말씀과 경험의 통합이라는 개혁주의 설교의 근본 명제와 관련하여 과연 우리가 믿을만한 역사적이고 신학적인 기초들을 가지고 있는지를 살펴보려고 한다. 설교에서 말씀과 경험의 통합이란 아이디어는 아주 새로운 것은 아니다. 실제로 이 아이디어는 개혁주의 설교의 오랜 전통에 뿌리를 내리고 있다. 많은 사람들은 오늘날의 강단과 설교가 일반적으로 뭔가 중요한 것을 빠뜨리고 있다는 데 동의한다. 더욱이 말씀을 강조하느냐 아니면 경험을 강조하느냐 하는 강조의 차이 때문에 개신교의 설교 안에도 불필요한 이원론이 존재하고 있다. 만일 우리가 말씀과 경험의 통합이란 명제에 대해 확고한 역사적, 신학적 기초를 갖고 있다면 오늘날 유행하는 지나친 청중 중심의 경험 설교나 그 반대편 극단인 강단 중심의 장황하고 지루한 설교를 보다 효과적으로 극복할 수 있을 것이다.

따라서 2장부터 4장까지 연구의 목표는 적어도 개혁주의 설교에서 말씀과 경험의 통합이란 주제가 언제나 최우선 과제였음을 증명하는 것이다. 이를 위해 2장에서는 우선 개혁주의 신학의 대부인 존 칼빈을 다루려고 한다. 칼빈의 설교 연구를 통해 실제로 종교개혁의 초기부터 설교에서 말씀과 경험의 통합이라는 개념이 존재했음을 보게 될 것이다. 필자는 여기서 개혁주의 설교의 기초가 되는 성경과 설교와 설교자들에 대한 칼빈의 생각을 중점적으로 다룰 것이다. 그리고 그러한 생각이 실제로 칼빈의 강단에 어떻게 적용되었는지 살펴보려고 한다. 전체적으로 하나님 말씀의 객관적 측면과 주관적 측면 사이의 관계가 이 둘의 통합이라는 관점에서 계속 탐구될 것이다. 칼빈에 대한 이런 연구는 칼빈 이후에 개혁주의 설교의 전통이 지닌 몇 가지 공통 요소들을 미리 보여줄 수 있을 터인데 이것이야말로 칼빈을 비롯한 개혁주의 설교의 기초를 세웠던 사람들이 확신했던 바요 그 다음 세대로 넘겨진 소중한 유산들이다.

2장에서는 먼저 말씀과 말씀의 두 측면에 대한 칼빈의 견해를 구체적으로 살펴보려고 한다. 다음으로 설교에 대한 칼빈의 개념이 '경험'과 관련하여 논의될 것이고 끝으로 칼빈 자신의 실제 강단 사역과 설교 실천을 살피게 될 것이다.

1. 말씀의 의의에 대한 칼빈의 견해

하나님 말씀으로서 성경의 두 측면

현대 서구 세계가 물려받은 종교적, 문화적, 정신적 유산은 칼빈(1509~1564)의 주목할 만한 영향력을 언급하지 않고는 설명될 수 없다.[1]

---

1) A.E. McGrath, *A Life of John Calvin: A Study in the Shaping of Western Culture* (Oxford: Blackwell, 1990), pp. 219-220, 247-248; W.J. Bouwsma, *John Calvin: A Sixteenth Century Portrait* (Oxford: Oxford University Press, 1988), p.1. 맥그라스에 따르면 칼빈이 끼쳤던 영향력은 신학에 국한되지 않는다. 그것은 실로 중세 시대의 노예 상태를 떨쳐버린 "진보적인 세계관"이었으며 구체적 삶과 맞닿은 종교적 운동이었다. 자신의 신학과 영성을 통해 칼빈은 이 세상에서 인간이 겪고 있는 실제적인 문제들을 반복하여 언급하였다. 이러한 구체성과 호소력을 가지고 칼빈주의는 삽시간에 서유럽을 사로잡았고 당시 문화 전반에 깊은 영향을 끼쳤다.

실제로 개신교 신학의 모든 내용은 칼빈의 영향을 크게 받았다고 해도 과언이 아니다. 이러한 칼빈의 신학을 전체적으로 성경에 대한 일종의 주석이라고 정의해도 틀리지 않을 것이다. 칼빈에 의하면 신학자의 우선적 과제는 성경에서 새로운 의미를 개발해내는 것이 아니라 이미 주어진 기존의 진리를 있는 그대로, 보다 충분하게 드러내는 것이다. 따라서 그는 성경을 아주 진지하게 다루었고 그의 모든 신학 작업은 성경의 진리를 명료하게 하고 그것을 적용하는 데 초점이 맞추어져 있다. 이 점에서 그는 실로 "성경의 신학자"였다.[2] 칼빈의 생각에 로마 가톨릭교회의 결정적인 실수는 성경을 교회의 절대 기준으로 인정하기를 거부하는 데 있었다.[3] 반면 칼빈은 '오직 성경'(sola Scriptura)이라는 종교개혁의 원리에 먼저 강조점을 두었다. 나아가 교회 안의 신뢰할 만한 가르침에 대한 유일한 기준인 성경에 대한 절대적 의존성을 자신의 생애 동안 지속적으로 보여주었다.[4] 그는 "우리는 생각하거나 말하는 데서 성경을 유일한 지침으로 추구해야한다"[5]고 믿었고 따라서 자신의 전 신학 체계를 성경에 근거하여 세웠다. 칼빈은 다음과 같이 말했다.

---

2) J.H. Leith, "John Calvin-Theologian of the Bible," *Interpretation* 25 (1971), p. 344. 또한 B. Cottret, *Calvin: A Biography* (Edinburgh: T&T Clark, 2000), p. 342; R.S. Wallace, "Calvin's Approach to Theology," *Scottish Bulletin of Evangelical Theology* 5 (1987), p. 132 참조.

3) T.H.L. Parker, "Calvin the Biblical Expositor," *Churchman* 78 (1964), p. 177. 로마 가톨릭교회에 대한 태도와 대조적으로 칼빈은 교부들의 가르침이나 저술에 대해 큰 존경심을 가지고 있었다. 그러나 교부들의 권위를 성경보다 우위에 두지는 않았다. 대신 칼빈은 그들의 권위 역시 성경에 종속되어야 한다고 확신했다. A.N.S. Lane, *John Calvin: Student of the Church Fathers* (Grand Rapids: Baker Books, 1999), pp. 35-37 참조.

4) *Inst.* 4.8.8. 이 책에서는 J.T. McNeill (ed.) and F.L. Battles (tr.), *Calvin: Institutes of the Christian Religion,* 2 vols. [이후론 *Inst.*] (Philadelphia: Westminster, 1960)을 사용하였다. 아울러 Leith, "Calvin," p. 330 참조.

5) *Inst.* 1.13.3.

성경은 모든 교리를 시험하는 진정한 시금석이다. 그러나 만일 어떤 사람이 성경 자체가 모호하여 종종 여러 가지 다른 해석들을 낳기 때문에 성경에 근거한 이런 테스트는 믿을 수 없다고 말한다면, 나는 성경을 해석할 때 반드시 성령의 분별을 동시에 힘입어야 한다고 주장하는 바이다. "성령이야말로 분별의 영"이기 때문이다. 지도자요 안내자이신 성령과 함께라면 신자들은 어떤 교리에 대한 진정한 판단을 성경 이외에 다른 무엇으로부터도 얻을 수 없다.[6]

칼빈에게는 성경이 모든 기독교 교리를 시험하는 변함없는 시금석이므로 그는 어떤 교리가 성경이 명백히 가르치거나 인정하는 범위를 벗어나는 것에 대하여 결코 용납하지 않았다. 이런 이유로 칼빈의 신학에는 놀라울 정도의 일관성과 동질성이 존재한다.[7] 교회와 교회의 신학을 위해 성경이 차지하는 절대적 중요성에 대한 확신은 칼빈의 모든 저술들에 나타나는 사고의 일관성을 가능케 하였다.

성경은 교회에 주어진 하나님의 객관적 계시라는 믿음과 더불어 칼빈은 '하나님의 말씀'이 성경에서 확실히 발견된다고 주장하였다. 이는 칼빈이 자신의 신학과 설교에서 성경을 유일한 권위요 기준으로 인식하는 이유이다. 그러나 성경과 말씀의 밀접한 관계에 대한 그의 생각은 좀더 논의될 필요가 있다. 왜냐하면 돈 디브리스(Dawn DeVries)가 지적하듯

---

6) *Comm.* on Acts 17:11, in J. Calvin, *The Acts of the Apostles 14-28* (Edinburgh: The Saint Andrew Press, 1966) eds. D.W. Torrance and T.F. Torrance, tr. J.W. Fraser, p. 101. 이하 칼빈의 신약주석은 D.W. Torrance and T.F. Torrance (eds.), *Calvin's New Testament Commentaries*, 12 vols. [이후론 *Comm.*] (Edinburgh: St. Andrew, 1959-1972)를 사용하였다.

7) A.M. Hunter, *The Teaching of Calvin: A Modern Interpretation* (London: James Clarke, 1950), p. 45; J.I. Packer, "Calvin the Theologian," in G.E. Duffield (ed.), *John Calvin: A Collection of Essays* (Grand Rapids: Eerdmans, 1966), p. 152. 패커 역시 칼빈이 본격적으로 저술을 시작하기 전에 이미 자신의 신학적 입장을 형성하였고 평생 동안 자신의 입장을 바꾸지 않았다고 주장한다. 저술에 나타난 칼빈의 이러한 일관성은, 예를 들면 그의 『기독교강요』(비록 많은 다양한 측면들을 갖고 있는 책이지만)에서 분명히 드러난다.

이 칼빈은 성경의 내용을 하나님의 말씀과 항상 동일하게 보지는 않았기 때문이다.[8] 즉 성경 말씀을 인용한다고 그것이 곧 그대로 하나님 말씀인 것은 아니다. 예를 들면 디모데후서 3:15 해석에서 칼빈은 거짓 선지자들도 그들이 원하는 대로 성경을 이용할 수 있다고 경고한다.[9] 많은 경우에 칼빈은 성경을 하나님 말씀과 엄격하게 구별하진 않았지만 그렇다고 양자가 완전히 일치하는 것도 아니라고 생각하였다. 칼빈에게는 성경이 하나님 말씀을 나르는 "하나님 말씀의 전달 매체"이지만 반드시 성경이 말씀 자체가 되는 것은 아니다.[10] 칼빈에 따르면 성경 말씀은 하나님을 묵상하게 하는 '거울'과 같다.[11] 그러나 이 말이 함축하는 바는 거울이란 그것이 반영하고 있는 사물 그 자체는 아니라는 것이다.[12]

만일 성령의 조명이 없다면 성경은 단순히 인간의 말에 불과할 뿐이다. 따라서 "성령의 내밀한 증거"(arcano testimonio spiritus)[13]야말로 성경에 담긴 말씀을 깨닫게 하는 데 없어서는 안 될 필요조건이다.[14] 헤이코 오버만(Heiko Oberman)에 의하면 다른 종교개혁자들도 인간의 말과 하나님 말씀 사이의 차이를 인식하고 있었다. 즉 그들은 성경과 하나님 말

8) D. DeVries, *Jesus Christ in the Preaching of Calvin and Schleiermacher* (Louisville: Westminster John Knox, 1996), pp. 15-16. 물론 칼빈에게 성경은 하나님께서 주신 유일한 객관적 계시의 말씀이다. 이점이 칼 바르트의 신정통주의(Neo-orhodoxy)와 다르다. 그러나 칼빈은 이 객관적 계시가 주관적으로 권위있는 하나님의 말씀으로 경험되는 것에도 크게 관심을 보였다.

9) *Comm.* on 2 Tim. 3:15, in J. Calvin, *The Second Epistle of Paul the Apostle to the Corinthians and the Epistles to Timothy, Titus and Philemon* (Edinburgh: The Saint Andrew Press, 1964) tr. T.A. Smail, p. 329.

10) J.T. McNeill, "The Significance of the Word of God for Calvin," *Church History* 28 (1959), p. 133.

11) *Inst.* 3.2.6.

12) J.K.S. Reid, *The Authority of Scripture* (London: Methuen, 1957), p. 38.

13) *Inst.* 1.7.4.

14) McNeill, "Significance," p. 133; *Inst.* 1.9.3. 아울러 R.C. Prust, "Was Calvin a Biblical Literalist?," *Scottish Journal of Theology* 20 (1967), pp. 314-316 참조.

씀을 기계적으로 동일시하지 않았다. 종교개혁자들의 공통된 확신은 성경이 성령의 인도하심을 따라 힘 있게 설교될 때만 설교로 전해지는 말씀이 곧 하나님 말씀이 된다는 것이었다.[15]

이처럼 칼빈은 '하나님 말씀'이라는 표현을 서로 다른 두 가지 의미로 사용하고 있는 것처럼 보인다. 그는 대개 '성경'을 '하나님 말씀'과 동의어로 사용하나 그렇지 않은 때도 있다. 이는 어떤 특별한 문맥에서 그가 무엇을 주장하느냐에 따라 다르다. 다시 말하면 그는 자신의 논지와 필요에 따라 하나님 말씀의 객관적 측면을 강조하거나 아니면 주관적 측면을 강조한다. 우선 하나님께서 사람들로 하여금 자신의 메시지를 이해할 수 있도록 인간의 언어에 자신을 적응시키시어 성경을 통해 말씀하시기 때문에 성경은 진실로 "계시된 하나님의 말씀"이다.[16] 하나님 말씀으로 기록된 성경의 내용들 말고는 아무것도 하나님의 음성을 객관적으로 듣게 해줄 수 없다. 따라서 인간의 연약함과 죄성에도 불구하고 성경의 논의와 성경의 합리성을 바탕으로 하나님과 우리 자신에 관한 진정한 지식을 얻는 것이 가능해진다.[17] 이를 성경의 인간적 측면(a human aspect)이라고 할 수 있는데 주로 성경의 객관적 증거나 사변적이고 지적인 이해와 관련이 있다.[18]

그러나 다른 한편 성경은 하나님 자신을 직접 증거하는 수단으로 사용

15) H.A. Oberman, "Preaching and the Word in the Reformation," *Theology Today* 18 (1961), pp. 26-28.
16) P.W. Butin, *Revelation, Redemption, and Response* (Oxford: Oxford University Press, 1995), p. 59; T.H.L. Parker, *Calvin's New Testament Commentaries* (Grand Rapids: Eerdmans, 1971), pp. 58-59. 또한 *Inst.* 4.1.5; *Comm.* on Jn. 21: 24, in J. Calvin, *The Gospel according to St. John 11-21 and the First Epistle of John* (Edinburgh: The Saint Andrew Press, 1961), tr. T.H.L. Parker, p. 226 참조.
17) Cf. *Inst.* 1.1.1. 아울러 F.L. Battles, *Interpreting John Calvin* (Grand Rapids: Baker Books, 1996), pp. 149-152, 245-246 참조.
18) D.L. Puckett, *John Calvin's Exegesis of the Old Testament* (Louisville: Westminster John Knox, 1995), pp. 140-141.

될 때도 '계시된 말씀'이다. 이는 하나님에 대한 신자의 믿음이나 경험적 지식과 관련된 신적인 측면(a divine aspect)이라 할 수 있다.[19] 문제는 이렇게 살아있는 하나님 말씀을 맛보고 경험하는 일은 인간 능력의 범주를 훨씬 벗어난다는 것이다. 하지만 이런 영적 실재와 하나님에 대한 인격적 친밀감을 '경험'하지 못한다면 성경에 담긴 풍부한 의미(full sense)를 진정으로 이해할 수 없다. 성경 해석이 아무리 문법적으로 정확하고 논리적으로 정연하다 해도 사정은 마찬가지다.[20] 성경에 대한 논리적이고 정확한 설명의 중요성을 인정한다 해도 그것만으로는 하나님과 우리 자신을 제대로 이해하는 데 충분치 않다. 칼빈은 인간의 '논리'를 하나님의 선물로 인정한다.[21] 하지만 신학 작업에서 논리적 치밀함이 신자의 삶에서 하나님을 경험하는 문제를 외면한 채 최우선 순위를 차지하도록 내버려두지 않았다. 성경의 진리를 설명함에서 그는 논리적이고 이성적인 성경 이해와 함께 하나님 말씀에 대한 우리의 경험적 이해(experiential understanding)도 더불어 강조한다.[22]

칼빈이 주창하는 신학의 목표는 정확한 논리로 사람들을 묶어두는 것이 아니라 믿는 자들의 유익을 위해 하나님의 계시를 그들의 영혼 속에 경험적으로 되살아나게 하는 데 있었다. 그는 하나님에 관한 단순한 지적인 지식에는 관심이 없었던 반면 우리와 하나님의 관계에 관심을 많이 쏟았다. 왜냐하면 이런 살아있는 인격적 관계를 통해 하나님께서 실제로 자신을 사람들에게 드러내신다고 믿었기 때문이다. 칼빈이 지금까지 큰 영

---

19) S. Suzanne, *Calvin against Himself: An Inquiry in Intellectual History* (Hamden: The Shoe String Press, 1984), p. 155. 또한 Packer, "Theologian," p. 163 참조.
20) Packer, "Theologian," p. 167.
21) 예를 들면, *Inst.* 2.2.15.
22) C. Partee, "Calvin and Experience," *Scottish Journal of Theology* 26 (1973), pp. 175-178.

향력을 행사하는 이유는 그의 잘 균형 잡힌 신학적 합리성 때문이기도 하지만 동시에 하나님에 대한 우리의 영적 경험에 관해 그가 일관성 있고 이해할 만한 설명을 하고 있기 때문이다.[23]

심정적 지식과 하나님 말씀

칼빈을 차가운 논리학자라고 규정하는 일반적인 묘사와는 달리 그는 사실 감정적인 요소들이야말로 하나님에 관한 지식에서 필수적이라고 주장했다.[24] 칼빈에게서 진정한 종교란 머리만의 지식에 있지 않고 감정의 자리인 마음속에 있다. 그에 의하면 하나님 지식은 단지 지적이기만 한 것이 아니라 또한 감정적인 것인데 이러한 경험적 지식은 하나님에 대한 이론적 지식보다 훨씬 강력한 것이다.[25] 그는 다음같이 단언했다.

> 모든 신자는 하나님을 아는 지식으로 초대되는데 이 지식은 머리속에 잠시 스쳐 지나가는 공허한 상념과 같은 지식이 아니다. 만일 우리가 제대로 소유한다면, 그리고 그 뿌리를 마음에 둔다면 이 지식은 영혼을 건강하게 하고 열매를 맺게 하는 지식이다. 왜냐하면 주께서 자신을 드러내 보이시기 위해 사용하시는 신적인 능력은 우리의 내면에서 느낄 수 있을 뿐 아니라 이 능력으로 인한 유익을 지금도 누리고 있기 때문이다. 따라서 우리는 그에 대해 아무 지식도 가질 수 없는 막연한 신을 상상하기보다 하나님에 대한 이런 내적이며 심정적인 지식에 의해 보다 깊이 영향 받을 필요가 있다.[26]

23) Partee, "Calvin," p. 171.
24) L.J. Richard, *The Spirituality of John Calvin* (Atlanta: John Knox, 1974), p. 164.
25) J.N. Westhead, "Calvin and Experimental Knowledge of God," *Evangel* (Autumn 1993), pp. 71, 73. 이러한 종류의 지식은 칼빈을 연구하는 학자들에 의해 다양하게 표현되었는데 예를 들면 "관계적 지식," "실험적 지식," "설득적 지식," "심정적 지식," "믿음의 지식" 등이다.
26) *Inst.* 1.5.9.

칼빈은 성령께서 우리의 지성을 일깨우실 뿐 아니라 우리 마음의 감정적인 면도 활성화하신다고 주장했다. 따라서 사람들이 진정으로 하나님을 알게 될 때도 감정은 아무 영향을 받지 않고 그대로 남아있다고 주장하는 것은 잘못이다.[27] 칼빈은 소위 '중립적 지식'(neutral knowledge)에는 전혀 관심이 없었을 뿐 아니라 하나님에 대해 쓸데없이 추상적인 개념만 늘어놓는 궤변론자들을 비판했다. 칼빈에게는 "지루하고 냉담한 하나님 지식"이라는 표현 자체가 모순인데 하나님에 대한 모든 진정한 지식은 본질적으로 체험적이기 때문이다.[28] 그는 진리에 대한 최종 기준은 로마 가톨릭 교회가 주장하는 것처럼 외적 권위에 있는 것이 아니라 신적인 감각(sensus divinitatis)을 개인적으로 경험하는 데 있다고 믿었다.[29] 칼빈에 의하면 많은 신자들은 하나님 지식에 대한 제한된 정보에 너무 쉽게 만족한 나머지 더 이상 충만한 지식을 구하지 않고 하나님 지식의 초보 단계에 머무르고 만다.[30] 어떤 이들은 성경에 있는 복음 사건들의 확실성을 안다는 이유만으로 자신들을 진정한 그리스도인이라고 여기고 있는 형편이다. 칼빈은 이런 견해를 강하게 반대했는데 복음에 대한 "어떤 종류의 지적 동의라도 심정 자체에는 결코 와 닿지도 않고 그것을 움직이지도 못하기 때문이다."[31]

하나님을 아는 문제에서 중세의 스콜라 신학자들은 주로 인간의 이성

---

27) *Comm.* on 1 Jn. 2:3, in Calvin, *The First Epistle of John*, p. 245.
28) E.A. Dowey, *The Knowledge of God in Calvin's Theology* (New York: Columbia University Press, 1952), pp. 26-28.
29) Richard, *Spirituality*, p. 180.
30) 칼빈의 구약 주석과 인용은 어드만사(Eerdmans)가 1948-1950에 출판한 칼빈 주석 (이하 *Comm.*)을 사용했다. *Comm.* on Dan. 8:15, in J. Calvin, *Commentaries on the Book of the Prophet Daniel*, vol. 2 (Grand Rapids: Eerdmans, 1948) tr. T. Myers, p. 111 참조.
31) *Inst.* 3.2.10.

적인 기능을 강조했지만 칼빈은 이런 전통을 반대했다. 왜냐하면 그는 경험적 지식이 가능하도록 마음과 감정을 포함한 인간 전체를 고려하는 것이 중요하다고 믿고 있었기 때문이다.[32] 칼빈에 의하면 이런 경험적 지식은 마음의 활동(activity of the heart)에 의해서만 가능하며, 이는 지성의 활동에 의해 얻어지는 지적인 지식과 확연히 구별된다. 지적인 지식은 사실적이며 분석적인 반면 경험적 지식은 인간 이성이나 증명을 뛰어넘는 어떤 것이다. 나아가 이는 순수한 지적 동의 이상을 요구하는 일종의 '설득적인 지식'(a persuasive knowledge)이다.

성령께서는 이런 머리만의 지식을 활성화하시고 또한 그것을 관계적 지식(relational knowledge)으로 변화시키신다. 그렇게 하여 인간성 전체가 하나님이라는 객관적 실체를 주관적으로 인지하는 데 참여할 수 있게 하신다. 형식화된 지식으로서 지적인 지식은 명확하고 논리적이고 설명적이다. 그러나 심정적 지식은 형식화하거나 구체화할 수 없는데 아무도 그것을 명확하게 설명할 수 없기 때문이다. 심정적 지식 혹은 마음의 지식은 본질상 초이성적이며 인간적으로는 전달이 불가능하고 두뇌의 인식 없이도 우리의 지성을 설득할 수 있다.[33] 성령께서는 이런 탁월한 지식을 조명하셔서 자연적인 인간 이성이나 인식으로는 도달할 수 없는 초자연적인 확신을 얻게 하신다.[34]

믿음에 관한 논의에서 칼빈은 말씀과 관련된 기독교적 경험의 중요성을 좀더 설명하고 있다. 로마서 10:17에 대한 사도 바울의 언급을 예로 들면서 그는 믿음이 하나님의 말씀에 의존한다는 것을 분명히 한다. 즉 믿

---

32) J.N. Westhead, "Calvin and Experimental Knowledge of God," Papers read at the Westminster Conference (1995), p. 12.

33) I. Paul, *Knowledge of God: Calvin, Einstein, and Polanyi* (Edinburgh: Scottish Academic Press, 1987), pp. 4, 8, 18, 65, 92. 아울러 *Inst.* 1.7.4-5 참조.

34) Dowey, *Knowledge*, pp. 184-185.

음과 말씀은 불가분리의 관계이다. 그러나 칼빈에 따르면 하나님 말씀이 믿음의 근거라 해도[35] 진정한 믿음은 성경에 기록된 하나님의 뜻에 대한 단순한 지적 이해를 넘어서는 어떤 것과 관련이 있다. 즉 진정한 믿음은 항상 내적인 확신과 설득이라는 인격적 차원을 포함하는 것이다. 살아있는 말씀에 대한 마음속의 지속적이며 강렬한 개인적 감각이야말로 하나님의 메시지를 개인의 구체적인 상황에 구체적으로 적용할 수 있게 해준다.[36]

칼빈의 견해로는 믿음을 생기게 하는 지식이란 순수하게 객관적이거나 어떤 정보로만 이루어진 것이 아니다. 이 지식은 또한 사람의 내면 세계와 상관없이 하나님께서 우리 '바깥에서' 그리스도를 통해 이루신 일에 대한 일반적 지식도 아니다. 나아가 이는 성경을 문자적으로 이해하고 사용하는 것과도 별 관계가 없다. 한마디로 이 지식의 특징은 '우리를 향한'(보다 나은 표현으로는 '나를 향한') 하나님의 호의에 대한 개인적인 확신을 동반하는 인격적 지식이다. 영적 지식의 이런 주관적인 성격은 하나님께서 제공하시는 약속을 자신의 것으로 받아들이게 하는 내적 설득과 항상 관련이 있는데 이는 불신자에게는 불가능한 것이다.[37] 예를 들면 칼빈은 기독교강요 3.2.15에서 이렇게 말했다.

믿음이란 애매모호하고 혼란스런 개념과는 거리가 멀다. 대신 진정한 믿음은 충만하고 흔들리지 않는 확실성을 요구한다. … 성경에는 언제나 믿음을 그 출처로 하는 전혀 다른 느낌의 충만한 확신이 나타나 있다. 이런 확신은 우리에게 분명히 나

---

35) *Inst.* 4.14.6. 동일한 생각이 *Inst.* 4.8.9에도 나타나 있다.
36) E.D. Willis, "Rhetoric and Responsibility in Calvin's Theology," in A.J. McKelway and E.D. Willis (eds.), *The Context of Contemporary Theology: Essays in Honor of Paul Lehmann* (Atlanta: John Knox, 1974), p. 51.
37) H.J. Forstman, *Word and Spirit: Calvin's Doctrine of Biblical Authority* (Stanford: Stanford University Press, 1962), pp. 102-104. *Inst.* 3.2.16도 참조.

타나 보이는 하나님의 선하심을 의심 없이 믿을 수 있게 해준다. 그러나 우리의 내면세계 속에서 먼저 이런 확신의 달콤함을 정말로 느끼고 경험하지 않는다면 이런 믿음은 생기지 않는다.

기독교강요 3.2.6~20에 나타난 칼빈의 진술을 주의 깊게 조사한 후 잭슨 포스트만(Jackson Forstman)은 칼빈의 많은 진술들이 "설득," "경건한 감정," "확고한 인침," "성령의 감동," "마음," "기쁨," "분명하고 확실한 경험" 등과 같은 표현들로 가득 차 있다는 것은 참으로 주목할 만하다고 결론짓는다.[38]

그러나 여기서 칼빈이 경험 자체보다 '말씀'에 근거한 경험에 관심이 있었다는 것에 유의할 필요가 있다.[39] 그에게 말씀은 항상 최우선권을 가지고 있으며 개인적인 경험은 그 말씀을 확증하기 위해 뒤따라오는 것이다. 말씀과 경험 이 둘은 서로 분리되어서는 안 되는 것으로 하나님에 대한 심정적 지식을 경험하기 위한 매개체로서 서로 밀접한 관련을 맺고 있다. 기독교가 말뿐인 종교로 퇴색하진 말아야 하지만 칼빈에 의하면 영적 경험은 그 경험을 가능케 하고 또 그것을 불러일으키는 원인이 되는 성경 말씀에 근거한 것이어야 한다. 다른 종교개혁자들과 마찬가지로 칼빈 역시 성경의 절대 권위를 믿었을 뿐 아니라 성경만이 하늘의 음성을 개인적으로 경험하게 해줄 수 있다고 믿었다. 그는 성경에 표현된 인간의 언어는 그 자체가 목표가 아니라 신자로 하여금 살아계신 하나님을 만나고 경험할 수 있도록 해주는 수단으로 확신했다.[40] 칼빈은 모든 성경은 궁극적으로 그 자체를 뛰어넘어 살아계신 말씀이신 그리스도를 가리키는 것이

---

38) Forstman, *Word*, p. 101.
39) J.R. Beeke, *Assurance of Faith: Calvin, English Puritanism, and the Dutch Second Reformation* (New York: Peter Lang, 1991), pp. 55-56.
40) McGrath, *Life*, p. 132.

2. 말씀과 경험의 통합 관점에서 본 존 칼빈의 신학 | 43

라고 생각했다. 달리 말하면 칼빈에게 신자의 영적 경험이란 본질적으로 성경의 언어를 통해 이 살아있는 말씀을 경험하는 것이었다. 자신의 신학적 저술들이나 특히 설교를 통해 그가 지속적으로 추구했던 바는 바로 말씀과 경험을 통합하는 것이었다.

그러나 성령의 인도 없이 인간의 이성만으로는 성경에 대한 적절한 이해를 가질 수 없다고 칼빈은 주장했다. 진정한 영적 경험은 물론 성경의 진리에 부합하는 것이어야 하지만 성령의 역사는 말씀에 대한 심정적인 이해를 위해 신자의 마음속에 반드시 있어야 할 필수 불가결한 요소이다.[41] 경험에 대한 칼빈의 견해와 말씀, 믿음, 성경, 성령에 대한 그의 교리들 사이에는 실로 아주 밀접한 연관성이 존재한다. 즉 경험에 대한 그의 관심은 여러 다양한 교리들의 일부에 불과한 것이 아니다. 오히려 칼빈은 그가 주장하는 교리 전체를 '경험'에 호소하고 있다.[42] 우리는 이제 칼빈의 이러한 관점이 설교에 대한 그의 생각에 어떻게 적용되는지 살펴볼 것이다.

2. 설교에 대한 칼빈의 개념

교회를 위한 설교의 중요성

의심할 바 없이 칼빈은 교회를 위한 설교 사역의 중요성을 충분히 인식하고 있었다.[43] 그에게 설교는 "교회의 가장 중요한 원동력이며 실로 교

---

41) Westhead, "Calvin," p. 9; Paul, *Knowledge*, p. 67; R.S. Wallace, *Calvin, Geneva and the Reformation* (Edinburgh: Scottish Academic Press, 1988), pp. 10-11.
42) Partee, "Calvin," p. 178.
43) 하지만 칼빈은 설교에 대한 자신의 견해를 체계적으로 언급한 적이 없다. 다만 그의 저술에서 설교에 관한 주제가 부각될 때마다 그가 언급한 흩어져있는 진술들을 발견할 수 있을 뿐이다. A.G.P. Van der Walt, "Calvin on Preaching," in B.J.

회의 생명력 자체"이다. 칼빈에 의하면 하나님 말씀을 설교하는 일이 존중되지 않고 무시되는 모임이라면 더 이상 교회라고 부를 수 없다.[44] 그는 복음을 설교하는 것이야말로 진정한 교회를 구별해주는 "불변의 표지"라고 종종 주장했다.[45] 그에게 있어 설교는 여러 많은 기독교 사역의 장르들 중 하나가 아니라 바로 "종교개혁의 본질 자체"였던 것이다.[46] 칼빈은 자신을 무엇보다 말씀의 사역자로 여겼고 따라서 자신을 스스로 "하나님 말씀의 사역자"로 불렀다.[47] 그는 다른 종교 개혁자들처럼 다른 어떤 사역들, 예를 들어 성례나 교회 행정이나 교회의 훈련보다도 설교에 강조점을 더 많이 두었다. 중세 교회의 전통에 반대하면서 그는 예배에서 설교의 중심성을 회복하는 한편 예배 의식서나 성찬을 미신적으로 반복하는 일 등은 거부했다.[48] 칼빈은 자신이 부름 받은 사명의 본질적 요소가 설교라고 믿었고 따라서 정례적인 설교는 그의 목회 사역의 주요 업무였다. 이처럼 칼빈에게서 설교의 중요성은 아무리 강조한다 해도 지나침

Van der Walt (ed.), *John Calvin's Institutes: His Opus Magnum* (Potchefstroom: Potchefstroom University for Christian Higher Education, 1986), p. 327 참조.

44) *Inst.* 4.2.7.

45) 예를 들면, *Inst.* 4.1.9; 4.1.10; 4.2.1.

46) Cottret, *Calvin*, p. 295.

47) Leith, "Calvin," p. 330 재인용. 칼빈의 「기독교강요」와 주석들에서 명백히 보이는 것처럼 신학과 관련된 칼빈의 우선적 관심은 이론적이기 보다 실제적인 것이었다. 칼빈의 신학저술은 학문이나 신학자들을 위해서가 아니라 성경의 애독자들인 평범한 그리스도인들을 위한 것이었다. 그의 견해로는 신학의 궁극적 임무란 성경의 메시지를 분명하게 만들어 사람들이 하나님 말씀을 제대로 이해하도록 돕는 것이었다. 이런 목표를 염두에 두고 그는 자신의 신학을 조직화 하였다. 또한 당시의 문화에 쉽게 적용하기 위해 대화적이거나 설교적인 형태를 사용하였다. Leith, "Calvin," pp. 332-335와 「기독교강요」서문 참조.

48) A.G.P. Van der Walt, "John Calvin and the Reformation of Preaching," in T. Van der Walt, L. Floor (et al.), *Our Reformational Tradition* (Potchefstroom: Potchefstroom University for Christian Higher Education, 1984), p. 194; T.H.L. Parker, *The Oracles of God* (London: Lutterworth, 1947), p. 60. 비록 복음을 설교하는 것과 교회의 성례 둘 다 칼빈에게 진정한 교회의 표지였지만 그는 하나님 말씀이 성례보다 항상 우선되어야 한다고 주장했다.

이 없다. 실제로 설교는 그가 제네바에서 대중의 의견을 형성하는 가장 중요한 수단이었는데 그들의 믿음과 시각은 칼빈의 말씀 선포 사역을 통해 점차 성숙되었다. 나아가 칼빈은 설교를 통해 제네바 시민들뿐 아니라 유럽 전체에 걸쳐 종교개혁 운동에 지대한 영향력을 미쳤다.[49]

칼빈의 설교에 나타나는 이러한 강조는 하나님께서 무엇보다 설교를 기독교 신앙을 일깨우고 신자의 삶을 점진적으로 세워가기 위한 유일한 도구로 제정하셨다는 그의 믿음에 근거한 것이었다. 설교가 이처럼 교회에서 '어머니'의 역할을 하면서 믿음을 가져다주기 때문에 하나님 말씀을 계속하여 듣는 것은 필요한 일이며 동시에 의무적이다.[50] 그는 설교 사역을 충실히 행함으로 "교회는 진리를 유지"하게 되며 동시에 "교회를 순수하고 온전하게 보존"할 수 있다고 주장했다.[51] 네 번째 계명을 강해하면서 칼빈은 '주의 날'에 하나님 말씀을 들으러 교회 가라는 것은 "합당한 명령"이라고 단언한다.[52] 따라서 신자가 주일 성수의 의무를 소홀히 할 때는 어떤 변명도 용납되지 않는다.[53] 나아가 설교가 그 효과나 교육적인 목적만이 아니라 신학적인 이유로 교회에 필요하다는 칼빈의 견해를 기억할 필요가 있다. 즉 설교는 무엇보다 교회를 위한 하나님의 뜻이요 하나님의 의도라는 것이다. 그는 이렇게 주장했다.

---

49) M. Anderson, "John Calvin: Biblical Preacher (1539-1564)," *Scottish Journal of Theology* 42 (1989), p. 168; T. George, *Theology of the Reformers* (Leicester: Apollos, 1988), p. 243; W.G. Naphy, *Calvin and the Consolidation of the Genevan Reformation* (Manchester: Manchester University Press, 1994), p. 153; Wallace, *Calvin*, pp. 16-17.

50) *Comm.* on 2 Cor. 13:5, in Calvin, *The Second Corinthians*, p. 173. 또한 A. Dakin, *Calvinism* (London: Duckworth, 1940), p. 106 참조.

51) *Comm.* on 1 Tim. 3:15, in Calvin, *Timothy*, p. 232. 아울러 *Inst.* 4.8.12; *Inst.* 3.23.13도 참조.

52) *Inst.* 2.8.34.

53) *Inst.* 4.1.19.

하늘의 진리를 설교하는 것은 목회자들에게 부과된 명령이다. 사람이라는 수단을 사용하여 우리를 가르치려 하시는 것은 하나님의 뜻이다. 우리는 마치 하나님 자신이 말씀하시는 것처럼 하나님의 사역자들이 설교하는 것을 듣는다. 하나님께서 베푸신 많은 탁월한 은사들 가운데 자신의 목소리가 사람들에게 다시 들려지도록 하기 위해 사람의 입과 혀에 자신을 의탁하기로 계획하셨다는 것은 설교만이 갖는 유일한 특권이다. 54)

하나님은 자신을 드러내고 증거하는 핵심 도구로 설교를 선택하셨고 따라서 다른 어떤 교회 사역도 설교의 역할을 대신할 수 없다. 칼빈은 설교가 사람의 마음을 일깨울 뿐 아니라 강퍅하게 할 수도 있다는 것을 잘 알고 있었다. 실제로 많은 경우에 설교는 마음을 살리는 대신 죽이기도 한다. 55) 그러나 칼빈처럼 하나님 자신이 설교의 '창시자' 이심을 인정한다면 설교의 가치는 청중의 반응이 아닌 하나님 그 분의 기뻐하시는 뜻에 달린 것이다. 56)

칼빈은 또한 부활하신 그리스도께서 제자들에게 주신 우선적 명령도 역시 복음을 설교하는 것이었다고 상기시킨다. 57) 그리스도께서 홀로 교회의 기초가 되심은 분명하지만 여기서 중요한 것은 그리스도 역시 복음을 설교하므로 자신의 교회를 세웠다는 사실이다. 58) 즉 그리스도 자신이

---

54) *Inst.* 4.1.5.

55) *Comm.* on Isa. 6:10, in J. Calvin, *Commentary on the Book of the Prophet Isaiah*, vol. 1 (Grand Rapids: Eerdmans, 1948) tr. W. Pringle, pp. 214-220; *Comm.* on 2 Cor. 2:15, in *The Second Corinthians*, p. 35; J.H. Leith, "Calvin's Doctrine of the Proclamation of the Word and Its Significance for Today in the Light of Recent Research," *Review & Expositor* 86 (1989), p. 31.

56) *Inst.* 4.1.6.

57) *Inst.* 4.16.28; 4.19.28.

58) *Comm.* on Eph. 2:20, in J. Calvin, *The Epistles of Paul the Apostle to the Galatians, Ephesians, Philippians and Colossians* (Edinburgh: The Saint Andrew Press, 1965) tr. T.H.L. Parker, p. 154.

설교 사역을 하나님 나라에서 가장 중요한 위치에 두고 계신다는 것이다.[59] 설교는 이를 테면 왕이신 그리스도의 '홀'(the Scepter)과 같은데 이를 통해 그리스도는 이 땅 위에 세운 자신의 왕국인 교회를 계속 통치하신다. 나아가 그리스도는 설교자들의 이 신성한 의무가 방해받지 않도록 그들에게 전적인 권위와 능력을 허락하신다.[60] 따라서 설교자들이 어떤 주제로 설교하던 그것은 그들 자신의 말이 아니라 하나님의 말씀인 것이다. 이 점에서 칼빈은 설교란 하나님 자신의 진실한 약속을 증거하는 "하나님 자신의 선포"라고 정의했다.[61]

성경 강해의 우선권

칼빈은 설교를 예배의 중심으로 생각했고 진정한 설교를 통해 하나님의 음성을 들을 수 있다고 믿었기 때문에 설교자들에게 무엇보다 하나님 말씀을 정확히 해석하는 일에 관심을 가지라고 요구했다. 칼빈의 견해에 따르면 설교에서 가장 중요한 것은 성경 본문의 의미를 충실하게 드러내는 것이다. 왜냐하면 성경은 설교자의 사역에 권위와 내용과 능력을 공급해 주는 유일한 원천이기 때문이다. 그에게 설교란 본질적으로 성경을 강해하는 것이며 따라서 설교자의 주된 임무는 정확하고 분명하게 성경의 의미를 설명해 주는 것이었다. 학자로서 칼빈은 인문주의로부터 얻은 배움이나 비판의 기술들을 결코 포기하지 않았지만 이런 것들을 성경에 종속시켰고 성경의 의미를 자신의 시대에 걸맞게 보편적인 언어들로 바꾸었다. 성경에 대한 이런 충실성이야말로 칼빈의 설교를 부각시키는 두드

---

59) *Inst.* 2.9.5.
60) *Inst.* 4.2.4; 4.1.1. Cf. *Comm.* on Isa. 49:2, in J. Calvin, *Commentary on the Book of the Prophet Isaiah*, vol. 4 (Grand Rapids: Eerdmans, 1948) tr. W. Pringle, pp. 10-11. 아울러 Wallace, *Calvin*, p. 63도 참조.
61) *Inst.* 4.11.1.

러진 특징이다.[62]

설교자들이 성경 말씀에 묶여있어야 한다는 것은 사실 종교개혁자들의 보편적인 믿음이었다.[63] 따라서 만일 설교자가 성경으로부터 멀어진다면 그의 설교 역시 더 이상 기독교적 설교는 아닌 것이다. 그렇다고 이런 태도를 "눈먼 성경주의"(a blind biblicism)라 말할 수는 없다. 왜냐하면 오늘날의 설교자들이 구약의 선지자들이나 신약의 사도들과 다르다 해도 그들도 하나님 말씀의 종들(minister verbi divini)이기 때문이다. 따라서 칼빈은 종종 설교자들에게 하나님께서 자신들을 먼저 가르치시도록 성경이라는 거룩한 학교에 가서 배워야 한다고 촉구했는데 그런 다음에야 설교자들은 비로소 자신들이 배운 것들을 다른 사람들에게 가르칠 수 있다고 믿었다.[64] 그는 "먼저 성경을 배우는 학생이 되지 않고서 건전하고 올바른 기독교 교리를 조금이라도 맛볼 수 있는 사람은 없다"고 단언했다.[65]

의심할 바 없이 목회자들은 무엇보다 설교를 위해 부르심을 받았으므

---

62) Leith, "Doctrine," p. 32; McNeill, "Significance," p. 138. 패커 역시 "어떤 신학자나 설교자도 칼빈보다 지속적으로 그리고 전폭적으로 성경에 의존하진 않았다"고 말한다. J.I. Packer, "Calvin: A Servant of the Word," Papers read at the 1964 Westminster Conference, p. 43 참조. 칼빈은 실로 성경의 "충성스러운 종"이었고 "질투하기까지" 성경을 사랑하였다. 패커에 의하면 칼빈이 바랐던 것은 성경에 기록된 하나님 말씀의 가르침을 충실히 반영하는 것이었고 따라서 그는 성경적 진리와 권위를 확고히 하는데 자신을 헌신하였다. 이런 관점에서 쿠크 (P. Cook) 역시 칼빈이 그의 생애 전반에 걸쳐 강해 설교를 실천해왔다고 주장한다. P. Cook, "Understanding Calvin," *Scottish Bulletin of Evangelical Theology* 2 (1984), p. 57 참조.

63) *Comm.* on Lev. 10:9, in J. Calvin, *Commentaries on the Four Last Books of Moses Arranged in the Form of a Harmony*, vol. 2 (Grand Rapids: Eerdmans, 1950) tr. C.W. Bingham, p. 235 참조.

64) Parker, *Oracles*, pp. 59, 136.

65) *Inst.* 1.6.2. 칼빈의 견해에 따르면 사도들의 후예로서 설교자의 주요기능은 성경에 이미 기록되고 인쳐진 내용을 가르치는 것이다. *Inst.* 4.8.9 참조.

로 자신의 말들을 넣지 말고 하나님 말씀을 충실하게 강해함으로 그 책임을 다해야만 한다. 칼빈의 견해로는 설교자들이 강단에 설 때마다 그들이 준비한 설교의 내용이 성경에 있는 하나님의 가르침에 충실하고 또 부합되는 것임을 확신할 수 있어야 한다. 이때에만 설교자는 하나님의 대사로서 하나님께서 성경에서 그들에게 명령하신 것들을 설교할 자격이 있다.[66] 파커(Parker)가 지적했듯이 칼빈은 설교에서 성경이 극히 중요하다는 것을 확신하고 있었고 그 자신이 성경을 향한 "일편단심의 집중력"과 헌신의 마음으로 설교했다.[67]

설교의 경험적 성격

그러나 설교 사역과 관련하여 성경을 단순히 거룩한 기록들을 모아놓은 책으로 생각하는 것은 칼빈의 생각과는 거리가 먼 것이다. 칼빈이 생각하는 성경에 대한 개념은 서로 관련된 두 가지 아이디어, 즉 '하나님의 입'과 '교리' 또는 '가르침'에 초점이 맞추어진 것이다. 더 간단히 말하면 칼빈은 성경의 본질을 "하나님의 가르침" 혹은 "하나님의 말씀하심"이라고 생각했다.[68] 성경적 설교에서 성경은 곧 하나님께서 말씀하시는 음성인데 이를 통해 하나님은 청중들의 마음을 깨우치시고 새롭게 하신

---

66) *Comm.* on 2 Cor. 1:18, in Calvin, *The Second Corithians*, p. 20. 칼빈은 성경이야말로 회중이 듣는 내용이 하나님 말씀인지 아니면 사람의 창작인지를 시험하고 판단하는 유일한 기준이라고 생각했다. 만일 설교내용이 진정으로 그리스도로부터 온 것이라고 회중이 확신할 수 없다면 설교자가 전달하는 어떤 교리도 받아들일 필요가 없다고 칼빈은 주장했다. *Comm.* on 1 Cor. 3:22; 14:29, in J. Calvin, *The First Epistle of Paul the Apostle to the Corinthians* (Edinburgh: The Saint Andrew Press, 1960) tr. J.W. Fraser, pp. 82, 302; Parker, *Oracles*, p. 63 참조. 설교자의 대사직(ambassadorship)에 대한 칼빈의 견해에 관해선 B. Reynolds (tr.), *Sermons on Jeremiah by Jean Calvin* (Lampeter: The Edwin Mellen, 1990), pp. 203-204; T.H.L. Parker, *John Calvin: A Biography* (London: J.M. Dent & Sons, 1975), p. 90 참조.
67) T.H.L. Parker, *Calvin's Preaching* (Edinburgh: T & T Clark, 1992), p. 1.
68) Packer, "Servant," p. 46. 더 자세한 내용을 위해선 *Inst.* 1.6-9; 4.8-9 참조.

다. 따라서 모든 설교자는 성경 지식을 갖는 것이 필수적인데 이는 칼빈
이 계속 주장하듯이 단순히 지적인 지식만을 의미하지 않는다. 그는 종종
성경의 명제적 진리는 전달하나 거기서 그쳐버린 채 회중들이 받아들이
든 말든 상관하지 않는 설교는 무용하다고 역설한다. 이런 설교는 사람의
감정이나 감동의 요소를 포함한 전인격에 영향을 미치는 일에 실패할 것
이고 결국 들었던 설교에 대한 청중의 적절한 반응도 유도해내지 못할 것
이다.

　이와 반대로 설교는 성경에 대한 마음의 이해, 혹은 심정적인 이해에
목표를 두어야 한다. 성경에 대한 비평적 지식에만 근거한 설교는 신학적
으로는 옳을지 몰라도 인격적이며 심정적인 성경의 지식을 다루는 데는
한계가 있을 뿐 아니라 불완전하다. 설득적인 지식이란 설교 내용을 지
적으로 이해하는 데서 오는 것이 아니라 성령의 사역을 통해 하나님의 살
아있는 말씀에 인격적으로 동참할 때 얻어진다. 이렇게 할 때 설교되는
성경의 메시지를 효과 있고 생생하게 만드는 것은 하나님의 직접적인 개
입 행위이다.[69] 칼빈에 따르면 청중들이 설교 말씀을 피상적으로 들을 때
는 그저 미미한 영향만 받을 뿐이나 성령의 능력 아래 전해지는 말씀을
경험하게 되면 커다란 기쁨과 경이로움에 사로잡히게 된다.[70]

　디브리스가 칼빈의 공관복음 설교에 대한 분석에서 보여주듯이 설교자
로서 칼빈은 비록 성경에 진술된 사건들의 역사성을 의심해본 적이 없지
만 성경의 단순한 역사적 사실들에는 별 관심이 없었다.[71] 칼빈은 설교의
기능이 단순히 지적이거나 교육적인 차원을 훨씬 뛰어넘는다고 생각했

69) Parker, *Preaching*, pp. 31, 39, 114; Paul, *Knowledge*, pp. 73-74.
70) *Comm.* on Lk.10:17, in J. Calvin, *A Harmony of the Gospels Matthew, Mark and Luke*, vol. 2 (Edinburgh: The Saint Andrew Press, 1972) tr. T.H.L. Parker, pp. 18-19.
71) DeVries, *Jesus*, pp. 26-43.

다. 그는 설교자가 생생한 상상력과 그림 같은 묘사들을 적절하게 사용할 때조차도 설교는 단순한 대중 연설과는 다르다고 주장했다. 칼빈에 의하면 설교란 설교하는 순간 직접 임재하시는 하나님을 청중들이 '보고' '느낄 수' 있도록 지적인 기능만 아니라 인간 전체를 대상으로 호소할 필요가 있다. 그는 이렇게 적었다.

> 복음 사역을 바로 이행하기 원하는 자들로 말하고 연설하는 것 뿐 아니라 청중의 심중을 관통하는 법도 배우게 하라. 그럴 때 비로소 사람들은 그리스도가 십자가에 못 박히시고 하나님 아들의 거룩한 피가 흘러내리는 것을 보게 될 것이다. 교회가 이러한 영적 화가들을 소유할 때라야 나무나 돌과 같은 죽은 이미지들을 더 이상 필요로 하지 않게 될 것이며 더 이상 어떤 그림도 요구하지 않게 될 것이다.[72]

더욱이 칼빈은 구원 사역을 위해 하나님이 설교에 현재적으로 임재하신다고 믿었다. 이런 점에서 설교란 복음에 대한 단순한 진술이나 아니면 복음에 관한 정보를 제공하는 것만이 아니라 듣는 자들에게 하나님의 임재를 실제로 전달하는 것이다. 기독론적 관점에서 말한다면 성경이 정말로 성령의 능력 안에서 설교되고, 들려질 때 우리는 그리스도의 즉각적인 임재를 통해 성육하신 말씀이신 그분을 만나게 된다. 이럴 때 청중에게 그리스도의 인격을 정말로 전달하고 있다는 점에서 설교는 그 자체가 하나님 말씀이다.[73] 칼빈은 설교자를 "하나님의 입"[74]으로 확신했고 따라서 하나님의 임재는 다른 무엇보다 설교라는 수단에 의해서 우리에게 현실화될 수 있다. 다시 말해 설교는 신자가 하나님의 가까이 계심을 실감

---

72) Comm. on Gal. 3:1, in Calvin, Galatians, p. 47.
73) DeVries, Jesus, p. 17. 아울러 Comm. on Isa. 11:4, in Calvin, Isaiah, vol. 1, pp. 381-382; Comm. on Jn. 7:33, in John 1-10, p. 195도 참조.
74) Comm. on Isa. 55: 11, in Calvin, Isaiah, vol. 4, p. 172.

하는 통로이며 하나님은 설교 강단이 마치 자신의 보좌인 것처럼 거기에 임재하신다.[75]

개혁주의 전통에서 교회란 정의상 말씀 공동체다. 즉 교회란 하나님 말씀에 의해 부름 받고, 보존되고, 또 성숙되는 사람들로 구성된다. 그러므로 하나님께서는 설교를 통해 지속적으로 신자들에게 말씀하신다. 그러나 거룩한 성령이 설교 말씀에 하나님의 인격적인 임재를 더해주지 않는다면 살아있는 하나님의 말씀은 얻을 수 없고, 전달되는 단어들은 단순히 언어 상징에 그칠 뿐이다. 반면에 하나님이 친히 설교에 임재하실 때 언어 표현들은 얼마든지 하나님의 실재를 가리키는 길잡이가 될 수 있다. 이럴 때 설교의 굳어있는 언어들은 성령의 도우심을 힘입어 언어의 벽을 뛰어넘게 되고 살아있는 말씀으로 상승된다. 언어의 이러한 초월적 성격은 성경의 사실과 정보를 전달하는데 그치지 않고 하나님의 신적인 실재에 도달하게 해주는데 이것이 바로 종교개혁 설교의 핵심이었다.[76] 따라서 칼빈은, 설교 언어란 그 설교가 나타내 보이고자 하는 영적 실재를 실제로는 빠뜨리고 있는 단순한 언어 상징에 불과하다는 견해를 강하게 거

---

75) Parker, *Preaching*, p. 27.
76) A.E. Lewis, "Ecclesia Ex Auditu: A Reformed View of the Church as the Community of the Word of God," *Scottish Journal of Theology* 35 (1982), pp. 13, 16, 21. 분명히 거룩하신 하나님 자신과 죄로 얼룩진 인간성 사이에는 커다란 간격이 있고 따라서 우리가 하나님의 위엄을 직접 인식하는 것은 불가능하다. 그러나 칼빈에 의하면 하나님께서는 우리의 한계와 연약함을 아시고 우리의 수준으로 내려오셔서 자신을 인간의 수용력에 적응시키셨다. 그 결과 인간의 언어는 연약한 한계를 뛰어넘어 하나님과 초월적인 만남의 경험을 초래할 수 있게 되었다. 이러한 은혜로운 행위에 의해 하나님께서는 성경과 설교 안에서 언어를 통해 자신을 드러내시며 인간의 언어는 하나님의 실재를 전달할 수 있는 것이다. McGrath, *Life*, pp. 129-131; Cottret, *Calvin*, p. 345 참조. 칼빈의 "하나님의 적응의 원리"(principle of accommodation)에 대한 좀더 자세한 내용을 위해선 F.L. Battles, "God Was Accommodating Himself to Human Capacity," *Interpretation* 31 (1977), pp. 19-38 참조.

부했다. 그 대신 칼빈에게 있어 설교 언어란 '나타내주는'(exhibitive) 신호인데, 이는 설교 언어가 묘사하는 것 자체를 실제로 구현할 수 있다는 의미이다.[77]

듣는 자에게 신적 실재를 전달하는 설교의 이런 기능 때문에 회중은 인간 언어의 초월적 능력을 통해 설교자가 말하고 있는 하나님을 인격적으로 만나게 된다. 이런 만남은 하나님과의 인격적 교제를 즉시 가능하게 해주는데 이로써 사람들은 하나님에 대해 보다 온전한 지식을 얻게 된다. 이렇게 될 때 비로소 하나님 지식은 단순한 교리가 아니라 하나님 자신을 만나는 사건이 된다.[78] 성령께서 마음에 조명하시고 설교를 통해 영적 시야를 열어주실 때 사람들은 갑자기 영적 실체들을 깨닫기 시작한다. 이런 깨달음은 특별한 종류의 인식으로 얼마나 분명한지 이를 '사건'(an event)이라고 묘사할 정도이다. 이는 즉각적인 경험으로 마치 육체가 느끼는 물리적 감각처럼 이성적이고 합리적인 분석만으론 파악이 안 되는 것이다. 그리고 어떤 사람에게 그 일이 일어날 때는 단지 그런 현상이 일어났다는 것을 그저 알 수 있을 뿐이다.[79] 하나님은 일반적으로 인간 사역자라는 매개체를 통해 선택 받은 사람들에게 자신의 말씀을 전달하신다. 그럴 때 하나님은 자신의 말씀을 인간의 언어, 즉 설교와 하나 되게

---

77) 여기서 "나타낸다"는 말은 "준다"는 말과 거의 동의어로 사용된다. 즉, 하나님 말씀 자체가 효과적이기 때문에 말씀을 설교하는 것은 하나님의 실재와 그리스도 안에서 확보된 구원의 선물을 실제로 나누어주는 것이 된다. 다른 말로 하면 설교에서 "말씀"은 궁극적으로 하나님 자신의 인격적인 재현을 나타낸다. DeVries, *Jesus*, pp. 18-19 참조. 또한 *Inst.* 1.9.3; *Comm.* on Heb. 4:2, in J. Calvin, *The Epistle of Paul the Apostle to the Hebrews and the First and Second Epistles of St Peter* (Edinburgh: The Saint Andrew Press, 1963) tr. W.B. Johnston, p. 46; *Comm.* on Jn. 1:12; 6:51, in *John 1-10*, pp. 18, 167-168; *Comm.* on 1 Pet. 1:23, 25 in *Peter*, pp. 252-255; *Comm.* on 1 Jn. 1:1-2, in *The First Epistle of John*, pp. 234-235 참조.
78) Richard, *Spirituality*, pp. 157-158, 162.
79) Packer, "Theologian," p. 166.

신다. 따라서 설교를 듣는다는 것은 설교의 메시지에 자원하여 반응을 보일 준비를 갖춘 사람에게는 실제로 하나님 자신을 인격적으로 경험하는 사건이 되는 것이다.[80]

설교에서 인격적으로 하나님을 만나는 이런 실존적 차원은 중세 시대의 설교에서는 충분히 강조되지 않았다. 비록 중세 때에도 어거스틴이나 버나드(Bernard of Clairvaux)에게서 보이듯 설교에 대한 강조는 이따금 있었으나 설교의 역할은 일반적으로 더 중요한 예배 의식을 위한 준비 과정에 불과했다. 예를 들면 고해성사나 세례나 성찬과 같은 의식에 견주면 설교는 부차적인 것이었다. 이와는 대조적으로 칼빈이나 다른 종교개혁자들은 설교의 기능을 아주 다르게 생각했다. 그들이 생각하는 설교의 기능이란 성례식에서 하나님을 만나도록 준비케 하는 적당한 교리적 지식을 미리 제공하는 차원의 것이 아니었다. 그보다 설교 자체가 하나님과의 "결정적인 만남"이었다. 오버만이 지적하듯 설교되는 말씀 안에서 하나님께서 자신을 나타내시며 죄인을 만나신다는 의미에서 설교란 "계시적 사건"인 것이다. 물론 설교는 진리에 대한 설명과 권면을 통해 교훈적 기능을 수행한다. 그러나 하나님 말씀이 진정으로 설교되는 곳에는 또한 그리스도께서 능력 있게 임재하신다. 청중이 마음에 깊은 감동을 받고 설교 안에서 그리스도를 만날 때 그들은 자신들에게 말씀하고 계시는 분에게 반응하라는 강한 요청을 받는다.[81]

이런 점들을 염두에 두면서 다음으로 우리는 칼빈의 실제 설교가 어떠했는지를 살펴보고자 한다.

---

80) R.S. Wallace, *Calvin's Doctrine of the Word and Sacrament* (Edinburgh: Oliver and Boyd, 1953), p. 82.
81) Oberman, "Preaching," pp. 16-18.

3. 칼빈 설교의 실제

설교 스타일

칼빈은 스트라스부르그(Strassburg)에서 목회사역을 경험하였고(1538-1541) 후에는 제네바에 있는 성 피에르(Eglise St. Pierre) 교회도 섬겼다 (1542-1563).[82] 그는 주일날 두 번 설교했고 1549년부터는 격주로 주중에 도 설교했는데 1549년 이후로 한 설교가 기록으로 1,400편 이상 아직까지 남아있다. 그는 주일 아침에는 신약을, 오후에는 시편을 설교했고 주중에 는 주로 구약을 설교했다.[83] 일반적으로 알려져 있듯이 칼빈은 성경의 특 별한 책 하나를 정해서 연속 설교 하는 것을 선호했다.[84] 또한 성경적 메 시지를 전체적으로 드러내기 위해 교부들의 강해 설교 전통을 따랐는데 그들 가운데서 특히 크리소스톰(Chrysostom)을 좋아했다. 바로 한 구절, 한 구절씩 이어서 하는 설교였는데 이렇게 해서 전체 성경의 책들을 하나 씩 강해해 나갔다.[85]

그는 어떤 특별한 주제와 그 주제의 논리적 전개 방법을 미리 정해놓고 그것을 따라가기보다 성경 본문 자체의 순서를 따라 설교의 내용들을 발 전시켜 나가는 방식을 더 좋아했다. 칼빈은 보통 본문이 정확히 무엇을

---

82) W.S. Reid, "John Calvin, Pastoral Theologian," *The Reformed Theological Review* 41 (1982), p. 65.

83) Anderson, "Calvin," p. 173. 또한 Bouwsma, *Calvin*, p. 29 참조.

84) Leith, "Doctrine," p. 33. 예를 들어 칼빈은 1555년 3월 20일부터 1556년 7월 15일까 지 신명기서에 관한 200편의 설교를 했고 1554년 2월 26일부터 1555년 3월까지 욥 기서에 관해 159편의 설교를 하였다. 자세한 내용을 위해선 Parker, *Biography*, p. 92; George, *Theology*, p. 185 참조.

85) Parker, *Preaching*, p. 80. 의심할 바 없이 칼빈은 어거스틴이나 토마스 아퀴나스와 같은 선배들로부터 많은 영향을 받았다. 그는 기독교 초기 신학자들의 저작에 매우 친숙하였고 필요할 때는 자유롭게 그들을 인용하였다. 칼빈이 교부들의 저작을 인 용한 자세한 내용에 대해서는 Lane, *Calvin*, 특히 Ch. 2 참조.

의미하는지 설명함으로 자신의 강해를 시작했는데 메시지의 적용은 그 뒤에 따라 나왔다.[86] 칼빈에 의하면 성경 강해자는 본문의 의미를 설명하는 책임뿐 아니라 하나님의 메시지를 현 상황에 적용해야 하는 책임도 떠맡고 있다. 좋은 설교자는 항상 교회의 현재 상태와 필요를 고려해야 하며 따라서 자신의 설교 원고를 이런 특수한 상황에 비추어 점검해보아야 한다.[87] 칼빈의 어떤 연속 설교들은 설교 시작 처음부터 실제로 당시 16세기 제네바와 직접 연관되어 있다.[88]

칼빈의 설교 목표는 하나님의 말씀을 가능한 한 쉽게 이해할 수 있는 방식으로 전달하는 것이었고 이를 위해 대중에게 친숙하면서도 평범한 설교 스타일이 가장 적절하다고 믿었다. 따라서 그는 제네바의 회중들이 사용하는 대중 언어인 프랑스어로 설교했다. 이러한 목회적 관심 때문에 칼빈은 친근한 표현들을 사용하여 개개인에게 말하듯 하는 대화식 스타일을 선호했다. 자신의 메시지를 청중들에게 보다 친숙한 것으로 만들려는 목표와 더불어 칼빈은 의도적으로 그리고 지속적으로 자신의 언변을 회중 가운데 있는 보통 사람들의 이해 수준에 맞추었다. 그는 설교에서

---

86) Leith, "Doctrine," pp. 34-35; T.H.L. Parker, *Calvin's Old Testament Commentaries* (Edinburgh: T & T Clark, 1986), p. 34.

87) *Comm.* on Ps., in J. Calvin, *Commentary on the Book of Psalms*, vol. 1 (Grand Rapids: Eerdmans, 1949) tr. J. Anderson, xxxv-xlix; *Comm.* on Jude 1:4, in *A Harmony of the Gospels Matthew, Mark and Luke Volume III and The Epistles of James and Jude* (Edinburgh: The Saint Andrew Press, 1972) tr. A.W. Morrison, pp. 324-325. 또한 Cottret, *Calvin*, pp. 293-294 참조.

88) 파커는 구약과 신약의 책들에 관한 칼빈의 연속 강해 설교 중 맨 처음 설교들을 분석함으로 이 점을 확증한다. 예를 들어 파커는 칼빈이 에베소서에 관한 첫 설교에서 곧바로 적용으로 들어가고 있음을 지적한다. 칼빈은 "성 바울이 여러 교회에 보낸 서신들을 읽는데 있어 우리는 하나님께서 그 서신들이 한 시대의 특별한 사람들뿐 아니라 모든 시대의 교회를 위해 사용되도록 의도하셨다는 것을 항상 염두에 두어야만 한다. 지금부터 강해하려고 하는 이 서신서를 요약하자면…"이라고 말함으로 시작하고 있다. Parker, *Preaching*, p. 82 참조.

가장 적절한 언어 표현을 사용하려고 노력했고 필요할 때는 언제든 자유
롭게 그것을 바꾸었다. 예를 들면 칼빈은 은유나 의인법, 널리 알려진 단
어나 표현들, 수사학적 질문들, 두운법, 과장법 등을 사용했고 그 결과 설
교 스타일이 선명하고 활기 있을 뿐 아니라 언제나 이 땅에서 삶을 살아
가는 청중들에게 잘 맞았다.[89]

동일한 관심에서 칼빈은 설교할 때 생동감 있게 전달하는 것을 강조하
는데 이를 위해 그는 자신의 인간적 개성을 주저하지 않고 설교에 집어넣
었다. 설교에서 이러한 인격적 참여는 그가 종종 사용하는 '우리가' 혹은
'우리를'이라는 표현에 잘 드러나 있다. 칼빈은 비록 사람들을 설득할 목
적으로만 사용하는 수사학에는 관심이 없었지만 성경 메시지 자체가 성
령의 능력 안에서 하나님 임재의 경험을 가져다 줄 수 있도록 본문 말씀
을 회중들에게 보다 분명하고 생생하게 만들려고 애썼다.[90]

그러나 칼빈 전문가 중 일부나 다른 많은 사람들은 그를 주로 교리적인
순수성이나 논리적인 치밀성만 따지는, 냉담하고 무심하고 과도하게 지
적인 사람으로 생각하는 경향이 있다. 사람들은 그가 지나치게 방어적이
고 강단에서 개인적인 감정을 드러내는 것을 꺼려한다고 생각한다. 따라
서 그의 설교는 박식하긴 하지만 생명력 없이 단어들을 혼합해 놓은 것처
럼 듣기에 지루하고 따분할 것이라고 예상한다. 그러나 칼빈의 실제 설교
들을 주의 깊게 연구한 블레어 레이놀즈(Blair Reynolds)는 칼빈의 설교에
대한 우리의 생각이 그가 학문적으로 주장한 것들에 관한 것과는 판이하

---

89) Van der Walt, "John," p. 200; Parker, *Preaching*, pp. 139-140, 148; Q. Breen, "John Calvin and the Rhetorical Tradition," in N.P. Ross (ed.), *Christianity and Humanism* (Grand Rapids: Eerdmans, 1968), pp. 125-127; Wallace, *Calvin*, p. 172. Cf. L. Nixon, *John Calvin, Expository Preacher* (Grand Rapids: Eerdmans, 1950), pp. 30-31; Parker, *Oracles*, pp. 78-79.
90) Parker, *Preaching*, pp. 116-117; Leith, "Doctrine," p. 38.

게 달라야 한다고 역설한다. 즉 일반적으로 믿고 있는 것과는 달리 칼빈의 설교는 이성적이라기보다 일차적으로 감성적이라는 것이다. 칼빈은 설교에서 일상적인 언어를 통해 언제나 자신의 내적 감정을 진술하게 표현하려고 애쓰고 있으며 이로써 마침내 청중들의 실제 감정에 호소한다는 것이다.[91]

칼빈에게 설교란 진리에 대한 순전히 지적인 이해의 차원을 훨씬 벗어나 궁극적으로 회중들의 깊은 감정에까지 도달하는 것이었다. 그는 말씀 사역자들에게 감정을 의존하지 말도록 끊임없이 경고했지만 그렇다고 열정을 완전히 배제한 것은 아니다. 반대로 칼빈의 견해에 따르면 설교란 할 수 있는 대로 사람들의 내적 감정을 강하게 자극하도록 의도되어야 한다.[92] 이 점은 이 문제에 관한 칼빈 자신의 진술들을 살펴볼 때 더욱 확연하게 드러난다.

설교의 효과

우선 칼빈은 하나님께서 자신의 말씀으로 사람들에게 말씀하실 때 그들의 생각만이 아니라 가장 깊은 감정까지 다루신다고 주장했다.[93] 효과적인 설교란 항상 열의가 필요하며 따라서 설교자의 열심과 열정이 설교에 깊이 스며드는 것은 아주 자연스러운 일이다. 칼빈은 하나님의 종으로

---

91) B. Reynolds, *The Relationship of Calvin to Process Theology as Seen through His Sermons* (Lampeter: The Edwin Mellen Press, 1993), pp. 27-37. 브린 (Breen) 역시 비록 칼빈을 "논리의 대가"라 부르는데 조금도 이의가 없지만 성경적 명제들을 증명하는 그의 설교의 수사학적 성격은 논리적일 뿐 아니라 감정적인 것이라고 주장한다. 이는 칼빈의 개인적인 특성과 감정이 설교에서 청중을 설득하는 일에 철저히 내포되어 있다는 것을 의미한다. 브린에 의하면 칼빈은 자신이 스스로 경험한 바를 말하였고 따라서 그의 메시지는 사람들로 하여금 하나님의 즉각적인 임재에 관한 깊은 느낌을 갖게 하였다. Breen, "Calvin," pp. 120, 122ff 참조.
92) Reynolds, *Relationship*, pp. 45-46, 54.
93) *Comm.* on Heb. 4:12, in Calvin, *Hebrews*, pp. 50-53.

서 설교자는 보다 강하고 열정적으로 말해야한다고 생각했다. 그것은 설교가 "사람들의 마음을 꿰뚫고 들어가 그들의 열성에 불을 붙이기 위함"이다.[94] 칼빈은 당시의 설교가 너무나 자주 "심정적으로 느껴지는 확신"은 전혀 주지 못한 채 일상생활과 동떨어져 있다고 안타까워했다. 그렇게 될 때 문제는 교인들이 단지 "아무 인상도 주지 못하는 차가운 하나님 지식만 머리 속에" 담고 예배당을 떠난다는 것이다.[95]

그럼에도 불구하고 칼빈에 따르면 영리한 설교자들을 비롯한 많은 사람들은 복음을 "차갑고 학문적인 철학"으로 바꾸어놓기 위해 헛된 시도를 반복한다.[96] 이런 종류의 설교는, 살아있고 생명을 주는 성령으로 충만한 설교와는 달리 죽이는 의문(killing letter)에 불과한 설교다. 결과적으로 이런 설교는 청중의 귀를 가렵게 하는 것 외에 어떤 효과도 가져오지 못한다.[97] 만일 설교가 이처럼 열정 없는 가르침에 그친다면 설교는 "미친 사람의 손에 들린 칼이 되거나 아니면 차갑고 쓸모없게 되거나 혹은 사람들의 잘못된 위선을 부추기는" 것이 되고 말 것이다.[98]

따라서 칼빈의 견해로는 하나님께서 자신의 종의 입을 통해 정말로 말씀하실 때에도 듣는 사람이 아무 감정 없이 그냥 있다는 것은 생각조차 할 수 없는 일이었다. 이런 경우에 하나님 말씀은 비록 연약한 인간 설교자에 의해 전달되긴 하지만 항상 사람들의 마음에 강력하고도 즉각적인

---

94) *Comm.* on Mt. 11:12, in Calvin, *A Harmony of the Gospels*, vol. 2, p. 7. 아울러 *Comm.* on Jer. 4:21, in J. Calvin, *Commentaries on the Book of the Prophet Jeremiah and the Lamentations*, vol. 1 (Grand Rapids: Eerdmans, 1950) tr. and ed. J. Owen, p. 232 참조.

95) *Comm.* on Ps. 10:4, in Calvin, *Psalms*, vol. 1, p. 140. 또한 Wallace, *Calvin*, p. 174 도 참조.

96) "The Author's First Epistle Dedicatory," in *Comm.* on 1 Cor., in Calvin, *The First Corinthians*, p. 1.

97) *Comm.* on 2 Cor. 3:6, in Calvin, *The Second Corinthians*, p. 41.

98) *Comm.* on Acts 18:25, in Calvin, *The Acts 14-28*, p. 144.

효력을 발생시킨다. 우리는 성령께서 지성만 조명하시는 것이 아니라 동일한 성령께서 설교 내용에 부응하는 감정과 함께 내적으로 우리의 마음을 일깨우시며 새롭게 하신다는 것을 기억할 필요가 있다. 그러나 이런 일은 설교자가 단지 형식적으로 설교하는 것만으로도 충분하다고 잘못 믿고 있는 경우에는 일어나지 않는다.[99)]

강단 위에서 차가운 마음은 강단 아래에서도 차가운 마음을 유발한다고 칼빈은 자주 역설했다. 하나님께서 자신을 계시하는 일에서 주도권을 갖고 계심은 분명하지만 그렇다고 설교자들이 하나님께 보다 가까이 가기 위해 하나님을 추구해야 하는 책임에서 자유로울 수는 없다. 설교자들은 자신들이 전하려고 하는 복음 메시지에 먼저 스스로 감동을 받도록 애써야만 한다.[100)] 그렇지 않으면 "설교란 단순한 잡담이나 하나님 말씀을 모독하는 행위가 되고 말 것이다. 어떤 설교자가 자신이 말하려고 하는 내용에 스스로 감동하지도 않고 설득 당하지도 않은 채 천사처럼 말하려고 강단에 올라가는 것"에 대해 칼빈은 극도로 경계했다.[101)]

칼빈의 설교에서 '효과'라는 주제는 칼빈 학자들 사이에서도 거의 무시되어왔던 내용이다. 그러나 설교에 관한 건전한 신학은 적어도 칼빈이 관련되는 한 그 '효과'와 연관하여 논의되어야 한다.[102)] 그가 종종 지적했듯이 설교의 효과는 전적으로 하나님 자신, 특별히 제 삼위 하나님이신

99) *Comm.* on 1 Jn. 2:3, in Calvin, *The First Epistle of John*, pp. 245-246; *Comm.* on Rom. 3:4, in *The Epistles of Paul the Apostle to the Romans and to the Thessalonians* (Edinburgh: The Saint Andrew Press, 1961) tr. R. Mackenzie, pp. 60-61; *Comm.* on Hos. 2:19-20, in *Commentaries on the Twelve Minor Prophets, vol. 1: Hosea* (Grand Rapids: Eerdmans, 1950) tr. J. Owen, p. 116.
100) Westhead, "Calvin," *Evangel*, p. 72.
101) J. Calvin, *Sermons on the Epistle to the Ephesians* (Edinburgh: The Banner of Truth, 1973), p. 81.
102) B.C. Milner, *Calvin's Doctrine of the Church* (Leiden: E.J. Brill, 1970), p. 106; Naphy, *Calvin*, p. 154.

성령에게 달려있다. 칼빈은 신자들에게 주어지는 하나님의 효과적인 부르심에 관하여 성령께서 내적인 조명을 통해 설교 말씀이 그들의 마음에 각인되도록 역사하신다고 주장했다. 따라서 신자들은 성령께서 역사하시는 증거로 단지 성경의 탁월함에 대한 확신만 갖는 것이 아니다. 그들은 또한 성령께서 하늘의 빛을 그들 안에 비추실 때 설교되는 말씀을 비로소 맛보기 시작하는 것이다.[103] 이에 대해 칼빈은 다음같이 주장했다.

> 하나님의 말씀이 선포될 때 이를 공허한 소리의 울림에 불과하다고 생각하면 큰 오산이다. 설교 말씀은 살아있는 어떤 것이며 사람의 구석구석까지 다루실 정도로 우리가 상상치 못할 능력으로 가득 찬 것이다. 나는 설교 효과가 사람의 혀나 소리 자체에 달려있기보다는 전적으로 성령에게 달려있다고 믿는다. 성령께서는 설교되고 있는 설교자의 말씀 안에 이런 하늘의 능력을 만들어내신다.[104]

외적인 설교 자체만으로는 아무것도 할 수 없지만 설교는 성령의 내적 역사로 인해 영적 능력의 도구가 될 수 있으며 가장 효과적인 결과를 만들어낼 수 있다.[105] 우리는 하나님께서 효과적인 설교를 위해 결합시키신 두 가지 중요한 측면, 즉 말씀과 성령을 결코 분리하면 안 된다. 칼빈은 그리스도께서도 성령으로 기름부음을 받으셨기 때문에 복음 사역을 효과적으로 지속할 수 있었다는 것에 주목했다.[106] 이처럼 성령의 능력에 근거한 설교의 효과는 왜 같은 설교 내용이 두 가지 다른 방식으로 청중들에게 역사하는지를 설명해준다. 즉 설교는 마음을 부드럽게 하여 듣는 자들을 구원하기도 하지만 같은 설교가 쇠 덩어리 같은 마음을 더욱

---

103) *Inst.* 3.2.34; *Inst.* 3.24.8; Van der Walt, "Calvin," p. 339; Parker, *Preaching*, p. 4.
104) *Comm.* on Heb. 4:12, in Calvin, *Hebrews*, pp. 51, 52.
105) *Comm.* on Lk. 1:16, in Calvin, *A Harmony of the Gospels*, vol. 1, p. 12.
106) *Inst.* 2.15.2.

딱딱하게 하여 설교를 듣기 이전보다 하나님 말씀을 더욱 거절하게 만들기도 하는 것이다.[107]

이런 차이가 생기는 이유는 하나님의 은혜 때문인데 다시 말해 이런 구별을 만드시는 분은 하나님 자신이시다.[108] 따라서 설교자에게만이 아니라 청중에게도 임하시는 성령의 역사는 설교에 적합한 반응을 보이게 하는 데도 필수적이다.[109] 칼빈은 다른 종교개혁자들처럼 성령께서 설교의 효과를 위해 두 가지 다른 방법을 사용하셔서 역동적으로 역사하신다고 생각했다. 이른바 성령의 "이중 역사"(double operation)라고 불리는 것이다. 즉 성령께서 설교자의 말을 통해 효과적으로 성경을 여신다. 동시에 같은 성령께서 또한 듣는 자들의 마음을 여시어 그들이 들었던 것을 이해하고 받아들이게 하신다.[110] 설교에서 이처럼 성령은 설교자가 말할 때와 청중의 듣는 행위, 양쪽 다에 친히 역사하시는데 이렇게 하여 하나님께서 의도하신 결과를 효과적으로 만들어내신다.

설교의 수사학

효과적인 설교는 성령의 역사에 의존하는 것이라고 칼빈은 믿었지만 인간적인 은사 또한 무시하지 않았다. 그는 설교의 효과를 위해서 성경을 강해하는 특별한 은사가 필요하다고 확신했다.[111] 칼빈에 따르면 어떤

---

107) 칼빈에 따르면 설교를 듣는 사람 모두 회개와 믿음으로 초대받긴 하지만 모두가 목자의 음성을 듣는 것은 아니다. 그 중 어떤 사람들은 믿음 안에서 순종할 마음으로 자신들이 듣는 것을 수용하는 반면 동일한 설교가 정반대의 반응을 불러일으키기도 한다. 이는 하나님께서 그들로부터 말씀을 이해하는 능력을 앗아가시기 때문인데 설교는 그들의 영적 시력을 더욱 멀게 만들어 하나님의 진노와 정죄에 그들을 넘기는 역할을 하기도 한다. *Inst.* 3.24.12; 3.22.10; *Comm.* on Heb. 4:12, in Calvin, *Hebrews*, pp. 51, 53; Wallace, *Doctrine*, p. 93 참조.

108) *Inst.* 3.24.12.

109) *Comm.* on Rom. 11:14, in Calvin, *Romans*, p. 248.

110) Oberman, "Preaching," pp. 21-22.

사람이 가르치거나 설교하는 은사를 갖지 못했다면 아무리 배운 것이 많고 뛰어난 학식이 있다 해도 설교자가 되어서는 안 된다. 충분한 지적 능력이나 언변이 결여된 사람들은 설교 대신 다른 일을 해야 한다고 칼빈은 제안했다.[112] 칼빈은 자신의 신학 저술들에서 수사학을 지속적으로 사용하고 있는데 설교에서는 더욱 그러하다는 것을 기억할 필요가 있다. 목회자로서, 설교자로서 그리고 신학자로서 그의 성공의 많은 부분이 그가 "당시 유럽의 가장 능력 있는 수사학자들 중 한 사람"이었다는 사실에 기인한다는 점은 충분히 강조될 필요가 있다.[113]

그는 수사학의 긍정적 기능과 예술적 차원에 매력을 느꼈는데 그 핵심은 언어를 의도적으로 구사함으로 경험과 감정을 조절하는 것이다. 그가 중세의 유명론자들(nominalists)로 대표되는 중세 후기의 이론에 영향을 받았다는 것이 일반적인 통념이다. 그러나 칼빈의 사고는 실제로는 16세기 르네상스의 인본주의, 특히 고전 수사학에 깊이 영향을 받았다. 르네상스의 인본주의자들은 단지 논리만 의존하고 일상적인 삶과는 무관한 채 추상적이기만 했던 중세의 스콜라적인 설교를 거부했다. 대신 인간을 이지적인 존재보다 감성적인 존재로 여기면서 수사학의 가치와 설득의 기술을 재발견하게 되었고 이를 이성적인 사고 체계보다 선호하게 되었다. 실제로 칼빈이 키케로(Cicero)나 쿠인틸리안(Quintilian) 같은 라틴의 웅변가들을 깊이 알고 있었다는 것은 잘 알려진 사실이다.[114]

---

111) *Comm.* on Rom. 12:6, in Calvin, *Romans*, p. 268.
112) *Comm.* on 1Tim. 3:2, in Calvin, *Timothy*, p. 225.
113) S. Jones, *Calvin and the Rhetoric of Piety* (Louisville: Westminster John Knox, 1995), p. 2. 파커와는 대조적으로 갬블 역시 인문주의적 수사학의 중요성과 이를 칼빈이 성경강해에 사용했다고 주장한다. R.C. Gamble, "BREVITAS ET FACILI-TAS: Toward an Understanding of Calvin's Hermeneutics," *The Westminster Theological Journal* 47 (1985), p. 16; Parker, *New Testament*, p. 50f 참조.
114) S. Selinger, *Calvin against Himself: An Inquiry in Intellectual History* (Hamden: The Shoe String Press, 1984), p. 162; Bouwsma, *Calvin*, pp. 14, 113-114; Willis,

수사학은 회중을 감동시키기 위해 사용되는 다채로운 언어와 화려한 말주변으로 설교의 논리성이나 정확성을 약화시킬 수 있다. 이 때문에 설교 내용과 관련하여 분명히 위험성을 내포하고 있다. 그러나 칼빈이 지적하듯이 빈틈없는 삼단논법이나 교리적인 설명만으론 사람들에게 영적인 세계에 대한 지식을 제대로 전달하기가 어렵다. 따라서 칼빈은 수사학을 능숙하게 사용함으로 교회에 나오는 보통사람들에게 자신이 경험했던 진리, 즉 논리적일 뿐 아니라 실제적이고 실용적인 영적 지식을 전달하려고 애썼던 것이다.[115] 그 결과 제네바에 있던 칼빈의 청중은 그의 설교로 인해 회심을 경험하고 깊은 은혜의 감동을 맛보았다. 이는 비단 칼빈의 설교 내용이 성경 진리에 이론적으로 정확히 들어맞았기 때문만은 아니었다. 또 다른 이유는 그가 청중들에게 감정적으로 또 경험적으로 호소하기 위해 비유나 이미지가 풍부한 표현들을 사용했기 때문이었다.[116]

우리는 칼빈의 설교의 특징을 설교의 이중 목표라는 관점에서 설명해 볼 수 있다. 우선 설교는 성경에 나타난 하나님의 계시에 대한 증거이다. 동시에 설교는 그것을 듣는 청중의 마음과 지성과 의지를 움직이는 방법에 대한 증거도 되어야 한다. 칼빈에게 이러한 두 가지 목표는 설교에서 수사학을 적절히 사용하는 이른 바 "웅변적인 신학"(eloquent theology) 안에서 긴밀하게 결합된다. 하나님의 말씀은 공허하거나 추상적인 것이 아니라 사람들의 마음을 움직여 믿음에 이르게 하는 것이다. 설교에서 수사학이란 이처럼 하나님의 계시가 원래 가지고 있는 설득적인 성격을 반

"Rhetoric," pp. 43-44; Breen, "Calvin," pp. 110-112; Battles, Calvin, pp. 47-64. 수사학과 관련하여 어거스틴이 칼빈에 미친 영향력에 관해서는 Selinger, Calvin, pp. 156-157; Willis, "Rhetoric," pp. 49-50; Inst. 4.14.26 참조.
115) Breen, "Calvin," pp. 128-129.
116) Jones, Calvin, p. 4.

영하는 것이다.[117] 칼빈에 따르면 성경의 이러한 설득력 있는 웅변은 성
령의 영감에 이미 내재되어 있다. 예를 들면 모세의 글이나 시들은 종종
성경이 가지고 있는 설득력을 잘 보여준다. 이런 점에서 성경은 그리스나
라틴의 수사학 대가들 못지않게 웅변적이다. 칼빈은 다음같이 주장했다.

> 데모스테네스나 키케로를 읽어보라. 플라톤이나 아리스토텔레스나 이와 비슷한
> 사람들의 글을 읽어보라. 그것들은 여러분을 감동시킬 것이고 놀랍게 사로잡을 것이
> 다. 그러나 여러분 자신을 무엇보다 이 거룩한 책으로 향하게 하라. 이 책은 여
> 러분에게 깊은 영향을 줄 것이고, 심정을 꿰뚫을 것이며 여러분의 골수에 그 내용
> 을 새길 것이다. 성경이 주는 깊은 영향력과 견주자면 웅변가들이나 철학자들이
> 끼치는 영향력은 그 앞에서 거의 자취를 감출 정도다. 따라서 인간이 애써서 얻은
> 모든 재능이나 장점을 훨씬 뛰어넘는 이 거룩한 성경이 신적인 어떤 것을 드러내
> 고 있다는 것을 쉽게 알 수 있다.[118]

칼빈은 또한 그리스도가 비유적 언어를 사용하셔서 자신의 영적인 교
훈들을 더욱 힘 있고 효과 있게 만드신 것에 주목했다. 당시 수사학에 익
숙했던 비평가들이[119] 성경을 수준이 떨어지는 저술로 취급했던 것과는
반대로 칼빈은 성경의 수사학이야말로 경박하고 세상적인 어떤 수사학보
다 훨씬 설득력 있고 강력하고 효과 있는 것이라고 주장했다. 설교에서
칼빈은 이런 성경적 스타일의 수사학을 사용하여 사람들의 마음에 깊은
감명을 주었고 또한 그들의 감정을 움직였다. 결과적으로 그는 청중의 의
지를 자극하여 듣는 바를 실천하게 하는 설교의 목표를 달성할 수 있었는

---

117) Jones, *Calvin*, p. 187.
118) *Inst.* 1.8.1.
119) 예를 들면 유명한 수사학자들인 안드레아스 알시아티(Andreas Alciati)와 로렌쬬
발라(Lorenzo Valla)를 들 수 있다. Jones, *Calvin*, pp. 16, 23-24 참조. 또한 같은 책
p. 38의 각주 15번과 p. 41의 각주 43번 참조.

데 이는 단순한 표현만으론 얻을 수 없는 것이다.[120]

4. 결론

우리가 살펴본 바처럼 오늘날의 설교에서 칼빈이 갖는 우선적인 의의
는 무엇보다 성경의 중요성이다. 즉 성경만이 설교의 유일한 원천이요 내
용인 것이다. 이 점에서 설교란 곧 성경을 해석하고 적용하는 것이라고
정의할 수 있다. 만일 설교자들이 교회의 기초가 되는 이 성경의 원천에
서 멀어진다면 그들의 임무 역시 결국 실패로 끝나고 말 것이다.[121]

칼빈의 설교가 이처럼 성경의 계시에 굳건히 뿌리를 내리고 있는 한편
그는 또한 설교의 기능이 단순히 객관적이고 교리적인 성경의 명제들을
전달하는 것 이상이라고 믿었다. 그에게 설교의 우선적 임무는 회중들로
하여금 성경의 세계 속으로 들어가서 살아있는 말씀을 들을 수 있도록 성
경의 닫힌 문을 여는 것이었다. 그가 반복하여 강조했듯이 설교를 듣는
것은 일종의 '경험'으로, 달리 표현하면 신적인 실재를 맛보는 사건인데
이는 언제나 느낌과 감정을 포함한 우리의 인간성 전체를 수반하는 일이
다.

---

120) Comm. on Mt. 13:10, in Calvin, A Harmony of the Gospels, vol. 2, p. 63; W.
    Walker, John Calvin, the Organizer of Reformed Protestantism (New York: G.P.
    Putnam's Sons, 1906), p. 433; Bouwsma, Calvin, pp. 122-123; Gamble, "Under-
    standing," pp. 13-15; "Calvin as Theologian and Exegete: Is There Anything
    New?" Calvin Theological Journal 23 (1988), p. 192. Cf. Packer, "Servant," p. 41.
    성경의 내재적인 웅변과 아름다움에 덧붙여 칼빈은 성경의 평이하고 단순한 스타
    일이야말로 영적인 진리를 드러내는데 최상의 스타일이라고 생각했다. Inst.
    1.8.1; Comm. on 1 Cor. 2:13, in Calvin, The First Corinthians, p. 60; Parker,
    Preaching, pp. 139-141, 143 참조.
121) Leith, "Doctrine," p. 39.

그리고 이런 일은 설교자가 아무리 재주가 출중해도 혼자의 힘으론 불가능하다. 성령께서 오셔서 설교자와 회중 모두에게 능력과 빛을 더해주실 때만 이런 일이 발생한다. 그럴 때 회중은 자신들이 듣고 있는 바에 사로잡히게 될 뿐 아니라 곧바로 하나님에 대한 설득적인 지식을 얻게 된다. 따라서 설교자들은 회중들이 개인적으로 하나님 자신을 만날 수 있도록 인도하기 전까지는 자신들의 책임을 완수하는 것이 아니다. 이처럼 칼빈은 진정한 설교의 여부를 논리나 내용뿐 아니라 그 기능과 결과에 따라 평가했다. 그는 설교에 대해 실제적인 견해를 가졌던 것이다.

또한 칼빈은 인간의 합리성이나 세속적인 웅변을 의존하진 않았지만 성경적 수사학의 필요성을 인식하고 있었고 이를 적절히 사용했다. 그는 성령께서 일반적으로 설교자의 말을 통해 역사하시므로 성령과 설득력 있는 수사학적 언어는 설교의 효과를 위해 분리하면 안 된다고 믿었다.

정리하면, 칼빈의 설교는 무엇보다도 하나님의 말씀에 초점을 맞추었는데 이는 교회가 본질적으로 말씀 공동체이며 모든 교회 사역자는 말씀의 사역자라는 확신 때문이었다. 그러나 다른 한편 칼빈은 설교에서 말씀의 효과성, 즉 하나님 말씀의 능력을 경험적으로 아는 일을 지속적으로 추구했다. 말씀과 경험은 그의 설교에서 두 개의 주요 기둥으로서 둘 중 하나만으로는 교회를 양육하고 교회에 실제적인 유익을 주기에 부족하다는 것을 익히 알고 있었다. 따라서 칼빈은 설교의 궁극적인 목표로 말씀과 경험을 통합하는 일을 쉬지 않고 추구했고 이런 원리는 오늘날의 설교에도 여전히 필요한 것이다.

제 3장

영국 청교도들의 설교

종교개혁 이래 개신교는 무엇보다도 하나님의 말씀을 최우선으로 한다. 모든 개혁주의 교회는 말씀 위에 서있다. 그러나 이 말씀은 우리의 삶과 멀리 떨어져 있거나 이론적이기만 한 말씀이 아니다. 그 말씀은 살아있고 운동력이 있으며(히 4:12) 우리의 삶에 끊임없이 어떤 것을 행사한다. 하나님 말씀은 하나님의 백성에게 실제적이고 구체적으로 영향력을 행사한다. 즉 말씀은 책망하기도 하고 격려하기도 하며 잘못된 것을 바로잡고 수정한다(딤후 4:16). 하나님 백성과 하나님 말씀은 서로 뗄 수 없는 불가분리의 관계에 있다. 하나님의 백성은 말씀으로 출발하여 말씀으로 인도받고 말씀을 통해 나아갈 목표 지점을 바로 선택한다. 말씀은 우리의 연구 대상일 뿐 아니라 우리 삶의 실제적인 지배자이다.

이런 점에서 하나님 말씀은 이론적이면서 동시에 경험적이다. 개신교 설교의 핵심은 하나님 말씀과 인간의 경험을 통합하는 것인데 설교에서 말씀과 경험은 서로 분리된 둘이 아니라 하나가 된다. 3장에서 우리는 특별히 칼빈의 전통을 잇고 있는 영국의 청교도주의(Puritanism)에 나타난 청교도들의 말씀 경험과 그들의 설교의 특징을 살펴보려고 한다. 이를 통해 개혁주의 설교의 뿌리와 본질이 무엇인지에 대한 대답을 찾으려고 한다. 여기에 덧붙여 마지막 부분에서 청교도들의 경험적 설교(experiential

preaching)의 한 예로 존 번연(John Bunyan)의 생애와 설교를 자세히 살
펴볼 것이다. 우리의 주요 관심사인 말씀과 경험의 통합 문제는 계속하여
전체 논의를 위한 길잡이 역할을 하게 될 것이다.

1. 청교도들의 말씀 경험

청교도주의는 16세기 후반 개혁운동의 일환으로 시작되었다. 청교도
주의의 주요 관심은 인간의 장점과 능력을 강조하던 로마 가톨릭에 대항
하여 하나님의 주권과 성경의 권위를 재발견하는 것이었다. '청교도주
의'라는 표현은 광범위한 의미로 사용되어 왔기 때문에 이 단어를 정확
하게 정의하기란 어렵다. 하지만 이 단어가 공식적으로 처음 등장한 것은
1560년대 중반으로 알려져 있다.[1] 그 기원을 보면 '청교도주의'는 급진
적인 프로테스탄트들(Protestants)의 특별한 관점을 대변하는 것이었다.
그들은 종교개혁운동이 필요한 만큼 충분히 뻗어나가지 못했다고 생각했
고 따라서 엘리자베스 여왕(Queen Elizabeth) 때 시작된 영국교회의 개혁

---

1) J. Warren, *Elizabeth I: Religion and Foreign Affairs* (London: Hodder & Stoughton,
1993), pp. 41-43 참조. '청교도'란 말은 여러 가지 의미로 함축된 뜻을 담아 사용될
수 있다. 하지만 다너는 청교도에 대해 "영국이 보다 개신교화 되기를 바라면서 로
마가톨릭으로부터는 더욱 벗어나기를 바랐던 영국 종교개혁자들의 한 지류"를 지칭
하는 것으로 그 의미를 제한하고 있다. 덧붙여 다너는 '청교도'를 "이미 설립된 영국
교회를 내부로부터 개혁하려고 했던" 사람들이라고 정의함으로 그 의미를 더욱 제
한하고 있다. D.G. Danner, *Pilgrimage to Puritanism: History and Theology of the
Marian Exiles at Geneva, 1555-1560* (New York: Peter Lang, 1999), p. 10 참조. '청
교도주의'의 정의에 관한 학자들의 더 자세한 논의를 위해서는 L.A. Sasek (ed.),
Images of English Puritanism: A Collection of Contemporary Sources 1589-1646
(Baton Rouge: Louisiana State University Press, 1989), pp. 1-14 참조. 영국청교도주
의의 기원과 발전에 관해서는 P. Toon, "English Puritanism," in *Puritans and
Calvinism* (Swengel: Reiner Publications, 1973), pp. 9-50 참조.

을 완성하고자 소망했다. 그들은 이미 설립된 영국국교회(Church of England) 안에 남아서 교회를 내부로부터 개혁하려고 힘써 시도했는데 그 기준은 바로 성경이었다.[2] 청교도주의 안에서 유일하고 궁극적인 권위는 하나님의 순수한 말씀으로서의 성경이었다.[3] 청교도주의의 가장 핵심은 패커(J.I. Packer)가 말한 대로 '성경 운동' (a Bible movement)이었다.[4]

초기의 청교도 설교자이자 신학자였던 윌리엄 퍼킨스(William Perkins, 1558-1602)는 성경의 권위를 "신적이며 절대적이고 주권적"인 것이라고 단언한다. 청교도들에게 성경은 스타일이나 표현 방식을 포함해서 그 본질 자체가 "거룩한 성령의 직접적인 영감에 의해 주어진 것"이기 때문에 의문의 여지없이 지고의 가치를 갖는 것이다. 따라서 신, 구약 성경은 "그 자체로 신뢰할 만한 것이며, 다른 무엇의 증거를 필요로 하지 않을 뿐 아니라 사람이나 심지어 천사의 비평에도 영향 받지 않고 모든 시대 모든 인간의 양심을 지배하고 믿음의 유일한 기초가 되며 모든 진리의 법칙과 규범이 되는 것이다."[5] 그러나 많은 영국 국교도들에게 성경의 권위는 기독교의 보다 광범위하고 일반적인 법칙들에 국한되어 있었다. 이에 반해 청교도들은 성경의 '충분성' (all-sufficiency of Scripture)을 믿었고 삶의 모든 측면에 대한 상세한 안내자로서 권위를 주장했다.[6]

---

2) H. Davies, *The Worship of the English Puritans* (Morgan: Soli Deo Gloria, 1997 [1948]), p. 1.

3) T.L. Underwood, *Primitivism, Radicalism, and the Lamb's War: The Baptist-Quaker Conflict in Seventeenth-Century England* (New York: Oxford University Press, 1997), pp. 21-26; Danner, *Pilgrimage*, p. 104.

4) J.I. Packer, "Theology on Fire," *Christian History* 41 (1994), p. 32.

5) W. Perkins, "An Exposition of the Creede," in *Workes*, vol. 1 (London: Cambridge University Press, 1612-13), p. 122.

6) Davies, *Worship*, pp. 4, 7.

나아가 청교도들에게 성경의 '충분한' 지식이란 순수하게 이론적인 이해나 정보적 차원의 지식과는 다른, '경험적' 지식이었다. 청교도의 생각에 영적 진리란 단지 자연적 이성만으로 얻어질 수 없는 것이다. 왜냐하면 이성은 진정한 지식이 갖고 있는 경험적 차원 안으로 믿는 자들을 참여시키는 능력을 결여하고 있기 때문이다. 객관적 분석이나 조사는 가능할지 몰라도 단지 지성 자체로는 하늘의 진리를 충분하게 설명하지 못한다. 청교도들은 진정한 믿음에 필수불가결한 것은 '경험'인데 이런 영적 경험은 사변적 지식을 얻게 해주는 수단이 아니라 신적 지식을 얻기 위한 원천이라고 생각했다. 그들은 하나님 말씀의 궁극적 목표가 성경의 문자적 지식을 제공하는 것이 아니라 독자를 말씀에 대한 경험적 이해의 차원 속으로 끌어들이는 것이라고 믿었다. 이러한 살아있는 인격적인 메시지는 어떤 사람의 사고 과정을 통해서나 다른 사람들의 가르침으로 얻어질 수 있는 것이 아니다.[7] 대신 청교도 영성은 '경험적 칼빈주의'(experimental Calvinism)라는 차원에서 이해되어야 한다.[8]

성 앤드류(St. Andrews) 교회의 목회자였던 로버트 블레어(Robert Blair, 1593-1666)는 자신의 자서전에서 이 주제를 거리낌 없이 다음처럼 논의했다.

어떤 진리를 자연스럽게 혹은 지적인 재능으로 안다는 것은 단지 한 면일 뿐이다. 머리로 아는 지식으로 어떤 주제를 명확히 설명할 수도 있고 쟁점을 훌륭하게 다

---

7) J.P. Morgan, *Godly Learning: Puritan Attitudes towards Reason, Learning and Education, 1560-1640* (Cambridge: Cambridge University Press, 1986), pp. 58-61.

8) T. Webster, *Godly Clergy in Early Stuart England: The Caroline Puritan Movement c. 1620-1643* (Cambridge: Cambridge University Press, 1997), p. 122. 비록 청교도신학이 종교개혁자들의 신학을 단순히 반복하는 것은 아니었지만 청교도들은 자신들의 신학 형성에서 특히 칼빈과 루터에게 많은 빚을 졌다는 것을 거리낌 없이 인정했다. C. Haigh, *English Reformations: Religion, Politics, and Society under the Tudors* (Oxford: Clarendon Press, 1993), pp. 12-13 참조.

룰 수도 있다. 그러나 이는 은혜 받지 못한 사람이라도 재능이 있다면 얻을 수 있
는 것이다. 문제는 머리만의, 공허하고 거품이 많은 이런 지식은 대부분 영적 이해
에는 아무 도움도 되지 못한다는 사실이다. 이런 지식은 올바르고 진실한, 구원 얻
는 하나님 지식과는 궁극적으로 다른 종류의 것이다. 진정한 영적 지식은 이와 달
리 감동이 있는 지식이며 또한 실용적인 것이다. 이런 영적 지식은 은혜의 성령으
로부터 흘러나오는데 신성한 감정의 흐름을 동반하는 것으로, 나아가 거룩한 실천
을 위한 우리의 진지한 노력을 부추긴다.[9]

청교도주의에서 사변적인 지식과 영적인 지식의 차이는 말씀과 성경에
대한 특별한 관점을 만들어냈다. 칼빈이 그랬듯이 영국의 청교도들도 거
룩하신 하나님과 죄로 얼룩진 인간 사이의 커다란 간격을 분명히 인식하
고 있었다. 그러나 그들은 성경 말씀이 힘 있게 역사할 때 하늘의 메시지
가 각각의 사람에게 가 닿을 수 있으며 그들을 변화시킬 수 있다고 믿었
다. 그들은 성경에 대한 역동적인 관점을 가지고 있었는데 이런 역동적
반응을 재촉하는 촉매제로 성경을 사용했다. 동시에 성경의 교훈이 신자
의 삶 속에서 실제 행위로 변화될 것을 기대했다.[10] 청교도들은 성경이
가지고 있는 생명을 주는 능력을 확신했기 때문에 하나님의 백성들을 먹
일 영적 양식을 얻기 위해 밀착하여 성경을 좇았다. 그들은 신자들을 일
깨우고 양육하기 위해 자신들의 상상력보다는 하나님의 말씀인 성경만
온전히 의지했던 것이다.[11]

그러나 이런 청교도들의 태도는 성경광신주의(bibliolatry)와는 거리가

---

9) R. Blair, Thomas M'Crie (ed.), *The Life of Mr. Robert Blair* (Edinburgh: Wodrow
   Society, 1848), pp. 23-24.
10) J.R. Knott, *The Sword of the Spirit: Puritan Responses to the Bible* (Chicago:
    Chicago University Press, 1980), p. 11.
11) J.I. Packer, *Among God's Giants: Aspects of Puritan Christianity* (Eastbourne:
    Kingsway, 1991), p. 372.

먼 것이다. 청교도들에게 성경은 살아있고 적용 가능한 하나님의 진리였
는데 이는 성령께서 성경의 문자에 갇히지 않으시기 때문이다.[12] 성경에
대한 이러한 태도는 자연히 말씀의 신적인 영감에 대한 관심만이 아니라
말씀을 받아들이는 방법, 즉 말씀을 경험하는 것에 대해서도 많은 관심을
유발했다.[13] 성경의 명제와 교리를 이론적으로 이해하는 것만 강조하는
자들도 없진 않았지만 대다수 청교도들은 성경 이해의 경험적 차원을 신
중하게 고려했다. 그들은 하나님의 순수한 말씀의 '빛' 과 아울러 마음의
열정으로부터 발생하는 '열' 에도 지속적으로 관심을 가졌다.[14]

  예를 들어 존 굿윈(John Goodwin)과 동시대의 제레미 테일러(Jeremy
Taylor)는 성경이 보통 사람들에게 보다 가깝게 다가갈 필요가 있다는 데
동의한다. 두 사람 다 성경의 많은 교리들에서 기본적으로 일치하는 견해
를 가지고 있었다. 그러나 테일러가 성경을 지적으로 접근했던 것에 반하
여[15] 굿윈에게 중요한 것은 성경 해석의 정확성이나 해석의 난제들이 아
니라 우리의 삶을 바꾸어놓는 하나님 말씀의 영향력이었다.[16] 성경은 그
힘을 경험한 사람에게 엄청난 영향력을 미치기 때문에 굿윈은 경험된 하
나님의 말씀은 "내적으로 대단히 크고 막강한 영향"을 미치면서 영적인
필요들을 채운다고 생각했다.[17] 굿윈은 이렇게 단언했다.

---

12) J.K.S. Reid, *The Authority of Scripture* (London: Methuen, 1957), pp. 101-102.
13) Knott, *Sword*, p. 18.
14) B. Bickel, *Light and Heat: The Puritan View of the Pulpit* (Morgan: Soli Deo Gloria, 1999), p. 30.
15) 테일러는 인간의 이성에 의해 확증된 것은 하나님의 뜻에 상응하는 것으로 믿었다.
    P. Miller & T.H. Johnson, *The Puritans* (New York: American Book Company, 1938), pp. 47-49 참조.
16) Knott, *Sword*, p. 36.
17) J. Goodwin, *The Divine Authority of the Scriptures Asserted* (London, 1648), p. 141.

우리가 말하고 있는 말씀 사역 시에 성경에서 나오는 이 위대한 힘에 대해서는 이미 여러 세대에 걸쳐 실험이 완료된 상태다. 이 힘은 구름을 헤치고 나오는 불이나 빛과 같은데 이로 인해 사람들의 마음과 영혼은, 이를 테면 죽었다가 다시 살아나고 일깨워지며 각성된다.[18]

청교도들에게 '마음'(the heart)이란 영적 실체이며 또한 종교적 감정의 자리였다. 마음에 관한 바울의 생각을 따르면서 청교도들은 이 단어가 성경에 나타난 '영혼'이란 표현과 가장 가깝게 부응하는, 내면의 사람을 가리킨다고 생각했다. 이성의 기관인 머리 이외에 마음은 신자의 영적 생활에 결정적인 것으로, 하나님을 바르게 예배하려면 이 마음을 포함한 사람 전체가 요구된다.[19] 청교도들은 사변적 지식을 결코 무시하진 않았지만 하나님 말씀을 단지 지적인 수준에서 이해하는 것으로는 인간의 심령을 깨뜨리기에 불충분하다고 생각했다. 그들은 하나님 말씀을 온전히 이해하는 것은 머리만이 아닌 마음의 문제라고 보았다.

청교도들은 칼빈처럼 내적인 경험에 관해 많이 언급했는데 느낌이나 힘이나 기쁨과 같은 개인적이고 감정적인 요소들을 최우선적으로 강조했다.[20] 뛰어난 성경 강해자였던 리처드 십스(Richard Sibbes)는 마음은 단지 "육체의 내면적인 요소이거나 물리적 부분이 아니라 영적인 부분으로 영혼과 영혼의 감정"을 가리키는 것이라고 주장했다.[21] 청교도들에 따르면 인간의 감정 역시 아담의 타락 이후에 다른 기능과 마찬가지로 오염되

---

18) Goodwin, *Authority*, p. 134.
19) C.L. Cohen, *God's Caress: The Psychology of Puritan Religious Experience* (Oxford: Oxford University Press, 1986), pp. 36-40.
20) J.R. Beeke, *Assurance of Faith: Calvin, English Puritanism, and the Dutch Second Reformation* (New York: Peter Lang, 1991), p. 71; O.C. Watkins, *The Puritan Experience* (London: Routledge & Kegan Paul, 1972), pp. 97-98.
21) R. Sibbes, *The Complete Works of Richard Sibbes*, vol. 6 (Edinburgh: James Nichol, 1862-64), p. 31.

었다. 하지만 인간이 아직 갖고 있는 기능의 한 부분으로서 작용하고 있다. 에섹스의 리치포드(Richford)의 설교자였던 윌리엄 페너(William Fenner)가 감정을 "은혜를 위한 훌륭한 통로"로 여전히 신적인 축복이라고 말했던 것처럼 감정이 없다면 제 아무리 뛰어난 지력을 소유하고 있다 해도 "우리는 쇠붙이나 감각 없는 돌처럼 되고 말 것"이다.[22] 물론 감정이 이성이나 의지와 관련해서 바른 위치에 있어야 하지만 진정한 경건이란 청교도들에게 종교적 감정을 포함하는 것이었다. 십스는 감정이 종교적 생활의 핵심이라고 주장했는데 "종교란 우리의 모든 행위의 결과나 효과에 있다고 하기보다는 우리 영혼의 감정에 존재하는 것"이기 때문이다.[23]

청교도 신학에서 이러한 신적인 감정은 본질적으로 성령께서 역사하신 결과로 이해되었다. 루터와 칼빈을 따르면서 청교도들은 비록 무식한 사람이라 해도 인간의 이성이 아닌 성령의 도우심에 의해서 거룩한 성경책을 제대로 이해할 수 있다고 믿었다. 청교도주의에서는 성령과 말씀의 결합이 특별히 강조되었기 때문에 퀘이커들(the Quakers)에게서 나타나듯이 둘을 나눈다는 것은 일반적으로 용납되지 않았다.[24] 청교도들은 성령께서 성경 안에서 또 성경을 통해 말씀하신다고 확신했다. 따라서 성령의 간섭 때문에 성경을 읽는 방법은 다른 여타의 책을 읽는 것과 아주 다를 수밖에 없다. 그들은 성경을 읽을 때 얻게 되는 종교적 경험을 순전히 성령의 역사로 돌리는데 성령께서는 성경에 기록된 내용을 이해하도록 먼

22) W. Fenner, *A Treatise of the Affections; or, the Soules Pulse* (London, 1642), pp. 66-68.
23) Sibbes, *Works*, vol. 6, p. 98. 또한 Cohen, *Caress*, pp. 118-119 참조.
24) 그러나 폭스(Fox), 펜(Penn), 바클레이(Barclay), 그라톤(Gratton)과 같은 초기의 퀘이커들은 자유분방한 신비주의자들이 아니었음을 기억할 필요가 있다. 그들은 청교도들 못지않게 성경에 몰두한 사람들이었다.

저 우리의 지성을 조명하시고 다음에 순종하고픈 욕망을 마음에 불어넣
으신다. 청교도들은 교회라는 매개체의 도움 없이 성경을 보통의 상용어
로 읽는 것만으로도 지적이며 영적인 신성한 빛을 가져올 수 있다고 주장
했다.[25] 토마스 굿윈(Thomas Goodwin)이 말한 것처럼 성령께서 영적인
실재들에 대한 새로운 시각을 주시기 때문에 우리는 영적인 지식을 소유
할 수 있다.[26] 뛰어난 청교도 신학자였던 존 오웬(John Owen) 역시 만일
우리가 성경에 있는 영적 실재들을 경험하고 맛보고자 한다면 성령을 통
한 하나님 자신에 대한 주관적 증거가 필요하다고 공언했다.[27]

성령께서만 신자들에게 믿고 있는 것들의 실재에 대한 영적 감각을 허락하시는데
이로 인해 믿음은 더욱 확고해진다. 이러한 이유 때문에 영적인 것들에 대한 우리
의 지각은 종종 맛보는 것이나 쳐다보는 것이나 느끼는 것과 같은 감각적인 행위
들, 혹은 이와 유사한 감각 수단에 의해 표현된다. 이러한 영적 경험은 성령을 통
해 얻는 것으로 이성적으로는 이것에 대해 논의할 수가 없는데 이런 경험을 가진
사람은 이를 충분히 표현할 수가 없고 이런 영적 경험을 하지 못한 사람은 이를 이
해할 수가 없다. 나아가 이런 경험이 오히려 우리의 지성을 보다 확고하게 하고 세
워준다는 것도 이해하지 못하는 것이다.[28]

---

25) A. Davies, "Spirit and Word: Some Lessons from Puritanism," *Found* 34 (1995),
pp. 19-20; C. Bennett, "The Puritans and the Direct Operations of the Holy Spirit,"
Papers read at the Westminster Conference (1994), pp. 108-110; G.F. Nuttall, *The
Holy Spirit in Puritan Faith and Experience* (Chicago: Chicago University Press,
1992), pp. 21, 22, 33.
26) T. Goodwin, *The Works of Thomas Goodwin*, vol. 8 (Edinburgh: James Nichol,
1861-65), p. 260.
27) 오웬은 비록 영감 받은 인간 저자가 성경을 기록했지만 성경에 있는 모든 교훈과
약속의 궁극적인 저자는 하나님이라고 전제했다. J. Owen, *The Works of John
Owen*, vol. 16 (London: Johnstone & Hunter, 1850-55), p. 298 참조.
28) Owen, *Works*, vol. 4, p. 64.

2. 청교도 설교의 특징들

이제 우리는 청교도들이 말씀을 경험하는 일을 중시했다는 것을 염두에 두면서 청교도 설교의 몇 가지 특징들을 살펴보기로 하자.

설교의 우선권

대표적인 청교도 논객 중 하나였던 윌리엄 브레드쇼(William Bradshaw, 1517-1618)는 설교에 대한 청교도의 태도를 다음과 같이 묘사했다.

> 그들은 가장 고귀하고 우선적인 목사의 직무와 권위는 하나님의 기록된 말씀을 해석하고 또 해석된 말씀을 교훈이나 책망을 통해 적용함으로 회중들에게 진지하고 공개적으로 복음을 설교하는 것이라고 주장했다. 그들은 이것이야말로 그리스도와 사도들이 실천했던 가장 위대한 사역이라고 믿었다.[29]

그러나 복음주의적 설교는 가톨릭을 신봉했던 메리 여왕(Catholic Queen Mary, 1553-1558)의 통치 시기에는 금지되었고 많은 뛰어난 설교자들이 몸을 피하여 유럽 대륙으로 떠나게 되었다.[30] 엘리자베스 여왕때 교회로부터 높은 지위를 부여 받고 다시 영국으로 돌아온 이들은 복음을

---

29) W. Bradshaw, *English Puritanism and Other Works* (Westmead: Gregg, 1972), p. 17.
30) 메리 여왕의 통치 기간 동안 망명자들과 순교자들의 역사적 배경에 관한 자세한 내용은 A. Pettegree, *Marian Protestantism: Six Studies* (Hampshire: Scolar Press, 1996), pp. 1-9; Danner, *Pilgrimage*, pp. 15-24 참조. 메리 여왕의 박해시(1553-1558) 근 800여명의 목회자들이 안전을 위해 유럽 대륙으로 피신한 것으로 알려져 있다. Jim van Zyl, "The Centrality of Preaching among the Puritans," *Reformation Today* 110 (1989), p. 20; C.H. Garrett, *The Marian Exiles* (Cambridge: Cambridge University Press, 1938), p. 32 참조.

자유롭게 설교하기 위해 정치적 상황이 개선되기를 간절히 희망했다. 초기 종교개혁자들처럼 그들도 설교를 은혜의 중요한 수단이요 사역의 열쇠로 여겼다. 이들의 주요 관심은 될 수 있는 한 자유롭게 어디서든 설교하므로 교회 안에서 설교의 위치를 바로 회복하는 것이었다. 이런 이유로 일부 "독실한 설교자들"(godly preachers)은 영국 국교 내에서 가장 높은 지위도 마다하고 설교자의 직책을 고수했다.[31] 설교에 관한 논의에서 이 "독실한 설교자들"은 1563년에 처음 등장한 "예언"(prophesyings) 혹은 "훈련"(exercises)이라는 이름이 붙은 정규 모임 기구를 소개하고 발전시키는데 결정적인 역할을 했다.[32] 비록 1577년 여왕의 핍박으로 중단되었지만 "예언"은 영국교회에 커다란 축복이었고 후에 "청교도 강좌"(puritan lectureship)로 발전하게 되었다.[33] 인허증이 있어야만 법적으로 설교

---

31) Webster, *Godly Clergy*, pp. 95-105; P.E. Hughes, "Preaching, Homilies, and Prophesyings in Sixteenth Century England," *Churchman* 89, no. 1 (1975), pp. 7, 13-15 참조. 여왕이 데이빗 화이트헤드(David Whitehead)나 버나드 길핀(Bernard Gilpin), 마일스 커버데일(Miles Coverdale), 존 낙스(John Knox), 그리고 토마스 샘프슨(Thomas Sampson) 같은 이들에게 주교직을 제안했을 때 그들 모두는 청교도적인 원리에 근거하여 그 직책을 거절했다. 이들 열정적인 복음 설교자들은 고위성직보다 아무 규제 없이 말씀을 설교할 수 있는 직책을 선택했다. D. Neal, *The History of the Puritans; or Protestant Nonconformists*, vol. 1 (London: William Baynes and Son, 1822), p. 122 참조.

32) R.T. Kendall, "Puritans in the Pulpit and 'Such as run to hear Preaching,'" Papers read at the Westminster Conference (1990), p. 86. 처음에 "예언"은 성경강해에 있어 발전과 상호 격려라는 특별한 목표를 갖고 시작된 사역자들만의 모임이었다. 그러나 후에는 평신도들에게도 개방되었다. 결과적으로 "예언"은 칼빈주의 설교를 위한 주요 기반이 되었고 엘리자베스 여왕 치하의 영국교회 안에서 개혁주의 신앙을 확산시키는 가장 효과적인 수단이 되었다. 여기 대해서는 P. Collinson, *The Birthpangs of Protestant England: Religious and Cultural Change in the Sixteenth and Seventeenth Centuries* (Hampshire: Macmillan Press, 1988), pp. 45-46; *The Elizabethan Puritan Movement* (London: The Trinity Press, 1967), p. 51; P. McGrath, *Papists and Puritans under Elizabeth I* (London: Blanford, 1967), pp. 90-91 참조.

33) Collinson, *Movement*, pp. 50, 343. 본질상 청교도들의 기관으로서 "청교도 강좌"

하는 것이 가능했던 시절에 청교도 강좌는 예배 모범을 담고 있는 영국 국교회의 기도서(Prayer Book)에 구애받지 않고 자유롭게 설교하는 것을 가능케 했다.

웨스트민스터 예배모범서(*Westminster Directory for the Publick Worship of God*)에 따르면 설교는 "복음 사역 중에서 가장 위대하고 탁월한 사역들 가운데 하나"이다.[34] 청교도들에게 하나님 말씀을 설교하는 것은 리차드 십스가 말한 것처럼 "은사 중 은사"[35]이며 전체 공예배 가운데서 가장 중심 되는 행위이다. 따라서 그들은 설교 사역을 성례나 성찬의 집전보다 우위에 두었다.[36] 처음부터 청교도들은 진리를 신자들의 마음에 전달하여 그들을 교육하는 가장 효과적인 방법으로서 설교의 절대적인 가치를 인식하고 있었다.[37] 청교도들에게 목회사역이란 비록 그것이 중요하다고 믿긴 했지만 일차적으로 가정을 방문하거나 교인들의 개인적인 문제를 다루는 것이 아니었다. 청교도들에게서 목회직의 가장 우

_____

의 목표는 지역 교회들 내에 존재하던 좀더 적극적인 설교 사역에 대한 요구에 응답하는 것이었는데 구성원들은 주로 청교도 설교자들이었다. 대조적으로 영국 국교도들 역시 설교의 중요성에 대해서는 동의했지만 기도나 성례 의식을 희생하고서 전폭적으로 설교를 강조하려고 하진 않았다. 더욱이 설교는 정치적 관점에서 점점 더 위험스러운 것으로 비난 받았는데 이는 설교가 교회와 국가의 평화를 방해한다고 생각했기 때문이다. 그러나 대부분 "독실한 설교자들"로 채워진 "청교도강좌"의 부활은 설교자들이 자신들의 사명인 설교 사역을 수행할 수 있는 풍성한 기회들을 제공했다. 1585년경에는 런던에만 30개 정도의 지역별 "청교도강좌"가 있을 정도였다. P.S. Seaver, *The Puritan Lectureships* (Stanford: Stanford University Press, 1970), pp. 19, 22-23; I. Morgan, *The Godly Preachers of the Elizabethan Church* (London: The Epworth Press, 1965), p. 8; R. O'Day, *The English Clergy* (Leicester: Leicester University Press, 1979), pp. 74, 100-101, 167 참조.

34) "Of the Preaching of the Word," in *The* [Westminster] *Confession of Faith: the Larger and Shorter Catechisms* (Edinburgh: Johnstone & Hunter, 1855), p. 379.

35) Sibbes, *Works*, vol. 5, p. 509.

36) "The View of the Pulpit," in Bickel, *Light and Heat*, pp. 7-13; J.A. Caiger, "Preaching-Puritan and Reformed," Papers read at the Westminster Conference (1961), p. 49; van Zyl, "Centrality," pp. 17, 19 참조.

37) Davies, *Worship*, p. 188.

선적인 기능은 공적으로 성실히 설교하는 일이었다. 또한 청교도 목회학이라는 관점에서 볼 때 그들 설교의 역할은 하나님 말씀을 통해 사람들을 목회적으로 돌보는 것이었다.[38] 퍼킨스에 의하면 설교는 "사역자의 주요한 임무"이다. 그는 이렇게 경고했다.

> 설교하지 않고도 사역자가 친절하거나 이웃들과 좋은 관계를 유지하거나 자선과 같은 다른 일을 실천하거나 모범적인 생활을 하기만 하면 자기 임무를 충분히 감당하고 있다고 생각하는 사람은 크게 오해하는 것이다. 왜냐하면 사역자가 설교의 미덕을 소유하지 못하면 그는 아무것도 갖지 못한 것이기 때문이다.[39]

오웬도 같은 생각을 "목사의 첫 번째 주요한 의무는 말씀을 부지런히 설교하므로 양들을 먹이는 일이다. 이런 양육은 목사직의 본질이다"라고 표현했다.[40] 의심할 바 없이 청교도들에게 설교란 목회의 중요한 기능이었고 그들은 자신들을 무엇보다 설교자들로 묘사했다.[41]

강해적이고 평이한 스타일

로마교회와 대조적으로 청교도들은 외형상의 종교보다 영적인 종교를 강조했는데 이는 그들의 영적 예배로 대표되었다. 그들의 주장에 의하면

---

38) Packer, *Giants*, p. 372; van Zyl, "Centrality," p. 18 참조.
39) Perkins, "The Second Treatise of the Duties and Dignities of the Ministerie," in *Workes*, vol. 8, p. 445.
40) Owen, *Works*, vol. 16, pp. 74-75. 비록 설교가 일반적으로 청교도 사역의 맨 윗자리를 차지하고 있었지만 청교도들은 또한 개인적 차원에서도 탁월한 영혼의 의사들이었다. 예를 들면 리처드 박스터는 설교의 불충분성에 관심을 가졌고 개별적인 교리문답 사역을 높이 평가했다. 따라서 그는 집집마다 방문해서 개인적으로 영혼을 감독하는 일이 필요하다고 주장했다. J.W. Black, *Reformation Pastors: Richard Baxter and the Ideal of the Reformed Pastor* (Carlisle: Paternoster, 2004), pp. 93-95, 177-189 참조.
41) Morgan, *Preachers*, p. 61.

이 영적 예배의 중심은 하나님의 계시인 성경을 여는 것이었다.[42] 뛰어난 청교도 설교자들에게서 분명히 볼 수 있듯이 설교에서 경험이나 주관적 감정보다 앞서는 것은 객관적인 성경 진리였다. 즉 설교 내용에 대한 사변적 이해는 마음에 와 닿는 말씀 경험과 감정적인 반응을 이끌어내기 위한 합리적 기반을 제공한다.

청교도들과는 대조적으로 퀘이커교도들은 직접적이고 개인적인 계시의 연속성을 신뢰하면서 교회를 위한 보편적 은혜의 수단인 성경 강해의 전통을 등한시했다. 그들은 성경의 울타리를 벗어나서 내적인 빛을 추구했고 "자유로우신 성령"(free Spirit)이 주는 감정을 전적으로 좇았으며 결국 신비주의의 함정에 빠지고 말았다. 그러나 청교도 설교의 큰 강점은 그들이 항상 성경 계시를 기독교적 경험을 위한 유일하고도 최우선적인 기준으로 여겼다는 것이다.[43] 따라서 청교도 설교에서 보다 중요한 요소는 그 스타일이 아니라 내용이었는데 이를 위해 철저하고 체계적인 성경 강해가 필요했다. 청교도들의 이런 성경 중심주의는 수사학이나 강단의 웅변 기술보다 앞서는 것이었다. 강단에서 청교도 설교자들은 무엇보다 설교자 자신을 먼저 사로잡았던 하나님의 계시된 진리를 회중들도 깨닫게 되기를 바라는 소원으로 가득 찼던 것이다.[44]

청교도들이 성경을 해석하는 주요 방법들 중에서 가장 중요한 것은 본문을 주의 깊게 문자적으로 해석하는 것이었다. 영국 청교도주의는 처음부터 중세 신학자들이 허용해온 우화적 해석(allegorical interpretation)을 철저히 배척했다.[45] 성경이 본질상 하나님의 말씀이라고 생각하면서 청

---

42) Morgan, *Preachers*, p. 16; Davies, *Worship*, p. 182.
43) Watkins, *Puritan*, pp. 108, 177, 218. '내적인 빛'에 관하여 퀘이커와 벌인 충돌에 관해선 Underwood, *Primitivism*, pp. 101-118 참조.
44) Packer, *Giants*, p. 368.
45) M.M. Knappen, *Tudor Puritanism: A Chapter in the History of Idealism* (Chicago: Chicago University Press, 1939), pp. 357-358.

교도 해석학은 본문의 자연스런 의미를 추구했다. 그들은 성경 본문에 나타난 단어들의 중요성을 강조했고 어떤 진술을 하고 있는 문맥이 한 단어의 의미를 궁극적으로 결정하는 요소가 되어야 한다고 믿었다. 나아가 문법적-역사적 주해, 믿음의 유추, 그리고 그리스도 중심적 관점 같은 것들을 성경 해석의 원리와 방법들로 사용했다.[46]

청교도들은 설교 전달에서 일반적으로 평이하고 단순한 스타일을 선호했는데 이는 분명히 칼빈의 영향이었다. 그들은 말씀을 청중의 삶에 구체적으로 적용할 수 있는 능력을 갖추고 있었다. 하지만 우선 인위적인 웅변으로 회중을 조작하려는 어떤 가능성도 배제하기를 간절히 원했다. 리차드 박스터(Richard Baxter)는 청교도 설교의 격언을 "가장 평범한 표현이야말로 가장 비중 있는 문제들을 다루는 가장 적절한 웅변이다"고 표현했다.[47] 그들은 설교 준비에서 인간적인 배움이나 학문이 필요하다고 인정했지만 세속적인 웅변에는 반대했다.[48] 윌리엄 퍼킨스는 낯선 단어

---

46) 그러나 청교도들은 또한 성경을 경험적으로 해석했는데 이는 청교도들이 믿기에 성경이야말로 영적 경험으로 가득 찬 책이었기 때문이다. 청교도들은 성경 해석에서 문자적이고 경험적인 차원을 함께 추구했는데 둘 다 청교도 해석학에 필수 요소들이었다. 청교도 해석학의 경험적 성격은 이하에서 자세히 언급될 것이다. 청교도들의 성경 해석 원리와 방법론에 관해서는 Packer, "The Puritans as Interpreters of Scripture," in *Giants*, pp. 128-138; T.D. Lea, "The Hermeneutics of the Puritans," *Journal of the Evangelical Theological Society* 39 (1996), pp. 276-282; M.C. Buss, "The Puritan View of Scripture," Papers read at the Westminster Conference (1978), pp. 16-18 참조.

47) R. Baxter, 재인용, Packer, *Giants*, p. 376. 박스터는 소위 '재치 있는' 설교(witty preaching)를 비난했는데 이런 설교를 단지 "경박한 느낌을 주고 무게 있는 진리를 가볍게 증발시켜버리는 경향이 있는 교만하고 어리석은 행위"로 간주했다. D. Bush, *English Literature in the Earlier Seventeenth Century: 1600-1660* (Oxford: Clarendon Press, 1945), p. 310 참조. 존 돈(John Donne)이나 랜스롯 앤드류 (Lancelot Andrewes) 같은 재담 넘치는 설교자들은 실제로 말장난(word play)과 화려하고 세련된 말투로 많은 청중을 끌어 모았다.

48) J.W. Blench, *Preaching in England in the late 15th and 16th Centuries* (Oxford: Basil Blackwell, 1964), pp. 168-169. 또한 같은 책 pp. 184-188에 나오는 "The sermons of Henry Smith, the 'silver tongued' preacher"와 비교.

들이나 어려운 그리스어나 라틴어 문장 사용을 경고했는데 이는 듣는 자들을 혼란스럽게 해서 결국 설교로 전해지는 내용을 정확히 이해하는데 방해가 된다는 이유 때문이었다. 그는 한 걸음 더 나아가 "설교의 언어는 영적인 것으로 성령께서 친히 가르치시는 것이다. 이런 설교 언어는 단순하면서 명료해야 하는데 이것이야말로 사람들의 이해를 돕기 위해 또 성령의 위엄을 드러내기 위해 적합한 것이다"고 주장했다.[49]

청교도들에게 이런 평범한 설교는 그냥 되는 것이 아니라 본문말씀의 실용성과 명백한 이해라는 설교의 목표를 위해 끊임없이 노력한 결과였다. 그들은 현대의 회의주의적 시각이 아닌 성경의 올바른 의미와 적용을 위한 합리적 판단을 위해 '비판적 사고'가 반드시 필요하다는 것을 잘 알고 있었다. 그들은 회중이 지성을 사용하는 것을 자극하도록 설교했다.[50] 청교도 설교자들은 청중이 설교에서 들었던 것에 먼저 지적으로 동의하지 않고는 말씀에 적극적 반응을 보이지 않으리라는 것을 알았다. 따라서 그들이 설교에서 우선적으로 중요하다고 생각한 것은 느낌이 아니라 지성이었다. 그 이유는 하나님께서 마음을 움직이는 유일한 방법이 말씀에 대한 사려 깊은 이해를 통해서이기 때문이다. 따라서 청교도 설교자들의 우선적 과제는 이론적이거나 추상적이지 않으면서 회중이 머리로 진정한 이해를 갖게 되도록 성경의 진리를 지적으로 가르치고 설명하는 것이었다.[51]

그들은 이처럼 지성에 우선적으로 강조를 두었기 때문에 '반이성적'이라는 말과는 거리가 멀다. 청교도들은 실제로 르네상스의 자유로운 교육

49) Perkins, "The Art of Prophecying," in *Workes*, vol. 2, p. 670.
50) Lea, "Hermeneutics," p. 279; Caiger, "Preaching," p. 56.
51) Packer, *Giants*, p. 370. 또한 D. Boorman, "The Puritans and Preaching," *Evangelical Magazine* 17, no. 6 (1978), p. 17 참조.

을 문화적으로 상속 받은 사람들이었고 청교도 지도자들은 당시 최고의 교육을 받은 지성인들이었다. 많은 사람들 중 그 일부만 거론해본다면 윌리엄 퍼킨스, 토마스 카트라이트, 존 오웬, 토마스 굿윈과 같은 이들인데 이들 모두 옥스퍼드(Oxford)와 캠브리지(Cambridge) 대학의 저명한 교수들이거나 학자들이었다.[52]

청교도들은 따라서 성경 강해를 위해 말씀을 주의 깊고 자세하게 연구할 필요가 있다고 단언했다. 그들은 이성과 지식의 안내 역할을 무시한 채 주관적인 감정이나 열정을 과도하게 강조하는 해석 방법들을 신뢰하지 않았다. 하나님의 말씀을 연다는 과제를 성취하기 위해 청교도들은 성경 진리가 이성이나 과학과도 조화를 이룬다는 믿음을 가지고 가능한 한 철저하게 연구했다. 그들은 논리나 철학, 혹은 학문적인 추구 등을 두려워하지 않았다. 왜냐하면 성경이야말로 모든 합리적 진리의 궁극적인 원천이며 인간의 필요에 대한 유일하고 합리적인 대답이라고 믿었기 때문이다. 그러나 동시에 청교도들은 인간의 이성을 결코 성경을 판단하는 위치로 상승시키지 않았다. 반대로 칼빈의 충실한 후예들로서 그들은 인간의 타락과 원죄에 대한 교리를 받아들였고 따라서 이성을 하나님의 계시된 말씀에 복종시켰다. 청교도들은 진리가 우리의 경험이나 실제 삶과 동떨어지지 않게 하려고 극도로 주의를 기울이면서 추상적인 이성주의가 하나님 말씀을 지배하게끔 내버려 두지 않았다.[53]

경험적이고 실제적인 특성
그러나 우리는 청교도들이 성경 말씀을 문자적으로만 아니라 영적으로

---

52) Davies, *Worship*, pp. 5-6.
53) E. Hindson (ed.), *Introduction to Puritan Theology* (Grand Rapids: Baker Books, 1976), pp. 23-25; Davies, *Worship*, p. 7. 또한 Miller and Johnson, *Puritans*, 10-11 참조.

강해하려고 애썼던 것을 기억할 필요가 있다. 이 때문에 그들은 성경 해
석에서 경험적 차원을 무시하는 '고착화된 문자주의'의 함정에 빠지지
않을 수 있었다.[54] 예를 들어 윌리엄 틴데일(William Tyndale, 1494-
1536)[55]은 우리가 성경의 문자적 의미를 떠나면 우리는 "정도를 벗어난
다"고 경고한다. 그 이유는 "성경은 오직 한 가지 의미, 즉 문자적인 의미
를 갖고 있기 때문이며 이 문자적 의미가 모든 것의 뿌리이자 근거이기
때문"이라는 것이다.[56] 그러나 주목할 바는 틴데일이 성경에 대한 영적
이해를 위해 문자에만 매달리지 않도록 스스로 주의하고 있다는 사실이
다. 그는 말씀의 진리를 효과적으로 전달하기 위해 성령의 역사가 필수적
인 것이라고 믿는다. 그는 말씀에 대한 경험을 지극히 강조하면서[57] 신자
는 이런 경험적인 믿음이 절대로 필요하다고 역설한다. 만일 어떤 사람이
이런 믿음을 갖고 있지 못하다면 그는 "믿음이 뭔가를 모르고 지껄이는
무익한 수다쟁이에 지나지 않는다. 왜냐하면 이 사람은 믿음의 능력이나
그 마음에 성령의 역사를 느끼지 못하기 때문이다."[58] 틴데일은 "성령이

---

54) 예를 들어 토마스 굿윈은 "일반적으로 사람을 회심시키는 것은 말씀의 문자가 아니
라 말씀의 영적 의미다"라고 주장했는데 이는 명백히 해석에 경험적 차원을 포함시
키는 것이다. Goodwin, *Works*, vol. 11: *On the Constitution, Right, Order and
Government of the Churches of Christ & c.*, p. 364 참조. 또한 청교도들이 성경에
나타난 비유적 표현이나 예표적인 묘사들을 인식하고 있었다는 것도 주목할 가치
가 있다. Lea, "Hermeneutics," p. 281 참조.
55) 내핀에 의하면 영국 청교도주의의 진정한 시작은 1524년이다. 그 해에 틴데일은 왕
의 허락 없이 성경을 영어로 번역하기 위해 런던을 떠나 독일로 갔는데 이는 당시의
교회법을 어긴 것이다. 틴데일은 독일에서 말씀에 관한 루터교의 역동적인 관점을
만나게 되었고 이는 후에 말씀에 관한 그의 교리에 큰 영향을 끼쳤다. Knappen,
Puritanism, p. 3; Knott, *Sword*, p. 19 참조.
56) W. Tyndale, "Obedience of a Christian Man," in G.E. Duffield (ed.), *The Work of
William Tyndale* (Appleford: The Sutton Courtenay Press, 1964), p. 340.
57) Knott, *Sword*, pp. 20-24. 노트도 틴데일과 토마스 크랜머(Thomas Cranmer)를 비
교하는데 후자는 헨리 VIII세 때 대주교로 성경을 윤리적인 지침서와 도덕 교과서로
생각하고 접근했던 인물이다.
58) W. Tyndale, "Parable of the Wicked Mammon," in H. Walter (ed.), *Doctrinal*

계시는 곳에는 느낌이 있다"고 확신하면서 마음에 임하는 초자연적인 말씀의 능력을 통한 "느껴지는 믿음"(feeling faith)을 지속적으로 추구했다.[59]

청교도주의는 학자들 사이에서 각자의 관심이나 견해에 따라 보통 정치적 운동이나 신학적 운동으로 취급된다. 그러나 최근의 연구자들에 의해 다른 가능성이 제기되었다. 즉 청교도주의의 핵심을 실존적으로 평가하여 그 본질을 마음에서 우러나오는 경건으로 생각하는 것이다. 특히 청교도 설교에 대한 연구는 이런 생각이 청교도주의의 중심 흐름에서 벗어나지 않는 것임을 확실히 보여준다. 청교도 설교의 목표는 성경의 객관적 진리를 단지 믿는 자들의 머리에 전달하는 것이 아니라 그들의 마음속에 주관적으로 확신하도록 하는 것이다.[60] 이런 관점에서 청교도들은 설교를 읽는 것보다 실제로 전해지는 설교를 선호했는데, 이는 독서가 해줄 수 없는 어떤 것을 설교는 할 수 있다고 믿었기 때문이다. 다시 말해 설교는 회중들의 마음에 직접 가서 닿을 수 있다는 것이다.

예를 들어 캠브리지대학의 학자였던 토마스 카트라이트(Thomas Cartwright)는 "바람에 흔들리는 불이 더 많은 열을 내듯이 설교에 의해 전달되는 말씀도 그것을 읽을 때보다 듣는 자들 안에 더 많은 불꽃을 피어나게 한다"고 말했다.[61] 캔터베리(Canterbury) 대주교였던 에드먼드 그린달(Edmund Grindal)은 1576년 12월 20일 엘리자베스 여왕에게 장문의 편지를 썼는데 그 목적은 자유로운 설교를 설교문을 읽는 것으로 대치

Treatises (Cambridge: Parker Society, 1848), p. 55.

59) Tyndale, "Parable," p. 78.

60) R.M. Hawkes, "The Logic of Assurance in English Puritan Theology," The Westminster Theological Journal 52 (1990), pp. 247, 249, 251.

61) B. Hunbury (ed.), Ecclesiastical Polity, vol. 2 (London: Holdsworth and Ball, 1830), p. 76, 각주 참조.

하여 "예언"을 중단시키려는 여왕의 시도를 저지하려는 것이었다. 그는 설교문들의 내용에는 대체적으로 동의했다. 또 설교자들이 없을 때 이런 설교문을 읽는 것 역시 가치가 있다는 데 동의했다. 그러나 설교의 중요성과 설교의 독특한 역할을 단언하면서 엘리자베스 여왕이 청교도 설교자들의 수를 줄일 목적으로 내린 명령에는 극력 반대했다.[62] 그는 다음같이 주장했다.

> 설교를 읽는 것은 나름대로 가치가 있지만 설교를 하는 것과는 비교할 수 없다. 설교자들은 시간이나 장소, 청중의 다양성에 따라 자신의 말을 다르게 적용할 수 있는데 이는 설교를 읽는 것으로는 불가능하다. 설교에서 전하는 교훈이나 책망이나 설득은 읽을 때보다 훨씬 감정이 실려 듣는 자들의 마음을 움직이게 한다.[63]

청교도들은 설교를 읽는 것보다 실제로 전해지는 설교 자체를 더 가치 있게 여겼는데 그 이유는 설교를 통해 하나님 말씀을 경험하는 문제에 많은 관심을 기울였기 때문이다. 그들은 자신의 영적 경험에서 흘러나오는 바를 직접 설교했는데 예를 들어 죄나 용서, 확신, 하나님의 은혜와 같은 영적 문제들을 다룰 때 그러했다. 그 결과 그들의 설교는 일체 경험적이면서 또한 설득력과 권위가 있었다.[64] 오웬은 지적하기를 "설교자는 자기 자신에게 먼저 설교할 때 다른 사람에게도 제대로 설교할 수 있다. 만일 설교 말씀이 먼저 우리 안에 능력 있게 거하지 못한다면 우리에게서 능력 있게 전달될 수 없다"고 말한다.[65] 청교도들은 그들이 연구하면서 미리 맛본 말씀만을 강단에서 전하고자 부단히 노력했는데 그 결과 박스

62) Hughes, "Preaching," pp. 17, 21.
63) E. Grindal, *Remains* (Cambridge: Cambridge University Press, 1843), p. 382.
64) Packer, *Giants*, pp. 376-377.
65) Owen, *Works*, 16: 76.

터의 말처럼 "죽어가는 사람이 죽어가는 사람에게" 말하듯 절박한 심정으로 설교할 수 있었다.[66] 그들의 설교는 도덕적 강의나 철학적 교훈과는 거리가 먼 것으로 그 핵심은 하나님의 뜻에 대한 진정한 경험적 지식이었다. 토마스 굿윈이 언급한 대로 청교도 설교는 열매 없는 지식주의와는 아무 상관이 없었다.[67]

따라서 왜 청교도 설교가 멀리 있는 사람까지 끌어들일 만큼 매력이 있었는가 하는 것은 단순히 설교의 내용에만 그 원인이 있었던 것은 아니다. 합리성과 명료성에 더하여 청교도 설교는 정감적 요소, 즉 "설교자가 주는 감정적인 자극"을 가지고 있었는데 특히 청중의 마음에 이런 감정적인 영향을 끼쳤다. 청교도들은 감정을 비롯한 인격 전체의 필요를 채우는 일을 매우 중시했던 것이다. 그들에게 설교가 자극하고 사로잡아야 할 것은 궁극적으로 사람들의 두뇌가 아니라 마음이었다. 보통 한 시간 남짓한 길이였지만 청교도 설교는 그 방식과 표현이 생생하고 실제적이었다. 이처럼 청교도 설교는 사람들이 설교를 듣기 위해 달려갈 만큼 듣는 자들의 삶과 관련이 깊고 적절한 것이었다.[68]

실제로 청교도들은 기독교 진리를 신자들의 생활에 적용하지 않고는 설교를 끝내는 법이 없었는데 당시에는 이를 "사용들"(uses)이라고 칭했

---

66) 박스터는 "내 심령이 차갑게 될 때 내 설교역시 차가워진다. 또한 내가 내 청중 가운데 최상의 신자들에게서 발견하는 것 역시 내가 설교에서 차갑게 될 때 그들도 차가워진다는 것이다"라고 고백했다. 그는 "설교자는 회중에게 나아가기 전에 그의 심령에 특별한 고심이 있어야만 한다. 만일 그의 심령이 차갑다면 어떻게 청중들의 심령을 따뜻하게 할 수 있겠는가?"라고 묻는다. 따라서 박스터는 동료 설교자들에게 "형제들이여, 강단으로 올라가기 전에 죄인들의 심령을 깨우기에 적합하도록 여러분 자신의 심령을 깨우기 위해 먼저 애쓰라"고 말했다. R. Baxter, *The Reformed Pastor* (London: Banner of Truth, 1974 [5th ed.]), pp. 61, 62, 148 참조.

67) Davies, *Worship*, p. 185.

68) Kendall, "Puritans," pp. 89-90, 99. 관례적으로 두 시간 걸렸던 바울의 십자가 설교와 비교하려면 M. MacLure, *The Paul's Cross Sermons 1534-1642* (London: Oxford University Press, 1958), p. 8 참조.

다.[69] 특정 회중의 특별한 필요를 채우기 위해 위대한 하늘의 진리를 매일의 삶에 적용하는 데는 당연히 상당한 노력이 따라야 했다. 글라스고우(Glasgow)의 목회자였던 제임스 덜함(James Durham)은 자신의 계시록 주석에서 이 점을 시인했다.

> 적용은 설교의 생명이다. 청중들의 양심에 하나의 요점을 권위 있고 알기 쉽게 제대로 적용하여 감명을 끼치는데 요구되는 연구와 기술과 지혜는 심오한 진리를 펼쳐 보이기 위해 드는 노력에 결코 못지않은 것이다. 따라서 사역자들은 둘 다 연구해야 한다. 듣는 자들은 종종 간단하고 막연한 언급보다 특별하고 구체적인 표현들로 인해 변화되는 것이다.[70]

개인의 삶에 줄곧 적용을 해온 청교도 설교의 목표는 청중이 듣는 말씀에 순종하므로 더 나은 청중이 되게 하는 것이었다. 청교도들은 행할 수 없는 교리나 설교는 없다고 주장하는 일에 결코 지치지 않았다. 그들은 실천신학의 대가들이었고 그 핵심은 살아있는 말씀을 회중이 개별적으로 만나 자신들이 경험한 말씀의 빛에 비추어 경건한 삶을 영위하게 하는 것이었다. 청교도들은 이처럼 경험적으로, 실제적으로, 또 관련성 있게 설교했으므로 청중의 주의를 끌 수 있었고 그들의 마음을 얻을 수 있었다.[71] 따라서 박스터는 청교도 설교에는 "영혼의 교감이 있고 설교자로부터 청중에게 무언가가 전달된다"고 주장했다.[72]

---

69) 적용에 대한 청교도들의 집착을 드러낸 뚜렷한 한 사례로는 시편 90:1-2에 관한 스티픈 찰녹(Stephen Charnock)의 설교에서 발견된다. 여기서 그는 적어도 세 가지 주요 "사용들"과 스물네 가지 부수적인 "사용들"을 제안했다. van Zyl, "Centrality," pp. 16, 19 참조.
70) J. Durham, *A Commentary upon the Book of the Revelation* (Amsterdam, 1660), p. 265.
71) P. Lewis, *The Genius of Puritanism* (Morgan: Soli Deo Gloria, 1996), p. 48.
72) Baxter, *Pastor*, p. 149.

3. 존 번연과 청교도의 경험적 설교

이제 우리는 지금까지 논의한 청교도 설교의 한 사례로서 존 번연(John Bunyan, 1628-1688)의 설교의 능력과 효과를 살펴보고자 한다.

설교자로서 번연

번연은 1653년 베드포드(Bedford)에 있는 비국교도(영국 국교도가 아닌 개신교도) 교회에 다녔는데 얼마 지나지 않아 그 교회 집사로서 신뢰할만한 지도자와 설교자로 인정받게 되었다. 그는 영적으로 어두운 곳이라면 어디든 가서 복음을 전하고 싶은 선교적 열정을 품고 있었기 때문에 그의 설교 사역은 인근 지역까지 확장되었다. 강단이 없는 곳이라 해도 그는 집이나 헛간이나 시장에서, 심지어는 들판에서도 설교했다. 그는 설교를 구원의 주요 수단으로 간주했다. 따라서 그의 전 존재는 설교 사역에 온통 바쳐졌고 그 결과 청중들의 가슴에 지워지지 않는 영향을 끼치게 되었다.[73] 영혼을 향한 번연의 근심은 참으로 대단해서 사람들이 자신들의 죄를 확신하고 그리스도에 의해 구원 받고자 하는 소망이 보이기 전까지는 사람들의 어떤 칭송도 그를 만족시키지 못했다. 그는 "설교할 때 나는 참으로 고통스러웠는데 이는 마치 하나님의 자녀를 낳기 위한 여정과도 같았다. 나의 사역에서 어떤 열매가 실제로 맺히기 전까지는 만족할 수가 없었다"고 말했다.[74]

비국교도로서 그는 설교에 관한 영국 국교회의 금지령으로 인해 1660년 11월에 체포되어 12년 동안 수감되었다. 정치인도 모사꾼도 아니었지

---

73) P. de Vries, *John Bunyan on the Order of Salvation* (New York: Peter Lang, 1994), pp. 45-47.
74) J. Bunyan, *Grace Abounding to the Chief of Sinners* [hereafter: *Grace*] (Oxford: Clarendon Press, 1962) ed. R. Sharrock, par. 290.

만 베드포드셔(Bedfordshire)의 세력가들은 번연의 설교를 위험하고 불법한 것으로 간주했다. 번연은 "내가 더 이상 설교하지 않겠다고 약속하지 않는 한 풀려날 수 없다"는 것을 알고 있었다고 말했다.[75] 그러나 그의 설교 사역을 위협하는 이런 반응도 하나님에게 부여받은 자신의 신성한 은사를 사용하려는 그의 열망을 결코 감소시킬 수 없었다.[76] 그는 "만일 오늘 내가 감옥을 나간다면 나는 하나님의 도우심을 힘입어 내일 다시 복음을 전할 것이다"고 단언했다.[77]

번연이 12년 수감 생활을 하고 풀려나자 1672년 베드포드 교회의 회중들은 그를 자신들의 목회자로 선출했다.[78] 그러나 그의 생각에 설교 직분의 권위는 설교자를 부르신 그리스도로부터 오는 것이었다. 일부러 의도하진 않았지만 그는 주변 사람들에게 처음부터 그가 보통의 교사나 설교자가 아님을 입증했다. 번연은 영혼의 번민을 강도 높게 경험했는데 이를 통해 하나님께서는 어떤 학문적 훈련보다도 사역에 필요한 준비를 잘 시키셨다.[79] 베드포드의 성 요한 교회(St. John's church)를 섬긴 존 벌톤(John Burton)은 1656년에 출간된 번연의 첫 책인 『열려진 복음의 진리』 (*Some Gospel Truths Opened*) 라는 책의 서문에서 이렇게 언급했다.

---

75) Bunyan, *Grace*, par. 126.
76) C. Hill, *A Turbulent, Seditious, and Factious People: John Bunyan and his Church* (Oxford: Oxford University Press, 1988), pp. 106-107.
77) G. Offor (ed.), *The Works of John Bunyan* [이후론 *WB*], vol. 1 (London: Black and Son, 1857), p. 57. 번연의 아내인 엘리자베스는 남편의 석방을 위해 설교하는 것을 남편이 그만 두었으면 하는 사람들의 요청을 받자 "그는 말을 할 수 있는 한 결코 설교를 멈추지 않을 겁니다"라고 말했다. *WB*, vol. 1, p. 61 참조.
78) 자세한 내용을 위해선 G.F. Nuttall, "Church Life in Bunyan's Bedfordshire," *The Baptist Quarterly* 32, no. 7 (1976), pp. 305-313 참조.
79) F.M. Harrison, *John Bunyan* (London: Banner of Truth, 1964), p. 71. 또한 J. Ivimey, *The Life of Mr. John Bunyan* (London: Button & Burdett, 1825 [2nd ed.]), p. 198 참조.

이 사람은 이 세상의 대학이 아니라 하늘의 대학에서 선발된 사람이다. 그는 하나님의 은혜로 세 단계를 수료했다. 즉 그리스도와의 연합, 성령의 기름 부으심, 사탄의 유혹에 대한 경험인데 이것들은 복음을 설교하는 이 위대한 사역을 위해 대학에서 얻는 모든 교육과 학위가 제공할 수 있는 것보다 훨씬 더 적절하게 그를 준비시켜 주었다.[80]

종교적인 지식을 얻기 위한 교육의 역할에 대한 당시의 통념과 달리 번연은 대학 교육이나 학문이 성경을 통해 하나님 말씀을 드러내는 성령의 사역에 필수적이라고 생각하지 않았다. 그는 자신이 공교육을 제대로 받지 못했으며 상대적으로 무식하다고 고백하기를 부끄러워하지 않았다.[81] 그럼에도 그가 많은 인기를 누렸고 설교자로서 큰 영향을 끼쳤음은 의심의 여지가 없다. 그의 친구인 찰스 도우(Charles Doe)는 수천 명이나 되는 사람이 비록 번연이 학자도 박식한 사람도 아니었지만 이 '납땜장이'에 의해서 눈물과 기쁨으로 회심을 경험했다고 증거했다.[82] 번연의 회중들은 그의 설교에 대단한 종교적 열광을 보여주었고 "수백 명의 사람이 떼를 지어 모든 지역에서 그의 말씀을 듣기 위해 몰려왔다."[83] 번연은 그가 설교를 시작하면 이내 "어떤 사람들은 말씀에 감동을 받기 시작하여 그들의 죄가 심히 크다는 것과 예수 그리스도가 필요하다는 것을 깨닫고 마음에 크게 갈등을 느꼈다"고 말했다.[84]

번연의 말씀 경험

번연에게 성경은 진리의 잣대였고 그의 사고와 설교의 내용을 통제하

---

80) J. Burton, "The Epistle Writ by Mr. Burton," *WB*, vol. 2, p. 141.
81) R.L. Greaves, *John Bunyan* (Abingdon: The Sutton Courtenay Press, 1969), p. 24.
82) C. Doe, "The Struggler," *WB*, vol. 3, p. 766. 또한 Piper, *Smile*, pp. 53-54 참조.
83) Bunyan, *Grace*, par. 271.
84) Bunyan, *Grace*, par. 272.

는 것이었다.[85] 퀘이커들이나 랜터들(Ranters)의 '신령화' 작업이나 '내
적인 빛'을 좇아가는 실수를 비판하면서 그는 성경이 영감 받은 하나님
의 말씀임을 주장했다. 따라서 번연은 자신의 설교 사역의 기반인 성경에
서 기도하는 마음으로 메시지를 찾으려고 애썼다.[86] 감옥에 있는 동안에
도 성경은 이런저런 유혹을 이겨내도록 그를 지속적으로 강하게 해주었
다. 번연은 1665년 감옥에서 "성경이 여전히 나와 함께 있으므로 나는 성
경 없는 두 대학의 도서관들보다 내가 훨씬더 좋은 조건을 갖추고 있다고
생각한다"고 말했다.[87] 다른 청교도들처럼 번연 역시 성경이 "말씀의 법
칙"을 보여주고 "우리가 어떻게 살아야 하는가?"에 대한 대답을 제공해
준다고 생각했다. 또한 그는 「그리스도인의 행위」(Christian Behaviour,
1663)에서 썼듯이 이런 성경의 법칙을 매일의 삶에서 발생하는 특별한 경
우들에 어떻게 적용할 것인지를 보여주었다. 설교 속에서 종종 번연은 청
중들에게 특별한 교리를 자기 자신에게 적용하고 그에 의해 자신들의 삶
을 점검하는 것이 매우 중요하다는 것을 상기시켰다.[88]

---

85) 이는 예를 들면 번연의 "A Relation of the Imprisonment of Mr. John Bunyan," WB,
vol. 1, pp. 50-62에 극적으로 잘 나타나 있다. 이는 번연이 자신의 감정을 진리에 대
한 기준으로 삼았으므로 이를 반대한다는 탈론의 주장과는 아주 다르다. Cf. H.
Talon, John Bunyan: The Man and his Works (London: Rockliff, 1951), p. 68. 성경
의 권위에 대한 번연의 관점을 보려면 G.K. Johnson, Prisoner of Conscience: John
Bunyan on Self, Community and Christian Faith (Carlisle: Paternoster, 2003), pp.
11-16 참조.

86) E.W. Bacon, Pilgrim and Dreamer (Exeter: Paternoster, 1983), pp. 80, 87-90. 찰스
스펄전은 매년 천로역정을 읽었는데 이 책이 매력적인 산문시로 온통 가득 차 있지
만 "그의 [번연] 전 존재는 성경에 적셔져 있다"고 말했다. 스펄전이 번연을 높이 평
가한 이유는 "성경의 가장 핵심적인 진수가 그에게서 흘러나오기" 때문이었고 "그
의 영혼은 하나님 말씀으로 가득 차" 있었기 때문이다. C.H. Spurgeon,
Autobiography, vol. 2 (Edinburgh: The Banner of Truth, 1973 [4 vols., 1897-1900]),
p. 159 참조.

87) J. Bunyan, "The Holy City," WB, vol. 3, p. 398.

88) J.R. Knott, "'Thou must live upon my Word': Bunyan and the Bible," in N.H.
Keeble (ed.), John Bunyan: Conventicle and Parnassus (New York: Oxford

성경이 모든 면에서 최종적 권위였기 때문에 번연은 자신의 생애 전반
에 걸쳐 성경을 객관적으로 이해하기 위한 성경신학을 발전시켰고 모든
경험은 "성경에 비추어 주의 깊게 검사되어야 한다"는 점을 강조했다.[89]
퀘이커들이 성경의 통제를 벗어난 그리스도와의 직접적인 만남을 지지했
던 것과는 달리 그는 그리스도를 바로 알려면 오직 성경적 방법이 유일하
다고 믿었다. 따라서 만일 어떤 사람이 하나님의 객관적 말씀을 모른다면
"객관적인 그리스도"(the objective Christ)의 구원하시는 은혜도 결코 알
수 없다.[90]

성경을 강해하면서 번연은 학자들이나 교회에 의존하지 않았다. 그는
성경이 스스로 해석한다고 굳게 믿었고 이에 근거하여 자신의 교리들을
오직 성경에서 끌어내었다.[91] 번연의 해석 방법은 기본적으로 성경을 성
경으로 비교하는 것인데 그런 다음 해당 구절들을 하나님의 구원 역사 전
체와 관련시켜 보는 것이었다. 그러나 임의로 해석하지는 않았다. 우리는
그가 칼빈주의 청교도 신학의 영향을 받아 성경과 씨름했다는 것에 주목
할 필요가 있다. 번연은 종교개혁자들과 다른 청교도들의 작품을 알고 있
었고 가끔 그들의 글을 인용하기도 했다. 특히 퀘이커들의 인위적인 성경
해석을 거부할 때 그는 자신의 성경 해석을 권위 있는 종교개혁자들의 교
리들과 연관시켰다.[92] 나아가 청교도들의 평이하고 문자적인 성경 해석
에 덧붙여 성경적 의미를 당시 시대에 적용하기 위해 자신의 시적인 상상
력을 동원했다. 그의 생생하고도 힘이 넘치는 상상력은 그를 뛰어난 설교

University Press, 1988), pp. 155-156.
89) Hill, *People*, p. 169.
90) Johnson, *Prisoner*, p. 12.
91) De Vries, *Bunyan*, p. 83.
92) Johnson, *Prisoner*, p. 202. 또한 같은 책 pp. 197-209에서 번연의 주관주의에 대한
제프리 스타웃(Jeffrey Stout)의 비판에 반대하는 존슨의 주장 참조.

자로 만들었던 것이다.[93]

또한 자신의 저술과 설교에서 번연은 말씀의 능력을 경험하는 일에 깊은 관심을 보였다.[94] 자신의 영적 투쟁을 통해 공포와 기쁨을 반복적으로 느끼는 가운데 그는 말씀의 구원하는 능력을 어떻게 경험하는가 하는 문제에 지속적으로 관심을 가졌다.[95] 예를 들면 번연은 신앙 생활에서 복음이 "말로만" 이른 "수다스런 신앙고백자들"이나 관념주의자들과 복음의 약속을 마음에 느끼고 말씀의 실재를 맛보는 자들을 구별했다.[96] 또한 그는 마음을 살피는 자신의 탁월한 재능을 사용하여 종종 이름뿐인 그리스도인의 문제점을 상세히 지적했다.[97] 그의 설교와 저술은 죄와 그리스도의 넘치는 자비에 관한 말씀을 개인적으로 충만하게 경험한 데서 나오는 것이었다.[98] 그가 "거룩한 말씀에 임하는 하나님의 성령"에 의해 복음의 능력을 경험했을 때 이는 마치 성경의 약속과 은혜를 이해하는데 있어 신세계를 발견한 것과 같았다.[99] 그는 다음같이 증거했다.

---

93) G. Wakefield, *John Bunyan the Christian* (London: Harper Collins, 1992), p. 36.

94) 그리브스에 의하면 번연은 기본 교리들에 관해 칼빈주의적 신학 체계에서 많은 도움을 입었다. 그는 또한 루터의 저술 및 경험에 대한 루터의 강조에 의해 크게 영향을 받았고 이는 그의 설교에 개인적인 호소력을 더하는 요인이 되었다. Greaves, *Bunyan*, p. 25 참조. 번연은 루터의 갈라디아서 주석이 미친 커다란 영향을 시인하는데 "나는 나 자신의 상태가 그의 [루터] 경험 속에서 대부분, 그리고 깊이 다루어지고 있음을 발견했는데 그의 책은 마치 내 마음에서 나와 씌어진 것 같았다"고 말한다. Bunyan, *Grace*, par. 129 참조.

95) 번연은 극심하고 특별한 영적 투쟁을 경험했는데 이는 그의 책 *Grace Abounding to the Chief of Sinners*가 잘 보여준다. 번연의 내적 투쟁과 양심의 갈등에 대해선 Johnson, *Prisoner* 참조.

96) Knott, "Word," pp. 156-158.

97) 예를 들어 J. Bunyan, "The Barren Fig Tree," *WB*, vol. 3, pp. 560-585.

98) K. Dix, *John Bunyan: Puritan Pastor* (Rushden: The Faconberg Press, 1978), pp. 18, 21.

99) Bunyan, *Grace*, par. 117.

하나님께서 나를 그의 말씀 가운데로 이끄셨다. 그 분은 내게 말씀을 열어주셨고 내 앞에서 그 말씀들이 빛나도록 하셨으며 그 말씀들이 내 안에 거하여 나와 대화하고 거듭 반복하여 나를 격려하도록 하셨다.[100]

번연은 자신을 말씀의 힘이 지닌 영향력에 개방하기를 주저하지 않았다. 영적인 투쟁을 겪는 동안 성경의 여러 구절들이 그의 마음에 깊이 와 닿았고 그 결과 하나님의 말씀을 거의 물리적으로 접촉한 것처럼 경험했다. 성경 말씀이 "아주 신선하여서 마치 성경이 내게 말을 하고 있는 것 같았다"고 말할 정도였다.[101] 어떤 때는 하나님께서 그에게 적절한 말씀을 보내주셔서 실제로 "성경이 마치 '나를 취하라, 나를 취하라'고 말하고 있는 것처럼" 상상하기도 했다.[102] 그는 자신이 경험한 바를 즐겨 직접 묘사했는데 이는 단순히 상상력을 발휘하는 것보다 훨씬 효과적이었다. 번연은 종종 자신이 경험한 성경 말씀을 물리적으로 묘사했다. 예를 들면 "매우 무거운" "격렬한 벼락처럼" 혹은 "내 등 뒤의 방앗간 기둥처럼"과 같은 언급들이다. 이처럼 자신의 경험에 근거하여 청중의 개인적인 경험을 자극하므로 사람들을 성경의 진리 속으로 끌어들였다. 따라서 사람들은 무관심하게 그의 설교를 들을 수가 없었다. 대신 그가 말하는 바를 통해 그가 느꼈던 것을 그대로 느낄 수 있었다.[103]

---

100) Bunyan, *Grace*, par. 126.
101) Bunyan, *Grace*, par. 63. 번연을 하나님 말씀을 강해하는 더욱 효과적인 설교자로 만든 것은 12년간의 힘든 수감생활이었다. 감옥은 그가 그리스도와 깊은 교제를 갖도록 해준 축복된 장소였다. 이러한 힘든 경험은 그에게 말씀의 깊이를 갖도록 해주었고 전에는 보지 못했던 성경의 분명한 의미를 그에게 열어주었다. J. Piper, *The Hidden Smile of God: The Fruit of Affliction in the Lives of John Bunyan, William Cowper, and David Brainerd* (Wheaton: Crossway Books, 2001), pp. 74-76 참조.
102) Bunyan, *Grace*, p. 115; Wakefield, *Bunyan*, p. 33.
103) O.C. Watkins, "John Bunyan and His Experience," Papers read at the Westminster Conference (1957), p. 32.

번연의 설교 능력

번연은 첫 수감 생활 동안에 저술한 책인 「넘치는 은총」의 53개 문단 (265번에서 317번까지)에서 설교에 관한 주제를 자세히 다룬다.104) 여기서 그는 청중의 마음에 가 닿는 능력이야말로 설교의 핵심이라고 확신한다. '마음'은 그의 생각에 "이해하고 작정하고 감동시키고 추론하고 판단하는" 역할을 하는 것이다.105) 그의 설교의 목표는 우리 인격의 가장 안쪽에 자리 잡은 바로 이 마음에 강력히 호소하여 두려움이나 놀라움이나 사랑과 같은 감정들을 일깨우는 것이었다. 번연은 헛되이 설교한 적이 없었고 대신 반응을 얻기 위해 설교했다. 그는 이 목표를 성취하기 위해 모든 도구와 수단을 사용할 줄 알았던 숙련된 설교자였다. 설교에서 그는 자신이 선포하는 말씀에 스스로 마음이 심취되었던 것처럼 청중과도 감정적으로 하나가 되었다. 설교자 자신이 먼저 영적 감정을 경험하는 것은 그의 설교 사역에 필수였다. 번연의 설교는 분명히 사람들의 마음을 감동시켰고 그 비결은 그가 자신의 마음에서 나오는 설교를 했기 때문이다.106) 그는 다음같이 말했다.

> 나는 내가 느꼈던 것, 정말로 강하게 느꼈던 바를 설교했다. 심지어 나의 연약한 영혼이 탄식하며 놀라 떨고 있을 때에도 그리했다. 나는 내 자신이 사슬에 묶인 채 묶여있는 자들에게 설교했는데 그들이 주목하도록 설득하여 내 마음에 있는 불을 전달했다.107)

---

104) 이 책은 그의 회심까지의 영적 여정과 그 이후에 대한 단순하고도 직접적인 설명이다.
105) J. Bunyan, "The Greatness of the Soul," *WB*, vol. 1, p. 108.
106) J. Harris, "Moving the Heart-the Preaching of John Bunyan," Papers read at the Westminster Conference (1988), pp. 35-37.
107) Bunyan, *Grace*, par. 276, 277.

1672년 감옥에서 풀려난 후 번연은 종종 런던의 여러 회중교회에 가서 설교했는데 그 중에는 존 오웬이 섬기던 교회도 들어 있었다. 한번은 찰스 2세(Charles II)가 오웬 박사에게 왜 오웬과 같은 저명한 청교도 학자가 무식한 시골뜨기의 하찮은 설교 듣기에 그토록 열심인지 그 이유를 물은 적이 있었다. 그 때 오웬은 이 납땜장이가 가지고 있는 설교의 기술을 얻을 수만 있다면 자신의 모든 학문과 교육을 기꺼이 그것과 바꾸겠노라고 대답했다.[108] 오웬은 진정한 설교란 단지 귀나 머리만의 문제가 아니라 인격 전체에 호소하는 것이란 점을 확실히 알고 있었다. 비록 오웬이 지적인 면에서는 탁월한 사람이었지만 그는 이 베드포드셔의 납땜장이가 설교에서 인격 전체에 호소하는 측면에서는 오웬 자신보다 더 뛰어나다는 것을 알고 있었다. 따라서 오웬은 리덴홀 가(Leadenhall Street)에 있던 자신의 강단을 기꺼이 번연에게 내어주었으며 이 납땜장이가 설교하는 것을 들을 수 있는 모든 기회를 놓치려 하지 않았다.[109]

사람의 마음에 관한 번연의 깊은 지식은 「넘치는 은총」에 묘사되어 있는 격심한 영적 투쟁의 과정을 통해 얻어진 것이었다. 그는 자신의 고통스런 과거의 경험을 이용하여 선한 결과를 만들어 내었다. 이런 영적 폭풍우가 존 브라운(John Brown)이 말하듯이 "그에게 사람의 마음에 대한 깊은 이해력을 주었다." [110] 예를 들면 자신의 경험을 통해 번연은 마음의 작용이나 사탄의 유혹하는 힘이나 고통당하는 영혼을 노리는 거짓 미혹 등을 잘 이해할 수 있었다. 그는 사람들의 내적인 연약함을 이해했기 때문에 어렵지 않게 그들에게 확신을 줄 수 있었고 듣는 자들의 마음을 이

108) Ivimey, *Life*, P. 295.
109) Harris, "Heart," P. 32; Johnson, *Prisoner*, P. 200; P. Lewis, "Preaching from Calvin to Bunyan," Papers read at the Westminster Conference (1985), pp. 48-49.
110) J. Brown, *John Bunyan: His Life, Times, and Work* (London: The Hulbert, 1928), p. 56.

내 사로잡을 수 있었다.[111] 번연의 내적 번민이 가져다 준 가장 큰 유익은
이러한 영적 밀물과 썰물[112]을 통해 그가 진리를 자기 것으로 만들었다
는 데 있었다.[113] 고통의 경험 속에 임한 하나님의 간섭과 격렬한 감정을
지닌 그의 독특한 기질은 수많은 사람들의 마음을 감동시키는 특별한 임
무에 쓰이도록 하나님께서 준비시키신 것이었다. 그 결과 그는 "영국이
알고 있는 가장 생명력 있는 설교자들 중 한 사람"이 되었다.[114]

번연의 설교 스타일

번연은 윌리엄 퍼킨스의 설교 안내서인 『예언의 기술』(*Art of
Prophesying*)에 나와 있는 청교도들의 일반적인 설교 패턴을 따랐다.[115]
즉 본문 열기, 본문으로부터 교리 추출하기, 적절한 논리로 그 교리를 입
증하기, 그리고 그것을 청중의 상황에 적용하기 등이다.[116] 그의 설교들

---

111) N. Clifford, "John Bunyan," in *Christian Preachers* (Bridgend: Evangelical Press of Wales, 1994), p. 124; Nuttall, "Church," p. 312.
112) 예를 들어 Bunyan, *Grace*, par. 189 참조.
113) 번연은 성경의 객관적 권위에 관한 한 전적으로 보수적이었다. 그러나 맨 처음 성경을 영감으로 기록했던 성령의 사역과 달리 이미 기록된 성경을 이해시키려면 각 개인에게 임하는 성령의 또 다른 조명이 필요하다는 것을 경험적으로 확증했다. A.F. Gibson, "John Bunyan: 'Grace Abounding to the Chief of Sinners,'" Papers read at the Westminster Conference (1978), pp. 64-66 참조.
114) J. Brown, "John Bunyan as a Life-Study for Preachers," in *Puritan Preaching in England* (London: Hodder and Stoughton, 1900), p. 133. 또한 pp. 145-146 참조.
115) 비록 우리는 그의 설교 원본을 갖고 있지는 않지만 번연이 후에 출판했던 근 60여 권의 책들은 원래의 설교가 반영되고 발전하여 나중에 책의 형태로 제작되었다는 데 대다수가 동의한다. 그는 *The Greatness of the Soul* (1682)의 책 표지에서 그 내용들이 "처음에 피너홀(Pinners-Hall)에서 설교되었고 이제 증보되었음"을 언급하고 있다 (*WB*, vol. 1, p. 104 참조). '설교 논문들'(sermon treatises)이라고 하는 이 소책자나 짧은 논문들은 번연의 설교 스타일이나 구조나 흐름뿐 아니라 그 내용도 잘 보여준다. Cf. H.L. Poe, "Bunyan's Departure from Preaching," *The Evangelical Quarterly* 58 (1986), pp. 149-155. 또한 Talon, *Bunyan*, pp. 107-108 참조.
116) E.B. Batson, "The Artistry of John Bunyan's Sermons," *The Westminster*

은 크게 두 가지 상이한 단계로 나뉘는데 많은 청교도 설교자들이 그랬던 것처럼 우선 그는 두려운 내용을 설교한 다음 두려움에 가득 찬 영혼을 위로했다. 번연은 두려움과 사랑이라는 두 개의 감정적 기둥을 중심으로 자신의 설교 아이디어들을 배열했는데 이는 실제로 번연 자신이 통과했던 영적 투쟁의 과정이었다.[117]

그는 설교 스타일에서 어느 누구도 모방하지 않았으며 스스로 성경을 읽었던 것 자체가 설교나 저술을 하는 데 그를 훈련시켰고 그에게 개성 있는 스타일을 만들어 주었다.[118] 또한 그는 다른 유명한 연설가들처럼 단순하고 평이하게, 그리고 개별적으로 한 사람에게 말하듯이 설교하려고 부단히 애썼다. 특히 그는 "가난하고 기억력도 부족한데다 시간 여유도 없는" 무지한 사람들을 염두에 두었다.[119] 따라서 어려운 표현으로 영향을 끼치려 하기 보다는 "하나님이 그 자녀들에게 말씀하셨듯이" 말하라고 설교자들에게 권면했다. 무엇보다 그 자신이 사람들에게 "이해하기 쉬운 말로" 설교하려고 애썼다.[120] 청중들은 그가 사용하는 어렵지 않은 구어체 표현을 통하여 친근감을 느꼈고 이는 추상적이고 거리감을 느끼는 표현 방식보다 훨씬 쉽게 그의 메시지를 깨닫게 하였다.[121]

그러나 번연은 자신이 가진 웅변의 재능을 의존하기보다 연구하면서

Theological Journal 38 (1976), pp. 167-169. 설교자로서 번연은 특히 적용에서 하나님 말씀을 효과적으로 만들기 위한 추구를 부지런하고도 신중하게 계속했다. 즉 "하나님께서 축복하시면 양심을 붙잡아 일깨우는, 그러한 하나님 말씀을 발견하기 위해" 애썼다. Bunyan, *Grace*, par. 272 참조.

117) Talon, *Bunyan*, pp. 109, 111.
118) H.E.B. Speight, *The Life and Writings of John Bunyan* (London: Harper & Brothers, 1928), p. 191.
119) J. Bunyan, "The Seventh Day Sabbath," *WB*, vol. 2, p. 361.
120) J. Bunyan, "Christian Behaviour," *WB*, vol. 2, p. 558.
121) R. Pooley, "Plain and Simple: Bunyan and Style," in Keeble, *Bunyan*, pp. 109-110.

주의 깊게 설교를 준비했고 강단에도 노트를 가지고 올라갔다. 동시에 그는 설교의 은혜가 궁극적으로는 성령의 소관임을 잊지 않았다. 그의 사역의 진짜 비밀은 말씀의 신비를 더 깊이 경험하도록 그를 이끄시는 하나님의 축복에 있었다.[122] 번연에게 설교란 지성만의 문제가 아니라 하나님이 부여 하시는 자유와 능력의 문제였다. 이에 대해 그는 이렇게 증거했다.

> 나는 마치 하나님의 천사가 내 등 뒤에 서서 나를 격려하는 것처럼 설교해왔다. 내 영혼에 부어지는 이 같은 능력과 하늘의 증거를 힘입어 설교했기 때문에 나는 단지 내가 하는 말이나 믿는 것이나 확신하는 것만으로는 만족할 수 없었다. 솔직히 말한다면 생각건대 나는 내가 진리라고 선포했던 것들을 확신하는 그 이상이었다.[123]

타고난 웅변가로서 번연은 또한 설교를 적절하게 나누어 조직해야 할 필요성을 알고 있었고 설교의 효과를 위해 기타 여러 가지 방법들을 사용했다. 예를 들어 한 가지 설교 주제를 연결하는 아이디어들이나[124] 숫자를 매기는 일이나[125] 설교 서두에 가르침을 미리 요약하는 것이나 설교 후에 이를 반복하는 일 등이었다. 실제로 이 모든 것이 번연의 설교를 더욱 자연스럽고 명쾌하게 만들었다.[126] 나아가 생생한 상상력이나[127] 직

---

122) Harrison, *Bunyan*, pp. 72, 73.
123) Bunyan, *Grace*, par. 282.
124) 예를 들면 무엇보다 그리스도의 구속적 은혜를 들 수 있다 . 2년 동안 설교한 후에 그는 여전히 자신이 보고 느낀 것들을 설교했지만 동시에 모든 예배에서 예수 그리스도에 관한 자신의 축복된 발견들을 이야기하는데 많은 노력을 기울였다. Bunyan, *Grace*, par. 278 참조.
125) 예를 들어 J. Bunyan, "The Greatness of the Soul," *WB*, vol. 1, pp. 136, 143-146; "Come and Welcome to Jesus Christ," *WB*, vol. 1, p. 241.
126) Talon, *Bunyan*, pp. 112-114.
127) 번연이 청중들로 하여금 설교의 특별하고 구체적인 상황 속에 자신들이 있다고 상상하게끔 초대한 것은 그들이 듣고 있던 내용을 경험하도록 부추기는 대단히 효

유법,[128) 대조법, 풍부한 은유, 다방면의 비교,[129) 즐겨 일화를 사용하는
것,[130) 질문과 대답을 담고 있는 대화 형식[131) 등을 통해 번연은 설교에
힘과 설득력을 더했다.[132) 이런 것들이 청중의 마음을 감동시켰던 그의
설교 기교들의 원천이었다.

4. 결론

기독교 신앙이 항상 느낌을 뒤쫓아 가지 않는다는 것은 분명하다. 옥스
포드셔(Oxfordshire) 지방의 한웰(Hanwell)에서 교구목사로 사역했던 존
도드(John Dod, 1555-1645)가 경고했듯이 "아무 느낌도 없기 때문에 아
무 믿음도 갖지 않은 것" 이라고 결론내리는 것은 잘못이다.[133) 그러나 청

과적인 방법이었다. 그는 말로 나타낼 수 없는 영적 실재들을 성경과 자신의 경험
과 소박한 가정 생활 등에서 취한 여러 가지 상상들을 통해 표현했다. 이를 위해
그는 언제나 일상 생활을 열심히 관찰했고 친숙한 장면으로 이것들을 묘사할 수
있었다. 사실적인 상상력의 힘이 그를 구체적인 설득력을 가진 설교자로 만들었던
것이다. Batson, "Artistry," p. 172; Talon, *Bunyan*, p. 119 참조.

128) 번연은 "직유는 만일 적절하게 사용한다면 핵심을 크게 두드러지거나 덧보이게
한다"고 말한다. J. Bunyan, "The Holy City," *WB*, vol. 3, p. 409 참조.

129) 예를 들면, J. Bunyan, "The Heavenly Footman," *WB*, vol. 3, pp. 383-384.

130) 예를 들면, J. Bunyan, "The Jerusalem Sinner Saved," *WB*, vol. 1, p. 78.

131) 예를 들면, J. Bunyan, "Come and Welcome to Jesus Christ," *WB*, vol. 1, p. 252.
많은 경우에 이는 번연의 내적 대화를 표현하는 것이다. 예를 들어 J. Bunyan,
"The Jerusalem Sinner Saved," *WB*, vol. 1, p. 92 참조.

132) 오스트에 의하면 평범한 시장 언어와 친숙한 상상과 회화적인 언어와 일상 예화들
을 사용했던 번연의 역동적인 설교 스타일은 성경을 설명하기 위해 말씀을 의인화
하고 극적인 장면들을 사용했던 방법에 더하여졌는데 이는 중세시대에 유행했던
설교 스타일을 암시하고 있다는 것이다. 그러나 이에 반해 탈론은 번연의 개인적
인 경험이야말로 그의 설교 스타일의 저변에 깔려있으며 거기에 생명력을 주는 것
이라고 주장한다. G.R. Owst, *Literature and Pulpit in Medieval England*
(Cambridge: Cambridge University Press, 1933), pp. 97-109; Talon, *Bunyan*, pp.
125-129 참조.

133) J. Dod, 재인용, Kendall, "Puritans," p. 95.

교도 설교가 이성적이며 차갑고 지루한데다 학자풍의 본문 설명으로만 이루어졌다고 단언하는 것 역시 편견이다. 실제로는 청교도들도 번연에 게서 분명히 볼 수 있듯이 감각적이며 감정적인 요소들을 설교에서 지극 히 중요한 것으로 여겼다. 그들은 회중이 단지 말씀을 이성적으로 이해하 는 것만으로는 결코 만족하지 않았다. 청교도들에게 설교의 본질이란 궁 극적으로 두 부분, 즉 이성과 심성의 결합이었다. 다시 말해 본문을 이론 적으로 이해하는 것과 듣는 자들의 마음에 효과적으로 호소하는 것을 결 합하는 것이었다.[134] 나아가 청교도 설교의 핵심은 성경의 말씀을 조화 롭고 충실하게 강해하는데 있었다. 청교도 설교는 한편으로 장황하거나 추상적이지 않고 평이하면서 이해하기 쉽고, 다른 한편으론 무절제한 감 정주의는 피하면서도 따뜻하고 살아있는 것이었다.[135]

따라서 청교도들의 강단에서는 성령과 이성 사이의 어떤 충돌도 발견 할 수 없는데 이는 성령께서 이성에 의해 제한받지는 않으시지만 이성 안 에서 또 이성을 통해 일하시기 때문이다. 설교에서 성령이 이성에 능력을 부여하시므로 이성은 설교된 말씀을 청중들이 경험할 수 있도록 도구로 사용된다. 이처럼 "신비로운 논법"(Syllogismus mysticus)과 "실질적인 논법"(Syllogismus practicus)은 설교에서 설득과 관련된 두 가지 측면이다.[136] 바트콤(Batcombe)의 청교도 목회자였던 리처드 버나드(Richard Bernard, 1568-1641)는 젊은 사역자들에게 주는 교훈에서 효과적인 강단 사역의 두 축으로서 지식과 열정을 강조했다.

깊은 이해는 열정과 함께 가야하고 진지함은 성실함과 함께 가야 한다. 지혜 없는

---

134) Morgan, *Learning*, pp. 139-140.
135) Lewis, *Genius*, p. 47.
136) Hawkes, "Logic," pp. 254-256.

감정은 무모한 것이다. 이처럼 한 쪽이 박차를 가하는 역할을 한다면 다른 한쪽은 적절히 조절해준다. 따라서 양쪽이 분리되지 않고 연결되어 있어야 한다. 설교 전달에서 지식만으로는 무기력하고, 열정만 있다면 정중함은 결여된다. 또 열정 없는 지식은 단편화될 여지가 있으며 지식이 결여된 열정은 분쟁을 일으킬 뿐이다.137)

당시 영국 국교회 설교의 주류는 강단에서 뿜어내는 열정을 폄하했고 일반적으로 영혼을 얻으려는 뜨거운 열심도 없었다. 하지만 청교도들은 '빛과 열'을 함께 추구했으며 수사학이나 학식이 아닌 성실한 성경 강해를 통해 그렇게 했다.138) 그들은 강단에서 종교적 감정에 호소하지 않은 채 학습된 지식이나 교훈만 강조한다면 사람들을 바꿀 수 없다는 것을 알고 있었다. 동시에 그들은 성경의 빛을 결여한 뜨거움도 거절했는데 이는 사람들의 지성을 교육하는 것과 무관했기 때문이었다. 청교도 설교자들이 청중에게 큰 영향을 끼쳤던 이유는 그들이 끊임없이 이 두 가지를 함께 강조했기 때문이다.139)

137) R. Bernard, *The Faithfull Shepheard* (London, 1621), sig. A6 r-v.
138) Davies, *Worship*, pp. 202-203.
139) Lea, "Hermeneutics," p. 284.

제 4 장

조나단 에드워즈의 설교와
'마음의 감각'

성경적 설교의 본질은 성경 말씀과 인간의 경험을 통합하는 것이다. 개신교회는 이에 관해 역사적이며 신학적인 기초를 견고히 가지고 있다. 앞에서 살펴본 것처럼 존 칼빈과 영국 청교도들은 모두 신약 교회가 탄생된 이래 바뀌지 않았던 '말씀 중심적인 경험설교'(Word-centered experiential preaching)의 원리를 확신하고 있었다. 칼빈은 이 원리를 재확인했고 청교도들은 로마 가톨릭과 영국 국교회에 대항하여 그 힘을 증명했다. 4장에서는 조나단 에드워즈(Jonathan Edwards)를 집중적으로 조명하려 하는데 에드워즈는 말씀과 경험을 말씀 중심적으로 통합하는 개혁주의 설교의 원리를 집대성했던 인물이다.

여기서는 우선 에드워즈의 생각과 그의 '마음의 감각'(the Sense of the Heart)의 신학을 살펴볼 것이다. 에드워즈의 통찰은 우리가 다루고 있는 말씀과 경험의 통합이란 주제에 매우 중요하다. 왜냐하면 그가 자신의 전 생애 동안 부단한 연구와 자신의 경험을 통해 이 주제를 집대성했기 때문이다. 그 다음으로 지성과 심성의 통합에 기초를 두고 있는 에드워즈의 실제 설교를 살펴보려고 한다. 우리는 에드워즈의 천재성이 그가 철학적이며 신학적인 생각들을 통해 영적인 실재들을 설명하려고 계속 노력했고 나아가 자신이 믿던 바를 실제 말씀 사역에서 입증해냈다는 데 있었다는 것을 보게 될 것이다.

1. 에드워즈에게서 '마음의 감각'이 갖는 의의

'마음의 감각'의 기원과 정의

조나단 에드워즈(1703-1758)가 영국계 미국인들의 청교도역사에서 가장 중요한 철학자이자 신학자라는 것은 일반적으로 인정된 사실이다. 지난 50년 동안 이루어진 에드워즈의 사상에 대한 엄청난 양의 연구가 이를 확증한다. 여러 가능한 설명 중에서도 이에 대한 가장 주요한 원인은 예술적인 창조성을 겸비한 그의 탁월한 지성의 힘 때문이라 할 수 있다.[1] 페리 밀러(Perry Miller)는 1949년에 발표된 자신의 자극적인 연구에서 에드워즈가 "자기 자신의 시대를 훨씬 앞질러간, 지적으로 당대에 가장 현대적이었던 사람"이라고 평했다.[2] 밀러의 판단에 에드워즈는 단지 한 사람의 신학자 훨씬 이상으로 심오한 철학자요, 주목할 만한 심리학자요, 심미안적인 분별력을 가진 예술가였다. 밀러는 이에 대해 에드워즈가 전통적인 칼빈주의보다는 존 뉴턴(John Newton)의 과학과 존 로크(John Locke)의 경험주의에 결정적인 영향을 받은 결과라고 생각했다. 밀러의 이 같은 견해는 이후 에드워즈 연구에 크게 영향을 미쳤고 에드워즈에 대한 학자들의 논의를 주도적으로 이끄는 역할을 했다.

---

1) H.S. Stout, "Introduction," in S.H. Lee and A.C. Guelzo (eds.), *Edwards in Our Time: Jonathan Edwards and the Shaping of American Religion* (Grand Rapids: Eerdmans, 1999), pp. ix-x.
2) P. Miller, *Jonathan Edwards* (New York: William Sloane, 1949), pp. 305, xiii. 밀러의 영향력 있는 책 이후에 에드워즈에 관한 다양한 주제들이 지대한 관심 가운데 연구되어져 왔다. P. Helm and O.D. Crisp (eds.), *Jonathan Edwards: Philosophical Theologian* (Aldershot: Ashgate Publishing Limited, 2003), pp. ix-x 참조.

그러나 콘라드 체리(Conrad Cherry)는 1966년 에드워즈의 신학에 대한 '재평가' [3]를 통해 이 같은 흐름을 바꾸어놓았는데 에드워즈는 평생 동안 충실한 칼빈주의자였다고 주장했다. 그 결과 80년대에 즈음해서는 에드워즈를 연구하는 많은 전문학자들이 체리의 의견에 동조하게 되었다.[4] 우리는 에드워즈가 마브란치(Malebranche)나 헨리 모어(Henry More)나 뉴턴이나 특히 로크와 같은 유럽 사상가들의 영향을 받았다는 것을 부인할 수 없다. 또한 이런 사상가들의 공통된 특징이 이성의 힘에 대한 확신이었다는 것도 부인할 수 없다. 그러나 에드워즈는 동시에 인간 이성의 능력에 대해 회의를 갖고 있는 전통적인 개혁주의 사상을 지지하는 확고한 칼빈주의자였다는 것을 기억할 필요가 있다.[5] 밀러는 에드워즈의 생각을 로크의 언어로만 해석한 나머지 전통적인 칼빈주의 체계 안에서 결정적으로 중요한 믿음이나 은혜와 같은 요소들에 대해서는 관심을 갖지 않았던 것으로 보인다. 따라서 에드워즈가 로크의 경험철학(empirical

---

3) C. Cherry, *The Theology of Jonathan Edwards: A Reappraisal* (Garden City: Doubleday, 1966). 일반적으로 에드워즈에 관해 미국 역사상 가장 위대한 철학자요 사상가라고 말한다. 그러나 이안 머레이는 에드워즈를 가장 잘 알고 있었던 사람들은 결코 그에 대해 먼저 '위대한 철학자' 상을 떠올리진 않았다고 주장한다. 그보다 에드워즈는 '위대한 성직자' 혹은 '가장 위대한 미국의 칼빈주의자' 로 묘사되었다. I.H. Murray, *Jonathan Edwards: A New Biography* (Edinburgh: The Banner of Truth, 1987), pp. xix-xx 참조. 에드워즈에 대한 밀러의 오해에 관한 자세한 논의를 위해선 S.R. Holmes, *God of Grace and God of Glory: An Account of the Theology of Jonathan Edwards* (Edinburgh: T&T Clark, 2000), pp. 1-30; G.M. Marsden, *Jonathan Edwards: A Life* (New Haven: Yale University Press, 2003), pp. 60-64, 501-502참조.

4) M.X. Lesser, *Jonathan Edwards* (Boston: Twayne Publishers, 1988), pp. 125-126. 또한 S.H. Lee, *The Philosophical Theology of Jonathan Edwards* (Princeton: Princeton University Press, 1988), p. 3 참조.

5) W.J. Wainwright, *Reason and the Heart: A Prolegomenon to a Critique of Passional Reason* (Ithaca: Cornell University Press, 1995), p. 7. 또한 H.P. Westra, "Jonathan Edwards and 'What Reason Teaches,' " *Journal of Evangelical Theological Society* 34 (1991), pp. 496-497 참조. Cf. S.T. Logan, "The Hermeneutics of Jonathan Edwards," *The Westminster Theological Journal* 43 (1980), p. 90 n. 14.

philosophy)을 빌리긴 했어도 종교개혁 이후 점차 발전해온 개신교의 사고 흐름에 맞게끔 이를 수정했다고 보는 것이 타당하다.[6]

밀러에 따르면 에드워즈의 지적인 삶에 일어난 가장 중요한 사건 중 하나는 로크의 「인간 이해에 관한 평론」(*Essay Concerning Human Understanding*)을 읽은 것이었고 로크의 경험주의는 영적 경험에 대한 에드워즈의 신학에 지대한 영향을 끼쳤다.[7] 그러나 우리는 또한 에드워즈가 이를 크게 수정했다는 것을 유념할 필요가 있다. 로크의 견해로는 언어란 그것이 표현하려고 하는 사물 자체와는 다른 것일 수밖에 없다. 왜냐하면 표현하려고 하는 대상을 실제로 경험하기 전에는 인간의 언어로 그것에 대한 실제 개념을 전달할 수 없기 때문이다.[8] 따라서 이름이나 기호는 더 이상 그것이 가리키는 실재를 소유하지 못한다.

이는 에드워즈에게 종교의 영역에서 심각한 문제를 제기했다. 왜냐하면 그의 신학 전체의 핵심은 바로 신적인 실재를 추구하는 것이었기 때문이다.[9] 로크가 말이란 어떤 것의 실제 존재와는 구별되는 단지 말뿐인 것

---

6) S.R. Yarbrough, and J.C. Adams, *Delightful Conviction: Jonathan Edwards and the Rhetoric of Conversion* (London: Greenwood, 1993), p. 51.

7) 밀러는 특히 언어에 관한 로크의 중요한 통찰들이 에드워즈로 하여금 영적 지각에 관한 경험적 사상들을 형성하도록 이끌었다고 주장했다. P. Miller, "Jonathan Edwards on the Sense of the Heart," *Harvard Theological Review* 41 (1948), p. 124 참조. 밀러의 혁신적인 논문은 이 주제에 관한 학자들의 논의에 절대적인 영향을 끼쳤다. P. Helm and O.D. Crisp (eds.), *Jonathan Edwards*, p. 45 참조.

8) J. Locke, *An Essay Concerning Human Understanding* (Oxford: Clarendon Press, 1947 [1924]) ed. A.S. Pringle-Pattison, pp. 225-226. 로크는 영적 실재에 대한 어떤 직접적인 지식도 얻을 수 없다고 믿었다. 따라서 심지어 거듭난 사람에게도 하나님에 관한 특별한 지식으로서의 '계시'는 단지 "확장된 자연적인 이성"에 불과하다고 생각했다. Locke, *Essay*, p. 360 참조. Cf. D. Laurence, "Jonathan Edwards, John Locke, and the Canon of Experience," *Early American Literature* 15 (1980), pp. 121, 108-112.

9) W.H. Kimnach, "Jonathan Edwards's Pursuit of Reality," in N.O. Hatch, and H.S. Stout (eds.), *Jonathan Edwards and the American Experience* (Oxford: Oxford University Press, 1988), pp. 102-117. 밀러 이후에 학자들은 에드워즈에게 있어 '영

으로 일반적인 언어사용의 기능을 강조했던 반면[10] 에드워즈는 언어란
인간 존재의 한 양상으로 구체적이며 개인적인 것이라고 주장했다. 따라
서 그는 언어를 이해한다는 것은 단순히 어떤 지식을 머리로 이해하는 데
서 그치는 것이 아니라 일종의 실존적인 사건이라고 믿었다. 그는 언어를
인간 실존에 뿌리를 두고 있는 실제 아이디어들과 연결시켰는데 이는 곧
어떤 것에 대한 경험적인 인식을 의미했다. 에드워즈는 이를 '감각적 지
식'(sensible knowledge) 혹은 '심정적 지식'(heart-knowledge)이라고 불
렀는데 이는 이 지식이 머리의 기능보다 주로 마음의 기능과 관계가 있
기 때문이다. 이처럼 에드워즈는 종교적인 것들을 영적으로 이해함에 있
어서 마음의 중요성을 강조했다. 그에 의하면 이런 종류의 이해가 갖는
독특한 특징은 감정을 동반한다는 것이며 따라서 인간성 전체가 포함된
다는 것이다.[11] 기억할 것은 에드워즈가 머리와 가슴을 결코 분리시키지
않았지만 반면에 그 둘을 결코 동일시하지도 않았다는 점이다. 그는 그
둘 사이에 분명한 차이가 있다는 것을 강조하고자 했다.[12]

적 지각'(spiritual perception)이 그의 중심사상이라는데 일치한다. 이 점은 *Religious Affections, Personal Narrative*와 같은 그의 부흥에 관한 책들과 "A Divine and Supernatural Light"와 같은 설교를 살펴볼 때 분명히 드러난다. M.J. McClymond, *Encounters with God: An Approach to the Theology of Jonathan Edwards* (New York: Oxford University Press, 1998), p. 9; M.J. McClymond, "God the Measure: Toward an Understanding of Jonathan Edwards' Theocentric Methaphysics," *Scottish Journal of Theology* 47 (1994), p. 47 참조.

10) Locke, *Essay*, p. 230.

11) H. Simonson, *Jonathan Edwards: Theologian of the Heart* (Grand Rapids: Eerdmans, 1974), pp. 99-100. 에드워즈에 따르면 진정한 종교는 "머리보다는 주로 마음에 자리를 잡고 있다. 종교적인 것들은 사람의 마음 안에서 발생한다." 따라서 그는 만일 마음에 영향을 끼치지 못한다면 "유익한 지식도 모두 무의미"하다고 주장했다. J. Edwards, "Some Thoughts Concerning the Revival," in C.C. Goen (ed.), *The Works of Jonathan Edwards*, vol. 4: *The Great Awakening* (New Haven: Yale University Press, 1957), pp. 297-298 참조.

12) J.E. Smith, "Introduction," in J.E. Smith (ed.), *The Works of Jonathan Edwards*, vol. 2: *Religious Affections* (New Haven: Yale University Press, 1959), p. 13.

따라서 다른 큰 차이들이 나타나는데 첫째는 단순한 사변, 혹은 머리만의 이해이고 다음으로는 마음의 감각에 존재하는 이해이다. 전자는 적절하고 이상적인 이해라고 볼 수 없는데 이는 단지 기호만으로 정신적인 것들을 이해하거나 아니면 단지 지적이거나 관념적인 이해로서 이해의 기능과만 관련된 이해이다. 이런 이해는 의지의 움직임과는 상관없고 그런 움직임을 포함하지도 않는데 다른 말로 하면 마음의 느낌이 결여된 단순히 사변적인 지식에 의한 모든 이해를 말한다.[13]

에드워즈의 견해에 따르면 우리는 두 종류의 지식을 소유할 수 있는데 이는 합리적인 판단에 근거한 사변적 지식과 감각이나 느낌이나 내적인 맛보기를 포함하는 감각적인 지식이다. 에드워즈는 관념적 지식과 영적 지식의 차이를 꿀의 예를 들어 비유적으로 설명한다. 즉 어떤 사람이 꿀에 대한 추론적인 지식을 가질 때 머리로는 꿀이 달다는 것을 알게 된다. 그러나 그가 가진 지식은 단 맛에 대한 실제 감각은 없는 단지 관념적인 것으로 꿀이 어떻게 단 맛이 나는지는 실제로 알지 못한다.[14] 에드워즈에게 있어 진정한 영적 이해란 차가운 이성이나 합리적인 증명에 머리로 동의하는 것이 아니라 신적인 속성을 감각하는 것이었다. 에드워즈는 사변적인 이해(speculative understanding)와 감각적인 이해(sensible understanding) 사이의 이런 차이야말로 만일 제대로 평가만 된다면 지식을 분류하는 데 있어 가장 중요한 것이라고 믿었다.[15]

그의 생각에 어떤 사람의 영성은 주로 종교적 경험의 핵심인 이 마음의

---

13) J. Edwards, Misc. 782, "Ideas. Sense of the Heart. Spiritual Knowledge or Conviction. Faith," in A. Chamberlain (ed.), *The Works of Jonathan Edwards*, vol. 18: The "Miscellanies," 501-832 (New Haven: Yale University Press, 2000), p. 459.

14) J. Edwards, "A Divine and Supernatural Light," in E. Hickman (ed.), *The Works of Jonathan Edwards*, vol. 1 (Edinburgh: The Banner of Truth, 1974 [1834]), p. 14. 또한 R.W. Jenson, *America's Theologian: Recommendation of Jonathan Edwards* (New York: Oxford University Press, 1992), pp. 65-66 참조.

15) Edwards, "Ideas," p. 460.

감각에 달려있다. 따라서 만일 이것이 없다면 예를 들어 하나님의 선하심
에 대한 우리의 이해란 단지 추상적인 관념에 불과할 뿐이다. 그러나 우
리 마음이 그 아이디어의 실재를 감각할 수 있다면 진정한 영적 이해를
갖게 되며 이는 그 아이디어에 대하여 단순히 추상적인 개념만 갖고 있는
것과는 아주 다른 것이다. 이렇게 볼 때 하나님에 대한 진정한 믿음은 단
지 합리적이기만 한 것이 아니라 마음으로 느끼는 하나님의 영광에 대한
분명한 감각을 포함하는 것이다.[16]

   영적 이해에 관한 논의에서 에드워즈는 자신보다 앞서간 청교도 선구
자들이 그랬던 것처럼 마음이나 의지의 경향성을 크게 강조했다.[17] 청교
도들이 사변적인 이해와 영적 이해 사이의 차이를 설명하려고 애썼던 것
처럼 에드워즈 역시 감각에 대한 칼빈주의적 가르침을 따르는 한편 로크
의 인식론을 다듬고 수정하여서 이 두 가지, 즉 묘사적일 뿐인 개념들
(representational ideas)과 실제적 개념들(actual ideas)을 구별하려고 노
력했다. '묘사적 개념'이란 어떤 생각을 단지 반사 또는 반영함으로 얻을
수 있는 것인데 예를 들어 이름이나 상징처럼 보통 어떤 기호나 신호를

---

16) Edwards, "Light," p. 14.
17) 영적 지각의 개념은 토마스 후커(Thomas Hooker), 존 플레벨(John Flavel), 토마스
쉐퍼드(Thomas Shepard), 존 스미스(John Smith)와 그 밖의 사람들의 글에서 볼 수
있는 것처럼 청교도 문헌에서 종종 발견된다. 경험적 지식의 이러한 내적 감각은
정확한 심리학적인 용어로 묘사되기 보다 보통 은유적으로 묘사되었다. 예를 들면
"열기를 느끼는," "꿀을 맛보는," "달콤함의 향기" 등과 같이 새로운 감각을 언급하
는 전형적인 표현들이었다. N. Fiering, *Jonathan Edwards's Moral Thought and Its
British Context* (Chapel Hill: North Carolina University Press, 1981), pp. 124-126 참
조. 어트 역시 영적 감각에 관한 에드워즈의 특별한 이론이 마음에 관한 전통적인
가르침에 의존하고 있음을 확실히 보여주는데 이는 주로 믿음의 심리학에 관한 칼
빈과 청교도들의 가르침에 맞닿아 있다. 예를 들어 어트는 에드워즈의 마음의 감각
을 칼빈의 "달콤함"(*suavitas*)의 감각과 동일시하는데 칼빈은 이를 믿음에 필수적인
것으로 생각하였다. T. Erdt, "The Calvinist Psychology of the Heart and the
'Sense' of Jonathan Edwards," *Early American Literature,* 13 (1978), pp. 165-166,
171-172 참조.

수단으로 사용하는 이해를 말한다. 반면 '실제적 개념' 이란 이와 달리 그 개념이 원래 내재적으로 가지고 있는 실제 느낌을 그대로 반복 체험하여 얻는 것으로서 어떤 대상에 대한 직접적인 이해를 말한다. 에드워즈는 엄밀한 의미에서 '이해' 라는 지적인 범주에 포함시킬 수 없는 '느낌' 이 사실은 진정한 이해력의 필수 요소라고 주장했다. 따라서 '마음의 감각' 이란 단지 어떤 것에 대한 상징이나 이름을 의미하는 것이 아니라 어떤 것 자체를 의미하는데 이는 '어떤 것' 에 대한 느낌의 재현을 반드시 전제한다. 중요한 사실은 어떤 것 바로 그 자체를 정말로 반복하여 경험하지 못한다면 영적인 것들에 대한 실제적 개념을 가질 수 없다는 것이다.

이처럼 '마음의 감각' 이란 영적인 것들의 실제 개념에 대한 감각적 지식으로서, 다시 말하면 하나님의 영광에 대한 직접적인 이해를 의미한다. 이렇게 볼 때 에드워즈의 마음의 감각에 대한 개념은 첫째로는 지성을, 다음으론 감정을 교대로 강조하는 것과는 거리가 먼 것이다. 나아가 이는 또한 하나의 생각과 거기에 대한 감정적인 반응을 결합시키는 것 이상을 말한다. 즉 그에 의하면 "감정은 그 자체가 생각의 한 형태이며 사실상 이해 그 자체"라는 것이다.[18]

에드워즈를 연구하는 대다수 학자들은 '마음의 감각' 에 대한 에드워즈의 생각이 그의 전체 신학 체계에서 핵심적으로 중요한 것이란 점을 인정한다. 그의 모든 저술에서 이보다 더 창의적이고 청교도들의 경건에 이보다 더 영향을 끼쳤던 생각이 없었기 때문이다.[19] 중세 이후 전통적인 '기능 심리학' (faculty psychology)은 인간의 이성을 상상력이나 열정을 제어

---

18) Erdt, "Calvinist Psychology," p. 167. 또한 T. Erdt, *Jonathan Edwards: Art and the Sense of the Heart* (Amherst: Massachusetts University Press, 1980), pp. 22, 26-27, 42; Misc. 66, 238, in H.G. Townsend (ed.), *The Philosophy of Jonathan Edwards* (Eugene: Oregon University Press, 1955), p. 247 참조.

19) Smith, "Introduction," p. 30.

하는 요소로 이해해왔다. 따라서 이성에게 먼저 물어보지 않는, 감정을 향한 직접적인 어떤 호소도 불합리하고 부도덕한 것이었다. 그러나 에드워즈는 이런 학자풍의 심리학으로는 유기적 통일체인 인간에 대한 성경적 교리도, 부흥의 여러 다양한 특징들도 설명할 수 없다는 것을 발견했다. 그는 열광주의(enthusiasm)와 지식주의(intellectualism)의 위험에 다같이 주의하면서 인간 전체를 있는 그대로 이해하려 했다. 머리와 지성에 대한 이런 학자적 관심과는 대조적으로 마음과 감정을 설명하는 성경적 관점에 대한 그의 견해는 진정한 기독교 신앙을 위해서 이와 같은 감각적인 이해가 필수적임을 교회에 새롭게 일깨워주었다.[20]

이러한 인식 과정은 영적 감각을 얻기 위해 마음과 느낌을 포함한 인간의 전 존재에 의해 실현되는 것인데 에드워즈가 이처럼 마음의 감각 능력을 부각시킨 것은 궁극적으로 사람의 정신적인 행위와 작용을 이해하는 방법에 관한 인식론적인 혁명이었다. 자신의 저술들을 통하여 에드워즈는 신자들이 경험하는 신령한 것들에 대한 영적 감각이나 맛보기를 활발하게 탐구하였다. 그 결과 이전에는 알려지지 않았던 깊은 형이상학적인 통찰과 더불어 영적 감각에 대한 칼빈주의 신학을 발전시켰던 것이다.[21]

영적 이해의 감정적이며 지적인 차원

---

20) S. Oliphint, "Jonathan Edwards: Reformed Apologist," *The Westminster Theological Journal* 57 (1995), p. 170. 종교적 경험에 관한 에드워즈와 현대 심리학자들과의 비교를 위해서 D.R. Williams, "Horses, Pigeons, and the Therapy of Conversion: A Psychological Reading of Jonathan Edwards's Theology," *Harvard Theological Review* 74 (1981), pp. 337-352; W. Proudfoot, "From Theology to a Science of Religions: Jonathan Edwards and William James on Religious Affections," *Harvard Theological Review* 87 (1989), pp. 149-168 참조.

21) M. Veto, "Spiritual Knowledge according to Jonathan Edwards," *Calvin Theological Journal* 31 (1996), p. 167. 또한 J.-P. Martin, "Edwards' Epistemology and the New Science," *Early American Literature* 7 (1972-73), pp. 252-254 참조.

로크의 『인간 이해에 관한 평론』을 읽고 난 후 에드워즈는 로크의 심리학에는 의지나 느낌과 같은 마음과 관련된 중요한 요소들이 배제되어 있다는 것을 발견했다. 로크는 인지(cognition)의 능력을 강조했는데 인간의 이성을 마음보다 우위에 두었다.[22] 로크는 의도적으로 언어의 감정적 측면을 무시하고 언어를 단지 그에 상응하는 개념으로 제한했고 냉정한 이성으로 조절되지 않는 종교적 반응은 폄하했다.[23] 반면 에드워즈는 지각이란 지적으로만이 아니라 감정적으로도 생기는 것이라고 믿었고 따라서 의지의 작용이나 감정을 영적인 감각의 본질적 요소라고 줄곧 강조했다. 물론 에드워즈는 종교적 믿음을 위해 객관적 증거나 논리들이 매우 가치 있다고 분명히 밝혔다. 그러나 동시에 그는 제대로 준비된 마음(거듭난 마음)이나 적절한 영적 자질이 믿음에 필수적이라고 주장했다. 따라서 추론의 과정에서 감정적 차원을 배제한 채 외적 증거에만 의존하는 객관적 이성만으로는 종교적 진리에 이르는 적절한 안내를 받을 수 없다. 윌리엄 웨인라이트(William Wainwright)가 지적하듯이 만일 우리의 감성이 바르게 훈련되기만 한다면 "열정적인 이성"(passional reason)이야말로 훨씬 신뢰할 만한 것이다.[24]

에드워즈의 반대자들은 그가 지성을 희생하고 종교적 열정만을 선호한다고 공격했다. 그러나 에드워즈가 실제로 말하는 '감정'(affections)이란 강압적이면서 자기도취적인 감정적 경향이나 단순한 느낌을 의미하는 것

---

22) 예를 들어 Locke, *Essays*, p. 147.
23) 종교적 열광주의에 대해 회의론자였던 로크는 실제로 뉴 잉글랜드(New England)에서 발생한 대 각성운동(Great Awakening)의 반대자들을 위한 이론적 기초를 마련하였다. 예를 들면 에드워즈의 평생의 반대자였던 찰스 촌시(Charles Chauncy)는 "합리적 존재는 그 대상이 비록 하나님이라 할 찌라도 열정이나 감정에 의해 인도되면 안 된다"고 단정했다. C. Chauncy, *Seasonable Thoughts on the State of Religion in New England* (Boston: Rogers and Fowle, 1743), p. 324 참조. 또한 Locke, *Essay*, pp. 359-363의 "Enthusiasm"도 참조.
24) Wainwright, *Reason*, pp. 2-3, 5.

이 아니었다. 왜냐하면 이런 것들은 그런 감정을 불러일으키는 '객체' (object)와는 아무 관련이 없기 때문이다. 반대로 그는 감정 속에는 객체에 대한 능동적인 반응의 요소가 존재한다고 믿었다. 에드워즈에게 감정이란 어떤 개념에 대하여 우리의 자아가 보여주는, 이를 테면 '느껴지는 반응' (a felt response)이었다. 마음의 방향을 가리키는 신호판으로서 감정은 무엇보다 정신이 가지고 있는 생생하면서도 따뜻한 성향이라 할 수 있다. 다시 말하면 에드워즈가 말하는 감정이란 무엇에 대한 반작용을 의미하기보다는 이성과 경험을 통합하므로 영적인 실재를 제대로 이해했을 때 전체적 인간이 보이는 반응의 일종이다.[25] 에드워즈는 감정을 우리 "영혼의 성향과 의지의 보다 힘 있고 감각적인 활용들"이라고 정의했고 "진정한 종교란 많은 부분 거룩한 감정에 존재하는 것"이라고 생각했다.[26] 따라서 그는 아무런 종교적 감정도 갖고 있지 않는 사람들은 영적으로 죽은 상태이며 그들의 영혼을 깨우려면 성령의 힘 있는 영향력이 절대적으로 필요하다고 믿었다.[27]

그러나 불행하게도 당시 많은 사람들은 에드워즈의 생각을 왜곡하였는데 이는 그들이 따르고 있던 이성과 감정에 대한 심각한 이원론 때문이었다. 따라서 그는 부흥의 시기에 부흥주의자들(revivalists)과 이성주의자들 (rationalists)로부터 모두 공격을 받았다. 이성주의자들은 진정한 이해에 내재해 있는 감정적인 반응의 중요성을 간과하면서 감정을 지적인 내용이나 개념이 결여된 것으로 취급했다. 반대편 극단에 있던 부흥주의자들은 종교적인 맹목성의 예를 잘 보여주었는데 그들은 열광을 진정한 감정으로 오해했고 이내 반 지성주의의 함정에 빠지고 말았다. 그러나 에드워

---

25) J.E. Smith, *Jonathan Edwards: Puritan, Preacher, Philosopher* (London: Geoffery Chapman, 1992), pp. 33-34, 55 n. 6.
26) Edwards, *Religious Affections*, pp. 96, 95.
27) Edwards, *Concerning the Revival*, p. 388.

즈는 이 둘을 분명하게 구별했다. 즉 감정이란 전체 인간성이 보여주는 능동적인 반응으로 자기 절제가 그 특징인 반면 거듭나지 못한 열정이란 일반적으로 사람을 압도하게 되고 결국 그를 감정의 굴종적인 노예로 만들고 마는 것이다.[28]

에드워즈는 열광주의의 위험을 충분히 인식하고 있었으며 이는 심지어 영적으로 가장 충만하고 특별한 축복을 받은 부흥의 시기에도 일어날 수 있었다. 그는 사람들이 극도로 흥분하여 선동될 때에는 종종 충동이나 개인적인 느낌에 치우쳐 자신들의 상상에 가해지는 주관적인 자극을 성령의 즉각적이고 직접적인 인도하심으로 여기는 것을 보았다. 그러나 에드워즈는 아무리 강한 자극이라 해도 성경 본문에 대한 이해가 원래의 의미를 벗어나 틀리게 해석된다면 결코 믿을만한 안내자의 역할을 보장하지 못한다고 생각했다. 그는 소위 성령의 부어지심으로서 '부흥'이 지속되거나 끝나는 것은 일반적으로 이런 종교적 광신주의가 제어될 수 있느냐 없느냐의 여부에 달려있다고 확신했다. 따라서 그는 크로스웰(Croswell)이나 데븐포트(Davenport)와 같은 동시대의 극단적인 열광주의자들을 반대하면서 살아있는 종교와 열광주의를 반드시 구별해야 한다고 주장했다.[29]

의심할 바 없이 이 시대와 다른 시대의 많은 경건한 사람들이 가엽게도 자신을 미

---

28) J.E. Smith, "The perennial Jonathan Edwards," in Lee and Guelzo (eds.), *Edwards in Our Time*, pp. 3, 5-6. 체리 역시 비록 에드워즈가 자신을 육체적으로 나약하고 우울한 사람으로 고백했지만 이는 격정(passion)과 관련된 것이지 진정한 감정(affections)과는 상관없는 것이라고 단언한다. 체리는 에드워즈가 분명히 격정을 감정과 구별했다고 주장하는데 에드워즈에게 감정이란 사랑이나 미움처럼 어떤 것을 호, 불호의 관점에서 선택하는 의지의 활동으로 정의된다. C. Angoff (ed.), *Jonathan Edwards: His Life and Influence* (New Jersey: Associated University Press, 1975), p. 50 참조.

29) Murray, *Jonathan Edwards*, pp. 238-246.

혹에 노출시키고 말았다. 이런 현상은 특별히 이 땅 위의 종교를 부흥시키기 위해 성령께서 크게 임재하셨을 때에 두드러지게 나타났다. 뉴잉글랜드에서는 교회가 가장 순수한 시대에, 살아있는 경건이 넘쳐흐르던 시대에 이런 종류의 일들이 발생하였던 것이다.[30]

비록 영적 감각이 의지나 성향을 포함하고 맛이나 기쁨과 같은 감정적 차원을 가지고 있다 해도 에드워즈는 궁극적으로 이것을 이해의 일종이라고 주장했다. 앞서 갔던 다른 청교도들처럼 에드워즈에게도 영적 감각이란 하늘의 것들을 경험하며 맛보는 것을 의미했다. 그러나 이는 그 안에 지식과 교훈을 담고 있는 경험이었다. 로크가 이성을 의지나 감정으로부터 확실하게 구별한 반면 에드워즈가 말하는 영적인 지각이란 감정적 요소를 지니고 있는 이성의 지적인 직관으로서 이는 진리를 이해하도록 해주는 특별한 감각으로부터 생겨나는 일종의 인식 작용이었다. 에드워즈에게 이성은 영적인 증거에 반대되는 것이 아니었다. 오히려 이성은 영적인 일에 있어서 그 필요성이나 타당성, 그리고 조화로움을 더욱 입증하는 것이었다. 그에게 하나님의 계시란 객관적 증거와 논리적 추론에 근거한 이성의 법칙들로 구성된 것이었다.[31]

그는 믿기를 하나의 생각이란 논리뿐 아니라 감정적 경험과도 관련된 상태에서 구성되는 것이기 때문에 논리를 희생하고 감정에만 호소할 필요는 전혀 없는 것이다. '마음의 감각'이란 개념을 설명하면서 에드워즈는 분리시킬 수 없는 한 단위로서 사고와 감정과의 밀접한 관계를 부각시키려고 노력했다. 영적인 감각이란 그에게 거룩함에 대한 생생하면서도 인격 전체가 하나로 통일된 경험을 의미했는데 이는 맛볼 수 있고 경험할

---

30) J. Edwards, "The Distinguishing Marks," in E. Hickman (ed.), *The Works of Jonathan Edwards*, vol. 2 (Edinburgh: The Banner of Truth, 1974 [1834]), p. 265.
31) Edwards, *Religious Affections*, pp. 206, 272; Wainwright, *Reason*, pp. 26-30, 15.

수 있는 지각 작용의 한 형태였다. 이렇게 볼 때 에드워즈를 해석함에 있어서 머리와 가슴, 지성과 심성이라는 관례적인 이원론을 따라 생각과 감정을 서로 상반된 것으로 여긴다면 에드워즈 자신의 주된 관심과는 멀어질 수밖에 없다.[32]

에드워즈가 반지성적인 전통을 대변하거나 '이해'를 '느낌'에 종속시킨 것이 아니란 것은 분명하다. 반대로 영적인 지각이란 그에 의하면 합리적인 것이며 철학적인 식견이 결여된 것도 아니다. 지각이 생기면 우리의 감정도 움직이는데 에드워즈는 이럴 때 우리의 지성이 동시에 작용한다고 주장했다. 영적인 이해는 그 자체 안에 지적인 내용을 가지고 있는데 왜냐하면 마음이란 우리가 뭔가를 이해할 때 갖게 되는 어떤 개념이 가리키는 객관적 대상을 토대로 하고 있기 때문이다. 사변적인 혹은 관념적인 이해는 그 자체로 결코 충분하지는 않지만 영적인 지각에서 우선적인 요소이다.[33] 그는 다음과 같이 말했다.

> 만일 어떤 사람이 죄인들을 위해 그리스도가 이런 저런 일들을 어떻게 행하시는가에 대해 지식적으로 우선 이해하지 못한다면 실은 그런 일들을 행하시는 그리스도의 사랑과 탁월하심을 볼 수 없는 것이다. 이런 저런 일들이 실제로 존재한다는 관념적인 생각을 먼저 갖지 않는 한 신령한 영역에 포함된 이런 저런 일들의 달콤함

---

32) Cf. O. Winslow, *Jonathan Edwards, 1703-1757: A Biography* (New York: Collier Books, 1961), p. 216; Miller, *Jonathan Edwards*, p. 184. 밀러는 에드워즈가 사변적인 이해와 마음의 감각을 날카롭게 구별함으로 이해를 감정에 종속시키려 했다고 주장했다. McClymond의 다른 견해를 위해 *Encounters*, pp. 11-12 참조.

33) J. Edwards, "The Importance and Advantage of a Thorough Knowledge of Divine Truth," in W.H. Kimnach, K.P. Minkema, and D.A. Sweeney (eds.), *The Sermons of Jonathan Edwards: A Reader* (New Haven: Yale University Press, 1999), p. 31. 아울러 McClymond, *Encounters*, p. 18; C.A. Smith, "Jonathan Edwards and 'the Way of Ideas,'" *Harvard Theological Review* 69 (1976), pp. 161-171; S.H. Lee, "Mental Activity and the Perception of Beauty in Jonathan Edwards," *Harvard Theological Review* 69 (1976), pp. 371-372 참조.

이나 거룩한 탁월함을 맛보지 못하게 된다.[34]

다시 말해 에드워즈는 마음이 작동하기 전에 대상에 대한 합리적인 지식이 먼저 와야 한다고 생각했다. 예를 들면 어떤 사람에 대한 개인적이고 구체적인 지식이 먼저 없다면 그 사람을 사랑한다는 것은 불가능하다. 그 이유는 간단한데 그는 우리가 전혀 알지 못하는 사람이기 때문이다. 에드워즈에 의하면 "영혼으로 하여금 사랑을 유발케 하는 이성은 마음에 대해 타당한 영향력을 갖기 전에 우선 이해가 되어야 한다…. 이해라는 문을 통과하지 않고는 어떤 것도 마음에 가 닿을 수 없다."[35] 반지성주의를 정당화하지 않고 그 대신에 에드워즈는 이처럼 어떤 종교적 대상에 대해 초자연적인 감각을 느끼기기에 앞서 그것을 관념적으로 이해할 필요가 있다고 주장했다. 성령께서 하나님의 영광에 대한 위대한 감각을 나누어주실 때 성경의 교리에 대한 사변적 지식이 많으면 많을수록 우리는 이러한 이성적 지식 위에 성령께서 더욱 쉽게 역사하시는 기회를 갖게 되는 것이다.[36]

에드워즈는 하나님께서 어느 시대든지 자신을 섬기는 종들의 인간적인 학습이나 배움을 크게 사용하셨다고 믿었다. 따라서 모든 사역자와 설교자는 교육과 연구라는 자연스럽고 일반적인 수단을 통해 자신의 소중한 직임에 걸맞도록 자신을 준비하여야 한다고 주장했다. 예를 들어 에드워즈의 '결심들'(Resolutions) 중 28번을 보면 그는 성경 지식에서 발전하려

---

34) Edwards, "Thorough Knowledge," p. 32.
35) 에드워즈에 의하면 "영혼으로 하여금 사랑을 유발케 하는 이성은 마음에 대해 타당한 영향력을 갖기 전에 우선 이해가 되어야 한다…. 이해라는 문을 통과하지 않고는 어떤 것도 마음에 가 닿을 수 없다." Edwards, "Thorough Knowledge," p. 32; Smith, "Jonathan Edwards," p. 3 참조.
36) Erdt, *Jonathan Edwards*, p. 31.

고 "성경을 꾸준히 지속적으로 그리고 자주 연구하기로" 작정하고 있
다.[37] 에드워즈에게 있어 성령은 즉각적인 영감이나 자극이나 상상력에
역사하시는 것이 아니라 이성이나 기억이나 양심과 같은, 우리가 지니고
있는 자연스런 원리들을 도와주심으로 역사하신다.[38] 따라서 그는 히브
리서 5:12 설교에서 "모든 가르침은 배움이 없다면 헛된 것이다"고 주장
했다.[39]

성경에 대한 온전한 이해와 영적 확신

위에서 살펴본 것처럼 에드워즈는 진부한 전통적인 교리와는 대조되게
영적 실재를 지각하는 일에서 경험적 차원을 강조했다. 또한 이를 자신의
전체 신학 체계에서 핵심적인 것으로 부각시키려고 애썼다. '마음의 감
각'은 거듭나지 못한 자연적 인간으로서는 가질 수 없는 새로운 감각인데
영적인 이해에서 열쇠가 된다. 이 새로운 내적 지각은 '오감'이나 '육감'
같은 개념과도 구별되는 것으로 자아의 내적 중심을 비유적으로 표현하
는 '마음'과 밀접한 관련이 있다.[40] 이 새로운 감각은 성경에 있는 하나
님의 영광이나 아름다우심을 맛보고 경험하는 근거가 되는 것인데 이는
하나님을 단순히 인식하는 것 이상이다. 새로운 감각에 기초한 영적 이해
는 성경에 표현된 신적인 영광을 직접적이고 즉각적으로 이해하는 것을
가능하게 하는데 결과적으로 복음의 교리들을 확신시켜주는 역할을 한

---

37) S.E. Dwight, "Memoirs of Jonathan Edwards," in Hickman (ed.), *Works*, vol. 1, p. xxi.
38) Edwards, *Concerning the Revival*, pp. 434, 438. 또한 C.A. Smith, "Jonathan
   Edwards," p. 7 참조.
39) Edwards, "Thorough Knowledge," p. 31.
40) J.E. Smith, *Jonathan Edwards*, p. 40. 또한 Lee, "Mental Activity," pp. 388-389
   참조. 에드워즈는 "이 새로운 영적 감각은 이해의 새로운 기능이 아니라 동일한 이
   해기능의 새로운 종류의 활동을 위한 것으로 영혼의 본질 안에 존재하는 새로운 토
   대"라고 말했다. Edwards, *Religious Affections*, p. 206 참조.

다.[41] 에드워즈는 '개인적인 이야기'(Personal Narrative)에서 자신의 마음을 사로잡았던 하나님 말씀에 대한 내적이며 감미로운 감각을 경험했던 첫 번째 사례를 기술한다. 그 경험은 그가 디모데 전서 1:17을 읽고 있을 때 일어났다. 그는 "이전에 내가 경험했던 어떤 것과도 매우 다른 하나님의 영광에 대한 감각, 새로운 감각이 내 영혼 속에 들어와서 넓게 퍼졌다. 성경의 어떤 내용도 이 구절처럼 영향을 끼치진 못한 것처럼 여겨졌다"고 회고했다.[42] 마음의 감각에 대한 이같이 새로운 경험은 에드워즈에게 영적인 것들에 대한 새로운 이해를 가져다주었는데 그 결과 "설교는 새로운 것이 되었고 성경은 새로운 책이 되었다."[43]

주해가로서 에드워즈는 성경의 자연스러운 의미를 무시한 채 감추어져 있는 신비스러운 의미를 추구한 적이 한 번도 없었다. 그는 성경이 자증적(self-authenticating)이며 자기 계시적(self-revealing)인 성격을 가지고 있다고 믿었다. 따라서 그의 생각에 성경 본문은 자연스러운 의미를 통해서 하나님의 메시지를 전할 수 있었다. 하지만 그는 또한 성경이 성령의 조명 없이는 분명해 보이지 않는, 영적인 것들에 대한 보다 깊은 의미를 가지고 있다고 믿었다. 이런 생각 때문에 그는 자신의 생애 동안 성경의 충만한 의미(full understanding)를 얻기 위해 노력했다.[44] 예를 들면 성경

---

41) J.E. Smith, *Jonathan Edwards*, pp. 42-43.
42) Dwight, "Memoirs," p. xiii.
43) J. Edwards, "A Faithful Narrative of the Surprising Work of God," in Goen (ed.), *The Great Awakening*, p. 181.
44) S.J. Stein, "The Spirit and the Word: Jonathan Edwards and Scriptural Exegesis," in Hatch and Stout (eds.), *Jonathan Edwards*, p. 120; "The Quest for the Spiritual Sense: The Biblical Hermeneutics of Jonathan Edwards," *Harvard Theological Review* 70 (1977), pp. 108-109. 예를 들어 성경주해에서 에드워즈가 사용했던 예표론적 방법에 대해선 C. Cherry, "Symbols of Spiritual Truth: Jonathan Edwards as Biblical Interpreter," *Interpretation* 39 (1985), pp. 263-271; M.I. Lowance, "Images or Shadows of Divine Things: The Typology of Jonathan Edwards," *Early American Literature* 15 (1970-71), pp. 141-181참조.

본문이 종종 처음에는 '지루하고 하찮고 관계없고 모순된' 것처럼 보인다. 그러나 성령께서 성경에 대한 보다 풍성한 이해를 가능하게 하실 때 성경의 같은 표현들이 서로 조화를 이루며 일치하는 것으로 보이게 된다. 같은 본문이 그럴 때 깊은 감동으로 다가오는데 그리하여 우리는 "신자들의 심령에 교훈을 주기 위해 하나님 말씀이 무슨 의도로 기록된 것인지" 알게 된다.[45]

이처럼 말씀이 신자들 안에 적절한 감각을 불러일으키면 보다 확실한 성경 지식을 갖게 된다. 에드워즈에 의하면 이러한 지식은 합리적일 뿐 아니라 경험적이며 실천적인 지식이다. 그는 진정한 종교적 지식을 온전하게 얻기까지 추구했는데 이러한 추구는 그 자신과 하나님의 직접적인 만남에 근거한 것이었다. 그의 생각에 신자들은 말씀을 통해 감미로운 경험과 더불어 하나님을 지각하게 되는데 이는 마치 그들 스스로 꿀의 달콤함을 맛보는 것과 같다.[46] 그는 자신의 경험을 이렇게 증거했다.

> 성경을 읽는 중에 종종 단어 하나하나가 내 마음에 와 닿는 것 같았다. 나는 그러한 감미롭고도 힘 있는 단어들 사이의 조화를 느꼈다. 또한 종종 성경의 문장 하나하나가 비추어주는 아주 풍성한 빛을 보는 것 같았고 신선한 영적 음식이 내게 전달되는 것 같았다. 그럴 때는 더 이상 성경 읽기를 계속할 수가 없었다. 종종 한 문장에 오랫동안 머물면서 그 안에 담겨있는 경이로움을 바라보았는데 거의 모든 문장이 경이로움으로 가득 찬 것 같았다.[47]

복음 안에 담겨있는 말씀의 실재는 직접 인식되는 것이 아니라 성경에

---

45) J. Edwards, Misc. 126, "Spiritual Understanding of the Scriptures," in T.A. Schafer(ed.), *The Works of Jonathan Edwards*, vol. 13: *The 'Miscellanies', a-500* (New Haven: Yale University Press, 1994), p. 290.
46) Erdt, "Calvinist Psychology," p. 177; McClymond, *Encounters*, p. 16.
47) Dwight, "Memoirs," p. xiv.

묘사된 하나님을 직접 인식하는 감각으로부터 추론되는 것이다. 우리 믿음의 바탕이 되는 이러한 추론은 어떤 긴 논증이 필요 없다. 에드워즈는 "우리 마음은 한 계단만 밟으면 복음의 진리가 있는 곳으로 바로 올라갈 수 있는데 그 한 계단이란 복음 진리가 내포하고 있는 하나님의 영광이다"고 말했다.[48] 성경 진리는 일련의 논증에 의해 실제화 되는 것이 아니라 성경 말씀 안에 있는 신성과 아름다움을 지각하므로 생겨나는 즉각적인 추론에 의해 실제화가 된다. 우리는 이것을 "복음 안에 나타난 것들의 신성에 대한 일종의 직관적인 지식"이라고 부를 수 있다.[49] 따라서 영적인 사람이 영적인 사건이나 진리를 지각하는 것은 색깔이나 단맛을 지각하는 것처럼 즉각적이고 직접적이다.[50]

이와는 달리 관념적이거나 사변적인 지식에서는 마음이 언급된 대상 자체와 떨어져있다. 따라서 단어들과 그 단어들이 표현하려 하는 구체적인 대상이나 사물 사이에 아무런 관계가 없다. 문제는 이러한 관념적 인식만으로는 진정한 영적 지식을 얻는 기초를 마련할 수 없다는 것이다. 왜냐하면 어떤 단어가 표현하려 하는 개념을 실제로 느끼지 못할 때 성경의 표현들이나 단어들은 단지 하나님 말씀의 외형만 보여주는 기호에 불과하기 때문이다. 이와 같이 사변적인 지식은 그 자체로 확신을 주지 못한다. 그러나 마음의 변화를 받아 생겨난 이 새로운 영적 감각은 영적인 것들에 대한 확신을 가능하게 할 뿐 아니라 그 동안 품었던 영적인 회의나 의심도 제거해 버린다. '마음의 감각'은 하나님 말씀의 영적인 탁월성을 감각적으로 이해하게 해주는 것이며 이로 인해 성경적 개념들과 우리 마음의 일치가 가능해진다.[51]

48) Edwards, *Religious Affections*, pp. 298-299.
49) Edwards, *Religious Affections*, p. 298.
50) Edwards, "Light," p. 17.
51) S.H. Daniel, *Philosophy of Jonathan Edwards: A Study in Divine Semiotics*

에드워즈에 따르면 어떤 사람이 영적 진리에 먼저 관심을 기울이고 또한 그 마음이 영적 진리에 의해 적절히 영향 받지 않으면 하나님 말씀에 대해 생생하고 분명한 개념을 갖기란 불가능하다. 이런 이유로 영적 개념들에 대한 합리적인 논증들이 종종 확신을 불러일으키는 데 실패한다. 반면에 하나님의 특별한 은혜는 사람들로 하여금 보다 열심히 성경 말씀에 주의를 집중하게 해주는데 이로 인해 말씀을 이해하는 보다 분명한 시각이 가능해진다.[52] 신자들이 이처럼 성경의 진리를 자신들의 눈으로 분명하게 볼 수 있을 때라야 비로소 '가장 큰 확신'을 갖게 된다. 에드워즈는 이런 확신은 성경 지식에 관한 다른 어떤 정보로도 불가능한 것이라고 단언했다.[53]

그는 영적 지각이 주로 세 가지 구성 요소로 이루어진다고 주장했다. 즉 이해하려고 하는 '주체'(해석자)와 이해되어질 '영적 대상'(성경 말씀), 그리고 인간의 지각 능력과 영적인 말씀 사이의 연결을 가능케 하는 필수불가결한 신적 매개자로서 해석자의 마음에 임하는 '성령의 조명'이다.[54] 에드워즈는 어떤 말씀에 대한 확고한 믿음을 얻으려면 우선 자신이 먼저 말씀의 실제적인 임재를 지각하는 것이 반드시 필요하다고 역설했다. 이 점에서 말씀에 대한 확고한 영적 지식이란 '참여적인 지식'(Participant knowledge)인데 이런 종류의 지식은 인식하려 하는 자와 인식되는 대상 사이의 거리를 좁혀주는 지식이다. 에드워즈는 자신의 깊은 생각을 바탕으로 이처럼 해석자와 말씀사이의 밀접한 관계에 주목했다. 그에게 '마음의 감각'이란 복음 진리를 논리적으로 이해하도록 해줄 뿐 아니라 궁극적으로는 그러한 교리와 진리를 내적으로 확신하게끔 해주는

(Indianapolis: Indiana University Press, 1994), pp. 188-189, 191.
52) Edwards, "Light," p. 14. 또한 Wainwright, *Reason*, p. 49 참조.
53) J. Edwards, "The Pure in Heart Blessed," in Hickman (ed.), *Works*, vol. 2, p. 907.
54) McClymond, *Encounters*, p. 13.

것이었다.55)

2. 에드워즈의 설교에서 지성과 심성의 통합

이제 여기서는 에드워즈가 '마음의 감각'에 대한 자신의 생각을 실제 설교 사역에 어떻게 적용했는지 살펴보고자 한다.

설교의 목표

에드워즈가 글을 쓰는 데는 특출한 은사를 가졌지만 말하는 데는 그렇지 못했다는 사실은 잘 알려져 있다. 그는 자신이 실제로 의도한 내용대로 설교에서 표현하고자 정확한 단어들을 고르기 위해 고심했다. 또한 자신의 생각을 청중들도 함께 느끼게 하려고 설교 준비에 무척 많은 노력을 기울였다. 그는 설교자가 청중의 마음을 얻어내려고 애쓰는 노력 안에서, 또 그런 노력을 통해 성령께서 역사하신다고 생각했다. 따라서 그는 머리만이 아니라 가슴에 호소할 만한 적절한 언어들을 발견하기 위한 노력을 아끼지 않았다.56) 유명한 엔필드(Enfield) 설교인 '진노하신 하나님의 손 안에 든 죄인들'(Sinners in the Hands of an Angry God)에서 보여주듯 에드워즈는 상상이나 은유나 극적인 비교와 같은 생생한 언어를 수사학적으로 구사하는데 능숙했다. 엔필드 설교는 어찌나 강력하고 생생했든지

---

55) Yarbrough and Adams, *Conviction*, p. 35; Wainwright, *Reason*, pp. 31-33.

56) Cherry, *Theology*, p. 53. 에드워즈는 1750년 자신의 고별설교에서 노스햄프턴 (Northampton) 회중에게 "여러분을 설득하기 위해 나는 내 모든 노력을 다했습니다. 할 수만 있다면 여러분들이 죄를 버리고 하나님께로 돌아서서 그리스도를 여러분의 구주와 주인으로 받아들일 만한 설득의 말을 찾으려고 애썼습니다. 나는 이 일에 아주 힘을 많이 들였습니다"라고 말했다. W.H. Kimnach, K.P. Minkema, and D.A. Sweeney (eds.), *The Sermons of Jonathan Edwards: A Reader* (New Haven: Yale University Press, 1999), p. 232 참조.

그가 설교를 마쳤을 때 청중들은 하나님의 심판이 당장 일어날 것 처럼 느껴질 정도였다. 죄와 하나님의 진노에 대한 개념적 이해만으로는 충분하지 못했기 때문에 에드워즈는 회중들이 들었던 것을 스스로 보고 느끼고 경험할 수 있도록 하는데 설교의 목표를 두었다. 즉 설교를 통해 전달되는 교리적 명제들을 회중이 경험적으로 감각하는데 초점을 맞추었다.[57] 트럼불 목사(Rev. Trumbull)는 엔필드에서 전해진 에드워즈의 설교를 이렇게 묘사했다.

> 설교가 끝나기 전에 모인 사람들은 이미 크게 자극을 받았고, 자신들의 죄와 현재 처한 위험에 대한 압도적인 확신으로 바닥에 엎드리게 되었다. 비탄으로 인한 탄식소리와 흐느껴 우는 소리가 가득해지자 급기야는 설교자가 사람들에게 조용히 하도록 그래서 설교가 끝까지 전해질 수 있도록 부탁하지 않으면 안 되는 지경까지 이르렀다.[58]

에드워즈가 지향한 설교의 주요한 목표는 감정에 호소하여 마음을 따뜻하게 하는 종교를 장려하는 것이었다. 그는 이것이야말로 하나님과의

57) Smith, *Edwards*, p. 139. 원래 뉴잉글랜드에서는 초기 청교도들에게서 물려받은 평범한 설교 스타일이 지배적이었다. 그러나 1740년의 대각성운동이 일어날 즈음에는 일반적으로 감정적이고 강권적인 스타일로 바뀌었다. 따라서 1740년 이후의 칼빈주의 설교에서는 비록 교리적인 내용이나 논리적인 구조가 완전히 사라진 것은 아니었지만 자극적인 수사학이 본문을 평이하고 논리적으로 설명하는 것보다 훨씬 중요한 것이 되었다. 설교에서 보인 이러한 극적인 변화로 청중들에게는 "성령이 논리학자보다는 수사학자"인 것처럼 보였다. Marsden, *Jonathan Edwards*, pp. 221-224; A. Heimert, *Religion and the American mind: From the Great Awakening to the Revolution* (Cambridge: Harvard University Press, 1966), p. 225; Logan, "Hermeneutics," pp. 86-89 참조.
58) S.E. Dwight (ed.), *The Life of President Edwards*, vol. 1 (New York: G. & C. & H. Carvill, 1830), p. 605. 또한 A. Medlicott, "In the Wake of Mr. Edwards's 'Most Awakening' Sermon at Enfield," *Early American Literature* 15 (1980/81), pp. 217-220에서 S. Williams 목사의 당시 노스햄프턴(Northampton) 주변의 종교적 격변과 설교에 대한 설명과 비교해 볼 것.

개인적인 교제의 감각을 생생하게 해주는 것이라고 믿었다. 그는 "만일 진정한 종교가 주로 감정과 관련이 많은 것이라면 이런 식으로 말씀을 설교하는 방법은 참석한 사람들의 마음에 깊이 영향을 주는 경향이 있기 때문에 매우 바람직하다"고 주장했다.[59] 그는 또한 이것이 기독교적 삶에서도 매우 중요하다고 믿었다. 왜냐하면 만일 감정이 먼저 움직여지지 않는다면 더 이상 행동으로 옮기지 않으려는 경향을 사람들이 가지고 있기 때문이다. 주권적인 하나님에 대한 압도적인 경험으로 인해 발생하는 종교적 열정이야말로 신자의 기독교적 행위에 대한 가장 강력한 동기 부여가 되는 것이다. 에드워즈는 이런 사실을 신앙생활 초기부터 자신의 경험을 통해 깨닫게 되었는데 이는 목회사역에서 줄기차게 그를 사로잡았던 생각이다.

알려진 바대로 에드워즈는 뉴잉글랜드에서 칼빈주의가 잊혀져가고 기독교가 전반적으로 퇴보해가던 어려운 시기에 목회하였다. 도덕적인 표준들은 차츰 낮아지게 되었고 세상의 정신과 외모를 중시하는 형식성이 증대하면서 기독교는 결국 피상적인 종교가 되고 말았다. 이런 상황에서 그의 따뜻하고 감정적이며, 영적인 능력과 생생함으로 가득 찬 새로운 타입의 종교야말로 당시의 종교적 형식주의나 직업주의에 해독제가 되었다. 에드워즈는 설교를 통해 자신의 회중들 안에 진정한 종교적 삶을 다시 소생시키려고 애썼다. 이를 위해 그는 무엇보다 하나님에 대한 실제적인 감각을 회중들이 경험하게 하는 데 목표를 두었다.[60] 그는 "우리의 회중들은 그들의 머리에 무언가를 가득 채우기보다 그들의 심정에 감동을 받는 일이 더 필요하다. 그들은 이런 일을 가능케 해주는 탁월한 설교들

---

59) Edwards, *Religious Affections*, p. 121.
60) R.G. Turnbull, *Jonathan Edwards the Preacher* (Grand Rapids: Baker Books, 1958), pp. 90, 96-97.

을 지금 가장 필요로 한다"고 단언했다.[61]

찰스 촌시(Charles Chauncy)와 같은 비판가들이 감정이나 열정을 종교의 중심 요소로 여기는 위험성을 지적했을 때 에드워즈는 "나는 나의 청중들이 오직 진리에 의해 영향 받기만 한다면 내가 할 수 있는 한 최대로 그들의 감정을 끌어올리는 것을 나의 의무라고 확신한다"[62]고 답했다.

에드워즈의 견해로는 하나님과 영적인 것들을 언어로 표현할 때 사용되는 언어가 그러한 종교적 개념들이 내포하고 있는 감정과 정확하게 조화되지 않는 한 공허한 장광설로 끝날 가능성이 크다. 여기서 벗어나기 위해 에드워즈는 밀러가 '감각의 수사학'(the rhetoric of sensation)이라고 부른, 생생하고도 구체적인 표현들과 상상력을 설교에 사용했다. 이런 방법으로 그는 낱말들이 감정과 분리되는 문제를 해결하려고 했다. 그 결과 들은 설교 내용에 걸 맞는 감정적 반응을 어렵지 않게 청중들에게서 불러일으킬 수 있었다.[63] 에드워즈의 저술에 익숙한 사람들은 그의 모든 작품들이 가장 추상적인 이론을 다루는 경우라 할지라도 예증들로 풍부하다는 것을 쉽게 알아볼 수 있다. 저술뿐 아니라 설교에서도 그는 온갖 다양한 종류의 상상을 동원하였고 청중들의 가슴에 강력하고도 지속적인 인상을 남기기위해 이를 적절히 사용했다.[64] 한편으론 차갑고 생명력 없

---

61) Edwards, *Concerning the Revival*, p. 388.
62) Edwards, *Concerning the Revival*, p. 387. 또한 p. 399 참조.
63) McClymond, *Encounters*, p. 11. 또한 P. Miller (ed.), *Errand into the Wilderness* (Cambridge: Harvard University Press, 1956), pp. 169-170; "The Sense of the Heart," p. 127 참조. 웨스트라 역시 에드워즈의 설교 언어는 신학적으로 정확했을 뿐 아니라 보다 중요하게는 말씀을 수행하는 능력(performative power)을 갖고 있었다고 주장한다. 그의 설교는 단순히 뭔가를 말하는 것이 아니라 일종의 행동이었고 말로 표현된 행위였는데 매우 능동적이었고 따라서 듣는 자들에게 효과적으로 영향을 끼칠 수 있었다. H. Westra, "Jonathan Edwards and the Scope of Gospel Ministry," *Calvin Theological Journal* 22 (1987), pp. 70-71, 75 참조.
64) Dwight, "Memoirs," p. clxxxviii. 에드워즈의 설교에서 이미지 사용에 관한 자세한 내용을 위해선 "Stylistic Techniques," in W.H. Kimnach (ed.), *The Works of*

고 지루하기만 한 언어 구사 방법을 거부하면서 에드워즈는 자신이 전한 설교의 예를 통해 기독교의 위대한 내용에 관한 극히 감동적인 방식의 설교를 선보였던 것이다.[65]

말씀의 우선권

그러나 에드워즈가 영적인 것들을 마음에 각인시키기위해 다른 무엇보다 우선 하나님 말씀에 대한 이론적 지식을 제공하려고 끊임없이 애썼다는 것은 주목할 가치가 있다. 에드워즈에게는 설교의 두 가지 기능, 즉 이론적이고 감정적인 기능은 서로 모순된 것이 아니었다. 이 둘은 실제로 머리와 가슴 둘 다를 가지고 있는 청중들의 전체 인격에 줄 유익을 고려한다면 상호보완적인 것이었다.[66]

에드워즈의 생각에 하나님 말씀은 성령께서 시행하시는 초자연적인 조명의 가장 중요한 대상이다. 따라서 말씀을 받아들이는 것은 영적 은혜를 받기 위한 필수적인 전제 조건이다. 이런 믿음 때문에 그는 청중들이 모쪼록 설교를 통하여 거룩한 성경 말씀을 경험하는 것을 목표로 삼았다. 그에 의하면 모든 사역자의 가장 주요한 임무는 성경 말씀을 드러내는 것인데 그 이유는 성경이야말로 "의의 태양이 비추는 광선이요, 목회자들이 그로 인해서만 깨우침을 얻어야 하는 빛이요, 그들이 자신들의 청중들에게 제시하는 빛이요, 목회자들과 청중들의 심정을 다 같이 타오르게 할

Jonathan Edwards, vol. 10: Sermons and Discourses, 1720-1723 (New Haven: Yale University Press, 1992), pp. 207-226; E.H. Cady, "The Artistry of Jonathan Edwards," The New England Quarterly 22 (1949), pp. 61-72; A. Kolodny, "Imagery in the Sermons of Jonathan Edwards," Early American Literature 7 (1972-73), pp. 172-182; T.J. Steele and E.R. Delay, "Vertigo in History: the Threatening Tactility of 'Sinners in the Hands,'" Early American Literature 18 (1983-84), pp. 242-256 참조.
65) Edwards, Concerning the Revival, p. 386.
66) Cf. Jenson, Theologian, p. 190.

불꽃"이기 때문이다.[67] 에드워즈는 하나님의 이런 살아있는 말씀을 강해할 임무가 정규적인 설교사역을 통해 이루어져야 한다고 확고히 믿었다. 24년 동안 에드워즈 자신이 동일한 한 회중의 영적 안내자요 목자였는데 그는 바로 그 회중을 위해 그리스도께서 자신을 종으로 부르셨다고 확신했다. 그는 위대한 복음 사역을 위해 낮과 밤을 가리지 않고 부지런히 노력했고 자신의 모든 사역을 성경 말씀이라는 도구를 가지고 감당했다.[68]

에드워즈는 이성적으로 이해된 성경의 내용들은 성령께서 영혼을 깨우기 위해 쓰시는 정신적 바탕을 제공한다고 생각했다. 다시 말하면 성경에서 얻는 지식과 교훈들은 그 자체로 영적 지식이 되는 것이 아니라 성령께서 사용하시는 재료가 되는 것이다. 따라서 "만일 이러한 관념이나 생각들이 전제되지 않은 어떤 은혜의 원리가 마음 안에 존재한다 해도 행동으로 발전할 수는 없는데 그 이유는 이런 원리가 근거를 두고 행동할 만한 재료를 갖고 있지 못하기 때문이다."[69] 물론 회중은 성령의 보다 깊은 조명을 받을 필요가 있지만 설교는 일단 회중의 마음에 성경 진리에 대한 이러한 '자연적인' 개념들을 제공해야 한다.

에드워즈는 사람들이 우선 적절한 교리적 지식을 먼저 갖추지 않으면 성령께서는 구원 얻는 신성한 지식의 빛 앞으로 그들을 데리고 가지 않는다고 부단히 강조했다. 설교란 주의 깊게 논증되고 정확하게 조직된 완벽한 성경 지식을 충실히 전달할 때만 은혜의 방편이 될 수 있는 것이다. 에드워즈가 보기에 설교가 해야 하는 우선적 임무는 마음에 교훈을 주는 일인데 이를 위해 그는 종종 자신의 설교에서 합리적이고 연역적인 논증을

---

67) J. Edwards, "True Excellency of a Gospel Minister," in Hickman (ed.), *Works*, vol. 2, p. 959.
68) Turnbull, *Jonathan Edwards*, pp. 110-115. 또한 Edwards, "Farewell Sermon," pp. 229-230 참조.
69) Edwards, Misc., no. 539, Cherry, *Theology*, p. 49에서 재인용.

사용하곤 했다. 설교할 때 에드워즈는 실제적인 '어떻게' 보다는 주로 신학적인 논증과 교리적인 '무엇' 의 내용으로 구성된 설교들을 통해 청중들에게 깊은 감정을 불러일으켰다. 비록 성경 진리에 대한 교리적인 이해가 결코 '마음의 감각' 에 대한 에드워즈의 지대한 관심을 대신하는 일은 없었지만 그는 설교자의 우선적 과제는 회중에게 신학적이고 교리적인 성경 지식을 제공하는 일이라고 생각했다.[70]

> 지식을 전달하지 못한다면 어떤 말도 은혜의 수단이 될 수 없다. 그렇지 않으면 말이란 마치 말하는 사람이 아무도 없는 것처럼, 아니면 말을 한다 해도 마치 허공에 대고 말하는 것처럼 상실되고 말 것이다. 우선 머리로 이해하지 못하면 아무런 믿음도 얻을 수 없을 뿐 아니라 아무 다른 은혜도 받을 수 없다. 그 이유는 하나님께서는 인간을 이성적인 존재로 다루시기 때문이고 따라서 믿음이 작용할 때 이는 우리가 알지 못하는 어떤 것이 아니다.[71]

의심할 바 없이 에드워즈는 설교에서 감정적인 힘이 중요함을 충분히 깨닫고 있었다. 그러나 표현된 설교 언어로 은혜의 진정한 근원인 성령의 능력을 대신하는 일은 없었다. 그는 설교 언어가 하나님의 영광과 위엄을 마음이 인지하도록 준비시키는 역할을 한다는 점에서 언어의 역할이 결정적이라고 믿었다. 따라서 그의 설교는 우선 성경 진리가 갖고 있는 문자적 의미를 전달하는 데 주력했다. 머리에 교리에 대한 이론적인 지식이 없다면 "우리 마음에 그러한 교리들이 보여주려고 하는 영적인 탁월함에 대한 감각" 이 생기는 것은 불가능하다.[72] 교리적인 언어들과 그 지적인 내용은 먼저 우리 지성이 듣고 이해해야 하는데 이는 설교에서 감정적 준

---

70) Cherry, *Theology*, pp. 49-51. 또한 Marsden, *Jonathan Edwards*, pp. 282-283 참조.
71) Edwards, "Thorough Knowledge," pp. 31-32.
72) Edwards, "Light," p. 15.

비상태를 만들어내는 예비 수단이 된다. 그러나 설교 언어가 가지고 있는 이 같은 외적 차원은 반드시 또 다른 차원으로 연결되어야 한다. 즉 종교 적인 진리를 내적이고 경험적으로 이해하는 것인데 이는 단지 설교를 듣 기만 하는 것이 아니라 마음으로 느끼기까지 하는 경지이다. 에드워즈는 자신의 설교에서 이러한 언어의 '이중적 의미'에 이르고자 했고 또 이를 실천했다.[73]

에드워즈는 빛없이 열만 강조하는 거짓 감정은 쉽게 자기 기만적인 열 광주의 위험에 빠질 수 있다는 것을 알고 있었다. 따라서 그는 가장 감정 적인 형태로 설교를 전하려고 애썼지만 보통은 자신의 청중들로 하여금 설교 안으로 들어와서 설교자와 함께 논증해 가기를 원했다. 설교에서 교 리를 납득시키는 일은 에드워즈에게 필수적이었고 그의 설교는 힘 있는 상상과 더불어 주의 깊게 논증된 강화들로 구성되었다. 에드워즈가 설교 에서 감각적이고 인상적인 생생한 상상들을 사용했던 것은 사실이다. 그 러나 우리는 또한 그의 설교가 하나님과의 개인적인 만남으로 야기된 거 룩한 감정을 연역적으로 설명하는 데도 손색이 없다는 것을 기억할 필요 가 있다.

따라서 교리적 내용은 없이 단지 감정만 쏟아 부은 선동주의 설교는 에 드워즈가 설교했던 강단에서는 들을 수 없었다.[74] 에드워즈는 "종교적인 교리를 설명하기 위해 또 그러한 교리들이 포함하고 있는 어려운 내용을 해결하기 위해, 그래서 힘 있는 지성과 논증으로 그것들을 확증하기 위해 특별히 애쓰는 것은 목회자들에게 아주 필요한 일"이라고 주장했다.[75] 에드워즈가 설교에서 감정적으로 호소하는 스타일을 부활시킨 것은 사실

---

73) Simonson, *Jonathan Edwards*, pp. 106-109.
74) Smith, *Edwards*, p. 140; Yarbrough and Adams, *Conviction*, p. 54.
75) Edwards, *Concerning the Revival*, p. 386.

이었지만 그의 설교를 면밀히 분석해보면 단순히 감정적인 자극 이상의 것에 많은 관심을 두었다는 것을 알게 된다. 즉 강력한 감정적인 호소는 언제나 본문의 교리적 지식에 대한 이해를 갖게 하기 위하여 치밀한 논증과 결합되어 있었다. 더욱이 그는 설교의 목표가 궁극적으로 듣는 자들의 의지를 움직이는 것임을 유의하는데 결코 실패하는 일이 없었다. 그의 설교는 논리와 따뜻함, 지식과 열정, 지성과 강력함의 결합을 추구했던 뛰어난 실례였다. 한마디로 에드워즈는 '경험적 믿음'(experiential faith)을 설교했던 것이다.[76]

성령의 깨우치심의 필요성

에드워즈는 설교자의 언어가 그 자체로 하나님 말씀은 아니라고 생각했다. 왜냐하면 성령의 능력 없이 설교된 말들은 단순히 인간의 또 다른 언어일 뿐이기 때문이다. 그러나 효과적인 설교에서는 성령께서 설교되는 말들과 함께 즉시 역사하시어 청중의 마음에 효과를 산출하게 된다. 에드워즈는 설교되는 말들은 이처럼 영적인 빛이 필요하다고 생각했다. 나아가 "이 빛은 하나님에 의해 즉각적으로 주어지며 자연적인 방법, 즉 자체적인 힘이나 자연적인 힘으로 작동하는 방법들로는 얻지 못한다"고 주장했다.[77] 대신 말씀과 성령이 하나의 단위로 함께 움직일 때 설교자의 말은 진실로 하나님의 말씀이 된다. 에드워즈는 사람의 마음을 열기 위해 성령의 내적인 은혜와 설교자의 외적인 언어가 함께 결합된다고 주장했다. 성령께서는 홀로 역사하시지 않고 항상 말씀과 함께 역사하시는데 이로써 듣는 자들의 마음에 말씀에 대한 실제 감각이 생겨나는 것이다. 따라서 에드워즈의 생각으로는 말씀과 성령은 서로 분리되어서는 안 된다.

---

76) Turnbull, *Jonathan Edwards*, pp. 83, 89.
77) Edwards, "Light," p. 15.

왜냐하면 설교에서 성령은 "말씀화 된 성령"(the Worded Spirit)으로 역사하시며 설교 말씀은 그 본질상 "성령화 된 말씀"(the Spirited Word)이기 때문이다.[78]

비록 에드워즈가 '강단 예술가'라 불리었고 종종 수사학적인 표현들을 사용하긴 했지만 그는 언어적 표현만으로는 종교적 감정을 위한 빛을 제공할 수 없다고 확고히 믿었다. 영적인 은혜는 항상 성령을 통해 먼저 우리의 지성과 지각에 빛을 비추고 설교되는 교리의 주제를 전달하여 마침내 우리로 하여금 진리를 인식하게 한다. 에드워즈에 의하면 종교적인 언어조차도 은혜의 직접적인 방편이 되기엔 부족하고 영적인 느낌을 표현하는 데 한계가 있기 때문에 언어란 기독교 신앙의 근거가 될 수 없다.[79] 그러나 설교 언어가 하나님의 성령과 결합될 때 성경은 영적으로 열리고 우리는 살아있는 말씀에 대한 새로운 감각을 갖게 되며 그 맛을 볼 수 있게 된다고 에드워즈는 주장했다. 이런 경우엔 듣는 자가 성경 말씀이나 선포된 말씀에 의해 단순히 교훈을 얻는 정도 이상이다. 또한 이럴 때 설교를 듣는 자의 주관적 자아는 구원하는 객체인 성경의 영적 진리로 향하게 되며 감정적인 인식을 통해 그 진리에 실제로 동참하게 된다.

에드워즈는 성령께서 이런 일을 위해 새로운 영적인 법칙을 만드시거나 사람 안에 새로운 기관을 창조하신다고 생각하지 않았다. 대신 우리에게 새로운 영적 감각을 주시므로 우리의 눈을 뜨게 하시고 귀를 열어 듣게 하시어 마침내는 우리 마음이 그 진리를 이해하게 하신다고 생각했다. 성령이 설교를 듣는 자들의 마음에 '감정적인 이해'(affective understanding)를 산출해낼 때에 우리에게 선물로 주어진 성경의 약속과 하나

78) Cherry, *Theology*, pp. 45, 47-48.
79) Simonson, *Jonathan Edwards*, pp. 102, 104-105. 또한 Westra, "What Reason Teaches," pp. 499, 501-502 참조.

님의 축복을 진심으로 껴안을 수 있게 되며 선포된 말씀은 비로소 진정한 하나님의 말씀이 된다. 이는 성령으로 조명을 받은 마음에 성경을 영적으로 적용하는 것이라 할 수 있다. 이럴 때 설교 말씀은 단지 정보만 주는 것이 아니라 감각하고 맛보고 즐길 수 있게 한다.[80]

설교의 형태와 전달

에드워즈는 이전에 청교도들이 사용했던 전통적인 설교 형태를 따라 설교를 보통 세 부분, 즉 '본문'(the Text)과 '교리'(the Doctrine)와 '적용'(the Application)으로 나누었다. 이 세 부분은 마치 톱니바퀴처럼 서로 조화롭게 어울리도록 주의 깊게 고안되었다. 설교의 초점은 본문 안에 담겨있는 진리를 선포하는 것으로 시작해서 교리에 들어있는 개념을 설명하는 것으로 옮겨가고 마지막 부분에서는 적용을 위해 현실 생활의 경험으로 옮겨가는 흐름을 따랐다.[81] 처음 순서인 '본문'은 보통 짤막한 성경 구절을 읽고 그것을 문자적으로 다시 풀어 말하는 것으로 이루어졌다. '본문'은 항상 어떤 중요한 신학적 주제에 대해 열쇠가 되는 몇 가지 요소들을 내포하고 있는데 이는 뒤에 등장하는 '교리' 부분에서 자세히 분석되고 더 충분하게 설명되었다. '교리'는 에드워즈 설교의 중심부가 되었는데 주요한 몇 가지 명제들로 나뉘어졌고 이는 다시 각각 '논증들'로 세분화되었다. '교리'의 주요 역할은 '본문'의 신학적 주제가 옳고 타당한 것이며 다른 성경 교리들과 조화되는 것임을 입증하는 것이었다. 설교의 초점은 성경 본문으로부터 추출된 교리가 진리인 것을 증명하고 이어서

---

80) Cherry, *Theology*, pp. 51-53.
81) W.H. Kimnach, "The Brazen Trumpet: Jonathan Edwards's Conception of the Sermon," in W.J. Scheick (ed.), *Critical Essays on Jonathan Edwards* (Boston: G.K. Hall, 1980), p. 279. 또한 W.H. Kimnach, "The Inherited Sermon Form," in Kimnach (ed.), *Sermons and Discourses*, pp. 27-41 참조.

그것을 청중에게 지속적으로 적용하는 데 있었다. [82]

에드워즈가 원고 없이 설교하기를 희망했다는 암시들을 여기저기서 찾아볼 수 있다. 그러나 그는 즉흥적인 설교자도 아니었고 웅변가로서의 자질 역시 구비하고 있지 못했다. 에드워즈는 일반적으로 17세기에 확립된 일종의 논문 비슷한 합리적인 강화 형태(rational discourse)로 설교했다. 또 사역 초기에는 설교를 끝까지 다 썼고 자유롭게 설교하기보다는 설교 원고를 강단에서 읽는 방식을 취했다. 설교 내용은 예외 없이 성경 진리에 의해 엄격하게 통제되었지만 설교 스타일은 그리 환영 받지 못했던 것으로 보인다. 에드워즈의 설교는 긍정적으로 비교하자면 존 번연처럼 꾸밈없고 솔직한 것이었다. 하지만 아쉽게도 번연이 보여줬던 전달의 탁월함은 보이지 못했다.[83] 에드워즈는 강단에서 거의 움직이지 않았고 제스처는 주로 설교 원고를 넘기는 단순한 동작으로 국한되었다.

그럼에도 불구하고 그의 설교에는 언제나 긴박성과 직접성이 존재했는데 이는 영혼을 얻고자 하는 그의 간절한 열망에서 나온 것이었다. 그의 진지함과 영혼을 향한 열심은 성경 메시지의 힘 있는 진리를 개인에게 구체적으로 적용하는 것과 더불어 전달되었다. 이는 듣는 사람들에게 자신들의 영원한 운명을 상기시켰고 동시에 그들의 양심을 효과적으로 자극했다. 에드워즈의 설교는 비록 읽는 방식을 취하기는 했지만 놀랄만한 힘과 권위와 영향을 청중들에게 행사했고 그 결과 그들에게 영적인 확신을

---

82) Kimnach, "Trumpet," p. 278; Yarbrough and Adams, *Conviction*, pp. 29-31.
83) O.E. Winslow, *Jonathan Edwards: 1703-1758* (New York: Macmillan Company, 1940), p. 146. 대각성운동의 영향으로 생겨난 종교적 열정으로 보다 자유로운 설교 스타일이 요청되었는데 이는 1742년 이후 에드워즈가 점차 설교 개요만 가지고 설교했던 사실을 설명해준다. 그러나 그는 타고난 웅변가도 아니었고 음성이나 제스처도 빈약했기 때문에 개요를 적은 간단한 노트로만 설교하려 했던 에드워즈의 시도는 1742년 이전의 설교들과 비교할 때 그리 성공적이지 못했던 것으로 보인다. Smith, *Jonathan Edwards*, pp. 138-139 참조.

가져다주었다.[84] 그와 동시대에 살았던 웨스트 박사(Dr. West)는 에드워
즈가 달변의 설교자인지를 질문 받았을 때 다음같이 대답했다.

만일 당신이 '웅변' 이란 말로 사람들이 일반적으로 생각하는 것을 의미한다면 그
는[에드워즈] 거기에 대해 아무 자부심도 갖고 있지 않았다. 그는 학습된 다양한 목
소리도 갖지 못했고 음성의 강세도 갖추지 못했다. 그는 거의 제스처를 사용하지
않았고 심지어 움직이지도 않았다. 그는 자신의 우아한 스타일이나 아름다운 묘사
로 청중들의 감각을 즐겁게 하거나, 혹은 그들의 상상을 사로잡으려는 어떤 시도
도 하지 않았다. 그러나 만일 당신이 웅변이란 말로, 압도적인 무게감이 있는 논
증과 함께 그리고 설교자의 전 영혼이 설교 내용과 전달의 모든 부분에 스며든 것
같은 강한 느낌을 동반하면서, 청중의 목전에 중요한 진리를 제시하는 힘을 의미
한다면, 그래서 전체 청중의 주의가 처음부터 끝까지 고정되고 지울 수 없는 인상
이 남겨지는 것을 의미한다면 에드워즈야말로 내가 지금까지 들었던 설교자 중 가
장 웅변적인 설교자였다.[85]

3. 결론

많은 사람들이 동의하듯이 에드워즈의 '마음의 감각' 이나 종교적 감정
에 대한 개념은 오늘날 기독교 설교에서 아직까지 반복되고 있는 주관성

---

84) Turnbull, *Jonathan Edwards*, pp. 100, 102-103. 설교자로서 에드워즈는 자신의 동
료 설교자였던 조지 휫필드가 확실히 향유했던 극적인 제스처나 큰 음성과 같은
어떤 설교 은사도 갖고 있지 못했다. 그러나 특출한 명확성과 언어의 정확성을 동
반한 그의 심정이 담긴 진실함과 진지함이 조화를 이루어 그의 설교는 청중의 주
의를 집중시켰고 그들을 크게 감동시켰다. 실제로 에드워즈처럼 외적인 감정 표현
없이 내적인 열정만으로 청중들에게 영향을 끼칠 수 있었던 설교자는 거의 없었
다. Marsden, *Jonathan Edwards*, p. 220 참조.
85) Dwight, "Memoirs," p. cxc. 또한 *The Great Awakening*, p. 72에서 에드워즈의
동료 목회자였던 토마스 프린스(Thomas Prince)가 에드워즈의 설교를 두고 언급
한 묘사 참조.

과 객관성의 문제에 가장 밝은 빛을 비추어주는, 탁월하며 독창적인 통찰이다. 사람들은 종종 우리 인격의 중요한 두 부분인 '머리'와 '가슴'(head and heart)을 서로 상충되는 것으로 생각한다. 그러나 관념적인 이해와 경험, 이 양자는 다같이 종교적 지식을 얻기 위해서 필수적이다. 영적 감각이 없는 사변적 지식은 무기력한 반면 합리적인 이해를 배제한 영적 경험은 실제적인 지식이 못되기 때문이다.[86]

자신의 설교에서 에드워즈는 이 양 극단을 배제했다. 청중은 풍성한 이해의 빛을 가지고 있지만 그 빛에 걸맞는 감정의 열기는 갖지 못할 수 있다. 또 반대로 설교자가 적절한 내용을 희생한 채 감정적으로 전달하기 때문에 설교자의 말에 크게 감정적인 반응을 보일 수도 있다. 에드워즈는 종교적 주관주의를 선호하는 경향이 있던 퀘이커주의(Quakerism)의 약점을 꿰뚫고 있었는데 이는 바로 말씀의 객관적이며 외적인 기준들은 배제한 채 개인적인 느낌에만 집중하는 것이었다. 그러나 동시에 그는 종교적 객관주의에도 동의하지 않았는데 이는 개인의 구체적인 내적 경험을 무시한 채 하나님 말씀을 율법주의나 지식주의로 전락시키기 때문이었다. 에드워즈는 특히 자신의 설교를 통해 객관적 말씀과 주관적 느낌이라는 기독교의 이 두 가지 원리를 결합하려고 노력했다. 그는 말씀의 견고한 내용은 설교에서 적절한 감정과 함께 가야 한다고 확고히 믿었다. 그럴 때에만 선포된 메시지가 영적 진리의 실제가 될 수 있다고 본 것이다. 그렇지 않으면 강단의 메시지는 마음이 담기지 않은 사변으로 격하되어 더 이상 은혜의 수단이기를 중단하게 된다.[87]

에드워즈는 결코 자신의 믿음이 뿌리를 내리고 있는 기본적인 교리들에 대해 의문을 가져본 적이 없었다. 하지만 동시에 그는 그러한 교리들

---

86) Smith, "Jonathan Edwards," pp. 2-3.
87) Cherry, *Theology*, pp. 44, 53-54.

의 실제를 붙잡는 문제와 부단히 씨름했다. 경험을 종교의 가장 중요한 요소로 여기면서 에드워즈는 자신의 저술과 설교의 처음 단계부터 종교적 진리의 교의보다는 그 실제를 경험하는 일에 우선적인 관심을 가졌다. 그는 이지적인 설교가 영적으로 지쳐있는 노스햄프턴 사람들을 깨우기에는 한계가 있다는 것을 알았다. 한계의 이유는 설교에서 언급되는 미래의 심판이나 하나님의 사랑과 같은 영적인 진리가 그들에게는 실재로 여겨지지 않았기 때문이었다.

에드워즈의 판단에 따르면 영적 진리에 대한 합리적인 깨달음만으로는, 비록 그것이 필수적인 것이긴 하지만, 사람들로 하여금 영적 진리를 경험하고 그것을 사실로 받아들이도록 만들 수 없다. 영적 진리의 실체를 얻기 위해 우리는 성령의 초자연적인 조명에 근거한 감각적인 지식을 반드시 가져야만 한다. 이는 성경 진리가 갖는 순전히 추상적이고 철학적이며 교리적인 가치에 이성적으로 동의하는 것과는 거리가 멀다. 에드워즈는 자신의 생애 동안 영적 실재를 추구하는데 있어 이성과 감성의 통합을 위해 힘껏 노력했고 바로 이것이 설교자로서 그의 위치를 현저하게 드러나게 하는 점이다.[88]

에드워즈는 성경에 철저히 익숙해지기위해 부지런히 연구하는 것이 목회자의 의무라고 확신했기 때문에 보통 자신의 서재에서 매일 열세 시간을 보냈다. 하지만 기록에 따르면 개인적으로 그가 서재에서 머무는 것은 단순한 연구 행위 이상이었다. 그는 성경과 씨름할 때나 개인적인 단상을 기록할 때나 설교를 준비할 때 언제나 은밀한 중에 하나님과 보다 깊이 개인적으로 교제하기를 갈망했고 이로 인해 자신의 연구실을 경배하는 제단으로 만들었다.[89] 그는 대부분의 시간을 영적인 문제들을 생각하면

---

88) Kimnach, "Pursuit of Reality," pp. 102-103, 105-106.
89) Murray, *Jonathan Edwards*, pp. 143, 145-146. 또한 Edwards, "True Excellency," p. 959 참조.

서 보냈다. 또한 어디에 있든지 기도가 아주 자연스러운 본성인 것처럼 쉬지 않고 '감탄하는 기도'(ejaculatory prayer)를 드렸다. 에드워즈는 실제로 '하나님의 임재에 대한 진지한 의식'을 가졌는데 이는 그가 설교를 준비하는 모든 과정에 지배적인 영향력을 행사했다.[90] 그는 모든 설교자가 "경험적인 종교에 익숙해야 하고 하나님의 성령의 내적인 역사하심에 대해 무지해서는 안 된다"고 주장했다.[91] 설교에서 그가 보였던 감정적인 능력의 비결은 사실 그의 영적 자질에 근거하고 있는데 그 핵심은 하나님과의 친밀한 교제였다.

2장에서 4장까지 살펴본 대로 개신교회는 성경 말씀과 인간의 경험을 통합하는 설교에 대한 신학적이고 역사적인 매우 견고한 기초를 가지고 있다. 존 칼빈, 영국 청교도들, 그리고 조나단 에드워즈는 모두 신약교회가 탄생된 이후 계속되어 온 말씀 중심의 경험적 설교(Word-centered experiential preaching)의 원리를 확신하고 있었다. 이들은 개신교 설교를 위한 확고한 신학적 기초를 놓았을 뿐 아니라 자신들의 설교를 통해 이런 설교 원리의 실례들을 보여주었다.

우리는 설교에 대한 그들의 생각과 실천에서 몇 가지 공통 요소들을 찾아냈다. 우선 우리가 조사한 설교자들은 모두 성경의 권위에 대해 매우 확고한 견해를 가지고 있었다. 그들의 신학과 설교는 하나님 말씀인 성경에 굳게 자리 잡은 것이었다. 그들은 다른 종교개혁자들처럼 성경이 객관적으로 진리이며 인간의 구원과 매일의 삶을 위해 충분한 것이라고 믿었다. 그러나 동시에 그들은 우리가 성경에 접근할 때 주관적이며 경험적인 차원도 고려되어야 한다고 생각했다. 이는 성경 자체가 정적인 것이 아니

---

90) Dwight, "Memoirs," pp. xiii, clxxxix.
91) Edwards, "True Excellency," p. 957.

라 역동적인 것이기 때문이다. 즉 하나님 말씀을 온전히 이해하려면 두뇌의 지식뿐 아니라 가슴의 지식도 요구된다.

나아가 그들은 이러한 견해를 자신들의 설교에 적용하려고 노력했다. 그들은 설교와 강의가 다르다는 사실을 잘 알고 있었고 그들의 설교의 목표는 단지 성경에 대한 사변적인 지식을 전달하는 것이 아니었다. 그들은 청중들의 가슴과 감정까지도 포함한 인간성 전체에 많은 관심을 두었다. 따라서 설교에 개인적이고 경험적인 차원을 포함시키려고 애썼다. 잘못된 이해와 달리 이처럼 개혁주의 전통에 서있는 설교는 경험적인 측면을 결코 무시하지 않는다. 개혁주의 설교는 지루하고 재미없는 본문 설명에만 집착하는 것이 아니다. 오히려 듣는 자들의 삶을 변화시키는 효과를 내기 위해 객관적인 말씀을 청중의 주관적이고 감정적인 차원에까지 전달하려고 애쓰는 설교이다. 이를 위해 설교자 개인의 경건과 하나님과의 깊은 교제가 언제나 설교의 바탕이 되었다.

특히 우리가 살펴본 개혁주의 설교자들이 지극히 중요하다고 생각한 것은 설교에서 말씀과 경험이라는 이 두 가지 본질적인 요소를 통합하는 데 반드시 고려해야 할 균형과 순서였다. 그들은 객관적이고 이성적인 이해와 주관적이고 경험적인 이해 사이의 '순서'를 반복해서 강조했다. 즉 성경 본문에 대한 정확한 이해가 항상 경험적인 이해보다 앞서는 것이다. 그들은 성경의 심정적 지식을 해석학적인 규칙들에 따라 밝혀내었고 이를 성령의 영향 아래 힘 있게 전달했다. 그 결과 듣는 자들은 하나님의 살아있는 말씀을 실존적으로 만날 수 있었다. 다시 말해 설교에서 감정과 경험의 요소를 중시하면서도 그들에게서 말씀의 우선권은 양보할 수 없는 원칙이었다. 회중의 변화는 이와 같은 '말씀 중심의 경험적 설교'가 가져온 자연스런 결과였는데 이것이 바로 개신교 설교의 본질인 것이다.

다음 장에서 우리는 이런 개혁주의 설교의 견고한 기초가 오늘날의 설교학, 특히 '신 설교학'에 의해 어떻게 도전과 비판을 받게 되었는지 살펴볼 것이다.

제 5 장

현대설교학에서 말씀과 경험의 통합

종교개혁 이후로 개신교는 하나님의 말씀 위에 서있다. '오직 말씀' (*sola Scriptura*)은 종교개혁의 가장 핵심에 자리 잡고 있는 교회 개혁의 원동력이다. 그러나 개혁자들이 믿었던 말씀은 그저 인간의 이성에 초점을 맞춘 논리적이거나 합리적인 말씀만은 아니었다. 그것은 인간 이성에 걸맞는 말씀인 동시에 인간의 경험까지 고려하는 말씀이었다. 말씀과 경험의 통합이란 주제는 개신교 설교에서 특히 중요한 주제이다. 존 칼빈과 영국 청교도들 그리고 특히 조나단 에드워즈와 같은 예들은 이러한 생각이 기독교 설교의 중심 흐름과 개혁주의 신학에 항상 존재해왔음을 분명히 보여준다.

그러나 전통적인 설교학 이론은 지난 세기 중반기에 급격한 변화와 도전을 겪었다.[1] 오늘날 문화에서 생긴 엄청난 변화와 포스트모던 시대에서 회중들의 달라진 필요들은 설교학자들로 하여금 어쩔 수 없이 설교에 대한 다른 이해를 하게끔 유도했다. 5장에서는 우리의 주의를 '현대 설교

---

1) 여기에서 '전통적인 설교'를 언급할 때는 현재 활동 중인 보수주의 설교자들만이 아니라 좀더 이전 시대의 설교자들도 자주 인용될 것이다. 이들은 1950년대 중반 이전까지 전통적인 설교학을 이끌어왔는데 '신 설교학'(the New Homiletic)이 기존의 설교학에 심각한 의문을 던지기 이전에 전통적인 설교학의 특징을 잘 보여줬던 사람들이다.

학' 으로 돌려 말씀과 경험의 통합이라는 관점에서 살펴보려고 하는데 구
체적으로 '신 설교학' (the New Homiletic)의 이론들을 세 가지 중요한 영
역에서 전통적인 설교학과 비교하려고 한다. 즉 설교의 목표와 설교의 권
위와 설교 구성의 문제이다. 5장 전반에 걸쳐 우리는 이전의 전통적인 설
교학과 새로운 설교학의 강점과 약점을 탐구할 터인데 양자의 약점을 지
양하면서 어떻게 이 둘을 적절하게 결합시킬 것인지를 드러내고자 한다.

1. 설교 목표의 새로운 변화

일반적으로 설교 준비와 전달의 전 과정을 지배하는 가장 중요한 요소
는 '설교학적인 목표' (homiletical purpose)이다. 여기서는 말씀에 대한
경험이라는 관점에서 설교의 목표를 논의하고자 한다.

설교 목표의 중요성

신학교에서 설교학을 가르치는 교수로서 제이 아담스(Jay E. Adams)는
여러 다양한 교단을 배경으로 갖고 있는 수천 편의 설교를 듣고 난 후에
"빈약한 설교가 지배적" 이라고 결론 내린다.[2] 아담스는 그 이유를 놀랍
게도 심지어 설교학자들이나 목사들마저 설교의 목표가 중요하다는 것을
깨닫지 못하기 때문이라고 단언한다. 많은 설교자들은 설교에서 무엇을
성취하기 원하는지에 대해 분명한 생각이 없다. 이러한 설교 목표에 대한
관심의 결여는 결국 지루하고 생명력 없는 강단 사역을 낳기 마련이다.
따라서 만일 설교가 삶을 바꾸는 경험이 되려면 설교 목표는 설교에 관한

---

2) J.E. Adams, *Preaching with Purpose: The Urgent Task of Homiletics* (Grand Rapids:
   Zondervan, 1982), p. xi.

논의에서 가장 근본적인 문제로 강조되어야 한다. 아담스에 의하면 설교 목표는 처음 설교 준비로부터 그 전달에 이르기까지 설교의 전 과정에 걸쳐 가장 지배적인 요소다.[3]

아담스와 마찬가지로 구세대의 설교학자들이나 설교자들은 설교에서 '목표'가 갖는 중요한 역할을 인정했다. 예를 들어 필립스 브룩스(Phillips Brooks)는 "설교의 목표는 언제나 설교의 성격을 결정하는 첫 번째 조건이 되어야 한다"고 주장했다.[4] 또한 데일(R.W. Dale)은 자신의 첫 번째 예일 강좌(Yale lectures)의 한 부분을 "목표 없는 설교들"에 관해 할애했는데 여기서 역시 설교의 목표가 중요함을 지적했다. 데일은 설교자의 진정한 임무란 회중을 "납득시켜 열정에 불을 붙이는 것"이라고 정의했다. 이어서 젊은 설교자들에게 "만일 [설교에서]성공하려면 엄청난 지적 활동이 있어야 하겠지만 이런 노력은 분명한 결과를 낳고자 하는 분명한 의도에 의해 이끌려야 한다"고 확언했다.[5] 다섯 번째 강의에서 그는 "설교는

---

3) Adams, *Preaching*, pp. 1-4. 설교의 목표는 설교에 있어 핵심사항이기 때문에 설교의 각 부분에 관해 그 부분이 설교 목표에 어떻게 기여하고 있는가를 질문하면서 목표라는 관점에서 평가해 볼 수 있다. 따라서 설교의 목표는 본문의 선택, 설교 내용, 설교의 형태와 조직, 예화, 전달형태와 같은 중요한 설교의 요소들 모두와 밀접한 관련이 있다. 이러한 설교 목표의 중요성은 오늘날 '신 설교학' 학자들에 의해서도 인정되고 있다. 설교의 목표에 관한 최근의 논의를 위해선 E.L. Lowry, *The Sermon: Dancing the Edge of Mystery* (Nashville: Abingdon, 1997), pp. 29-38; L.A. Rose, *Sharing the Word* (Louisville: Westminster John Knox, 1997), pp. 14-16, 37-39, 60-62, 91-99 참조.

4) P. Brooks, *Lectures on Preaching* (London: Macmillan and Co., 1907), p. 32.

5) R.W. Dale, *Nine Lectures on Preaching* (London: Hodder and Stoughton 1932, [4th ed.]), pp. 22-24. 여기서 데일은 여름 휴가 동안 같은 설교자로부터 두 번의 설교를 들었던 자신의 경험을 언급한다. 설교자의 주해는 건전하고 학자적이었으며 설교자의 생각은 독창적이며 신선했고 한 걸음 나아가 예화는 감탄할 만했다. 그러나 그 설교는 한 가지 치명적인 문제가 있었다. 데일은 말하길 "설교자는 누군가 자신의 말을 듣고 있음을 모르는 듯했다. 나는 그가 도대체 우리에게 어떤 진리를 분명히 전달하려 하는지 이해할 수가 없었다. 또한 소홀히 취급되고 있는 어떤 의무를 우리가 이행하길 바라는지 알 수가 없었다." Dale, *Lectures*, p. 22 참조.

무엇을 해야 하는가?' 라고 질문하면서 곧바로 "이 질문에 대한 대답이 설교 준비 방법 전체를 결정한다"고 말했다.6) 데일은 많은 젊은 설교자들이 어디로 갈지를 알지 못하고 집을 떠났던 아브라함처럼 설교 준비를 시작한다고 지적했다. 그러나 만일 설교가 도달하고자 하는 분명한 목표를 갖고 있다면 설교자는 준비에 소요되는 어떤 시간도 낭비하지 않을 것이라고 단언했다.7) 앤드류 블랙우드(Andrew W. Blackwood) 역시 "평신도들은 종종 설교의 말미에 난감해진다"고 지적했는데 그 이유는 단순히 설교자가 설교를 어디로 끌고 가는지 모르기 때문이다. 따라서 청중은 "설교자들이 다른 무엇보다 바로 여기서 종종 실패한다"고 느낀다.8) 해리 에머슨 포스딕(Harry Emerson Fosdick)은 강의가 주로 설명하고자 하는 주제에 관심이 많은 반면 설교는 달성하고자 하는 목표에 항상 관심을 가져야 한다는 점에서 강의와는 다르다고 믿었다.9) 설교를 준비할 때 설교의 목표는 모아놓은 설교 재료들 가운데 무엇을 남기고 무엇을 버려야 하는가의 문제를 결정해주는 일종의 '자석' 역할을 한다.10) 도날드 코건(Donald Coggan) 역시 초기 기독교 설교를 오늘날의 설교와 날카롭게 구별 짓는 중요한 특징 중 하나는 "초기 설교자들이 자신들 앞에 두었던 분명하게 정의된 목표들" 이라고 단언했다.11)

설교 목표의 중요성을 예시하는 잘 알려진 비유는 발포의 비유다. 헨리 워드비처(Henry Ward Beecher)는 1872년 예일강좌를 시작하는 맨 첫 시간에 이 비유를 아주 생생하게 묘사했다. 그는 자신의 초기 설교를 소년

6) Dale, *Lectures*, p. 131.
7) Dale, *Lectures*, pp. 133-134.
8) A.W. Blackwood, *The Preparation of Sermons* (London: Church Book Room Press, 1951), p. 43.
9) H.E. Fosdick, *The Living of These Days* (New York: Harper and Brothers, 1956), p. 99.
10) Blackwood, *Preparation*, p. 44.
11) F.D. Coggan, *The Ministry of the Word* (London: Lutterworth Press, 1964), p. 113.

시절에 했던 총 쏘기 놀이에 비유했다.

> 나는 나 혼자 사냥하러 나가곤 했는데 총을 발사하는 것은 아주 잘했다. 내가 발사를 잘하는 만큼 게임은 재미있어졌는데 왜냐하면 결코 목표를 맞추거나 건드리지 못했기 때문이었다. 내가 목격하는바 수백 명의 목회자들이 자신들의 설교를 발사하는 것처럼 나는 내 총을 발사했다. 총알을 장전하고는 탕 쏘았다. 연기가 났고 총성이 울렸지만 아무것도 떨어지진 않았다. 그리하여 계속 같은 일을 다시 반복해야만 했다.[12]

찰스 스펄전 역시 같은 진리를 목회자들과 신학생들에게 다음같이 강조했다: "여러분의 목표가 사람들의 마음을 감동시키는 것이라면 총을 하늘에다 대고 쏘아 봤자 아무 소용이 없습니다. 여러분의 임무는 사람들의 마음과 양심을 향하여 장전하는 일입니다. 적군의 바로 중심부를 향해 쏘십시오. 효과, 즉 양심과 마음에 미치는 효과에 목표를 두십시오."[13] 발포의 비유는 총을 쏘는데 있어서 목표를 맞추는 것이 다른 무엇보다 중요하다는 것을 보여준다. 존 스토트에 따르면 예수님의 '사람 낚는 어부' 비유 역시 비슷한 요점을 가지고 있다. 이 실례들이 공통적으로 의도하는 것은 설교의 목표가 갖는 절대적인 중요성을 예시하는 것이다. 모든 설교자가 마음에 간직해야 할 기본적인 생각은 설교에서 분명한 목표를 가져야 한다는 것인데 그럴 때만 자신들의 설교로 인한 결과를 확실하게 기대

---

12) H.W. Beecher, *Lectures on Preaching* (London: T. Nelson and Sons, 1872), p. 23. 비처는 나중에 했던 강의에서 다음같이 덧붙였다: "설교는 요란한 소리를 낼 목적으로 발사되는 중국식 폭죽과는 다르다. 설교란 사냥꾼의 총과 같다. 매번 장전할 때마다 사냥꾼은 자신의 사냥감이 떨어지는 것을 목표로 삼아야 한다." Beecher, *Lectures*, p. 236 참조.
13) C.H. Spurgeon, *An All-Round Ministry, a collection of addresses to ministers and students* (Edinburgh: Banner of Truth, 1960 [1900]), pp. 117-118.

할 수 있다.[14]

그러나 '신 설교학' 이라 불리는 설교의 "코페르니쿠스적인 혁명" 이래로 계몽주의로부터 전래된 합리주의에 관한 심각한 회의가 생겨났다. 하지만 '신 설교학' 의 대표주자들 중 한 사람인 유진 로우리(Eugene Lowry)는 설교학 이론들이 급격히 변화한 이후에도 설교를 논의하는데 있어 '설교 목표' 는 중심 논제로 주목 받아야 한다고 주장한다.[15] 최근의 설교학적 혁명은 설교가 갖는 대부분의 측면들을 다시 검토하도록 촉구해왔는데 그럼에도 불구하고 설교의 목표는 특별한 주목을 받지 못했다. 그러나 이 논제가 중요한 이유는 설교의 목표를 바라보는 변화된 관점이 오늘날의 설교 이론이나 설교 실천과 관련하여 무엇을 보존해야 하며 무엇을 다시 생각해야 하는지를 결정할 것이기 때문이다.[16]

'신 설교학' 의 다른 유력한 학자인 루시 로스는 자신의 "개인적인 위기" 를 고백하는데 어떻게 해서 자신이 우리가 논의하는 이 주제를 연구하기 위해 저명한 설교학자들을 방문하기로 결심하게 되었는지를 설명한다.[17] 그녀는 설교를 분석하기 위해 네 가지 기본적인 설교학적 영역을 선정한다. 이는 설교의 목표, 설교의 내용, 설교 언어와 설교의 형태로서 이것들은 모두 상호 연관이 있으며 각각 설교의 주요한 변수들이다. 설교의 목표는 이 중에서도 가장 기초가 되는 영역인데 로스는 그 위에 자신

---

14) J.R.W. Stott, *I Believe in Preaching* (London: Hodder & Stoughton, 1982), p. 250.

15) Lowry, *Sermon*, p. 12; E.L. Lowry, *Doing Time in the Pulpit: The Relationship between Narrative and Preaching* (Nashville: Abingdon, 1985), p. 12.

16) P.S. Wilson, *The Practice of Preaching* (Nashville: Abingdon, 1995), p. 20.

17) 그녀의 책 *Sharing the Word* 서론에서 로스는 자신의 개인적인 이야기를 들려주고 있는데 한 학생이 던진 "설교의 목표가 무엇인가?" 라는 질문에 제대로 대답을 하지 못했다. 신학교에서 설교학을 가르치는 교수로서 그녀는 설교학 이론에 관해 광범위하고 깊이 있게 독서를 했지만 단지 다른 사람들의 대답을 인용할 수 있을 뿐이었다. 그녀는 "뭔가가 빠져있음" 을 정직하게 인식했던 것이다. Rose, *Word*, pp. 1-2 참조.

의 설교학 이론을 세우고 있다.[18] 전통적인 강해 설교의 지지자 중 한 사람인 해돈 로빈슨 역시 "아무리 훌륭하고 성경적인 설교라 해도 분명한 목표가 없다면 가치 있는 설교가 아니다"라고 동의한다.[19]

따라서 구세대든 포스트모던 세대든 주제 설교이든 강해 설교이든 설교자들과 설교를 가르치는 학자들 모두에게 설교에 관한 논의에서 우선적이고 지배적인 논제는 설교의 목표라는 것이 분명해 보인다. 설교에서 '목표'가 갖는 중요한 역할에는 이견이 있을 수 없다. 하지만 최근 설교학 이론들에 나타난 설교 목표를 조사해보면 전통적으로 인정되어온 설교학 이론에서 발견되는 것과 매우 다르다는 것에 주목할 필요가 있다.

전통적 설교에서 설교의 목표

설교 목표가 중요하다는 것과 "설교 목표를 실제로 어떻게 정의할 것인가?"는 다른 문제라는 것을 우선 기억할 필요가 있다. 설교 준비 과정에서 설교 목표가 필수적이라는 데는 동의하면서도 설교자들과 설교학자들은 이를 다양하게 묘사해왔다. 예를 들어 찰스 시므온(Charles Simeon)의 설교 목표는 자신의 설교를 평가하고자 던졌던 질문에서 볼 수 있다: "설교가 죄인을 겸손케 하며 구원자를 찬양하며 거룩함을 증대시키는데 있어 한결 같은가?"[20] 제임스 알렉산더(James Alexander)는 설교자의 가장 큰 목표를 "청중으로 하여금 자신의 창조주에게 충성을 결심하면서 자신이 의존적이며 이성적이며 책임이 있는 피조물임을 알고 느끼도록 만들어주

18) L.A. Rose, "Preaching in the Round-Table Church" (PhD thesis, Emory University, 1994), p. 116.
19) H.W. Robinson, *Expository Preaching: Principles and Practice* (Leicester: IVP, 1986), p. 107.
20) C. Simeon, *Expository Outlines on the Whole Bible*, vol. 1 (Grand Rapids: Zondervan, 1956 [8th ed. of Horae Homiliticae, 1847]), p. xxi.

는 것"이라고 설명했다.[21] 포사이스(P.T. Forsyth)는 설교 목표를 "사도
적 설교자의 유일한 임무는 사람들로 하여금 보이지 않는 영적인 세계를
실제적으로 깨닫도록 만들어주는 것"이라고 단언했다.[22] 필립스 브룩스
역시 설교 목표에 관한 질문에 "그것은 사람의 구원"이라고 확고하게 대
답했다.[23] "상황 설교의 대제사장"으로 불리는 해리 에머슨 포스딕은 회
중의 삶과 관련하여 다른 견해를 내놓는데 "모든 설교는 삶 속의 몇몇 문
제를 해결하는 것을 주요 임무로 갖고 있어야 한다"고 말했다. 한 걸음 나
아가 그는 "사람들에게 자기 자신들이나 자기들의 문제나 그것을 해결하
는 방법만큼 관심을 갖게 해주는 것은 없다. 이는 기본적인 사실인데 이
를 무시하는 어떤 설교도 회중에게 파문을 일으킬 수 있다"고 주장했
다.[24]

한편 클리버리 포드(D.W. Cleverly Ford)는 설교자의 직무를 회중의 특
별한 필요에 따라 복음을 설교하는 것이라고 다르게 정의했다.[25] 블랙우
드와 다른 사람들은 "설교 목표란 듣는 사람의 의지를 움직여서 행동에
옮기도록 하는 것과 관련이 있다"[26]고 말하면서 의지의 변화를 강조했
다. 데일은 각 설교의 주요한 목표는 "기독교 교리를 확증"하거나 "어떤
의무를 수행"하거나 아니면 "종교적 감정을 강화"하는 것과 같이 설교자

21) J.W. Alexander, *Thoughts on Preaching* (Edinburgh: The Banner of Truth, 1975 [1864]), p. 200.
22) P.T. Forsyth, *Positive Preaching and the Modern Mind* (London: Paternoster, 1998 [1907]), p. 2.
23) Brooks, *Lectures*, p. 32.
24) H.E. Fosdick, "What is the Matter with Preaching?," *Harper's Magazine* 157 (1928), pp. 134, 138. 또한 J.D. Baumann, *An Introduction to Contemporary Preaching* (Grand Rapids: Baker Books, 1972), p. 213 참조.
25) D.W.C. Ford, *The Ministry of the Word* (London: Hodder and Stoughton, 1979), p. 211.
26) Blackwood, *Preparation*, p. 43. 이와 아울러서 Coggan, *Ministry*, p. 116; G.C. Morgan, *Preaching* (London: Oliphants, 1964), p. 13도 같은 견해를 언급한다.

의 의도에 따라 다양할 수 있다고 지적했다.[27] 이와 비슷하게 마이어 (F.B. Meyer)는 성경은 우리 삶을 취급하는데 있어 매우 광범위한 책이기 때문에 심지어 성경의 일부분에서도 다양한 주제들이 발견될 수 있다고 주장했다.[28]

신약성경이 설교를 정의하지도 않고 설교의 목표에 대해 직접적인 대답을 주지도 않는다는 것은 사실이다. 그러나 말씀 사역에 관한 신약의 가르침이라는 관점에서 설교의 목표를 조사해보면 위에서 살펴본 전통적인 대답들은 모두 타당하며 또 성경적이다.[29] 설교 목표에 대한 이런 다양한 정의들이 보여주는 결론은 오직 한 가지의 탁월한 설교 목표를 결정하는 것이 어렵다는 것이다. 이 점에서 우리는 성경의 기록들은 기독교 교리를 순전히 객관적인 방법으로 강의해놓은 것이 아니라는 클라스 루니아(Klaas Runia)의 말에 동의한다. 그보다는 특별한 상황에 의해 유발된 특별한 경우의 기록들인 것이다. 따라서 설교자는 설교를 위해 선택한 성경 본문의 특수성을 반드시 고려해야 한다. 바울의 저작들에서 명백하게 보이듯 신약의 어떤 서신서도 단지 추상적인 진리를 선포한 것이 아니라 구체적인 역사적 정황 속에 처한 특별한 회중의 특별한 문제들을 다루는 특별한 기록들인 것이다.[30]

---

27) Dale, *Lectures*, pp. 131-133. 바우만 역시 현대 설교에서 네 가지 다른 목표들을 범주화하고 있는데 "전도 설교," "교훈 설교," "치유 설교," "예언 설교"가 그것들이다. Baumann, *Introduction*, pp. 206-219 참조. 아울러 J. Piper, "The Goal of Preaching: The Glory of God," in *The Supremacy of God in Preaching* (Leicester: IVP, 1990), pp. 17-26; Adams, "The Purpose of Preaching," in Adams, *Preaching*, pp. 11-15 참조.

28) F.B. Meyer, *Expository Preaching: Plans and Methods* (London: Marshall, Morgan & Scott, 1954), pp. 5, 11. 마이어 자신은 설교의 "가장 큰 목표는 그리스도와 그의 십자가에 못 박히심을 설교하는 것"이라고 주장했다.

29) P. Adam, *Speaking God's Words: A Practical Theology of Preaching* (Leicester: IVP, 1996), p. 125.

30) K. Runia, *The Sermon under Attack* (Exeter: Paternoster, 1983), p. 63. 따라서 루니

따라서 설교자는 저자의 특별한 목적이 무엇이었는지, 왜 그 편지를 썼는지, 나아가 저자는 그 서신을 통해 자신의 독자들에게 어떤 효과를 기대하고 있는지를 발견할 필요가 있다. 설교의 지배적인 아이디어나 중심되는 생각이 본문의 진리를 나타내주는 반면 설교의 목표는 회중의 특별한 필요라는 빛 안에서 설교를 통해 무엇을 성취할 것인지를 고려하게 한다. 전통적인 설교 이론가들은 설교의 이러한 특별한 목표는 본문의 특별한 의도에 따라서 결정되어야 한다고 주장한다. 한 편의 설교가 성경 본문에 담겨진 성령의 특별한 의도를 따라 그 목표를 발견할 때 설교자의 목표는 하나님의 목표가 될 수 있다.[31]

전통적인 설교학 이론에서는 설교의 목표를 결정하는데 있어 설교의 주제와 상관없이 본문이 우선권을 갖는다. 서로 다른 본문들이 갖고 있는 각각 다른 메시지들을 다루는 전통적 설교들 배후에 놓인 공통적인 목표는 하나님 말씀을 있는 그대로 드러내어 강해하는 것이다. 근대 설교학의 초기에 "비중 있는 설교학 스승"이었던 존 브로더스(John Broadus)[32]는 설교자의 역할을 "설교자는 하나님의 말씀으로 사람들을 가르치고 권면하려는 바로 그 목적을 위해 그들 앞에 서는 것이다"라고 정의했다.[33] 브로더스에게 설교자의 우선적 임무는 하나님의 말씀을 정확하고 분명하게 가르치는 것이었다.[34] 그의 생각에 설교의 중요한 주제는 "거룩한 진리"나 "종교적인 삶에 관한 의미 있는 진리"였는데 그 핵심은 "예수 그리스

아는 비록 역사적-문법적, 그리고 성경적-신학적인 연구와 수사학적이며 문학적인 분석들을 추구하는 것이 전통적인 설교이론에서 필수적이라 해도 그것만으론 충분치 않다고 생각한다.

31) Robinson, *Preaching*, pp. 108-109; Adams, *Preaching*, pp. 27, 30; Stott, *Preaching*, pp. 251-252.
32) J.R. Hjelm, "Growing Edges in Homiletics," *The Covenant Quarterly* 48 (1990), p. 39.
33) J.A. Broadus, *On the Preparation and Delivery of Sermons* (New York: Harper & Row, 1944 [2nd ed.]), p. 24.
34) Broadus, *Preparation*, p. 16.

도 안에서 계시되고 제공된 복음"이었다.[35] 1870년에 발간된 브로더스의 책은 20세기 전반에 걸쳐 설교학의 고전적 이론을 지배했는데 특히 '진리'나 '메시지'를 설교의 본질로 높이 평가했다.[36]

전통적인 설교 이론에 또 다른 중요한 공헌자인 메릴 엉거(Merrill Unger) 역시 설교자의 직무에 대해 "설교자의 주 과업은 구약과 신약성경 안에 놓여있는 진리를 선포하는 것"이라고 비슷한 설명을 했다.[37] 즉 설교적 직무란 인간의 지혜로 청중을 자극하는 것보다 성경적 진리를 충실하게 전달하는 것이다. 전통적인 설교를 구별 짓는 특징은 바로 이 성경 중심성과 설교 준비와 실천의 전 과정에 걸친 성경의 결정적인 역할이다. 생스터(W.E. Sangster)는 주제에 따라 여섯 가지로 설교의 형태들을 구별한 후 모든 기독교 설교는 "우리 믿음의 최고의 원천"으로서 언제나 성경에 근거해야 한다고 주장했다. 어떤 형태의 설교이든 전통적인 설교학 이론에서 설교자의 가장 우선적이고 중요한 임무는 성경적 진리를 강해하고 거룩한 메시지를 청중에게 전달하는 것이다. 따라서 생스터에게는 성경과 조화를 이루지 못하는 설교나 성경과 실제로는 관련이 없는 설교는 전혀 기독교 설교가 아니다.[38] 제임스 스티진거(James Stitzinger)는 진리를 분명히 드러내어 설명하려고 하는 이러한 설교의 성격이 성경 안에서부터 시작되었으며 또한 교회 역사 속에서 합당한 설교로서 계속되어왔음을 보여준다.[39]

---

35) Broadus, *Preparation*, pp. 6, 50.
36) Rose, *The Word*, p. 15.
37) M.F. Unger, *Principles of Expository Preaching* (Grand Rapids: Zondervan, 1955), p. 32.
38) W.E. Sangster, *The Craft of the Sermon* (London: The Epworth Press, 1954), pp. 25-26.
39) J.F. Stitzinger, "The History of Expository Preaching," in John MacArthur, Jr. (ed.), *Rediscovering Expository Preaching* (Dallas: Word Publishing, 1992), pp. 36-60. 스티진거에 따르면 이런 종류의 설교는 특히 '강해 설교'란 이름으로 시행되어왔다.

현대 설교에서 설교의 목표

설교학자들은 근래에 "설교가 위기에 처해있다"는 것을 깨닫고 있다. 그들은 정통 교리를 중시하는 과거의 '구 설교학'이 주로 추론적이며 설교적인 요점과 명제를 강조하고 있다고 생각한다. 구 설교학의 기본 방법은 중심 아이디어나 메시지를 회중에게 전하는 것인데 이는 근본적으로 설교에 대한 "관념적인 접근"이다. 그러나 리처드 에슬린거(Richard Eslinger)는 합리주의의 퇴보와 아울러 "설교에 대한 과거의 주제 중심적이며 개념적인 접근"이 전혀 쓸모없지는 않다 해도 "심각하게 병들어 있다"고 주장한다. 이와 대조적으로 최근 설교학자들의 연구는 변화하고 있는 설교 이론을 보여주는데 이는 합리적이며 명제적인 과거의 설교모델과는 거리가 먼 것이다.[40]

페트리샤 윌슨 카스트너(Patricia Wilson-Kastner)는 브로더스의 표준 설교 교과서에 등장하는 설교의 기본적 모델은 논리적이고 합리적이며 세 가지 요점으로 구성된 설교라는 것에 주목한다. 브로더스가 강조하고 있는 전제에 따르면 설교의 핵심은 삼단논법으로 발전된 '논제 진술'이어야 한다. 따라서 자연히 많은 관심이 말씀의 객관적인 진리를 합리적으로 이해하는 일에 주어진다. 그러나 이런 전통적인 접근 방식은 카스트너의 판단으로는 부적절하다. 왜냐하면 "사람이 가지고 있는 또 다른 중심의 차원, 즉 감정적인 차원"을 외면하기 때문이다.[41] 전통적인 설교학 이

---

40) R.L. Eslinger, *A New Hearing: Living Options in Homiletic Methods* (Nashville: Abingdon, 1987), pp. 11, 13-14, 86; *Pitfalls in Preaching* (Grand Rapids: Eerdmans, 1996), p. xi. 에슬린거는 이런 새로운 유형의 설교를 '신 설교학'(the New Homiletic)이란 집합명사로 호칭하고 있다. 또한 존 스토트의 "Contemporary Objections to Preaching," in *Preaching*, pp. 50-89 참조. 설교의 역사에 관한 간단한 개요를 위해선 W.H. Willimon and R. Lischer (eds.), *Concise Encyclopedia of Preaching* (Louisville: Westminster John Knox, 1995), pp. 184-227 참조.

41) P. Wilson-Kastner, *Imagery for Preaching* (Minneapolis: Fortress, 1989), pp. 19-20.

론은 하나님께서 믿는 자들을 교육하기 위해 설교의 직분을 주셨다고 생각한다. 전통적인 설교자들은 성경에 있는 신학적 명제들을 정기적으로 설교함으로써 이 임무를 시행해왔다. 최근의 설교학 이론은 그러한 강단 사역이 주로 이지적인 작업이며 성경의 교리와 교훈을 드러내는 데 초점이 있다고 지적한다.

그러나 프레드 크래독(Fred Craddock)은 회중은 오직 설교가 그들의 삶 속에 무엇인가 변화를 초래할 때만 설교의 영향력과 권위를 인정한다는 점을 강조하면서 이는 사변적인 성경 해석의 문제를 훨씬 뛰어넘는 것이라고 주장한다. 크래독은 설교자들이 설교를 통해 청중의 삶의 방식을 재창조하기를 원한다면 청중의 변화란 본질적으로 경험의 문제임을 기억해야 한다고 역설한다.[42] 설교를 통해 하나님의 말씀을 만나는 것은 분명히 삶을 바꾸는 사건이지만 크래독이 던지는 질문은 '어떻게 이를 가능하게 할 것인가?' 하는 것이다. 그의 설교학적인 전략은 간접적이며 귀납적인 방식에 의해 청중의 상상력을 불러일으키는 것인데 이럴 때 설교는 선입견으로 인한 어떤 결론도 청중에게 강요하지 않으면서 주로 설교자의 실존적인 관심에 의해 작성된다. 이런 종류의 설교는 청중에게 메시지를 "넘겨들을 수"(overhear) 있는 여지를 제공하는데 이로 인해 청중은 설교에 참여하게 될 뿐 아니라 설교자와 청중 사이에 놓인 간격을 그들 스스로 메울 수 있게 된다. 새로운 설교학 이론에서 설교의 목표는 청중들을 위해 경험을 창조해 내는 것이고 특별한 한 가지 반응을 강요하기보다는 가능성 있는 여러 반응들을 제안하는 것이다. 따라서 합리적 명제들과 논리적 주장들은 이제 과거의 설교학 모델에서 중시했던 만큼 중요하지 않

---

42) F.B. Craddock, *As One without Authority* (Nashville: Abingdon, 1971), pp. 21, 77, 80. 설교의 새로운 지평을 연 크래독의 이 책은 이 주제에 대한 본격적인 논의의 시발점이 되었고 그는 '신 설교학'이 발전하는데 결정적인 역할을 하였다.

다. 대신 청중의 경험과 통찰력을 재창조하는 것이 설교라는 "전달 사건" (the communicative event)을 좌우하는 중요한 열쇠가 된다.[43]

유진 로우리 역시 설교에서 경험이 중심이 되어야 한다는 데 동의한다. 그는 아이디어를 조직하기보다 경험을 만들어내는 데 중점을 두고 설교를 작성하라고 말한다. 예를 들어 이야기체 본문을 설교할 때 설교자 자신의 경험이 설교에서 재구성되어야 하고 그럴 때에 오늘날의 청중 역시 성경 이야기가 다시 발생하는 듯한 경험을 할 수 있다는 것이다.[44] 그는 오늘날 설교학자들에 의해 자주 사용되는 '불러일으키다'(evoke) 혹은 '불러일으킴'(evocation)과 같은 단어에 주목하기를 제안하는데 설교 목표와 그 성취 사이를 이어줌에 있어 이런 단어들이 갖는 중요한 역할을 강조한다. 설교란 그의 정의에 의하면 "강제로는 만들 수 없는 [말씀]사건을 불러내기 위한 제물"이다.[45] 즉 설교자가 설교에서 시도하는 것은 말로 표현할 수 없는 복음의 신비를 언어를 통해 표현 가능한 의미로 바꾸어주는 것이다. 그에 의하면 설교자는 "신비의 가장자리에서 춤을 추면서"[46] 평범한 언어를 통해 뭔가 평범치 않은 일이 일어나도록 겨냥한다.

헨리 미첼(Henry Mitchell) 역시 특히 흑인 설교의 전통에서 볼 수 있듯이 경험이 의사소통에서 핵심적 요소라고 주장한다. 인간성의 심층부는 논리나 논증에 의해 움직이는 것이 아니라 바로 경험에 의해 움직인다는 것이다. 우리 인간성의 무의식적 측면은 인간 정신세계의 미묘하고도 중요한 부분인데 지적인 접근이나 피상적인 의사전달로는 가 닿을 수 없다.

---

43) F.B. Craddock, *Overhearing the Gospel* (Nashville: Abingdon, 1990), p. 121.

44) Lowry, *Time*, p. 27.

45) Lowry, *Sermon*, p. 37.

46) D. Buttrick, *Homiletic: Moves and Structures* (London: SCM, 1987), p. 189. 버트릭은 설교 안에서 세상이 바뀌는 일이 일어난다고 확실히 믿는다. Buttrick, *Homiletic*, p. 261 참조.

즉 이런 무의식의 세계는 순수하게 이성적인 방법보다 감정적인 접근 방법에 쉽게 더 잘 반응한다. 미첼은 감정적인 접근법이라고 해서 비논리적인 것이 아니며 이럴 때는 논리가 다른 차원에서 작동하는 것이라고 생각한다. 이렇게 될 때 경험을 창의적으로 엮는 일을 통하여 인간성 전체가 심오한 진리 안으로 깊이 빠져들 수 있다. 따라서 미첼은 "경험 중심적인 설교"(experience-centered preaching)를 연구할 가치가 있다고 주장한다.[47)

그는 한 걸음 더 나아가 서양에서 현대에 들어 계속 개신교가 쇠퇴하는 이유는 신학 교육에 있다고 지적한다. 미첼에 의하면 전에는 학생들이 평범한 사람들과 의사소통을 잘 하도록 하는데 신학 훈련의 초점이 맞추어져 있었다. 반면에 이제는 학문적으로 정확해야한다는 미명하에 소수 엘리트와만 의사소통이 가능하도록 강조점이 바뀌어졌다. 서양에서 "지적인 체면"에 대한 관심이 복음을 함께 나누는 경험으로서 설교가 갖는 가장 중요한 기능을 대신하게 되었을 때 설교는 얼마 못 가서 보통 사람들에게 가졌던 영향력을 상실하게 되었다. 대신 설교는 오직 전문성과 합리성이라는 관점에서만 생각되었다.[48)

최근의 설교학 이론에서 설교 목표의 이같은 극적인 변화는 실제로는 오늘날의 문화 흐름에 대한 이해로부터 생겨났다. 새로운 설교학은 청중이 변하지 않을 것이라는 가정은 급부상하는 문화에서 더 이상 설득력이

---

47) 예를 들면 흑인 설교의 전통에서 설교의 목표는 신자의 영적 성숙을 위해 "의미 있는 경험을 재창조하는 것"이다. 또한 이것이야말로 인간성 전체를 고려할 때 모든 인간이 소유하고 있는 무의식적 영역과 의사소통을 가능하게 하는 것으로 주장된다. 미첼은 이런 종류의 설교만이 죄의식이나 삶의 의미와 같은, 말의 차원보다 저변에 자리 잡고 있는 가장 심오한 인간의 관심사를 다룰 수 있다고 믿는다. H.H. Mitchell, *The Recovery of Preaching* (New York: Harper & Row, 1977), pp. 31-33, 41 참조.
48) Mitchell, *Recovery*, p. 46.

없다고 지적한다.[49] 설교자들은 어떻게 하면 합리주의의 확실성을 외면
한 채 이미 회의주의에 사로잡혀 있는 포스트모던 세대에게 효과적으로
말할 수 있는지를 질문해야 한다. 오늘날 전통적인 설교 방법이 포스트모
던 청중을 세워가는 임무를 수행하는데 설교자에게 별 도움이 못 되는 반
면 새로운 설교학은 설교자와 청중 양자의 필요를 채워주는 새로운 전략
을 제공하는 것처럼 보인다. 합리적이고 명제적인 논증들 대신 설교에 대
한 이 새로운 주장은 새로운 방법들(예를 들면 귀납적이거나 이야기식이
거나 상상력이 풍부한)을 설교 작성을 위한 대안들로 제시해왔다. 이런
여러 방법들은 모두 두 가지 특징을 공유하고 있다. 즉 "과거의 합리적인
모델은 더 이상 효과적이지 못하다는 것과 설교를 듣는 청중을 위해 감정
적인 경험을 창조하는데 진지한 주의를 기울인다는 것" 이다.[50]

클라이드 라이드(Clyde Reid)의 종교 전문가들에 대한 조사와 뤼엘 호
에(Reuel Howe)의 평신도에 대한 조사를 인용하면서 브라이언 채플
(Bryan Chapell)은 이 두 연구가 오늘날 설교와 관련하여 널리 퍼져있는
불만족에 대해 거의 같은 결론에 도달하고 있음을 보여준다. 공통의 불평
들은 다음 같은 것이다: 설교자들은 너무 많은 복잡한 아이디어들과 너
무 많은 모호한 신학 전문 용어를 사용한다; 설교가 너무 형식적, 명제적
이며 그 결과 활기 없고 지루하고 재미없다; 오늘날의 설교는 관련성이
결여되어 있고 듣는 이들의 실제 삶으로 이어지는 연계성을 쉽게 상실한

---

49) L. Mead, *The Once and Future Church: Reinventing the Congregation for a New Mission Frontier* (Washington: The Alban Institute, 1991), pp. 43-68. 미드는 오늘날 엄청나게 변화된 포스트모던 세계에서 사명을 완수하려면 교회의 개혁이 필요하다고 주장한다.

50) R.S. Reid, "Postmodernism and the Function of the New Homiletic in Post-Christendom Congregations," *Homiletic* 20, no. 2 (1995), p. 7. 현대 설교학에 대한 연구에서 같은 결론을 보려면 R. Reid, D. Fleer, and J. Bullock, "Preaching as the Creation of an Experience: The Not-So Rational Revolution of the New Homiletic," *The Journal of Communication and Religion* 18 (1995), pp. 1-9 참조.

다.[51] 오늘날 회중이 자신들의 설교자들이 하는 설교를 어떻게 듣는가에 대한 최근의 연구에 따르면 복음주의 설교에서 가장 약한 부분은 관련성의 부족이다. 즉 오늘날의 청중은 매일의 삶을 다루어주지 않는 한 하나님에 대한 단조로운 정보를 더 이상 받아들이지 않는다.[52]

최근의 설교학 이론들이 모든 성경 본문을 일련의 명제들로 전락시키는 건조하고 이론적인 설교에 반발하고 있음은 자명한 일이다. 심지어 활기차고 감정이 풍부한 성경의 이야기나 시나 비유들마저도 이지적이고 논리 정연한 설명으로 바꾸어져 논설적인 형태로 전달되고 있다. 그 결과 본문은 원래의 활력과 생명력을 잃고 만다. 이러한 아이디어 중심적인 설교는 주로 머리에 초점을 맞추기 때문에 마음과 접촉하는 일은 거의 없다. 존 맥클러는 강해 설교에 대한 논의에서 강해 설교의 가장 큰 약점이란 "설교자가 문화나 사람들의 경험에 참여하는 것을 강단에서 제한하는" 경향이라고 지적한다.[53]

이와 대조적으로 새로운 설교학의 교사들은 기독교를 떠난 오늘날 포스트모던의 문화에 진지한 관심을 기울이면서 청중들을 이지적인 논증들로 설득하려 하기보다는 청중들 안에 새로운 경험을 창조해내는 데 크게 관심을 갖는다. 전통적인 설교의 특징은 성경 중심적이며 그 목표는 성경을 이해하도록 하게 하는 것이다. 이에 반해 새로운 설교학에서 설교자의 임무란 회중을 위해 생활 중심적인 경험을 산출해내는 것이다.

우리는 설교자의 임무가 자신이 먼저 받은 메시지를 단순히 청중에게

---

51) B. Chapell, *Christ-Centered Preaching* (Grand Rapids: Baker Books, 1994), p. 168.
52) M. Greene, "Is Anybody Listening?," *Anvil* 14 (1997), p. 286. 그린은 이것이 설교자들을 위한 '충고'에서 가장 자주 언급되는 내용이라고 지적한다. 가장 영향력 있는 복음주의 설교자들이 보여주는 설교 모델들에 관한 그린의 비판을 보려면 같은 책 pp. 289-293 참조.
53) J.S. McClure, "Expository Preaching," in Willimon and Lischer (eds.), *Encyclopedia*, p. 132.

건네주는 것이 아니며 설교가 지적인 면만을 포함하고 있지 않다는 데 동의한다. 만일 설교가 본질상 설득하는 작업이라면 마음까지 포함해야 하는 것은 당연한 일이다. 설교는 설교자의 지성과 마음속에 있는 것을 청중의 지성과 마음에 전달하는 일이다. 설교자가 청중들 각자에게서 마음이 담긴 반응을 이끌어내고자 한다면 설교는 인간성 전체의 참여를 반드시 고려해야 한다. 이러한 시각으로 볼 때 설교는 비록 겉으로는 일방적인 의사 전달일지 몰라도 실제로는 일종의 상호 대화인 것이다.[54] 하나님은 인간의 언어를 통해 하늘의 진리를 전하시지만 "하나님 말씀은 하나님에 관한 말씀 이상이다."[55] 이는 특히 설교에서 더욱 사실인데 진리를 명제적으로 표현하는 것을 강조하는 전통적인 이론은 설교의 다른 측면인 경험적이고 개인적인 요소에 의해 보완되어야 한다.

전통적으로 설교의 공공연한 목표는 청중의 마음을 복음의 위대한 교리들로 밝혀주는 것이었다. 하지만 복음이 의도하는 충만함이란 단순히 문법적이거나 신학적인 성경 해석에 근거한 생각만을 나누는 것이 아니다. 따라서 설교 목표에 대한 전통적 진술은 제한적이다. 성경의 어떤 교리도 설교에서는 단순히 합리적 설명만으로 끝나서는 안 된다. 복음의 전달은 복음 메시지를 문자만이 아니라 심령으로 경험하게끔 인간 전체를 깊이 감동시키는 일을 포함해야 한다. 설교에 대한 이러한 사람 본위의 목표는 추상적인 것보다 훨씬 포괄적이며 실제적이다. 따라서 '신 설교학'의 지지자들은 듣는 자의 삶의 변화를 위해 청중이 설교 언어를 경험케 하는 것에 목표를 둔다. 그리고 그 배후에는 이렇게 하는 것이 "복음이 인간성 전체에 가서 닿아야 한다"는 원래의 설교 목표를 더욱 충실하게

---

54) J.W. Cox, *Preaching* (San Francisco: Harper & Row, 1985), p. 51.
55) J.H. Cone, *God of the Oppressed* (New York: Seabury Press, 1975), p. 18.

이행하는 것이라는 믿음이 놓여있다. 56)

　그러나 지적인 아이디어의 역할을 무시하면서 청중을 위한 경험 창출을 일관되게 주장하는 '신 설교학'의 강조는 의문의 여지가 많다. 우리는 성경적 설교라는 관점에서 새로운 설교학의 주장과 그 타당성을 재검토할 필요가 있다. 설교에서 경험을 중심 이슈로 강조하는 것은 인정과 동시에 반대를 받아왔다는 것을 기억할 필요가 있다. 예를 들면 스티픈 패리스(Stephen Farris)는 설교자가 명제의 필요성을 등한시해서는 안 된다고 강하게 주장한다. 진리에 관한 성경적 아이디어나 개념은 실제로 성경 안의 명제적인 부분과 비명제적인 부분, 둘 다를 통해 전달된다. 성경 기록의 많은 부분은 합리적인 논증들과 일련의 명제들을 설명하는 식으로 이루어져 있다. 비논증적인 구절들이라 할지라도 성경의 모든 본문은 복음에 대해 어떤 생각들을 가지고 있는 것이다.

　성경에서 개념이나 명제가 이처럼 지배적이듯이 성경적 설교에서도 그러해야 한다. 비록 하나님에 대한 성경적 개념을 이해하는 것이 하나님을 경험하는 것을 대신하진 못하지만 우리의 경험을 일관성 있고 질서 있게 평가하고 설명하려고 애쓰는 것은 인간의 자연스런 특징이다. 포스트모던 설교자들은 회중의 지적인 관심은 과소평가하는 반면 회중이 가진 신학적 지식은 과대평가하는 경향이 있다. 질서 있고 일관된 성경 지식에 대한 갈급함의 정도는 다르겠지만 교회에는 제대로 설명되고 논증되는 디다케(didache)에 대한 실제적인 갈망이 존재하고 있다. 만일 설교가 머리와 심정에 동시에 관심을 가져야한다면 아이디어와 경험이 결별해서는 안 된다. 패리스가 단언하듯 최근의 설교학에서 오로지 경험을 창조하는 것만을 지나치게 강조하는 것은 교회를 건강하게 하는데 아무 도움이 되

---

56) Mitchell, *Recovery*, pp. 145-147.

지 못한다.[57]

　또한 설교를 통해 경험하는 하나님 말씀은 영감된 계시의 기록된 말씀으로부터 우러나는 것임을 기억할 필요가 있다. 즉 기록된 하나님의 말씀은 경험된 하나님의 말씀을 위한 기초가 된다. 칼프리드 프로리히(Karlfried Froehlich)가 바로 지적한 것처럼 " '외적인 말씀' (verbum externum)인 성경과 성경의 선포는 '내적인 말씀' (verbum internum)보다 우선하며 그 근거가 된다."[58] 설교의 목표는 말씀 아니면 경험 둘 중 하나를 선택하는 문제가 아니라 우선권의 문제이다. 진리를 전하지만 관련성이 배제된 설교나, 관련성은 있지만 진리가 빠진 설교는 둘 다 허약할 수밖에 없다. 하나님의 말씀과 그에 대한 경험은 설교에서 반드시 결합되어야 한다.

2. 현대 설교학에서 권위의 문제

　교회는 말씀 위에 뿌리를 내리고 있으며 설교는 순전히 경험의 문제이기보다는 말씀 중심의 경험을 지향한다. 말씀과 경험 이 둘 중 어디에 우선권을 두는가의 차이는 구 설교학과 신 설교학에서 설교의 권위가 어디에 있는가 하는 물음과 밀접한 관계가 있다. 따라서 앞에서 살펴보았던 '설교의 목표' 라는 주제는 자연스레 권위에 대한 질문으로 우리를 인도한다.

---

57) S. Farris, *Preaching that Matters: The Bible and Our Lives* (Louisville: Westminster John Knox, 1998), pp. 22-23, 46.
58) K. Froehlich and T.E. Fretheim, *The Bible as Word of God in a Postmodern Age* (Minneapolis: Fortress, 1998), p. 9.

설교 권위의 다른 소재지

전통적인 견해에서 설교자의 첫 번째 임무는 "본문에 귀를 기울이는 것"이며 설교의 목표는 "본문의 메시지를 전달하고 복음을 선포하는 것"이다.[59] 그러므로 전통적인 설교 이론에서 설교자에 대해 가장 널리 알려진 묘사는 '선포자'(herald)였다. 설교자란 하나님의 대변자로서 복음 선포에서 하나님 자신이 설교자를 통해 말씀하신다는 것이다.[60] 설교는 하나님 말씀을 운반하는 도구이기 때문에 하나님의 메시지를 바로 전달하는 것은 무엇보다 중요하다. 설교의 목표는 우선 도덕적인 교훈이나 현재를 위한 생활원리를 제공하는 것이 아니라 설교자의 인간적인 음성을 뛰어넘어 살아계신 하나님의 영원한 음성을 듣게 해주는 일이다. 여기서 중요한 것은 선포자 자신이 무엇을 선포할 것인지를 결정하지 않는다는 점이다. 대신 선포자의 임무는 보내신 자로부터 부여 받은 메시지를 가감 없이 충실하게 전달하는 것이다. 설교자의 주요 임무는 하나님으로부터 올바른 메시지를 받아서 이를 분명하게 전하는 것이므로 선포자의 이미지는 듣는 사람의 관심이나 주의를 자극하는 현대적인 의사소통 전략을 경시하는 경향이 있다.[61]

디트리히 리츨(Dietrich Ritschl)은 교회가 점점 더 의사소통의 기술이나 수사학에 관심을 갖는 이유는 교회가 갈수록 말씀의 우선권과 능력에 대

59) J. Daane, *Preaching with Confidence: A Theological Essay on the Power of the Pulpit* (Grand Rapids: Eerdmans, 1980), p. 50.
60) S. Greidanus, *The Modern Preacher and the Ancient Text: Interpreting and Preaching Biblical Literature* (Grand Rapids: Eerdmans, 1988), p. 4; J.R.W. Stott, *The Preacher's Portrait* (London: The Tyndale Press, 1961), pp. 37-38. 존 칼빈 역시 "하나님께서 인류에게 부여하신 여러 가지 훌륭한 은사들 가운데 하나님 자신의 음성이 사람들에게 다시 들려지도록 하기 위해 인간의 입과 혀를 신성케 할 것을 고안하셨다는 것은 [설교가 갖는] 유일한 특권이다"라고 말했다. Calvin, *Institutes*, 4.1.5 참조.
61) T.G. Long, *The Witness of Preaching* (Louisville: Westminster John Knox, 1989), pp. 24-26.

한 신뢰를 잃고 있기 때문이라고 진단했다. 그러나 하늘의 왕에게서 보냄을 받은 메신저로서 선포자는 설교의 '진정성'(genuineness)을 '관련성'(relevance)보다 중요하게 생각해야 한다. 설교자의 의무는 바라는 결과를 낳기 위해 억지를 부리는 것이 아니라 왕의 메시지를 충실하게 전하는 것이다.[62] 따라서 종교개혁자들 이래 설교자의 전통적인 역할은 "말씀 자체가 말하도록 단지 성경 본문을 위한 입과 입술을 제공하는 것"이다.[63] 클리버리 포드가 "설교자는 하나님 말씀의 주인이 아니라 종"이기 때문에 "설교자는 하나님 말씀을 조종할 수 없다"고 말한 것은 이런 생각을 확증하는 것이었다.[64] 이 선포하는 설교자의 이미지는 "그리스도 사건에 대한 지속적인 선포를 언급하고 있는 신약 전반에 걸쳐 나타나는 특징"이다.[65]

이렇게 볼 때 선포자 이미지의 가장 큰 강점은 성경 메시지에 대한 집착과 충성심이다. 이는 설교의 성경적이고 신학적인 성격을 강조하는 것인데 이런 관점은 설교의 형식이나 스타일로 복음메시지의 본질을 대신하기를 거부한다. 오늘날 많은 설교들이 지나친 수사학적인 꾸밈이나 설교자의 개인적인 카리스마에 힘입어 회중에게 호소하려고 하는 것은 하나님 말씀의 능력에 대한 믿음이 결여되었다는 것을 보여 줄 뿐이다. 선포자 이미지의 커다란 가치는 '설교의 초월적인 차원'이 존재한다는 믿음에 있다. 즉 설교의 능력은 설교자의 의사소통 기술이나 강점이나 지혜

62) D. Ritschl, *A Theology of Proclamation* (Richmond: John Knox Press, 1960), pp. 132-133.
63) G. Wingren, *The Living Word: A Theological Study of Preaching and the Church* (London: SCM, 1960), p. 201.
64) 그는 덧붙이길 설교자는 "하나님 말씀을 설교하므로 무엇을 성취할지 예측할 수조차 없다"고 말한다. 그러나 그가 "설교자는 어떤 면에선 자신의 설교에 책임이 없다"고 말한 것은 지나친 것이었다. Ford, *Ministry*, pp. 107-108 참조.
65) R.H. Mounce, *The Essential Nature of New Testament Preaching* (Grand Rapids: Eerdmans, 1960), p. 52.

에 묶여 있지 않고 궁극적으로 설교자를 통해 자유롭게 말씀하시는 하나
님 자신에게 달려있다.[66]

복음적 기독교를 나타내는 표지는 사람들의 반응이나 경험보다 말씀에
우선권을 두는 것이다. 이 말은 구체적으로 "모든 인간적인 철학이나 종
교를 뛰어넘는 하나님 말씀의 지고함과 권위"를 의미한다.[67] 모든 세대
와 어떤 문화권에서도 하나님 말씀이 우월하다는 사실은 성경적 설교의
초월적 차원을 가능하게 한다. 어느 시대에서든지 성경 말씀이 적합하고
충분하다는 믿음을 가지고 포사이스는 다음같이 말했다.

> 설교자가 회중을 인도해 들어가야 하는 곳은 영원한 구원을 언급하고 있는 성경의
> 세계다. 아무리 시대가 새롭게 되어도 어느 시대에나 성경은 사람들 가까이 있는
> 책이고 모든 시대에 걸쳐 성경은 권위 있는 책이다. 들을 때마다 최신일 수 있는
> 유일한 설교는 바로 이 영원한 세계에 대해서 설교하는 것인데 이는 성경 안에서
> 만 우리에게 열리는 것이다. 즉 거룩한 사랑과 은혜와 구원의 영원함, 그리고 우리
> 의 씻을 수 없는 죄를 위한 구원의 은혜에 관한 영원하며 불변하는 교훈들이 성경
> 안에 있다.[68]

성경을 설교하는 강해자들은 자신들의 입장을 위한 가장 유리한 고지
로서 성경에 우선 호소한다는 점에서 종교개혁자들과 청교도들의 진정한
후계자들이다. 신약에서 사도들이 행했던 설교의 많은 부분이 실제로는
구약에 대한 강해였다는 사실은 기억할 가치가 있다. 마이어는 신약 사도
들이 설교할 때 해석에서 자신의 개인적인 의견을 배제하고 모든 논증을
하나님 말씀, 즉 구약성경을 인용하거나 적용하므로 풀어가고 있다고 주

---

66) Long, *Witness*, p. 28. 또한 Greidanus, *Preacher*, pp. 12-15도 참조.
67) B. Ramm, *The Evangelical Heritage: A Study in Historical Theology* (Grand Rapids: Baker Books, 1973), p. 13.
68) Forsyth, *Preaching*, p. 20.

장했다. 회중이 자신들의 설교자가 성경의 권위에 복종하는 것을 볼 때 그들 역시 성경을 궁극적으로 호소할 원천이며 최종적인 판단 잣대로 여기는 것은 당연하다. 따라서 사도들의 메시지는 "그러므로 주께서 말씀하셨다"고 할 수 있는 강력한 효과를 산출했다.[69] 성경학자이자 신학자로서 설교 문제에 많은 관심을 기울이는 제임스 패커 교수 역시 성경의 전통적인 권위를 주장한다. 그는 모든 성경적 설교에서 "처음부터 끝까지 반드시 성경 자체가 말하도록 해야 하며 설교자의 임무란 단지 성경이 스스로 기능하도록 돕는 것"이라고 말한다.[70]

그러나 이러한 전통적인 성경의 권위는 포스트모던 시대의 청중들에게는 더 이상 효과적인 권위로서 설득력이 없다. 오늘날 설교학자들은 우리가 이미 근대를 지나 '포스트모던'이라 불리는 새로운 시대의 단계로 접어들었음을 익히 파악하고 있다.[71] 21세기의 교회는 이전 세대에는 알려지지 않았던 도전들을 만나고 있으며 오늘날의 설교자들은 '낯선 사람들'에게 설교해야 하는 어려움에 직면해 있다.[72]

모더니즘의 정신을 대표적으로 보여주었던 것이 과학과 논리에 대한 존중이었던 반면 포스트모던주의자들은 객관적 지식과 합리주의에 대한 근대적 믿음이 한계를 지니고 있다고 생각한다. 또한 포스트모던주의자들은 지식이나 진리가 상대적 특징을 지니고 있다는 데 공감한다. 그들은 모든 이해란 해석의 문제인데 이러한 해석은 우리가 갖고 있는 특별한 관점들과 편견들로 깊이 물들어있다고 주장한다. 이전의 시대에서는 일반

---

69) Meyer, *Preaching*, pp. 58-59.
70) J.I. Packer, "Preaching as Biblical Interpretation," in R.R. Nicole and J.R. Michaels (eds.), *Inerrancy and Common Sense* (Grand Rapids: Baker Books, 1980), p. 203.
71) 예를 들면 1994년 설교학회(the Academy of Homiletics) 모임의 주제는 "포스트모던 세계에서의 설교"였다.
72) 이를 위해선 W.H. Willimon and S. Hauerwas, *The Intrusive Word: Preaching to Strangers* (Louisville: Westminster John Knox, 1992) 참조.

적으로 인정되었던 교회의 가치 역시 포스트모던 문화에서는 의심을 받고 있는 중이다. 더욱이 포스트모던주의를 좇는 대중들은 제도적인 기관으로서 교회를 지지하지 않는다. 그들은 신앙 공동체를 단지 피상적으로 이해하는 한편 극히 개인적인 가치들이나 다양한 믿음들, 혹은 다양한 판단들을 지지한다. 포스트모던주의자들의 개인주의나 전통적인 권위에 대한 의구심, 그리고 나와 다른 다양한 믿음들에 대한 개방성은 그들로 하여금 보편적인 진리들이 있다고 주장하는 것을 망설이게 한다.[73]

따라서 토마스 트로거(Thomas Troeger)가 말하는 것처럼 오늘날의 설교자들은 포스트모던 청중들이 자신들의 세계를 지각하고 경험하는 새로운 방식들을 이해할 필요가 있다. 오늘날의 회중은 이전 세대들과 비교할 때 실로 전혀 다른 조건들 속에서 살고 있다. 이런 이유로 포스트모던 설교는 이전에 행해졌던 설교와는 아주 다를 수밖에 없다. 이전에는 설교자가 인정된 권위를 가지고 말씀을 선포할 수 있었지만 오늘날 '대중매체의 시대'에서는 성경의 권위를 포함한 모든 권위에 대한 커다란 회의가 문화 곳곳에 스며들어 있는 형편이다. 따라서 단순히 성경이나 전통이나 이성에만 호소하면서 실제적인 경험의 차원에서는 아무 호소력도 갖지 못한다면 그러한 권위는 의심을 받게 될 것이다.[74]

---

73) 포스트모던주의의 어떤 요소들은 이전에도 존재했지만 포스트모더니즘이 본격적으로 확산된 것은 1970년대 이후였다. R.J. Allen, B.S. Blaisdell, and S.B. Johnston, *Theology for Preaching: Authority, Truth, and Knowledge of God in A Postmodern Ethos* (Nashville: Abingdon, 1997), pp. 16-17, 25 참조.
74) 트로거는 포스트모던 사람들에겐 '상상력'이 열쇠라고 주장한다. 텔레비전에 깊이 영향 받는 시대는 상상과 실제 사이의 구별을 심각하게 생각하지 않는다. 따라서 트로거에 의하면 포스트모던 시대에 설교학은 상상력을 오늘날 청중의 느낌을 어루만지는 중요한 수단으로 가치 있게 여겨야 하는데 이는 전통적인 수사학으로는 불가능한 것이었다. T.H. Troeger, *Imaging a Sermon* (Nashville: Abingdon, 1990), pp. 100, 120-122 참조. 상상력이 풍부한 설교가 어떻게 청중의 느낌을 쉽게 촉발할 수 있는지 또한 사람들 마음에 믿음을 심어줄 수 있는지에 관해서는 Troeger, *Sermon*, pp. 39-52 참조.

캐롤 노렌(Carol Noren) 역시 포스트모던 설교자들은 일반적으로 어떤 고정화된 신학적 개념들을 믿지 않으며 따라서 성경 본문을 읽은 후 청중들에게 "이 말씀의 의미는 무엇이든 여러분들에게 의미하는 바로 그것"이라고 말할 수 있다고 지적한다. 비록 '포스트모더니즘' 이란 단어가 "설교학에서는 전문성을 과시하는 용어 중 하나"로 사용되고 있지만 노렌은 스코트 블랙 존슨(Scott Black Johnson)의 명쾌한 설명을 인용하여 "포스트모던의 문체적인 특징 중 하나는 모호함인데 이는 모호함을 없애고 대신 확실함을 얻고자 했던 계몽주의의 지적인 추구와는 반대되는 것"이라고 지적한다.75) 더욱이 미셸 푸코(Michel Foucault)나 자크 데리다(Jacques Derrida)와 같은 이론가들의 영향으로 진리, 은혜, 정의와 같은 분명한 성경적 용어들이 여러 의미를 내포하고 있는 불안정한 용어들로 바뀌고 말았다. 포스트모던 세계에서는 이런 용어들의 의미가 탄탄한 기초를 갖고 있지 못하며 사람들은 '심각한 불확실성의 시대'로 이미 들어와있는 실정이다.76)

포스트모던 설교학의 중요한 선구자인 로버트 브라운(Robert Browne)은 이미 50여년 전에 언어적인 모호함이란 내재적인 것으로서 우리가 언어를 사용하는 한 피할 수 없는 것이라고 생각했는데 그 이유는 우리의 언어가 제한적이며 단편적이기 때문이다. 따라서 설교자가 선언하는 모든 진술들은 모호하며 불확실한 것이다. 브라운에 의하면 설교의 목표란 성경적 진리를 전달하는 것이 아니라 사람들에게 어떻게 하면 이치에 맞는 삶을 영위할 수 있는지를 보여주는 것이다. 브라운에게 설교란 일종의 창조적인 예술로서 시에 비유되며 이럴 때 설교자의 임무는 시인의 역할

---

75) S.B. Johnson, A paper presented to Academy of Homiletics, December 1994, 재인용, C.M. Noren, "The Fall-and Rise-of Contemporary Preaching," *The Covenant Quarterly* 54 (1996), p. 21.

76) Allen, Blaisdell, and Johnston, *Theology*, p. 29.

과 크게 다르지 않다. 즉 설교자는 전통적인 '선포자'의 이미지처럼 권위
적인 인물이 아니며 또한 정답을 제시하는 사람도 아니다. 대신 설교자는
"청중들이 자신들에 대한 이해를 확장시키는 과정을 돕는 살아있는 대행
자(a living agent)"이다.[77]

　루시 로스는 브라운이 마련한 기초를 토대로 "대화적 설교"(conversa-
tional preaching)를 위한 자신의 주장을 펼쳐나간다.[78] 그녀는 설교자가
성경적 정답을 주는 일에 관심을 갖는 대신 회중들이 자신들의 생활을 사
리에 맞게 해나도록 양육하는 과정에 관심을 가져야 한다는 브라운의 주
장에 동의한다. 설교란 상호 대화를 위해 말씀 가까이 청중들을 불러 모
으는 행위인데 권위적인 강단이 아닌 둥그런 원탁(roundtable)에서는 "목
회자나 평신도라는 호칭이 사라진다." 로스에 따르면 설교자란 심지어 성
경 해석에서조차 전문가가 아닌데 왜냐하면 하나님의 말씀을 분별하는
것은 회중과 설교자가 함께 나누는 '협동 작업'이기 때문이다. 따라서
"함께 나누는 성직"(shared priesthood)의 개념에 의하면 설교자와 회중
은 설교 사역을 공유하면서 말씀 해석을 위한 탐구를 함께 하게 된다.[79]

　포스트모던 시대의 설교자의 역할은 더 이상 권위적인 선포를 하는 것
이 아니다. 대신 설교자의 역할은 회중이 "계속되는 원탁의 대화"에 적극
참여할 수 있도록 돕는 것인데 이는 다른 해석들과 경험들을 인정하는 열
린 대화를 전제한다.[80] 데이빗 버트릭(David Buttrick) 역시 "진정한 기독

---

77) R.E.C. Browne, *The Ministry of the Word* (London: SCM, 1958), pp. 23, 70, 73, 77.
78) 로스에 따르면 "대화적 설교"(conversational preaching)는 회화 설교(dialogue
　　preaching)나 설교자와 청중이 서로 반응을 보이는 설교(interactive preaching)와는
　　다르다. 대화적 설교는 설교자와 청중 사이에 계속되는 대화를 반영한다. 여기서
　　설교자는 회중과 동일한 멤버 중 한 사람으로 기능하면서 최종적이거나 유일한 답
　　변을 주지 않는다. Rose, *Word*, p. 96 참조. Cf. Stott, *Preaching*, p. 61.
79) Rose, *Word*, pp. 4, 92-93; Ritschl, *Theology*, pp. 22, 122, 155.
80) J.S. McClure, *The Roundtable Pulpit* (Nashville: Abingdon, 1995), pp. 50-51.

교 설교는 단지 본문에 대한 해석에 그치는 것이 아니라 인간이 처한 정
황에 대한 해석"이라고 주장한다.[81] 오늘날 종종 언급되는 진리의 모호
함과 경험의 확실함이 설교학의 전 구조를 다시 개편하여 설교의 이슈들
을 포스트모던 시대의 전혀 새로운 영토 안으로 끌어들였다. '신 설교
학'에서 보는 것처럼 오늘날 교회가 갖고 있는 사명의 초점은 설교자의
강단이 아니라 청중의 좌석이다. 그 이유는 "강단이란 청중을 위해 존재
하기 때문이며 청중이 강단을 위해 존재하는 것은 아니기" 때문이다. 따
라서 설교자의 최우선적 자질은 "회중을 위해 듣는 것인데 이를 위해 우
선 회중에게서 듣고 회중과 함께 듣는 것이다."[82]

　훌륭한 설교자의 조건 중 하나가 설교를 하기 전에 주의 깊게 듣는 것
이라는 데는 이론의 여지가 없다. 설교자가 회중과 가까이 있어야 하고
회중에게 친숙해야만 하는 이유는 설교의 효과 때문이다. 1950년대 이후
설교학에서 일어난 분명한 변화는 메시지 중심의 설교에서 청중 중심의
설교로 바뀐 것이다. 의사소통 이론의 전문가인 윌버 스람(Wilber
Schramm)은 이에 대해 이렇게 말한다.

> 지난 40년 동안 일반적인 커뮤니케이션 이론에서 가장 극적인 변화는 수동적인 청
> 중이라는 개념이 점차 사라지고 대신 대단히 적극적이고 스스로 선택할 줄 아는
> 청중이라는 개념으로 대치된 것인데 이들은 메시지에 의해 조종당하기보다 메시
> 지를 조종한다.[83]

---

81) Buttrick, *Homiletic*, p. 405.
82) R.E. Van Harn, *Pew Rights: For People Who Listen to Sermons* (Grand Rapids: Eerdmans, 1992), pp. 6, 23. 존 스토트 역시 하나님 말씀과 세상, 양쪽에 이중으로 귀를 기울일 것을 주장한다. 그러나 스토트는 회중에게 귀를 기울이는 것보다 하나님 말씀에 귀를 기울이는 것이 우선적이고 가장 중요한 일이라고 생각한다. J.W.R. Stott, *The Contemporary Christian: An Urgent Plea for Double Listening* (Leicester: IVP, 1992), pp. 27-29, 103 참조.
83) Wilber Schramm, 재인용, R.R. Meyers, *With Ears to Hear* (Cleveland: The Pilgrim Press, 1993), p. 27.

전통적인 설교는 일반적으로 청중들을 설교에 직접 참여하지 않는 수동적인 수납자의 위치에 두는 경향이 있다. 그러나 전자 매체 시대의 도래와 함께 상황은 달라졌고 변화에 대한 청중의 기대는 설교자가 일방적으로 선언하는 전통적 방식의 설교를 재검토하도록 촉구했다. 포스트모던 청중은 설교를 만드는 데 있어서 중요한 역할을 하고자 하는데 설교자는 더 이상 이를 무시할 수 없는 형편이다. '뉴 에이지'(New Age) 시대를 살아가는 사람들은 청중 자신의 권리도 가치 있는 것으로 인정하는 새로운 권위 구조를 배우기 시작했다. 일부 학자들은 사회과학적인 연구 결과를 토대로 권위의 이동을 주장했고 설교의 목표는 이제 성경의 영원한 진리를 선포하는 것에서 청중과 협력 관계를 활성화하는 쪽으로 전환되었다.[84] 그 결과 설교는 더욱 더 격식을 차리지 않는 대화체의 형식을 띠게 되었다. 포스트모던 시대의 사람들은 설교의 진정성을 성경적 내용이 아닌 우리 삶과 관련성이 있느냐에 따라 결정한다. 따라서 설교 내용이 우리 삶의 상황과 밀접하게 관련이 있다고 보여주는 설교자가 청중의 마음을 끌게 된다.[85]

크래독은 설교학 이론과 방법론에 관한 이러한 새로운 통찰들을 자신의 선구자적인 책인 『권위 없는 자처럼』(1971)에 담으려고 시도했다. 그는 설교의 전 과정 속에 청중을 의도적으로 포함시킬 것을 주장했는데 이를 위해 귀납적인 방법을 제안했다. 설교자는 성경에 귀 기울이는 것과 마찬가지로 반드시 청중에게 귀를 기울여야만 하는데 이처럼 설교 안에

---

84) E.R. Riegert, "What is Authoritative for the 'Post-modern' Listener?," *Currents in Theology and Mission* 25 (Feb. 1998), pp. 7-8. 리걸트는 클라이드 라이드나 뤼엘 호에와 같은 대화이론을 연구하는 학자들이 이미 1967년에 이와 같은 변화를 인지하고 있었음을 지적한다. 이에 대해선 R.L. Howe, *Partners in Preaching: Clergy and Laity in Dialogue* (New York: Seabury, 1967); C. Reid, *The Empty Pulpit: A Study of Preaching as Communication* (New York: Harper & Row, 1967) 참조.

85) K.C. Anderson, "The Place of the Pulpit," *Preaching* 15, no. 1 (1999), p. 24.

청중을 포함시킨다는 것은 설교자가 전통적으로 지녀왔던 권위를 포기한
다는 것을 의미한다. 크래독은 "청중들의 경험과 관점이 설교에서 하나님
말씀을 경험하는 일의 일부를 구성한다"고 주장한다. 따라서 설교자는
"메시지가 청중들의 것이기도 하다"는 사실을 깨달아야 한다.[86] 그는 설
교에서 전통적인 권위를 해체시켜 설교자 중심의 구 설교학을 청중 중심
의 포스트모던 설교학으로 탈바꿈시켰다.[87]

　　하나님의 전령이요 말씀의 선포자로서 설교자라는 잘 알려진 이미지는
권위의 근거로 성경적 내용을 강조한다. 이에 반해 포스트모던 청중들을
위한 권위는 더 이상 성경적 진리에 있지 않다. 로빈 마이어스(Robin
Meyers)는 "자아야말로 가장 높은 권위"라고 파격적으로 선언한다. 그에
의하면 설교자의 임무란 사람들에게 본문이 과거에 무엇을 말했는지를
이야기하는 것이 아니라 본문이 '지금' 청중에게 말하고 있는 것을 경험
할 수 있도록 청중들 안에 경험을 만들어내는 것이다. 설교에서 오늘날의
이슈는 무엇이 진리인가가 아니라 "무엇이 청중들 마음에 권위를 가지고
있는가?"이다. 마이어스에 따르면 설교란 지식적인 진리를 청중들에게
전달하는 과정이 아니라 청중의 "자기 설득"(self-persuasion) 과정이다.
메시지 자체는 "청중이 그 메시지를 자신의 경험 안에서 인정하고 그것
을 진리로 파악하여 새롭고 자가 생산적인 메시지(self-generated mes-
sages)를 창조함으로써 이를 분명히 말할 수 있기 전에는" 아무런 권위도
갖지 못한다.[88]

　　한 걸음 나아가 포스트모던 사고 방식은 모든 권위는 절대적인 것이 아
니라 상대적인 것이라고 가정한다. 이는 최종적 권위가 성경 메시지로부

---

86) Craddock, *One*, p. 60.
87) Riegert, "What," p. 9.
88) Meyers, *Ears*, pp. 51, 53.

터 자기 자신에게로 이동되었기 때문이다. 마이어스는 "가장 거룩한 삼위
는 나를(Me), 내 자신(Myself), 그리고 나(I)"라고 단언하면서 권위의 변천
을 극단적으로 표현하는데 이는 설교에 대한 중요한 판단의 기준을 전적
으로 청중의 반응에 두는 것이다.[89] 포스트모더니즘이 이처럼 자아를 매
우 강조한다는 것을 인식하면서 최근의 설교학자들은 오늘날의 청중은
어떤 성직의 권위도(대표적으로 강단) 부인하는 경향이 있다고 지적한다.
따라서 설교자들은 강단을 뒤로 두고 점점 앞으로 나오고 있으며 설교할
때 될 수 있는 대로 청중 가까이 가려고 시도한다. 이같은 이유로 어떤 교
회들은 이미 강대상을 완전히 제거해버린 상태다.[90]

복음주의 교회들은 오랫동안 설교에 강조점을 두어왔는데 예배에서 기
도나 찬양, 헌금, 심지어는 성례와 같은 다른 요소들은 설교를 위한 예비
적 성격의 것들로 간주되어왔다. 예배와 설교는 복음주의 영역에서 종종
동의어로 취급되었다. 그러나 이러한 생각은 이제 바뀌고 있다. 즉 설교
는 예배 의식의 한 순서일 뿐이고 예배에는 하나님께서 청중에게 말씀하
시기 위해 사용하시는 다른 많은 요소들이 있는 것이다. 또한 사람들은
하나님을 경배하려고 오는 것이지 설교를 듣기 위해 오는 것이 아니라는
점이 강조된다. 설교의 중요성은 감소되고 따라서 예배 전체가 설교를 돕
는 대신 설교의 위치가 예배를 돕는 한 순서로 제한된다.[91]

이처럼 설교를 폄하하므로 나타난 결과 중 하나는 설교의 길이가 짧아
진 것이다. 간단명료함이 설교자의 가장 중요한 미덕이 되었고 이제 더

---

89) Meyers, *Ears*, p. 49.
90) Anderson, "Place," p. 24.
91) F.M. Segler, *Understanding, Preparing for, and Practicing Christian Worship*
(Nashville: Broadman and Holman, 1996), p. 113; P. Brown, *In and For the World*
(Minneapolis: Fortress, 1992), p. 22; H. Litchfield, "Changes in Preaching,"
Southwestern Journal of Theology 42, no. 3 (2000), pp. 22-25.

이상 본문의 구절을 충분히 설명하거나 복합적인 설교 주제들을 발전시킬 시간이 없게 되었다. 이처럼 설교가 짧아짐에 따라 청중들이 얻는 성경 지식도 짧아지게 되었다.[92]

성경의 권위를 다시 확정함

오늘날 사람들의 주의 집중 시간은 전자 매체의 영향으로 더욱 짧아졌다는 말이 맞을 것이다. 그러나 로날드 알란(Ronald Allen)은 설교 시간에 관한 이런 공식이 모든 설교에 다 적용될 수는 없다고 주장한다. 만일 설교와 청중의 세계 사이에 살아있는 연결이 가능하다면 오늘날의 회중 역시 보다 긴 시간의 설교에 기꺼이 참여할 것이다. 알란은 믿음과 숫자에서 성장하고 있는 회중들은 일반적으로 30-40분의 설교를 꾸준히 듣고 있는 사람들이라는 점을 지적한다.[93] 방해받지 않고 한 사람의 목소리로 진리를 전달하는 설교의 역할은 오늘날도 여전히 중요하며 따라서 "설교의 미래는 제도적인 기독교만큼이나 확실한 것이다."[94]

텔레비전과 인터넷 시대에 사는 사람들은 설교에 쉽게 지루해진다는 것이 사실이다. 왜냐하면 언어만을 사용해서 의사소통을 하는 것은 '보는 세대'에게는 비효과적이기 때문이다. 그러나 존 스토트는 설교를 반대하는 많은 주장들이 있음을 시인하면서도 성경적 설교가 교회에 필수적이라고 단언한다.

---

92) 존 킬링거에 의하면 전자 매체의 영향을 받고 있는 사람들은 15분 이상 설교에 집중할 수가 없다. 따라서 오늘날 많은 교회에서 예전에 30분 내지 45분 했던 설교가 15분이나 20분으로 바뀌었다고 그는 주장한다. J. Killinger, "Preaching and Worship," in M. Duduit (ed.), *Handbook of Contemporary Preaching* (Nashville: Broadman, 1992), p. 437; C.L. Rice, *The Embodied Word* (Minneapolis: Fortress, 1991), p. 86 참조.
93) R.J. Allen, *Interpreting the Gospel* (St. Louis: Chalice, 1998), p. 247.
94) R.P. Martin, *The Worship of God* (Grand Rapids: Eerdmans, 1982), p. 119.

나는 설교가 교회를 새롭게 하는 열쇠임을 여전히 믿고 있다. 나는 설교의 힘을 고집스레 믿는 사람이다. 나는 교회사를 볼 때 교회의 쇠퇴기는 언제나 설교가 쇠퇴하는 시기였다는 마틴 로이드존스의 말에 전적으로 동의한다. 교회는 하나님의 말씀이 성실하고 예리하게 강해될 때 자라나 성숙하게 된다.[95]

렉티오 콘티누아(*Lectio continua*), 즉 성경의 순서에 따라 성경 본문을 차례로 설교하는 것은 칼빈주의자들의 개혁주의 전통에서 꾸준히 실천되어온 설교 전략이었다. 크리소스톰이나 어거스틴과 같은 교부들 역시 교회의 초기 시대에 *Lectio continua*를 실천했다. 이후 성경을 연속적으로 강해해가는 설교 형태가 개신교 설교에서 두드러졌다.[96]

그러나 이제 우리는 종교 다원주의의 상황 속에 놓여있으며 사람들은 성경의 권위를 점점 더 의심하고 있다. 그리고 이런 현상은 비단 교회 바깥뿐 아니라 교회 안에서도 마찬가지다. 대단히 개인주의적인 성향을 띠고 있는 사회에서 성경은 사람들로부터 더욱 고립되기 쉽고 사람들은 자신들의 개인적인 견해를 지지할 목적으로 성경을 사용하는 경향이 있다. 심지어는 교회 안에서도 동료 신자들끼리 어떤 민감한 문제들, 예를 들면 동성애나 교회 안에서 여성의 지위와 같은 문제들에 대해 서로 의견이 일치하지 않는 모습을 발견하는 것은 드문 일이 아니다. 이런 문제들에 대한 최종적인 판단은 궁극적으로 권위의 문제와 관련이 있다. 그러나 학자들이 계속 논쟁을 부추겨온 결과 권위의 문제는 더욱 복잡하게 되었다.[97]

95) J.R.W. Stott, "Creating the Bridge," in M. Duduit (ed.), *Communicate with Power: Insights from America's Top Communicators* (Grand Rapids: Baker Books, 1996), pp. 187-188.
96) Farris, *Preaching*, p. 47.
97) 예를 들면 성경 해석에서 독자 반응 이론(Reader-response theory)은 해석의 초점을 성경 본문으로부터 독자에게로 옮겨놓았고 해석자의 개인적인 관점이 결정적인 역할을 하게 되었다.

결과적으로 순수하게 객관적인 성경의 의미를 발견하려는 소망은 한갓 신기루에 불과한 것으로 포기된 반면 개인적인 관심이나 느낌이나 해석학적인 가정들이 권위의 근거가 되고 말았다. 테렌스 프레타임(Terrence Fretheim)은 "우리의 문화나 교회나 학문이 점점 복잡해질수록 우리는 성경 본문에 대한 상이한 해석에 더욱 직면하게 될 것이다"라고 주장한다.[98] 오늘날의 문화는 경험을 그 기준으로 의존하고 있는데 '경험'이란 단어는 실로 '가장 막강한 권위'를 행사하고 있다. 그러나 많은 사람들은 경험을 강조하는데 있어 심지어 신학 교육마저도 균형을 잃고 시계추가 너무 멀리 나갔다고 지적한다. 칼프리드 프로리히(Karlfried Froehlich)는 만일 검증되지 않은 경험이 우리가 갖고 있는 전부라면 우리는 애매모호함으로 인한 고통을 피할 수 없다고 단언한다. 경험은 분명히 우리를 확신으로 인도해주는 역할을 하지만 동시에 여러 가지 상이한 해석들을 허용할 뿐 아니라 서로 다른 방향 지침들을 포용한다. 따라서 경험이 풍부하면 할수록 그것을 해석하는 일은 더욱 모호하고 불분명해진다.[99]

서구의 사상은 계몽주의가 낳은 쌍둥이인 과학주의(scientism)와 주관주의(subjectivism)를 결합하려고 끊임없이 노력해왔다. 브라이언 채플에 따르면 20세기 후반에 설교에서 일어난 커다란 변화는 이러한 잘못된 결합의 극치를 보여준 것이었다.[100] 현대에 들어와 무의식의 존재가 발견됨

---

98) Froehlich and Fretheim, *Bible*, p. 88. 같은 책 pp. 83-87 참조.

99) 프로리히는 이 때문에 경험을 말로 정의할 필요가 있다고 믿는다. 즉 언어의 울타리 안에서만 경험은 그 자체를 정당하게 표현 할 수 있다. 다시 말해 경험은 그것을 표현하기 위해 항상 언어를 필요로 하는데 이 점에서 언어는 경험보다 앞선다고 할 수 있다. 프로리히는 "믿음, 보다 정확하게는 경험적인 믿음은 언어를 배제할 수 없다. 언어는 인간에게만 주어진 독특한 특권이다. 언어는 경험에 형태를 주는데 이로 인해 언어는 실제가 된다. 언어는 실제로 가는 관문이다…진정한 믿음은 언어를 필요로 한다. 언어가 없이는 믿음도 존재할 수 없다"고 말한다. Froehlich and Fretheim, *Bible*, pp. 37-38 참조.

100) B. Chapell, "When Narrative Is Not Enough," *Presbyterion* 22, no. 1 (1996), p. 5.

으로 과학주의의 무지함이 드러났고 권위의 근거에 관한 새로운 질문들이 생겨났다. 포스트모던 정신 세계에서는 객관적 진리나 초월적 진리에 대한 어떤 가능성도 인정되지 않기 때문에 거기엔 오직 각 개인들이 신봉하는 다양한 진리들만이 존재하게 된다. 그러나 명제적 진술을 배제한 '의미들'은 개개인들 간의 차이 때문에 상대적일 수밖에 없고 다른 사람에게는 전달이 불가능하다는 점을 유념할 필요가 있다. 우리는 영적 이해를 위한 최상의 원천으로서 개인의 경험을 의존하는 시대를 살고 있다. 그러나 이러한 개인적 진리는 실제로는 스스로 만든 경험의 울타리에 갇히게 되고 오직 다른 사람의 경험과 일치할 때만 공감될 수 있다.[101]

경험이 우선권을 갖는다는 전제 때문에 신학의 역할은 이제 개인의 종교적 경험이나 신성에 대한 내적 감각을 표현하는 것이 되었다. 종교에 대한 이러한 실존적 태도는 슐라이어마허(Schleiermacher)로부터 전래되는 특징이다. 그에 의하면 모든 종교적 경험은 그 근원이 같은 것이고 따라서 어떤 종교적 경험도 만일 진정한 경험에서 나온 것이라면 진리일 수 있다. 이같은 이론에 따르면 성경적 세계와 오늘의 세계를 잇는 다리 역할을 하는 설교자가 어떤 영적 경험을 오늘날의 회중에게 전달하는데 아무 문제가 없다. 왜냐하면 '영적' 경험이란 시간과 공간과 문화를 초월하기 때문이다.

그러나 만일 그렇다면 왜 설교자가 하나님 말씀을 경험하기 위해 굳이 성경만 의존해야 하는지 그 이유를 찾기 어렵다. 설교자들은 성경 때문에

채플은 한 걸음 더 나가 과학주의와 주관주의가 "서구의 철학자들로 하여금 개인적인 경험의 경계선 너머에 의미가 존재한다는 희망을 잃게 만들었다"고 주장한다. 그는 이어 "로크, 스피노자, 볼테르의 합리적 회의주의가 이성과 경험적 과학의 권위와 더불어 종교를 이상한 것으로 만들고 말았다. 그러나 우리의 사고가 종교적 탁상공론이라는 족쇄로부터 자유로워지자 과학은 데카르트의 주관주의의 맹공격 아래 놓이고 말았다"고 말한다.
101) Chapell, "Narrative," p. 9.

고민할 필요가 없으며 설교의 내용이 다른 자료는 배제한 채 꼭 성경 본문에만 근거해야 할 이유도 없다. 만일 사도 바울이나 부처나 공자의 종교적 경험이 같은 것이라면, 그리고 만일 성경 말씀을 경험하는 것이 어떤 감동적인 이야기를 경험하는 것과 다르지 않다면 설교자는 아마 하나님의 말씀을 도처에서, 즉 오늘 신문이나 텔레비전 드라마나 베스트셀러 소설 등에서 발견할 수 있을 것이다.[102] 또한 설교의 내용이 성경 본문에 근거해야 할 필요가 없다면 설교는 성경 자체를 설명하는 것이기 보다 성경 본문을 심리학적으로 변형시킨 것이 되기 쉽다. 이런 종류의 설교는 설교의 중심 내용으로 심리학적 동기를 발견하는데 종종 초점을 맞춘다. 하지만 이렇게 될 때 설교가 아무리 인상적이라 해도 그것은 심리적 가정에 근거한 설교자 자신의 창작일 뿐이다. 따라서 "심리학적 설교의 성공은 실제로는 성경적 설교의 실패인 것이다."[103]

우리는 설교가 우선 교회적 행위이며 설교의 직접적인 배경은 한 공동체로서 교회임을 기억할 필요가 있다. 설교자는 매 주마다 '공동체 설교'(communal preaching)를 통해 회중을 복음 안에 있는 언약의 결속에로 초대한다. 만일 설교가 여러 가지 다양한 의미의 스펙트럼을 단지 제시만 하고 사람들이 각기 원하는 대로 적당한 의미를 선택하도록 청중을 내버려둔다면 이는 더 이상 교회의 설교라 할 수 없다.[104] 오늘날과 같은 회의의 시대에 진리됨의 여부를 조사할 수 있는 공통의 기준은 존재하지 않는다. 대신 어떤 분명한 결론을 유보한 채 끊임없이 진리에 대해 의문을 갖는 것이 커다란 미덕으로 여겨진다. 그러나 교회의 설교로서 성경적 설교

102) W.H. Shepherd, Jr., "A Rickety Bridge: Biblical Preaching in Crisis," *Anglican Theological Review* 80 (1998), pp. 192-194, 196.
103) Shepherd, "Bridge," p. 195.
104) A. Van Seters, "The Problematic of Preaching in the Third Millennium," *Interpretation* 45 (1991), pp. 269-271.

는 개인의 반응보다는 여전히 성경 본문에 커다란 강조점을 둔다. 물론 설교자들은 자신들의 시대에 관심을 가져야 한다. 하지만 '성경 진리의 전달자들'로서 그들은 청중의 개인적이고 영적인 필요를 채워줄 수 있는 이 유일한 성경 진리를 알리도록 애써야 한다.[105]

성경은 진리와 비진리에 대해 분명히 말하고 있으며 거짓된 가르침과 믿을 만한 지침을 구별하는 일에 결코 모호하지 않다. 제임스 메세이 (James Massey)는 성경만이 "무엇이 진정한 것이고 무엇이 아닌지, 무엇이 사실이고 무엇이 거짓인지, 무엇이 실제로 도움을 주는 것이고 무엇이 방해하는 것인지, 무엇이 우리를 축복하는 것이고 무엇이 우리를 파괴하는 것인지 우리가 알 수 있도록 돕는" 유일한 책이라고 단언한다.[106] 이것이 왜 설교자들이 설교의 권위를 가져다주는 근본 기초로서 성경을 의지해야 하는가 하는 이유이다. 설교자는 성경과 함께 서있음으로 인해 어리석게 보이는 것을 두려워할 필요가 없다.

3. 최근 설교학에서 여러 가지 설교의 형태들

이제 우리는 주의를 돌려 로우리가 새로운 설교학에서 "가장 도움이 될 만한 영역"이라고 부르는 설교의 형태에 관해 살펴보려고 한다. 설교의 목표나 권위 역시 설교의 형태만큼 중요한 주제이지만 설교의 형태를 살피는 일은 전통적인 설교학과 새로운 설교학의 공통점과 차이점을 이해하기 위한 "가장 실속 있는 방법"이다.[107] 먼저 전통적인 접근과 귀납적

---

105) J.E. Massey, *The Burdensome Joy of Preaching* (Nashville: Abingdon, 1998), p. 81.
106) Massey, *Joy*, p. 86.
107) Lowry, *Sermon*, p. 21

인 방법을, 이어서 이야기 형태의 설교를 차례로 살펴볼 것이다.

설교 형태에 관한 전통적인 접근

전통적으로 설교의 구성은 설교 준비에서 매우 중요한 것으로 간주되어 왔다. 생스터는 "설교에 형태가 없을 수도 있지만 — 이는 하나님의 은혜다 — 그렇다고 전혀 없을 수는 없다"고 주장했다. 그는 형태가 없는 설교에 대해 이를 "거의 기적 같은 일이다. 어떤 설교도 그 구조가 튼튼하지 못하다면 정말로 힘 있는 것이 아니다"고 주장했다.[108] 앤드류 블랙우드는 설교 사역이 의미 있게 되고 최우선권을 가질 때마다 설교의 구조에 대한 지대한 관심이 필수적이라고 지적했다. 모든 설교자는 자신이 발견한 진리를 효과적으로 가르치기 위해 "설교의 뼈대"가 되는 계획을 따를 필요가 있다.[109]

그러나 20세기 전반부에 신정통주의(neo-orthodox)는 칼 바르트(Karl Barth)를 따르면서 설교의 형태에 대한 관심을 폄하하는 경향을 보였다. 바르트는 설교가 본문에 대한 설명과 적용이라는 두 요소로 구성된 단일체라고 믿었다. 바르트에 따르면 성경 본문을 읽는 것 외에 어떤 서론이나 독립적인 결론이나 여러 부분들로 설교를 나누는 것은 결국 단일체로서 설교의 통일성을 깨뜨리는 것이 된다. 그는 "무엇이 맨 처음 나와야 하고 두 번째, 세 번째는 무엇이어야 하느냐 하는 문제를 심각히 생각할 필요가 없다"고 주장했다. 바르트는 "설교자는 오로지 본문이 말씀하고 있는 바를 반복하면 족한 것"이라고 믿었다.[110] 그는 당시 유행하는 예술적이고 심리적이고 인위적인 설교에 반대했는데 그러한 설교는 설교 내용

---

108) Sangster, *Craft*, p.90.
109) Blackwood, *Preparation*, pp. 137-138.
110) K. Barth, *Homiletics* (Louisville: Westminster John Knox, 1991), p. 121.

과 메시지를 손상시킨다고 생각했기 때문이었다.

만일 설교자가 너무 지나친 관심을 수사학이나 설교 형태에 둔다면 본문에 충실한 설교를 만들기보다는 아름다운 설교를 만들고 싶은 유혹에 빠질 위험이 크다. 전통적인 접근에서 설교 형태는 복음 메시지로부터 분리되어서는 안된다는 것이 분명하지만 우리는 동시에 신약 자체가 형태의 문제를 도외시하고 있지 않다는 것을 기억할 필요가 있다. 토마스 롱은 성경 저자들이 성경을 기록할 때 여러 다양한 수사학적 전략들을 사용했고 따라서 성경 본문들은 기록 목적을 성취하기 위해 사실상 기술적이며 예술적으로 구성되었다고 상기시킨다.[111]

교회사에서 우리는 설교 형태와 관련하여 예외적인 은사를 가졌던 몇몇 설교자들을 발견할 수 있다. 예를 들면 알렉산더 멕클라렌(Alexander Maclaren)은 19세기 영국 맨체스터(Manchester)의 침례교 설교자로 "신속하고도 분명하게 분류하는 지적 은사를 가지고 있었고" 그는 설교 준비에서 "주어진 본문을 분석해내는 자신의 놀라운 재능"을 사용했다. 윌리엄 니콜(William R. Nicoll)은 멕클라렌이 "설교 본문을 은빛 망치로 두들기면 본문은 즉각 자연스럽고도 기억할 만한 부분들로 나누어졌다"고 회상했다.[112]

설교자들은 설교의 영향력이 종종 그 구조 때문임을 시인한다. 우리가 창조적인 예술에서 보듯 설교 형태를 고안해내는 일이 쉽게 되는 때도 있

---

111) Long, "Form," in Willimon and Lischer (eds.), *Encyclopedia*, p. 145.
112) W.R. Nicoll, *Princes of the Church* (London: Hodder & Stoughton, 1921), pp. 245, 249. 스펄전 역시 비슷한 경험을 언급했다: "여러분은 전력을 다하여 성경 본문을 두들기지만 아무런 성과가 없다. 그러다 마침내 한 번 두들겼는데 잘게 부서져 빛을 발하는 본문 하나를 발견한다. 여러분은 그 안에서 번쩍이는 희귀한 광채 나는 보석을 보게 된다. 이것은 지켜보고 있는 동안 나무로 자라났던 우화 속의 씨앗처럼 여러분 눈앞에서 자라난다." C.H. Spurgeon, *Lectures to My Students*, vol. 1 (Pasadena: Pilgrim, 1990 [1881]), p. 89 참조.

지만 대체로 설교 재료들을 적절한 순서로 배열하려면 많은 노력을 들여야 한다. 일부 설교자들은 한 종류의 설교 형태만 고집하기도 하는데 이럴 때 단조롭게 되기가 쉽다. 생스터는 심지어 멕클라렌과 같은 위대한 설교자도 삼대지 형식(Threee-decker construction)에 지나치게 집착을 보였다고 지적했다. 멕클라렌의 설교는 언제나 서론, 세 가지 요점, 그리고 결론으로 구성되었는데 이러한 구분이 때로는 자연스럽지 못하고 인위적이었던 것이다. 성경 진리는 표현의 다양성을 요구하고 있으며 항상 한 가지 형태로만 서술되어 있는 것은 아니다. 비록 일반적으로 어떤 주제에 가장 걸 맞는 설교 형태가 있을 수 있지만 설교의 내용과 그 구조적 형식은 여러 가지 예측 못할 방법으로 뒤섞이게 된다. 따라서 생스터는 설교자가 어떻게 설교를 만들어야 하는지에 대한 기술들을 공부할 필요가 있다고 결론 내렸다.[113]

존 브로더스 역시 설교 형태가 근본적으로 중요하며 설교자는 모은 자료들을 가지고 건축가처럼 구조를 세워가야 한다고 생각했다. 그러나 설교 형태는 주인보다는 종노릇해야 한다고 덧붙였다. 설교가 클라이맥스를 향해 갈 때 설교 아이디어들이 적절한 순서로 등장하고 그것들이 자연스런 연관성을 보이면서 유기적인 통일성을 갖는 일이 필요하다. 설교 형태는 설교 내용을 보다 분명하고 정확하게 드러내기 위한 도구이며 따라서 브로더스의 생각에 설교의 형태는 메시지에 종속되어야 한다.[114]

전통적인 접근은 설교를 구성하는데 다양성이 존재한다는 것에 동의하는데, 그럼에도 전통적인 설교에서 모든 메시지는 '명제'(proposition)라 불리는 한 가지 중심 사상을 가지고 있어야 한다.[115] 전통적 설교학에서

113) Sangster, *Craft*, pp. 54-57.
114) Broadus, *Preparation*, pp. 97-100.
115) Baumann, *Introduction*, pp. 126-127; Blackwood, *Preparation*, pp. 149-156; Chapell, *Preaching*, pp. 139-144; Daane, *Preaching*, pp. 58-59; J.S. Stewart,

명제는 "설교자가 발전시키려고 계획하는 주제에 관한 간단한 문장"으로 정의된다.[116] 명제는 설교 전체에서 무엇을 말하려고 하는지를 가리켜주고 또 설교에서 이미 언급된 것들을 요약해준다. 설교자는 명제를 작성함으로 설교전체를 지배하고 있는 중심 사상을 부각시키게 되며 전체 메시지에 방향과 통일성을 부여한다. 전통적인 설교에서 명제는 전체 설교를 꽃피우게 하려고 싹을 틔우는 것에 비유할 수 있을 만큼 중요한 것이다.[117] 헨리 조엣(Henry Jowett)은 이 점을 예일 강좌에서 언급했다.

> 어떤 설교도 우리가 그 주제를 간단하고 함축성 있는 문장으로 마치 수정처럼 분명하게 표현할 수 있을 때까지는 아직 준비가 덜된 것이며 또한 설교 원고를 쓸 준비도 되지 않은 것이다. 나는 이러한 문장을 얻는 일이야말로 가장 어렵고 가장 힘들지만 설교를 위한 연구에서 가장 열매가 풍성한 노력이라는 것을 발견했다…. 이는 의심할 바 없이 설교를 작성하는데 사활이 걸린 근본적인 요소들 중 하나이다. 나는 이 문장이 마치 구름 한 점 없는 달처럼 맑고 명료하게 떠오를 때까지는 어떤 설교도 행해지거나 심지어 [원고가] 작성되어도 안 된다고 생각한다.[118]

설교를 구성하는데 있어 명제가 갖는 중요성은 전통적인 설교에서 널리 인정되고 있다. 필립스 브룩스는 "만일 설교 구성이나 형태에 관한 어떤 법칙이 설교 내용과 상충된다면 이런 법칙은 쓸데없는 것이므로 조금도 주저하지 말고 희생시켜야 한다"고 주장했다.[119] 전통적인 설교 준비과정은 다음같이 표현해 볼 수 있다. 즉 여러 가지 설교 아이디어들을 모

Heralds of God (London: Hodder & Stoughton, 1946), p. 122; L.M. Perry, Biblical Preaching for Today's Word (Chicago: Moody Press, 1973), pp. 47-48.

116) Broadus, Preparation, p. 54.

117) Chapell, Preaching, pp. 139-140.

118) J.H. Jowett, The Preacher: His Life and Work (London: Hodder & Stoughton, 1912), pp. 134-135.

119) Brooks, Lectures, p. 143.

은 후에 설교자는 중심 사상을 발견하려고 애쓴다. 이어서 이러한 자료들을 순서대로 배열하여 어떤 형태를 갖추려고 하는데 주안점은 중심 사상을 가장 잘 나타낼 수 있는 구조여야 한다는 것이다.[120] 따라서 설교자가 어떤 본문을 택하여 설교하려고 할 때 무엇보다 본문으로부터 우러나오고 또 설교자가 본문에서 얻어낸 아이디어를 전달하고자 애써야한다. 캠벨 모건(Campbell Morgan)은 어떤 종류의 설교라 해도 "설교의 중심 사상을 전달하는 것이야말로 설교자의 목표"라고 주장했다.[121] 설교자의 책임이 진리를 발견하고 성경에서 추출된 설교 메시지를 만드는 것이라면 설교를 조직하는 과정에서 첫 번째 과제는 본문의 지배적인 주제를 결정하는 일이다.[122]

제임스 데인(James Daane) 역시 "모든 설교는 한 가지만을 말해야 한다"는 데 동의한다. 그는 이것을 "기본적인 한 가지 요점 설교"(basic one-point sermon)라고 부르는데 주로 설교의 명제를 강해하는 것으로 구성된다. 따라서 설교자는 본문에 대해 말하기 전에 본문이 무엇을 말하는지에 반드시 먼저 귀를 기울여야 한다. 전통적인 설교학에서 설교자는 적용이 해석을 지배하지 않도록 주의해야한다는 경고를 받아왔다. 설교를 구성하는 일은 설교자가 성경 본문의 주해적 아이디어나 명제적인 진술을 발견할 때까지는 본격적으로 시작되지 않는 것이다.[123]

해돈 로빈슨은 설교학적인 의사소통에서 중심 아이디어의 중요성은 실제로 성경 자체가 지지하는 것이라고 주장한다. 예를 들어 구약 선지자들

120) Stott, *Preaching*, p. 228.
121) Morgan, *Preaching*, pp. 54-55.
122) S.F. Olford and D.L. Olford, *Anointed Expository Preaching* (Nashville: Broadman & Holman, 1998), pp. 140, 143.
123) Daane, *Preaching*, pp. 58-64. 도날드 맥도걸(Donald McDougall)은 강해 설교의 중심 아이디어는 성경 저자가 의도했던 중심 아이디어를 반영해야 한다고 생각한

은 특별한 반응을 산출하기 위해 '주님의 짐'(the burden of the Lord)이
라고 불리는 한 가지 단일 주제에 관해 설교했다.[124] 로빈슨은 심지어 이
야기체 설교도 아무런 설교적 중심 주제 없이 단순히 성경 이야기를 자세
하게 반복하는 것에 불과한 것이 아니라는 점을 강조한다. 이야기식 설교
역시 다른 설교와 마찬가지로 반드시 중심 아이디어를 전달해야 하는데
이 중심 아이디어는 이야기의 구체적인 내용들로부터 얻어낸 몇 가지 요
점들에 의해 지지된다. 즉 이야기 안에 담긴 크고 작은 사건들은 이 중심
아이디어를 발전시키기 위해 서로 섞여서 함께 짜여져야 한다.[125] 도날
드 서너키잔(Donald R. Sunukjian)은 사도행전에 나타난 바울의 설교 역
시 같은 원리를 따르고 있다고 지적한다.

> 바울이 전했던 각각의 메시지는 한 가지 아이디어나 생각을 중심으로 구성되어 있
> 다. 각 설교는 설교 전체의 내용을 요약해주는 한 단일 문장으로 구체화 된다. 설
> 교에서 모든 것은 이 한 가지 통합적인 주제를 목표로 진행되며 이 주제를 발전시
> 키거나 또는 이 한 가지 주제를 따라서 진행된다.[126]

기독교 설교 역사를 살펴볼 때 설교 형태는 매우 다양했고 독창적이었
음을 알 수 있는데 여러 가지 형태들이 유행을 따라 등장했다가 사라졌
다. 일반적으로 전통적 방법은 설교 구성이 설교의 목표에 종속되는 것이

다. 이는 가끔 본문 안에 있는 한 문장으로부터 발견될 수 있다. 아니면 중심 아이
디어는 본문의 보다 넓은 문맥이나 본문에 반복적으로 등장하는 아이디어를 주의
깊게 살필 때 발견된다. D.G. McDougall, "Central Ideas, Outlines, and Titles," in
J. MacArthur (ed.), *Rediscovering Expository Preaching* (Dallas: Word Publishing,
1992), pp. 229-233 참조.

124) Robinson, *Preaching*, pp. 35-36.
125) Robinson, *Preaching*, pp.124-125.
126) D.R. Sunukjian, "Patterns for Preaching: A Rhetorical Analysis of the Sermons of
Paul in Acts 13, 17, and 20" (ThD thesis, Dallas Theological Seminary, 1972), p.
176, 재인용, Robinson, *Preaching*, p. 36.

다. 다시 말하면 하나의 중심 아이디어나 하나의 논지 혹은 명제를 듣는
자들에게 분명히 전달하는 것이 목표다. 따라서 설교는 "중심 아이디어를
위한 일련의 주장이나 논리적 진술"로 간주된다. 중심 아이디어는 '대지'
라 불리는 몇 개의 부분들로 나뉘고 이는 다시 '부 대지들'(subpoints)로
나뉘며 전체 설교의 내용은 여러 가지 내적인 논리에 의해 서로 연결된
다.[127] 내적 논리는 복잡하지 않아야 하고 대신 본문이 담고 있는 사고의
흐름을 잘 나타내주는 것이어야 한다.

따라서 설교의 아웃라인은 설교 내용의 주를 이루는 이러한 생각들이
나 대지들이 어떻게 관련되며 통합되는지를 분명하게 보여준다.[128] 전통
적인 믿음에서 '하나님은 질서의 하나님'으로 모든 것을 한꺼번에 창조
하신 것이 아니라 순서적으로 또한 분야별로 창조하셨다는 것이다. 잘 조
직된 논리적 성경 강해는 설교자와 청중을 위해 큰 이점이 있는데 이를
위해 노력하는 것은 회중에 대한 목회적 배려로 간주되어야 한다. 글렌
네트(Glen Knecht)에 의하면 전형적인 삼 대지 설교나 몇 가지 대지들을
주로 사용했던 청교도식 설교가 성경 진리를 가르치기 위한 전통적이며
일반적인 구조인데 이는 하나님의 진리가 질서 있는 계시임을 보여준
다.[129] 설교 형태에 대한 전통적 접근은 참으로 다양한 형태들을 발굴했
는데 이는 각각 다른 본문들이나 주제들, 다른 청중들, 그리고 각기 다른
특별한 설교 목표들로 인한 것이었다. 그러나 전통적 설교 형태가 갖고
있는 한 가지 공통적인 믿음은 설교는 중심 아이디어를 핵으로 구성되어

---

127) Long, "Form," p. 146. 생스터는 설교자가 중심 사상을 발전시키고 설교화 하기
    위하여 전문적인 논리를 과도하게 사용할 필요는 없다고 주장했다. 하지만 그는
    "논리 훈련이 설교자에게 헤아릴 수 없는 유익을 가져다 줄 것"이라는 데 동의한
    다. Sangster, Craft, p. 75 참조.
128) S.F. Olford and D.L. Olford, Preaching, pp.146-147.
129) G.C. Knecht, "Sermon Structure and Flow," in S.T. Logan Jr. (ed.), Preaching:

야 한다는 것이며 이 중심 아이디어를 여러 다양한 방식의 논리가 발전시
킨다는 것이다.[130]

듣기의 중요성과 귀납적 설교

설교에서 형태의 문제를 논의할 때 헨리 데이비스(Henry Davis)의
1958년에 출판된 『설교를 위한 디자인』을 언급하지 않을 수 없다.[131] 이
책은 지난 세기에 "설교학 분야의 교과서로 가장 널리 사용된 책들 중 하
나"일 뿐 아니라 설교 구성에 관한 획기적인 저술로 알려져 있다.[132] 전
체적으로 이 책은 한 가지 특별한 분야에 일관되게 초점을 맞추고 있는데
바로 설교 형태의 문제이다. 오늘날 설교학에 관한 저술들은 형태의 문제
에 주의를 집중하고 있는데 데이비스의 책은 이러한 흐름에 선구자 격이
었다. 그는 설교 형태에 관하여 전통적인 생각과 이후에 발전된 새로운
설교학의 이론 사이를 잇는 다리 역할을 했던 셈이다. 데이비스는 전통적
인 접근 방식의 가치를 여전히 옹호하면서 "설교 형태란 설교의 중심 사

The Preacher and Preaching in the Twentieth Century (Phillipsburg: Presbyterian
and Reformed Publishing Company, 1986), pp. 275-279.

130) 설교 형태에 대한 기술적이며 다양한 전통적 접근 방식들은 핼퍼드 루콕(Halford
Luccock)의 설교학 교과서에 잘 나타나 있다. 그는 자신의 책에서 열 가지 서로 다
른 중요한 설교 구조들을 소개하는데 이것들 각각에 매우 암시적인 이름을 붙이고
있다. 예를 들어 "사다리 설교"(the ladder sermon)에서는 설교가 하나의 요점에
서 다른 요점으로 옮겨간다. 설교의 새로운 요점은 그 전의 요점에 근거하여 논리
적으로 세워지는데 마치 사다리를 한 계단씩 올라가는 것과 같다. "보석 설교"(the
jewel sermon)에서는 설교의 각 부분이 중심 사상의 여러 측면들을 차례로 드러내
는데 이는 마치 보석을 이리저리 돌려가면서 보석의 다른 면들이 빛을 발하게 하
는 것과 같다. "추적 설교"(the chase sermon)는 먼저 질문을 한 다음 그 질문에 대
한 답을 청중과 함께 추적해간다. 설교의 이같이 다른 형태들은 중심 아이디어를
그 축으로 형성된다. H.E. Luccock, In the Minister's Workshop (Nashville:
Abingdon, 1944), pp. 118-147 참조.

131) H.G. Davis, Design for Preaching (Philadelphia: Fortress, 1958).

132) M.J. Niedenthal, "Davis, Henry Grady, (1890-1975)," in Willimon and Lischer
(eds.), Encyclopedia, pp. 97-98. 아울러 Long, "Form," pp. 147-148 참조.

상을 형태화한 것"이라고 말한다. 설교의 형태는 설교의 원천인 성경 본
문에서 추출된 생각들과 일치해야 하는 것이다. 데이비스에게 "잘 준비된
설교란 본문이 담고 있는 중요한 생각을 구체화하고 발전시키고 빠뜨림
없이 설명하는 것이다…. 따라서 설교의 아이디어를 말하는 것은 극히 당
연한 것이다."[133]

그러나 데이비스는 설교의 형태와 내용이 서로 분리될 수 없다는 점을
강조했고 이런 확신에 따른 자신의 설교학 이론을 수립했다. 데이비스는
전통적인 견해에서 한 걸음 비켜서 자신의 독특한 견해를 내세움으로 설
교학 분야에 새로운 공헌을 하였는데 설교를 하나의 기계구조(mecha-
nism)로 보기보다 하나의 유기체(organism)로 이해했다. 다시 말해 그는
설교 형태를 건축물 구조로 보기보다 설교의 기능적인 협동 작업을 고려
한 '디자인'(design) 개념으로 보기를 선호했다. 전통적인 접근에서 설교
의 구조는 중심 되는 하나의 요점과 이를 떠받쳐주는 몇 개의 대지들로
구성된다. 설교의 전체 구성은 하나의 주요 논점을 논리적 순서에 따라
지지해주는 몇 개의 주장들과 설명들로 나누어진다. 그러나 데이비스에
게 설교 형태는 일종의 살아있는 유기체였는데 이 점에서 설교란 "각 부
분들이 구조적으로 그리고 기능적으로 서로 밀접한 관련을 맺고 있을 뿐
아니라 또한 전체와도 관련을 맺고 있다." 따라서 설교의 모든 부분은 전
체에 무언가를 공헌하고 있으며 각 부분은 전체와의 관련성 이라는 관점
에서 평가되어야 한다.[134] 데이비스에 따르면 설교를 디자인하는데 있어
서 하나의 중심 아이디어는 마치 작은 씨앗이 큰 나무로 자라는 것처럼
설교 본체로 자라난다.[135]

---

133) Davis, *Design*, p. 20.
134) Davis, *Design*, p. 23.
135) Davis, *Design*, pp. 15-16.

그러나 데이비스 이후 설교학 이론은 설교 구성에 관해 다른 강조점을 부각시켰다. 즉 설교 형태에 관해 설교적인 아이디어들을 어떻게 구조화할 것인지에 대한 관심에서 듣는 행위가 설교 형태에 실제로 어떻게 영향을 끼치고 있는지에 대한 연구로 그 관심이 바뀌게 되었다. 오늘날 설교학의 전체 흐름은 설교 형태에 관한 전통적 견해를 반대하는 쪽으로 나아가고 있다. 최근 설교학자들이 관심 갖는 문제들은 이미 데이비스의 저술들 안에 잠재해 있는데 예를 들면 이야기체, 이미지, 은유, 설교 아이디어들의 운동성, 그리고 귀납적인 설교 방법 등이다.

전통적인 강해 설교는 보통 세 개나 네 개의 대지들로 구성된다. 그리고 이 대지들은 본문에 대한 연역적인 접근 방식에 따라 형태화 된다. 연역적인 움직임이 일반적인 진리로부터 특별한 적용으로 나아가는 사고 과정을 의미하는데 반해 귀납적 방식은 정반대의 순서를 취한다. 연역적인 설교 구성에 관해 잘 알려진 공식은 "당신이 무엇을 말하려고 하는지를 말하고, 그것을 실제로 말하고, 그런 후 무엇을 말했던가를 말하라"는 것이다. 따라서 연역적 설교에서 설교자가 마음에 두어야 할 중요한 질문은 청중이 설교를 듣고 난 후에 어떤 성경적 내용을 얻을 수 있을 것인가 하는 점이다. 설교는 매우 논리적인 순서를 따라 진행되고 한 구절 한 구절씩 강해해감으로 중심 요지를 청중에게 전달하려고 노력한다.

그러나 1970년대 이후로 프레드 크래독, 유진 로우리, 그레그 루이스와 같은 설교학자들이 귀납적 설교(inductive preaching)를 소개했을 때 설교에서 중요한 변화가 발생했다. 이들은 설교에서 주해되는 '내용'보다 설교를 듣고 난 후에 사람들이 얻게 되는 '경험'에 많은 관심을 두었다. 또한 그들은 설교가 귀납적 방식으로 전개될 때 청중들이 설교에 보다 깊이 몰입한다는 데 주목했다. 연역적 설교(deductive preaching)는 설교의 첫 부분에서 설교의 중심 주제를 언급함으로 시작하는데 반해 귀납적인 설교는 사람들의 특별한 필요나 관련성을 언급함으로 시작한다. 회중은 설교자와 함께 귀납적인 설교 진행 과정을 통해 진리를 추적해 가는데 마지막 결론 부분에서 설교의 중심 주제가 주어질 때까지 자신들의 주의를 설교에 집중하게 된다. 이러한 귀납적 설교방식은 전통적으로 시행되어왔던 연역적 방식에 대한 하나의 도전이었는데 결과적으로 전통적인 설교학 이론에 지대한 영향을 미치게 되었다. 설교에 대한 이런 새로운 접근방식은 크래독에 의해 보편화되었는데 그는 특히 설교의 구성이나 형태에서 본격적인 변화를 가져온 장본인이었다.[136]

크래독은 설교 형태에 대한 연역적인 접근 방식이 아리스토텔레스 이후 전통적 설교에서 지배적 방식이었다고 생각한다. 그는 연역적 설교 구성 방법에 대해 "중심 주제를 먼저 진술하고, 그것을 대지나 몇 가지 부수적인 요점들로 나누고 이것들을 설명하거나 예시하고, 그리고 난 다음 이를 청중의 특별한 상황에 적용하는 것"이라고 간결하게 묘사했다. 그러나 크래독에 의하면 이러한 접근 방식의 문제점은 그것이 "의사소통에서 가장 자연스럽지 못한 방식"이라는 것이다. 즉 연역적 방식은 수동적인 청중과 권위적 설교자라는 전제 위에 근거하고 있다.[137]

이 방식에 의하면 중심 주제가 항상 맨 먼저 거론되고 따라서 설교의 결론이 설교 본체나 그 주제에 대한 발전 과정보다 먼저 등장한다. 예를 들어 데일은 영국에서는 비국교도 설교자들이 설교의 대지를 항상 먼저 언급했던 사실을 지적했다. 이렇게 하는 것이 회중들로 하여금 설교를 더 잘 이해하고 기억할 수 있도록 돕는 것이라고 생각했기 때문이다. 데일은 설교 내용을 통해 증명될 설교 명제를 미리 언급할 때 청중들은 "그들 앞에 놓여있는 곧게 펼쳐진 길을 보게 될 것이고 다음 돌아가야 할 곳이 나

---

136) Litchfield, "Changes," pp. 29-30.
137) Craddock, *One*, p. 54.

타나기까지 그들의 주의가 산만하지 않고 편안해짐을 느끼게 될 것"이라고 믿었다.[138] 켐벨 모건 역시 전통적 방법은 설교의 명제를 "설교를 전달하는 첫 부분에서" 언급하는 것이라고 주장했다.[139] 크래독은 연역적 설교의 이러한 전통적인 사고에 반대하는데 자신의 주장을 다음같이 확신 있게 주장했다.

> 분명한 사실은 우리가 구체적인 경험에 익숙한 사람들과 의사소통을 하려고 한다는 것이다. 모든 사람은 귀납적으로 살아가며 연역적으로 사는 것이 아니다. 어떤 농부도 송아지됨(calfhood)의 문제를 다루는 것이 아니라 단지 송아지(calf)를 다루는 것이다. 부엌에 있는 여인은 일반적인 요리법에 종사하는 것이 아니라 특별한 불고기나 과자를 요리하는 것이다. 나무 공예가가 '의자됨'(chairness)의 특성에 관한 주제로 지적인 토론을 벌이는 것은 거의 불가능하다. 대신 그는 의자 만드는 일에 관한 전문가이다. 설교자가 "모든 사람은 죽는다"고 말한다면 동의는 하겠지만 졸리는 듯한 반응을 만날 것이다. 그러나 "브라운씨의 아들이 죽어가고 있다"고 말할 때 교회는 교회가 되는 것이다.[140]

크래독에 의하면 우리는 매일의 삶 속에서 실제로 귀납법을 사용하고 있는데 그 기본 요소는 '경험'이다. 사람들은 추상적인 명제들과 더불어 사는 것이 아니라 구체적인 경험의 영역 안에서 살고 있다. 더욱이 실재에 대한 사람들의 견해는 자신들의 경험에 의해 결정되는 경향이 있다. 랄프 루이스(Ralph Lewis)와 그레그 루이스(Gregg Lewis)는 만일 설교자가 "경험 중심적인 청중들"의 주의력을 설교의 마지막까지 유지시키길 원한다면 설교의 모든 부분들을 그들의 경험과 연결시키는 일이 필수적이라고 단언한다. 즉 청중의 '참여'(involvement)가 귀납적 설교를 이해

138) Dale, *Lectures*, pp. 139-140, 142.
139) Morgan, *Preaching*, p. 54.
140) Craddock, *One*, p. 60.

하는 열쇠인 것이다. 귀납적 설교는 회중이 현재 있는 곳에서부터 출발하는데 회중으로 하여금 구체적인 증거나 모범이나 예화를 통해 설교자를 따라 생각하는 것을 가능하게 해준다. 이미 정해진 명제를 권위적으로 선포하는 대신 설교자는 귀납적인 방식을 통해 청중이 겪는 일상의 삶 속으로 내려가고 설교의 말미에는 청중과 함께 결론에 도달하게 된다. 비록 인간 경험이 설교자가 전하는 메시지의 근거가 되면 안 되겠지만 최근에 많은 설교학자들은 귀납적 방법과 구체적인 경험이 연역적 방법과 추상적인 논리보다 설교에서 훨씬 효과적이라고 믿고 있다.[141]

따라서 새로운 설교학은 과거의 전통적인 설교 형태를 합리적이긴 하지만 정적이고, 질서 정연하지만 추상적인 것으로 평가한다. 연역적 방법은 근본적으로 서론, 본론, 결론과 같은 설교의 구성 요소들을 일직선상에 배열하는 방식이다. 그러나 문제는 이렇게 설교할 때 회중은 설교자가 연구한 결론을 단순히 받아들이는 수동적인 상태에 머물게 된다는 것이다. 따라서 회중이 설교에 개인적으로 참여하는 일은 일어나지 않고 대신 이러한 접근법은 종종 청중들에게 지루함과 무관심을 유발하는 원인이 된다. 오늘날 일부 설교학자들은 이를 설교의 실패로 규정하면서 청중을 설교에 참여시키기 위해 귀납적 접근 방식을 제안하고 있다.[142] 찰스 캠벨(Charles Campbell)은 전통적인 연역적 설교와 대조적으로 귀납적 설교는 설교 형태를 다른 방식으로 구성함으로 청중들이 설교의 의미 안으로 능동적으로 참여하는 것을 가능케 해준다고 생각한다. 이렇게 될 때 "설교는 설교자와 청중의 공동 책임이 된다."[143]

---

141) R.L. Lewis and G. Lewis, *Inductive Preaching: Helping People Listen* (Wheaton: Crossway Books, 1983), pp. 36, 41-43, 45.
142) Hjelm, "Edges," pp. 40-41.
143) C.L. Campbell, "Inductive Preaching," in Willimon and Lischer (eds.), *Encyclopedia*, p. 270.

크래독은 설교자는 왜 설교가 아리스토텔레스의 논리에 국한되어야 하는지를 물을 필요가 있다고 주장하면서 이 문제에 대한 논쟁을 가속화한 최초의 사람이었다. 그는 설교자가 '삼대지 설교' 대신 다양한 귀납적 방식들을 사용하여 설교할 때 교회가 "새로운 강단의 능력"을 회복할 수 있다고 믿었다.[144] 그는 신학교에서 배운 전통적인 교훈을 따르기보다 효과적으로 복음을 전하기 위해 귀납적인 방법을 취하도록 권면한다. 귀납적 방식에서는 설교되고 있는 주제에 대해 쉽게 그리고 즉각적으로 대답하지 않는 것이 가장 중요하다. 대신 설교는 의도적으로 복잡하게 진행되는데 처음엔 상태가 더 악화되는 것처럼 보인다. 설교의 복잡한 전개를 통해 우리의 문제는 더욱 부각되고 심화되는데 나중엔 복음 안에 있는 치료책을 갈구하는 지점까지 나아가게 된다.

로우리는 그러나 많은 설교자들이 설교 구성에서 이러한 전략을 사용하길 거부한다고 지적한다. 그 이유는 단순히 기독교인의 의무에 대해 몇 마디 권고의 말을 하는 것이 훨씬 더 쉽기 때문이라는 것이다. 로우리는 이것이야말로 복음을 문제 해결의 손쉬운 도구로 전락시키는 것이라고 단언한다.[145] 브라운은 같은 요점을 이렇게 말했다.

> 창조적인 일은 창조적인 일꾼을 언제나 혼돈의 끝까지 데리고 간다…. 위대한 설교란 위대한 예술처럼 자신들 안에 있는 혼돈을 알지 못하는 자들의 일이 아니다. 또한 자신들 안에 존재하는 혼돈을 정복하지 못한 자들의 일도 될 수 없다.[146]

우리가 살펴본 바처럼 전통적인 설교가 어떻게 설교적 아이디어들을 구성하고 연결할 것이냐에 강조점을 두었던 반면 새로운 설교학에서는

---

144) Craddock, *One*, p. 21.
145) Lowry, *Sermon*, pp. 66, 68.
146) Browne, *Ministry*, p. 17.

이러한 아이디어들을 청중이 어떻게 받아들이느냐에 많은 주의를 기울인다. 이와 관련하여 새로운 설교학에서는 설교 구조를 '설교 개요'(out-line)라는 전통적인 개념으로 생각하기보다 '흐름'(flow)이나 '움직임'(movement)이라는 개념으로 생각한다. 폴 스코트 윌슨(Paul Scott Wilson)은 설교를 "움직임을 갖고 있는, 점점 자라나는 유기적이며 살아 있는 무엇"으로 생각하라고 설교자들에게 권면하는데 그는 이처럼 "흐름에 대해 말하는 것이 개요에 대해 말하는 것보다 더 낫다"고 결론짓는다.[147]

이러한 설교의 움직임에 관한 기본적 원리는 '연속성'(sequence)인데 이는 일종의 의도적인 설교 전략이다. 모든 '신 설교학'적인 설교는 설교 형태에 관계없이 이 연속성의 전략을 내포한다.[148] 데이빗 버트릭 역시 우리가 하는 일상 대화 자체가 예외 없이 연속적인 말하기를 포함하고 있으며 이러한 연속성에서 일어난 변화는 언어의 일련의 움직임 안에서 일어난다는 데 동의한다. 설교자는 여러 가지 방식으로 설교할 수 있지만 설교를 구성하는 어떤 특별한 논리가 항상 설교 안의 움직임보다 먼저 존재한다. 버트릭에 의하면 한편의 설교는 "수사학적으로 관련이 있는 일련의 단위들이나 움직임들"로 구성되는데 이는 설교 안에서 '움직임들'이 각기 상이한 형태의 논리를 따라 함께 묶여지게 됨을 말한다. 즉 설교란

---

147) P.S. Wilson, *Imagination of the Heart: New Understandings in Preaching* (Nashville: Abingdon, 1988), p. 171.

148) 연속적으로 설교를 이어가는 방식은 설교의 형태에 따라 다르겠지만 여기엔 한 가지 공통적인 목표가 있다고 로우리는 말한다. 즉 설교의 종결부분에 이를 때까지 결론을 언급하지 않는 것이다. 만일 설교자가 너무 분명하게 결론을 염두에 두고 있다면 서론에서 결론을 미리 암시할 수 있고 이럴 때 서론은 전체 설교에 대한 요약이 될 수 있다. 그러나 이는 명백히 청중의 모든 기대를 무산시키는 행위라고 로우리는 경고한다. 반면 귀납적 설교는 청중의 기대를 복음에 의한 해결을 간절히 원하는 지점에 이를 때까지 유지시켜준다. Lowry, *Sermon*, pp. 55, 57, 59, 61 참조.

논리적 움직임이 조합된 하나의 연속성인 것이다.[149] 물론 실제 설교가 반드시 성경 본문의 원래 순서를 따라갈 필요는 없다. 설교자는 원래 성경의 구조보다는 설교가 전달하고자 하는 의미를 잘 살려주는 '의미의 구조'를 따라 설교하게 된다. 이런 식으로 설교자는 하나의 의미에서 또 다른 의미로 설교를 듣는 청중에게 적합한 다양한 논리적 연결 고리를 사용하여 움직여간다.[150]

이렇게 볼 때 전통적인 설교에서 말하는 설교 개요나 대지들은 오히려 설교의 자연스런 '움직임'에 종종 방해가 된다. 많은 설교자들은 설교 개요를 작성하기 전에 설교를 실제로 쓰는 것이 더 쉽다는 것을 발견한다. 귀납적 설교에서 설교의 연속적인 움직임은 결정적으로 중요한 것으로 설교의 구조는 '움직임'의 논리적 전개를 돕는 방식으로 구성되는데 이는 일반적 의사소통 방식과도 일치하는 것이다. 귀납적인 움직임은 우선 청중의 흥미와 기대를 유지시켜준다. 나아가 설교 밑바닥에 있는 논리적 흐름을 따라 청중이 핵심적인 설교 아이디어에 자연스레 참여할 수 있도록 청중의 마음을 준비시켜준다. 만일 설교자들이 "언어 표현이나 아이디어들을 배열하는 순서를 바꾼다면" 설교의 논리적인 흐름은 달라진다. 따라서 청중은 "전혀 다른 메시지"를 듣게 될 것이다.[151]

이렇게 하여 귀납적 설교는 마치 청중 스스로 결론에 도달한 것처럼 설교를 듣는 사람들 안에 '발견'에 대한 감각을 유발시킨다. 보수적인 복음주의 설교학자들도 설교자가 적대적이거나 무관심한 청중을 대할 때는 귀납적 방식의 설교가 특히 효과적이라고 시인한다.[152] 이처럼 비록 귀납적 모델이 복음주의 안에서 자주 사용되지는 않지만 귀납적 방법은 전도

---

149) Buttrick, *Homiletic*, p. 24.
150) Buttrick, *Homiletic*, p. 373.
151) Craddock, *One*, pp. 145-146, 151.
152) Robinson, *Preaching*, pp. 125, 127. 로빈슨에 따르면 예를 들어 만일 나단 선지자

설교에도 걸맞는 방식이다. 실로 귀납적 설교는 탁월한 설교 모델인 것처럼 보인다.

하지만 크레이그 로스칼조(Craig A. Loscalzo)가 경고하고 있듯이 우리는 귀납적 모델이 설교의 모든 것이 아님을 명심할 필요가 있다. 모든 진리가 명제와 설명을 통해서만 표현되는 것이 아닌 것처럼 모든 진리가 귀납적으로만 가르쳐질 수 있는 것은 아니기 때문이다. 귀납적인 전략은 설교 형태를 위한 유일한 모델이 아니라 단지 하나의 모델일 뿐이다. 따라서 기억할 것은 잘못하면 설교자들이 이를 남용할 수도 있다는 것이다.[153] 토마스 롱에 의하면 최근 설교를 가르치는 설교학 교수들 사이에서 단일화된 주제나 논제를 중심축으로 하는 전통적 설교의 개념으로 복귀하려는 경향이 점차 두드러지고 있다. 이들은 아무런 분명한 메시지나 중심 되는 명제도 없이 느슨하게 구성된 모호한 설교에 지쳐있는 것이다. 설교를 작성하는데 있어 만일 설교자들이 보다 활기찬 의사소통을 위해 사람들이 설교에 어떻게 귀 기울이느냐 하는 문제에만 관심을 갖는다면 불가피하게 귀납적인 설교 구성이나 귀납적인 움직임의 구조가 항상 기본이 되어야 한다고 결론을 내릴 것이다. 왜냐하면 귀납적 모델이 사람이 뭔가를 듣는데 가장 적합한 방식이기 때문이다.[154] 그러나 로날드 슬리스(Ronald Sleeth)는 이런 생각에 강하게 반대한다.

가 다윗의 죄(삼하 12장)를 지적했을 때 명제나 논제를 가지고 시작했더라면 다윗이 귀 기울이지 않았을 것이다. 그러나 가난한 사람의 암양에 대한 이야기로 시작했던 나단 선지자의 귀납적 접근은 다윗의 저항을 제거하여 왕인 그에게 자신의 죄를 확신시킬 수 있었고 그 결과 회개로 인도했다.

153) C.A. Loscalzo, *Evangelistic Preaching that Connects* (Downers Grove: IVP, 1995), p. 66.

154) Long, *Witness*, pp. 83, 104. 또한 McClure, *Pulpit*, p. 30 참조. 리처드 리쳐 (Richard Lischer)의 말에도 귀를 기울일 필요가 있는데 그는 오로지 듣기에만 전적으로 초점을 모으는 설교 형태의 위험성에 대하여 "어떤 사람들은 수사학을 설교학의 자연스러운 협력자로 여길 것이다. 그러나 항상 그런 것처럼 수사학이 은연

많은 설교가 단순히 분명하지 않기 때문에 실패한다. 설교자들은 설교의 첫 부분에서 여러 가지 아이디어들을 부각시킬 것이다. 그리고 그 중 하나 혹은 몇 개를 발전시키거나 아니면 아무 아이디어도 발전시키지 않을 수도 있다. 문제는 사람들이 설교가 도대체 무엇에 관한 것인지 알지 못한다는 것인데 따라서 설교 시간은 불가사의한 시간이 되고 만다. 일부 설교자가 선택한 창의성과 표현이 풍부한 언어가 실제로는 설교자의 애매모호한 마음 상태를 나타내는 증거가 될 수도 있다.[155]

귀납적 설교는 분명히 청중의 반응을 쉽게 촉발시킬 수 있다. 중심 주제를 먼저 말하고 이어서 이를 증명하는 방식보다 특별하고 부차적인 요점들을 먼저 언급하고 이를 중심 주제로 끌고 갈 때 큰 이점들이 있다는 것이 사실이다. 그러나 청중은 또한 설교의 여러 부분들 안에서 중심 주제가 어떻게 발전되어 가는지를 이해하기 위해 "생각의 말뚝"이 필요하다. 즉 설교자가 어떤 이야기를 왜 하고 있는지를 청중이 질문하도록 내버려두면 안 된다.[156] 이렇게 볼 때 설교의 구조를 만드는 일은 성경 본문과 우리 삶의 정황이 갖는 여러 다른 측면들을 함께 고려할 것이 요구되는 일종의 통합적인 작업이다.

따라서 귀납적 방식을 선호한 나머지 연역적 설교를 전적으로 배제하는 것은 무모한 일이다. 귀납적인 형태의 설교가(예를 들어 이야기체나 대화체 설교, 혹은 연극적인 요소가 곁들여진 설교나 예화 중심으로 꾸며진 설교 등) 성경의 메시지를 효과적으로 전달하는 데 매우 유용하다는 것이 증명된 반면 귀납적 설교에 대한 실험은 여러 다양한 결과들을 산출

중 인간학과 동반하게 되면 설교학을 위험한 궁지로 빠뜨린다. 그렇게 되면 설교학은 자체 내부가 아닌 다른 곳에서 그 원리를 끌어와야 하는 위험에 처하게 된다"고 날카롭게 지적한다. R. Lischer, 재인용, Long, *Witness*, p. 105.

155) R.E. Sleeth, *God's Word and Our Words: Basic Homiletics* (Atlanta: John Knox, 1986), p. 44.

156) Chapell, *Preaching*, pp.155-156.

하면서 아직도 계속되는 중이다. 즉 설교자들은 여러 경우들에서 여전히 연역적 접근법을 필요로 한다. 예를 들어 설교자가 바울 서신이나 신약의 다른 서신서들을 강해할 때는 적절한 설교 방식으로 연역적 접근이 반드시 고려되어야 한다. 한 편의 설교는 많은 요소들과 다양한 국면들을 포함하고 있기 때문에 설교자가 여러 가지 설교 형태나 접근 방식을 고려하는 것이 바람직하다.[157]

　기억할 점은 설교 구성에서 설교자가 귀납적 방식과 연역적 방식을 한 설교에서 같이 사용할 수 있다는 것이다. 설교자는 우선 귀납적으로 설교를 시작하여 차츰 문제 해결의 단서를 향해 움직여갈 수 있다. 그 후 청중의 기대를 뒤집어놓은 다음에 이어서 연역적으로 복음을 선언할 수 있다. 이처럼 효과적인 설교를 위해 연역적인 방식과 귀납적인 방식이 서로를 보충하도록 양자를 함께 사용할 필요가 있다.[158] 헨리 데이비스 역시 "설교의 전반부를 귀납적으로 진행하여 중간쯤에서 중심 아이디어를 진술하도록 유도한다. 이어 중심 아이디어가 그 지점에서부터 연역적으로 다루

---

157) Litchfield, "Changes," p. 31. 레오노라 티스데일(Leonora Tisdale)은 어떻게 다양한 성경 장르들이 설교 형태에 영향을 끼쳤는지에 대해 최근에 상당한 연구가 행해져왔음에 주목한다. 그러나 티스데일은 설교를 작성하는데 있어 회중들의 하위 문화의 중요성과 그들이 지식을 얻기 위해 선호하는 방법들에 대해서는 상대적으로 관심을 적게 가졌다고 지적한다. 티스데일은 설교를 "서민 예술"(folk art)로 정의하면서 지역의 회중과 그 회중에게 걸맞는 설교 형태 간의 밀접한 관계를 신중히 연구할 필요가 있다고 주장한다. 설교 형태를 만드는 단 한 가지 바른 방법이란 존재하지 않지만 설교를 구상하는데 있어 회중의 문화는 설교 형태를 결정하는 중요한 요인이 된다는 것이다. 예를 들면 시골에서 낙농업을 하는 사람들은 보다 단순한 형태와 귀납적 방식의 이야기식 설교를 선호하는 반면 교리적이고 연역적인 설교는 교육을 많이 받은 도시 교회의 사람들에게 호소력이 있다. L.T. Tisdale, *Preaching as Local Theology and Folk Art* (Minneapolis: Fortress, 1997), pp. 133-143 참조.
158) E.L. Lowry, *The Homiletical Plot: The Sermon As Narrative Art Form* (Atlanta: John Knox, 1980), p. 66. 또한 Greidanus, *Preacher*, pp. 142-143도 참조.

어진다"고 구체적으로 제안했다.[159] 사도 바울은 그의 서신서들에서 여러 가지 귀납적인 방법들, 예를 들어 경험, 간증, 질문, 실례, 전기, 유추, 비유, 비교와 대조 등의 방법을 통하여 수신자들을 자신의 서신에 참여시키고 있다. 귀납적인 결론에 도달하고 나면 바울은 이어 복음 진리를 선포하면서 연역적이고 명제적인 방식으로 일상의 삶에 이를 적용시킨다. 귀납법은 진리를 발견하는 일을 가능케 하고 연역법은 그 진리를 선언하도록 우리를 이끌어준다. 이런 관점에서 탁월한 설교자란 한 편의 설교에서 연역법과 귀납법의 장점을 함께 섞을 줄 아는 사람이다.[160]

이야기 설교의 발전과 평가

어거스틴 이후 최근까지 그리스와 라틴의 수사학이 설교학에서 주도적이었다는 것은 잘 알려진 사실이다.[161] 복음이 그리스 세계로 확산되었을 때 설교는 그리스의 추론적인 접근 방식을 받아들이게 되었고 이 방법은 최근까지 설교학 분야를 지배해왔다. 전통적인 설교의 주요 흐름은 특별한 주제에 대한 강화(discourse)인데 설교 형태는 보통 세 개나 네 개의 대지들로 구성되며 객관적이고 논리적인 방식에 따라 설교가 진행된다. 설교의 목표는 진리를 설명하고 청중에게 이 진리에 대한 확신을 심어주는 것이다. 하지만 돈 워드로(Don Wardlaw)는 그리스 수사학 이전에 기독교 설교의 주요 특징은 이야기체였다고 지적하는데 최근 들어 '신 설교

---

159) Davis, *Design*, p. 174.
160) 루이스 부자(R.L. Lewis and G. Lewis)는 바울이 갈라디아서에서 실제로 18가지 질문들을 사용하고 있으며 로마서 처음 몇 장들에서 75가지의 질문들을 사용하고 있음을 지적한다. R.L. Lewis and G. Lewis, *Preaching*, pp. 110-111 참조.
161) 존 브로더스 역시 설교에 관한 자신의 교과서에서 견해를 "필자는 아리스토텔레스(Aristotle), 키케로(Cicero), 쿠인틸리안(Quintillian), 그리고 와틀리(Whately)나 비네트(Vinet)에게 많은 빚을 지고 있다"고 언급했다. 여기서 처음 세 사람은 고전적인 수사학자들이다. Broadus, *Preparation*, p. xiii 참조.

학'에 의해 이 점이 깊이 있게 연구되고 있다.[162] 이전 세대의 설교자들
도 이야기의 중요성을 인식하고는 있었지만 그들은 이야기를 단지 설교
의 중심 아이디어를 설명하기 위한 예화로 사용했고 설교의 요점들을 지
지하는 것으로 그 역할을 제한했다. 그 예로 존 브로더스는 다음같이 주
장했다.

> 설교자는 이야기를 언제나 자신이 성취하고자 하는 강해의 목표인 청중을 확신시
> 키는 일이나 설득하는 일에 종속시켜야만 한다. 설교자는 이야기가 단지 그 자체
> 로 재미있다는 이유때문에 거기에 너무 공을 들이거나 확대시키지 말아야 하며 또
> 한 이야기 자체의 법칙을 따라 한 걸음씩 이야기를 따라가지도 말아야 한다.[163]

브로더스는 이야기들이 설교의 목표에 항상 종속되어야 하고 또 이야
기가 설교 목표를 억누르지 말아야 한다고 주장했다. 그는 설교에서 이야
기를 잘못 사용하는 것을 염려했는데 즉, 이야기를 지나치게 흥미롭게 만
들어 단순한 여흥으로 바꾸는 일을 경계했다. 브로더스는 이야기가 지닌
힘에 대해 불편한 마음을 갖고 있었고 실제로 그가 저술한 설교 교과서에
나와 있는 이야기 설교에 관한 내용은 불과 다섯 페이지도 되지 않는
다.[164] 헨리 데이비스 역시 설교 주제를 강해하기 위해 이야기체 형식을
사용하는 것의 가능성을 언급했다. 그러나 그는 브로더스와는 반대로 이
야기식 설교가 당시 "너무 적게 사용되고 있다"고 지적했다.[165] 이처럼
이야기로서 설교의 개념은 꾸준한 관심을 받아왔지만 1980년대가 시작되

---

162) D.M. Wardlaw, "Introduction: The Need for New Shapes," in D.M. Wardlaw
(ed.), *Preaching Biblically: Creating Sermons in the Shape of Scripture*
(Philadelphia: Westminster, 1983), pp. 11-12; Hjelm, "Edges," pp. 39-40.
163) Broadus, *Preparation*, p. 159.
164) J.C. Holbert, *Preaching Old Testament: Proclamation & Narrative in the Hebrew
Bible* (Nashville: Abingdon, 1991), pp. 39-40.
165) Davis, *Design*, pp. 157, 162.

기 전까지는 설교학 분야에서 본격적으로 논의되지 않았다.[166] 이런 가운데 새로운 설교학의 등장과 귀납적 설교에 대한 연구는 '이야기'에 대한 관심을 증폭시켰다. 그 결과 근년에 이르러 '이야기'라는 단어는 목회나 신학 분야에서 지배적인 암호가 되었다. 오늘날 설교에 관한 책들은 더 이상 이야기의 중요성을 간과할 수 없다. 오히려 '이야기 신학'(narrative theology), '이야기 비평'(narrative criticism), '이야기 설교'(narrative preaching)에 대한 책들과 논문들이 과다하게 생산되는 것으로 이미 지적되었다.[167]

이야기설교는 보통 특별한 무엇에서 출발하여 일반적 진리로 이동해 간다는 점에서 귀납적 설교의 한 형태라 할 수 있다. 설교자는 결론에 가까이 이를 때까지 의도적으로 설교의 형태를 복잡하게 만든다. 설교에 특별한 이야기를 포함시키느냐 마느냐 하는 여부는 결정적으로 중요한 것이 아니다. 대신 이야기 설교에서 핵심적인 것은 설교의 형태가 "점점 커지는 기대감을 극대화하여 마침내 청중의 입장에서 설교의 메시지를 경험하는 것으로 끝이 나도록" 작성되어야 한다는 것이다.[168] 이것이 중요한 이유는 일반적으로 설교자가 본문의 신학적 관점은 탄탄히 붙드는 반면 '접촉점'은 쉽게 놓치기 때문이다.[169]

---

166) 예를 들면 E.A. Steimle, M.J. Niedenthal, and C.L. Rice, *Preaching the Story* (Philadelphia: Fortress, 1980); R.A. Jensen, *Telling the Story: Variety and Imagination in Preaching* (Minneapolis: Augsburg, 1980) 참조. 또한 M.J. Erickson and J.L. Heflin, *Old Wine in New Wineskins: Doctrinal Preaching in a Changing World* (Grand Rapids: Baker Books, 1997), pp. 200-201 참조.

167) D.J. Lose, "Narrative and Proclamation in a Postliberal *Homiletic*," in *Homiletic* 23 (1998), no. 1, p. 1. 아울러 J.F. Kay, "Theological Table Talk: Myth or Narrative?," in *Theology Today* 48 (Oct. 1991), pp. 326-332 참조.

168) Lowry, "Narrative Preaching," in Willimon and Lischer (eds.), *Encyclopedia*, p. 342. 로우리는 이야기설교를 "생각의 배열이 설교자가 전하고자 하는 의미를 전략적으로 지연시키는 구성 형식을 띠고 있는 설교"라고 정의한다.

169) Lowry, *Plot*, p. 65.

그러나 이야기에 구체성을 부여하는 작업을 충실히 수행한 설교자는 여러 가지 보상을 받게 된다고 제임스 헤플린(James Heflin)은 주장한다. 이야기 설교는 본문에서 몇 가지 요점을 뽑아내는 대신 본문 자체를 설교 전 과정에 관련시킨다. 이 때문에 설교자는 성경과의 친밀감을 증대시킬 뿐 아니라 본문의 특징적 성격을 유지할 수 있다. 이야기설교는 또한 청중들로 하여금 자신들을 성경의 세계에 등장하는 인물들과 동일시하도록 만들어준다. 이런 식으로 이야기를 이해함으로 성경 진리를 머리로만이 아니라 체험적으로 이해하는 것이 가능해진다. 이야기 설교에서 설교자는 핵심 메시지를 미리 말하지 않고 설교자의 도움 없이 청중 스스로 요점을 발견하게 한다. 이럴 때 청중들은 설교에 보다 적극적으로 참여하게 되고 "적용은 외부에서 억지로 밀어 넣은 것이 아니라 스스로 깨달은 것이 된다."170)

이처럼 설교학자들은 이야기 설교가 청중의 개인적 참여를 증대시킴으로 전통적인 설교에 비해 여러 가지 유익을 가지고 있다는 것을 발견했다. 그 결과 오늘날 설교학에서는 이야기식 설교가 우선권이 있으며 논증이나 설명은 보조 역할에 그친다. 헨리 미첼은 브로더스의 주장을 다음같이 전적으로 부인한다.

> 강력한 진리를 잊지 못하도록 묘사하는데 이야기를 끌어들이는 것보다 더 효과적인 도구는 없다…적절한 이야기를 선호한다면 다른 설교 형태는 사용하지 말아야 한다. 어떤 설교자가 지적인 논증이나 에세이 형식을 사용할 경우엔 이를 보다 짧은 이야기에 부속시키기 어렵거나 전하려는 그 특별한 복음 진리에 알맞은 아무 이야기도 갖고 있지 못하다는 사실에 근거한 선택이어야 한다.171)

---

170) Erickson and Heflin, *Wine*, pp. 217-218.
171) Mitchell, *Recovery*, pp. 155-156.

그러나 새로운 설교학을 옹호하는 학자들이 이야기 설교의 장점을 크게 부각시킨 반면 이야기 설교에 대한 반론 역시 만만치 않다. 데이빗 듀엘(David Deuel)은 "설교 전에 설교자에게 가장 어려운 결정들 중 하나는 설교 메시지의 형태를 결정하는 일"이라는 데 동의한다.[172] 그러나 심지어 이야기 설교에서도 단순히 이야기를 반복하기보다 이야기가 담고 있는 메시지를 드러내기 위해 설교 형태를 만들어내려는 의도적인 노력이 필요하다. 만일 한 편의 이야기설교가 성경 본문의 메시지를 드러내어 그 구절이 갖고 있는 보다 심도 있는 신학적 관점을 가르치고자 한다면 이야기 속에 등장하는 특별한 인물을 하나의 실례로서 흉내 내는 것 이상의 뭔가가 있어야 한다. 이를 위한 한 가지 해결책은 성경에 기록된 "원래의 청중에게 주어진 온전한 메시지에 초점을 맞추는 것이다."[173] 이야기 설교는 아무 요점도 없이 성경 이야기를 단순히 반복하는 것이 아니다. 이야기 설교 역시 다른 설교들처럼 중심 아이디어를 전달하는데 이를 설명이나 명제가 아닌 이야기에 들어있는 사건들을 언급함으로 전달하는 것이다.[174]

그러나 요즘의 이야기 설교에서는 설교자가 오직 회중의 관심사와 관련된 이야기나 관련된 성경 이야기만을 반복하는 특징이 있다. 이런 점에서 전적으로 이야기에 의존하는 이야기 설교는 한편으론 유익하지만 다

---

172) D.C. Deuel, "Expository Preaching from Old Testament Narrative," in John MacArthur, Jr. (ed.), *Rediscovering Expository Preaching* (Dallas: Word, 1992), pp. 277-278.

173) Deuel, "Preaching," pp. 278, 283. 예를 들면 설교자는 요셉 이야기에서 이따금 젊은 사람들의 행실을 위한 모범을 발견하려고 하는데 이는 결국 성경 이야기가 갖고 있는 단일한 메시지를 설교자 자신의 의도와 맞바꾸는 셈이 된다.

174) Robinson, *Preaching*, p. 124. 크래독 역시 비록 귀납적 설교가 대지들을 만들려고 애쓰지는 않지만 한 편의 설교는 하나의 창의적인 중심 아이디어를 통해 청중의 관심을 유지하고 청중을 설교에 끌어들인다고 생각한다. 중심 아이디어의 중요성은 귀납적인 방식에서도 매우 강조되고 있다. Craddock, *One*, p. 100 참조.

른 한편으론 위험하다. 이유는 이야기 설교가 보통 성경 해석을 완결하지 않은 채 내버려두기 때문이다. 그 결과 청중은 그들 자신의 경험과 아이디어와 삶의 정황에 따라 설교에 각기 다른 반응을 보이기 쉽다.[175] 이야기 설교는 다른 무엇보다 경험의 우월성을 가정하면서 개인적 경험을 의미의 기초로 생각한다. 나아가 의미란 설교자와 청중이 자신들의 경험을 서로 나눌 수 있을 때 가장 잘 전달될 수 있다고 믿는다. 이야기 설교를 주장하는 설교학자들은 대리 경험을 만들어내는 이야기의 역동성을 부각시킴으로 이런 생각을 반영한다. 또한 설교자들은 다양한 이야기를 통해 청중이 주의를 집중할 수 있는 시간 간격을 넓히는 일에 큰 중요성을 부과한다. 하지만 이는 성경이 말하고자 하는 의미 있는 명제를 추구하는 것과는 거리가 멀다.[176]

이야기설교의 목표는 회중을 설교에 더욱 참여시키는 것이다. 물론 이야기는 전통적인 설교보다 복음을 더욱 효과적으로 전달할 수 있다. 그러나 확실한 결론이 없는 이야기설교는 설교의 핵심을 전달하는 일에 실패할 수 있으며 또한 청중을 잘못된 해석으로 인도할 수 있다. 리처드 젠센 (Richard Jensen)은 결론이 없는 이야기 설교의 위험성에 관해 "만일 우리가 정말 아무 결론도 없는 이야기를 설교하고 그리고 듣는 사람들이 아무런 요점도 깨닫지 못한다면 어떻게 하겠는가? 아니면 혹시 그들이 잘못된 요점을 갖게 된다면 어찌하겠는가?"라고 도전적으로 질문한다.[177] 여러 가지 해석이 가능한 이야기 설교는 "큰 축복"일 수 있고 "대단한 가능성"일 수 있지만 동시에 위험성도 내포하고 있다.[178] 데이빗 버트릭은 단순히 이야기를 설교하는 것만으로는 충분하지 않다는 데 동의한다. 능숙한

---

175) D.L. Bartlett, "Sermon," in Willimon and Lischer (eds.), *Encyclopedia*, p. 435.
176) Chapell, "Narrative," p. 11.
177) R.A. Jensen, *Telling the Story* (Minneapolis: Augsburg, 1980), p. 145.
178) Holbert, *Preaching*, p. 50.

설교자는 성경 이야기를 현재형으로 말할 수 있을 뿐 아니라 또한 "이야기 구성의 흐름에 따라 이야기 안에서 그리고 그 이야기로부터 유추나 설명이나 해석을 통해 이동해간다."[179] 이럴 때 설교의 전 과정을 통해 이야기가 전달하고자 하는 메시지는 항상 강조되어야 한다.

성경적 설교란 본문의 메시지를 원래 의도된 대로 드러내는 설교이다. 성경 본문은 설교의 주요 근원이기 때문에 본문 없이는 어떤 설교도 불가능하다. 성경 본문은 우선 설교 내용의 원천으로서 기능하지만 이에 덧붙여 설교를 구성하고 형태화하는 일에도 길잡이 역할을 한다. 성경학자들은 성경의 내용과 형태가 불가분리의 관계에 있다는 것을 보여주었으며 따라서 설교의 형태는 설교가 어떤 종류의 수사학을 사용하고 있든지 그 내용에서 도출된 것이어야 한다. 예를 들어 본문이 비유라면 설교자는 설교의 몸체를 형성하기 위해 비유적 형태를 신중히 고려할 필요가 있다. 만일 본문이 어떤 기적을 소개하고 있고 독자들의 감탄을 자아내도록 의도된 것이라면 설교에서 기적에 대해 순전히 합리적인 설명만 하는 것은 부적절할 것이다. 반면에 본문이 교리와 신학적 명제들로 가득한 신약 서신서라면 설교자는 연역적이고 논리적인 설교형태를 신중히 고려해야 한다.[180] 돈 워드로는 "설교의 형태가 설교 내용과 성경 말씀에 적절하면 할수록 성경 말씀이 오늘날 회중들에게 들려지고 느껴질 수 있는 더 좋은 기회를 갖게 된다"고 주장한다.[181]

반면 일부 설교학자들은 이렇게 할 때 성경 본문의 형태만을 억지로 흡

---

179) Buttrick, *Homiletic*, p. 335. 그는 어린이들에게 들려주는 이야기들과 흑인들의 이야기 설교로부터 가장 통찰력이 넘쳐나는 단서들을 끌어내고 있다.
180) Hjelm, "Edges," p. 43; Wardlaw, "Introduction," p. 21. 아울러 Jensen, *Story*, p. 128; E. Achtemeier, *Creative Preaching: Finding the Words* (Nashville: Abingdon, 1980), p. 46 참조.
181) D.M. Wardlaw, "Shaping Sermons by the Context of the Text," in Wardlaw (ed), *Preaching*, p. 60.

내 낼 위험이 있다고 지적한다. 따라서 설교 형태가 본문의 형태를 그대로 따라가기보다 설교자가 본문의 형태를 설교적 형태로 변형시켜야 한다고 주장한다.[182] 어쨌든 성경 본문의 문학적 형태가 설교의 의사소통에서 어떻게 말해야 할 것인지를 결정하는 중요한 요소라는 사실은 확실하다.[183] 성경 본문의 형태를 따라 설교를 구성한다면 "본문이 원래의 청중에게 영향을 미쳤듯이 원래의 내용을 제대로 드러낼 것이다."[184]

윌리엄 윌리몬(William Willimon)은 오늘날 설교에 대해 회의적인데 "설교가 텔레비전 상업 광고에 사용되는 것과 똑 같은 수사학적 기술들을 사용하고 있다"고 비판한다. 오늘날의 문화는 복음의 심각성을 싫어하는데다 더 이상 연역적이거나 논리적인 논증에 의해서 감동 받지 않는다. 하지만 이러한 세속적이고 반 복음적인 세상도 "감동적인 이야기 한 두 개에 의해서 의식이 환기될 수 있다." 그러나 윌리몬에 따르면 이러한 수사학적 기술들의 결과는 희망적이라기보다 실망스러운 것이다. 그는 최근의 설교학 이론이 이야기를 지나치게 강조한 나머지 균형을 잃어버렸다고 지적한다. 즉 윌리몬에 의하면 "많은 설교자들이 여흥을 바라고 있는 회중들의 귀를 긁어주는 일에 항복해버리고 말았다. 설교자들은 복음이 자체의 요구에 따라 청중을 재창조하도록 하는 대신 자신들의 피상적인 개념으로 복음을 새로 만들어내고 있다."[185]

포스트모던 시대는 이전과는 다른 풍조인 혼돈과 애매함이 그 특징이다. 이는 모든 일관성 있는 사고에 대한 해체주의자들(deconstructionists)

---

182) 예를 들어 Adams, *Preaching*, pp. 56-57 참조.
183) T.G. Long, *Preaching and the Literary Forms of the Bible* (Philadelphia; Fortress, 1989), pp. 11-12.
184) Greidanus, *Preacher*, p. 20.
185) W.H. Willimon, "Preaching: Entertainment or Exposition?," *The Christian Century* 28 (Feb. 1990), pp. 204, 206.

의 부정적 견해를 보면 더욱 분명해진다. 이 시대가 보여주는 것은 현저하게 비역사적이고 실용주의적인 문화인데 모든 것이 얼마나 실용적이고 얼마나 재미있느냐에 따라서 평가된다. 이런 맥락 가운데 이야기 설교에서 비유적 언어와 상상의 중요성에 대한 재발견은 지금까지 성경을 지적으로만 강해하여 오던 전통적 설교의 약점에 대한 처방으로 여겨졌다. 그러나 텔레비전 문화에서는 표현 방식이나 느낌이 내용이나 사고보다 중시되기 때문에 상상력이 풍부한 설교 형태는 한갓 여흥으로 쉽게 떨어질 수 있는 위험성을 항상 안고 있다. 아더 반 시터스(Arthur Van Seters)는 이런 관점에서 상상력이 전부가 아니며 신중한 분석이나 숙고를 대치할 만한 대안도 아니라고 주장한다.[186]

월슨 카스트너에 의하면 상상력이란 "그림 이상의 무엇"[187]이며 월터 브루기만(Walter Brueggemann)의 말처럼 "설교적 사건은 변형된 상상력 안에서 일어나는 사건"이다.[188] 즉 논증 외에 성경을 구성하고 있는 기본적인 다른 요소들은 상상과 이야기이다. 샬퍼(D.J. Schlafer)는 "성경은 상상이라는 수단으로써 우리의 감각과 감정이 직접 참여하게 만든다. 성경은 또한 우리를 초대하여 역사적이며 소설적이며 신화적인 이야기들 속으로 들어가게 한다"고 주장한다.[189] 그러나 기억할 것은 상상은 언어를 사용하지 않고는 어떤 것도 묘사해낼 수 없다는 점이다. 서로 연관된 두 가지 생각들을 함께 묶어 연결함으로 새로운 세 번째의 생각으로 발전시

---

186) 버트릭과 트로거를 인용한 다음 반 시터스는 "이는 과도한 문화 적응이면서 동시에 너무 적게 설교하는 것이 아닌가? 전통이나 전통을 위한 필요가 세상을 자기 방식대로 끌어들이려고 애쓰는 특별한 방법에 압도당하고 말았는가?"라고 질문한다. Van Seters, "Preaching," pp. 273-274 참조.

187) Wilson-Kastner, *Imagery*, p. 20.

188) W. Brueggemann, *Finally Comes the Poet* (Minneapolis: Fortress, 1989), p.109.

189) D.J. Schlafer, *Surviving the Sermon: A Guide to Preaching for Those Who Have to Listen* (Boston: Cowley, 1992), p. 63.

키는 것은 언어만이 갖는 특별한 기능이다. 상상의 범주에는 가끔은 말로 표현하기 어려운 신비스런 경험이나 그림과 같은 형상이나 여타의 다른 정신적 감각 기관들도 들어 있다. 하지만 일반적으로 상상은 "새로운 생각을 만들어내기 위해 언어의 대립적 성격을 사용할 줄 아는 능력에 의해서" 생겨난다.[190]

폴 스코트 윌슨은 대다수 설교들이 논문을 쓰는 개념과 영화를 만드는 개념 사이의 중간에 위치하고 있다고 주장한다. 한편 극단으로 본문 중심의 설교는 구체적인 삶의 상황들과 관계없는 추상적인 언어를 주로 사용한다. 이 때문에 회중은 강단에서 차례대로 설교 원고를 넘겨가며 읽고 있는 설교자의 모습 외에는 아무것도 볼 수가 없다. 또 다른 극단은 비디오 카메라 방식에 의존하는 설교인데 렌즈를 쉬지 않고 움직인다. 그 결과 회중이 볼거리들은 많으나 적절한 신학이 결여된 설교로 전락하고 만다. 설교 형태에서 최근의 변화는 더 효과적인 의사소통을 가능케 하는 것이 분명하지만 동시에 더욱 심각한 신학적 문제들을 유발시킨다. 즉 이러한 '영화 같은 설교'는 보통 하나님의 임재를 상실하게 하는 결과를 초래한다. 왜냐하면 이런 기법은 청중의 주의를 기법 자체에 묶어두는 경향이 있기 때문이고 따라서 하나님을 의존하도록 회중을 이끌어가지 않기 때문이다.[191]

찰스 켐벨은 최근의 이야기 설교가 계몽주의와 실존주의에 뿌리를 두고 있는 자유주의 신학적 가정들에 기초하고 있다고 덧붙인다. 이런 신학에서는 의미를 결정하는 기준으로서 개인적 경험이 중시된다. 따라서 설교를 현대인들에게 관련 있고 의미 있는 것으로 만들기 위해 이야기 설

190) Wilson, *Imagination*, pp. 32-33.
191) P.S. Wilson, *The Four Pages of the Sermon: A Guide to Biblical Preaching* (Nashville: Abingdon, 1999), pp. 14-15.

교를 하는 설교자는 복음이 모든 인간의 필요에 대한 해결책임을 단정하지 않을 수 없다. 결과적으로 예수님은 "훌륭한 실존주의자"가 되고 우리의 구원은 인간의 필요에 대한 해결이라는 관점에서 정의된다.[192] 그러나 이러한 인류학적이고 개인의 필요를 지향하는 설교는 반 공동체적인 경향을 부추겨서 결국 '교회의 책'으로서의 성경을 회중에게서 빼앗게 된다. 그 결과 스마트(J.D. Smart) 교수가 지적하듯이 '교회 안에서 성경의 이상스러운 침묵' 현상을 가져온다.[193] 리처드 리처(Richard Lischer)는 자신의 논문에서 이야기 설교가 실제로는 우리를 다른 지체들과 멀어져 우리 자신에게로 향하게 한다고 주장한다. 따라서 그는 성경 이야기를 예술적 목적으로 사용하거나 순간적인 은혜의 경험을 선호한 나머지 역사적이고 교리적인 질문들을 배제하게 하는 '심미주의'(aestheticism)를 경계하라고 경고한다.[194]

성육신에서 보이는 하나님의 움직임도 설교의 흐름이 성경적인 세계로부터 이 세상으로 나아가야 할 것을 암시한다. 또한 종교개혁이 '우리'를 위한 그리스도를 강조했던 것에 반해 최근의 이야기 설교는 거의 전적으로 '나'의 개인적인 특별한 경험과 필요에 초점을 맞추고 있다. 그러나 설교자가 성경 이야기를 개인적 "곤경으로부터 해결로 옮겨가기 위한 인류학적인 도구"로 바꾸어 해석해서는 안 된다. 대신 복음서에 나타난 예수님의 이야기를 근본적인 영적 실재와 우리 믿음의 기초로 가르치는 것은 사활이 걸린 일이다. 설교자는 개인적인 경험을 확증하기 위한 도구로 이야기를 사용하기보다 믿음의 공동체를 바로 세우기 위하여 성경 이야

192) C.L. Campbell, *Preaching Jesus: New Directions for Homiletics in Hans Frei's Postliberal Theology* (Grand Rapids: Eerdmann's, 1997), pp. 122-145, 161.
193) J.D. Smart, *The Strange Silence of the Bible in the Church: A Study in Hermeneutics* (Philadelphia: Westminster, 1970), 특히 pp. 15-38.
194) R. Lischer, "The Limits of Story," *Interpretation* 38 (1984), pp. 27, 35.

기들에 보다 '교회적으로' 접근할 필요가 있다.[195]

주지하다시피 상상이나 이야기나 논증은 서로 본질적으로 다른 차이점들을 가지고 있다. 한편의 설교에서 설교자는 보통 이것들 중 하나를 본문의 전체적인 흐름이나 회중의 필요를 고려하여 주요 전략으로 사용한다. 그러나 실제로 설교를 작성할 때는 항상 이 셋을 결합하여 사용하기 마련인데 이 셋은 설교 형태를 구성하는데 있어 "지속적이며 통합적인 전략들"로서 함께 기능한다.[196] 비록 이야기 형태가 포스트모던 사람들의 입맛에 맞을지라도 그것만으로는 절대적이고 보편적인 성경 진리를 전달하는 데 충분하지 못하다. 우리는 이야기 설교가 성경 자체가 보여주는 형태의 원리에 부합한다는 주장에 대해 과연 그런지 질문할 필요가 있다.

성경이 많은 이야기를 담고 있다는 것은 사실이다. 그러나 성경에는 진술적인 내용도 풍성하다는 것 역시 사실이다. 성경의 특성은 이야기 구조와 진술형의 구조를 함께 결합시켜 시간과 문화적인 간격을 뛰어넘어 그 의미를 전달한다는 것이다. 성경의 이야기는 명제들이 지닌 의미에 대해 "경험적인 참조"(experiential reference) 역할을 하는 반면 명제들은 이야기를 위한 "개념적인 배경"(conceptual background)을 제공해준다. 성경은 이야기와 명제(혹은 진술), 이 양자의 가치를 다같이 확증하고 있다. 즉 이야기 형태는 의미를 담기 위해 필요한 형식인 반면 진술 형태는 보편적이고 초월적인 의미를 전하는데 필요하다. 포스트모던 철학과는 대조적으로 성경은 개인적 경험만을 극대화하거나 이야기와 명제 중에서 어느 하나만 선택하도록 요구하지 않는다. 성경의 내적인 성격에 가장 부합하는 이론은 성경 진리는 그 안에 이야기와 명제가 함께 포장된 채로

---

195) Lose, "Narrative," pp. 4-5, 8; Campbell, *Preaching Jesus*, p. 227.
196) Schlafer, *Sermon*, pp. 63-67.

우리에게 주어졌다는 것이다. 이 둘은 하나님 말씀의 권위 있는 메시지를 효과적으로 전하기 위해 각각 다른 목표에 종사하는 것이다.[197]

4. 결론

지금까지 살펴본 내용은 최근 설교학에서 가장 논란이 되고 있는 설교의 목표, 권위, 그리고 형태에 초점을 맞춘 것이다. 우리는 연구를 통해 몇 가지 중요한 점들을 발견했다. 전통적으로 설교자는 본문의 명제를 분명하고 질서정연하게 설명하려고 노력하면서 주로 지적인 이해를 많이 강조해 왔다. 이처럼 진리가 이해될 수 있는 방식으로 전달될 때 청중은 설교에 반응을 보이지 않을 수 없다. 그러나 설교자들은 진리를 이해하는 또 다른 방식으로서 청중의 직관적인 경험이 중요하다는 것을 최근에 발견하게 되었다.

우선 설교의 목표에 관하여 '구 설교학' 과 '신 설교학' 사이에는 명백한 차이가 있다. 나아가 '신 설교학' 에서는 설교의 권위 역시 더 이상 성경 본문이나 설교자가 전하는 메시지에 있지 않다. 새로운 설교학에서 권위의 소재지는 청중이고 그들의 경험이다. 따라서 최근의 설교학자들은 설교의 새로운 형태를 통해 경험을 창조해내면서 설교의 역동적인 역할을 부각시킨다. 일반적으로 본문을 중시하는 지적 형태의 설교는 청중을 중시하는 직관적 이야기형태의 설교와 여전히 대립하고 있는 실정이다.[198]

만일 설교자가 본문에서 추상적 개념들을 추출해내는 일에만 과도하게

---

197) Chapell, "Narrative," pp. 12-13, 15.
198) K.C. Anderson, *Preaching with Conviction: Connecting with Postmodern Listeners* (Grand Rapids: Kregel, 2001), p. 145.

집착하면 본문의 영감 있는 하나님 말씀은 충분히 고려되지 못할 것이다.
이 점이 바로 새로운 설교학이 등장하게 된 이유이다. 한편의 설교가 무
언가를 말해주고 몇 가지 개념들을 포함한다는 것은 사실이지만 이는 진
실의 반에 불과하다. 기억할 다른 반쪽은 설교자가 설교에서 언제나 청중
에게 경험적인 어떤 것이 발생하도록 해야 한다는 것이다. 성경적 설교는
단지 지성에만 관심을 갖지 않고 경험의 문제에도 역시 관심을 갖는다.
설교자들에게 아무 열정도 없는 객관성이란 단지 허구일 뿐이며 이는 결
국 이성과 감성 사이에 불필요한 이원론만을 낳게 된다.

그러나 우리가 살펴본 바처럼 만일 설교자가 설교의 경험적인 측면에
과도하게 주의를 기울인다면 실제로는 그러한 경험을 만들어 내는 설교
의 개념적인 내용을 불가피하게 무시하게 될 것이다. 우리는 전통적인 설
교와 비교하여 새로운 설교학의 강점과 아울러 약점도 분석해보았다. 최
종적인 권위를 경험에 두면서 합리적이고 강해적인 설교 방식에 대해 지
나치게 부정적인 견해를 갖게 될 때 직관이나 느낌을 맹목적으로 성경 강
해의 주요 통로로 받아들이는 결과를 낳을 수 있다. 비록 좋은 의도이긴
하지만 인간경험을 지나치게 강조하는 경험중심적 설교는 그것에 내포된
신학적 의미가 도대체 무엇인가 하는 의문을 갖게 한다. 많은 사람들이
크래독, 스타이밀, 로스, 그리고 로우리같은 설교학자들의 노력과 성과를
칭송하지만 이러한 설교학자들이 인간 경험에 대해 지나치게 강조하는
것은 계속 문제시되어 왔다.

더욱이 새로운 설교학은 설교가 어떻게 하면 설교를 듣는 개인의 범주
를 넘어 교회를 튼튼하게 하는 데 공헌할 수 있을까 하는 점에 대해서는
깊이 생각하지 않는 것처럼 보인다. 새로운 설교학에 근거한 설교는 마치
교회란 서로 비슷한 얼마의 경험들을 함께 나누는 각 개인들을 그저 느슨
하게 모아놓은 것 같다는 인상을 듣는 청중에게 안겨준다. 회중은 설교를

통한 의사소통의 사건에 참여하여 공동체로서 정체감을 갖는 것처럼 보인다. 그러나 공동체적 경험으로서의 기독교 믿음을 신중하게 고려하지 않은 채 초점은 여전히 개인적 경험에 맞추어져 있다.[199]

 따라서 설교자가 설교 안에서 만들어내려고 하는 경험은 그 자체만으로 정당화될 수 없다. 그보다 진정한 경험이란 진리를 이해함으로 오는 결과여야 하는데 이는 단순한 감정주의와는 아주 다른 것이다. 설교자들은 성경 강해에서 경험을 위한 경험을 추구해서는 안 된다. 대신 하나님이 주신 진리로서 성경 말씀을 청중이 경험할 수 있도록 하는 데 목표를 두어야 한다. 이를 위해 우선 본문이 무엇인가를 말함으로써 무엇인가를 행한다는 것을 기억할 필요가 있다. 따라서 설교에서 경험이란 명제적 개념과는 상관이 없다는 주장은 사실과 다르다. 토마스 롱이 주장하는 것처럼 "본문이 무엇을 말하는가는 명백하게 본문이 무엇을 하는가를 좌우한다."[200] 성경적 설교는 말씀과 경험의 통합에 목표를 둔다. 하지만 말씀이 경험을 가져오고 이끌어가야 한다. 이것이 종교개혁 이후에 개혁교회가 확정한 설교의 근본 원리다.

---

199) C.L. Campbell, *Preaching Jesus*, p. 144.
200) Long, *Witness*, p. 85. Cf. Lowry, *Time*, p. 80.

제 6 장

마틴 로이드존스의 설교에서
말씀과 경험의 통합

　마틴 로이드존스(1899-1981)박사는 많은 목회자들에 의해 "금세기 영국에서 가장 뛰어난 설교자"로,[1] 또한 자신이 목회했던 회중들에게는 "설교자들 중 매우 사랑 받는 왕자"로 칭송을 받았다.[2] 브루스(F.F. Bruce)는 그를 "보기 드문 자질을 갖춘 강해 설교자요, 완벽한 의미에서 하나님 말씀의 종"이라고 평했다. 브루스는 한 걸음 나아가 "영국의 영적 생활에서 그가 차지하고 있던 자리를 메워줄 만한 사람이 아직 나타나지 않았다"고 주장했다.[3] 존 스타트에 따르면 로이드존스는 "이차 세계대전 이후 수십 년간 복음주의 진영에서 그 누구도 필적할 수 없는 지도력을 행사했다."[4] 스타트는 또한 "런던에서 로이드존스가 목회를 하는 동안 웨스트민스터 교회(Westminster Chapel)는 예배 때 가장 많은 참석자들을 갖게 되었고 사람들은 그의 설교를 듣기 위해 떼를 지어 몰려왔다"고

1) C. Kimbrell, "The Evangelistic Preaching of Dr D. Martyn Lloyd-Jones," *Reformation Today* 136 (1993), p. 12.
2) R. Alderson, "Dr. Martyn Lloyd-Jones: A Biographical Sketch," *The Westminster Record* 56, no. 6 (1981), p. 469.
3) F.F. Bruce, Book Reviews: I.H. Murray, *David Martyn Lloyd-Jones: The Fight of Faith 1939-1981* (Edinburgh: The Banner of Truth, 1990), in *The Evangelical Quarterly* 63 (1991), p. 71.
4) J.R.W. Stott, *The Cross of Christ* (Leicester: IVP, 1986), p. 9.

말했다.5)

　로이드존스는 전통적인 설교 방식을 따랐는데 전통적인 설교는 일반적으로 성경 말씀의 내용과 이에 대한 설명을 중시한다. 그러나 최근의 '신설교학'을 신봉하는 대다수 설교자들은 설교의 내용보다는 형태에 보다 강조점을 두거나 아니면 청중의 경험을 자극하기 위한 심리학적 전략이나 기술들을 사용하는 데 많은 관심을 기울인다. 물론 최근의 설교학에서 밝힌 연구의 결과들을 적절한 자리에 놓는다면 틀림없이 큰 도움이 될 수 있다. 그러나 불행하게도 오늘날 설교학에 관한 대다수 책들은 기독교적인 경험의 문제를 말씀과 관련하여 적절히 다루고 있는 것처럼 보이지 않는다.

　말씀과 경험을 분리시키는 어떤 이원론도 반대하면서 로이드존스는 개신교의 선구자들이 그랬던 것처럼 설교의 본질은 이 두 가지 지극히 중요한 요소들을 통합하는 것이라고 주장했다. 나아가 그는 자신이 믿었던 바를 강단에서 실천했다. 로이드존스는 개신교가 지향하는 말씀 중심의 경험적 설교(Word-centered experiential preaching)의 한 좋은 예가 되었는데 과거뿐 아니라 오늘날도 이러한 설교가 얼마든지 유효하고 가능하다는 것을 스스로 입증했다. 그러나 출판된 로이드존스의 책들이 상당히 많고 그가 복음주의 교회에 끼치는 지속적인 영향력에 비해 이 문제에 대한 본격적인 연구나 저서는 극히 소량에 그치고 있을 뿐이다.6)

---

5) J.R.W. Stott, 재인용, C.E. Fant, Jr. and W.M. Pinson, Jr., *20 Centuries of Great Preaching: An Encyclopedia of Preaching*, vol. 11 (Waco: Word Books Publisher, 1971), p. 266.
6) 로이드존스의 설교에 관한 이전의 연구들은 주로 강해 설교에 대한 그의 생각이나 (J.M. Keith, "The Concept of Expository Preaching as Represented by Alexander Maclaren, George Campbell Morgan, and David Martyn Lloyd-Jones," ThD thesis, Southwestern Baptist Theological Seminary, 1975.), 아니면 그의 일반적인 설교 방법들 (M.D. Becton, "An Analysis of John Stott's Preaching as 'Bridge-Building' as

6장의 연구를 통해 우리는 로이드존스가 말씀과 경험의 통합의 문제를 균형 있고 주의 깊게 다루고 있다는 것을 살펴 볼 것이다. 또한 이 문제에 관한 로이드존스의 주장에 초점을 맞추는 일은 불가피하게 이 문제에 대한 그의 성령론적 접근을 고려하도록 요구한다. 6장의 첫 부분에서는 성경 진리에 대한 두 종류의 이해에 관한 그의 생각을 다루려고 한다. 이어 진리에 관한 이해와 관련하여 성령의 역사가 논의될 것이다. 두 번째 부분에서는 말씀과 경험의 통합이라는 빛 안에서 로이드존스가 가졌던 설교에 대한 개념을 살펴볼 것이다. 나아가 오늘날 유행하는 설교와 강단의 상황에 반대하는 그의 생각들도 살펴볼 것이다.

1. 심정적 이해에 관한 로이드존스의 생각

자신보다 앞섰던 개신교 선구자들처럼 로이드존스 역시 지적인 이해 (개념적인 이해)와 영적인 이해(심정적 이해)를 명확히 구별했다. 전자는 진리의 객관적인 측면과 관련이 있는 반면 후자는 진리의 주관적인 측면과 관련이 있다. 여기서는 이 둘 사이의 관계에 대한 그의 생각들과 어떻게 그가 성령의 능력 안에서 이 두 종류의 지식을 결합하고 있는지를 살

Compared to the Preaching of David Martyn Lloyd-Jones," PhD thesis, Southwestern Baptist Theological Seminary, 1995; K-D Jung, "An Evaluation of the Principles and Methods of the Preaching of D.M. Lloyd Jones," ThD thesis, Potchefstroom University, 1986.)에 국한되어 있다. 로이드존스의 성령론에 관한 연구는 주로 설교 행위에 있어서 '기름 부으심'이나 (T. Sargent, *The Sacred Anointing* (London: Hodder & Stoughton, 1994).), '성령 세례' (M.A. Eaton, *Baptism with the Spirit; The Teaching of Martyn Lloyd-Jones* (Leicester: IVP, 1989).)에 초점을 맞추어왔다. 영국의 복음주의 교회들 안에 로이드존스의 생애와 설교 사역이 끼쳤던 영향과 의의를 조사한 최근의 서적은 J. Brencher, *Martyn Lloyd-Jones (1899-1981) and Twentieth-Century Evangelicalism* (Carlisle: Paternoster, 2002)이다.

펴보고자 한다.

기독교 지식의 근거로서 성경

종교개혁자들 이래 전통적인 개신교의 입장은 성경이 하나님의 말씀이라고 믿어 왔다. 로이드존스에게 성경이란 단지 하나님의 말씀을 담고 있는 것이 아니라 성령에 의해서 안전하게 인도함을 받아 모든 인간의 오류로부터 자유로웠던 저자들에 의해 기록된 하나님으로부터 주어진 바로 그 계시의 말씀이었다.[7] 그는 기독교 신앙에서 가장 중요한 질문이 권위에 관한 문제라고 생각했다. 또한 권위의 문제에 관해 아주 다른 견해들이 존재한다는 것을 인식하고 있었다. 우선 로이드존스는 인간의 이성과 지식에 의존하는 것을 철저히 반대했다. 그는 현대적 지식이 최고의 권위의 자리를 차지한 나머지 사람들은 보다 높은 권위에 대한 어떤 개념도 갖지 못한 채 방치되어 있다고 생각했다. 사람들은 "우리는 이제 과학적인 시대에 살고 있기 때문에 전체 상황이 과거와는 다르다"고 말한다.[8] 그러나 로이드존스는 "세상에서 일어나는 대부분의 문제들은 사람들이 성경의 권위로부터 떠나있기 때문"이라고 확신했다. 인간의 철학이 소위 향상된 지식과 과학이라는 이름으로 권위의 자리를 차지하도록 교회 스스로 허락했다는 것이다.[9]

그는 다른 책들도 역시 이 세상의 문제들을 진단할 수 있다는 것에 동

7) D.M. Lloyd-Jones, *God's Ultimate Purpose: An Exposition of Ephesians 1:1 to 23* (Edinburgh: The Banner of Truth, 1978), p. 211.
8) D.M. Lloyd-Jones, *The Christian Soldier: An Exposition of Ephesians 6:10 to 20* (Edinburgh: The Banner of Truth, 1977), p. 201.
9) Lloyd-Jones, *Soldier*, p. 210. 예를 들어 그는 고등비평 때문에 성경이 하나님의 유일한 계시로서 과거에 누렸던 경의를 잃어버리게 되었다고 생각했다. 성경은 점점 다른 여느 책과 같은 인간의 책으로 여겨지게 되었다. 심지어 교인들조차도 더 이상 성경을 그들이 절대적으로 의존할 수 있는 계시의 말씀으로 기대하지 않게 되었다.

의했지만 그가 믿기에 거기엔 아무 해결책이 없다. 그의 견해로는 어떤 이상적인 인간적 관념이나 철학, 혹은 탁월한 교육제도도 이 세상에서 발생하는 부도덕이나 상상할 수 없는 광기에 관한 질문들에 대답할 수 없다. 그러나 그는 성경을 가리켜 "여기 이런 문제들을 실제적으로 다루고 있는 내가 아는 유일한 책이 있다. 지금의 이런 세상을 살아가도록 나를 준비시켜 주는 유일한 책이 여기 있다"고 선언했다.[10] 그는 당시 가장 두드러진 교회 생활의 특징을 '피상성'으로 간파했다. 이어 그는 신앙이 이렇게 피상적으로 되어버린 주원인은 성경을 대하는 사람들의 잘못된 태도에 있다고 주저없이 단언했다. 로이드존스는 교회 다니는 사람들 대다수가 성경을 충분히 신중하게 취급하지 않고 더욱이 성경이 자신들의 생활 속에서 발언하게끔 허락하지 않는다고 주장했다. 매일 성경을 읽는 것은 틀림없이 중요한 일이지만 만일 기계적으로 읽을 뿐이라면 성경 읽기를 통해 실제로 아무런 유익도 얻을 수 없게 된다. 따라서 로이드존스에게는 바른 자세로 성경에 접근하는 것은 사활이 걸린 일이었다. 그는 "우리가 성경에 접근하는 방식, 그리고 성경을 읽는 방식보다 신앙 생활에 더 중요한 것은 없다. 성경은 우리의 교과서이며 우리의 유일한 공급원이며 우리의 유일한 권위이다. 성경을 떠나서는 하나님과 기독교 생활에 대해서 진정으로 알 수 있는 것이 아무것도 없다"고 말했다.[11]

두 차례의 세계대전이 지난 후 로이드존스는 인간의 이성에 대한 신뢰가 궁극적으로 깨어진 것이 분명하다고 생각했다. 그러나 사람들은 이성으로부터 돌아서서 이번엔 감정의 영역으로 자신들을 밀어 넣었다. 그러자 개인적인 경험이 가장 중시되었고 많은 사람들에게 감정이 권위의 자

---

10) D.M. Lloyd-Jones, *Expository Sermons on 2 Peter* (Edinburgh: The Banner of Truth, 1983), p. 213.
11) D.M. Lloyd-Jones, *Studies in the Sermon on the Mount*, vol. 1 (Grand Rapid: Eerdmans, 1971), p. 10.

리를 대신 차지하게 되었다. 그는 이러한 정반대의 경향 역시 경고했다.

> 감정은 우리의 궁극적인 권위가 될 수 없습니다. 왜냐하면 우리가 알다시피 감정
> 이란 매우 가변적이어서 신뢰할 수 없기 때문입니다. 감정이란 왔다가 다시 갑니
> 다. 또한 당신은 당신의 감정이 장차 어떠할지 결코 알 수 없습니다. 만일 내가 내
> 감정에 의해 지배를 받아야 한다면 나는 내 자신이 끊임없이 변하는 모습을 볼 수
> 밖에 없을 것입니다. 만일 우리가 무엇이 더 좋은 느낌을 주는가 하는 실용적인 평
> 가만을 의존한다면 우리는 아무런 기준도 갖지 못하게 됩니다. 따라서 나는 어떤
> 잘못된 교훈도 비판할 수 없게 됩니다. 모든 게 전적으로 주관적이 된 나머지 나는
> 판단할 아무 근거도 갖지 못하는 것입니다.[12]

로이드존스는 만일 우리의 느낌을 하나님에 대한 지식의 원천으로 삼
는다면 불가피하게 신비주의의 함정에 빠지고 말 것이라고 경고했다. 신
비주의는 하나님에 대한 진정한 지식이란 객관적이고 지적이고 이성적인
이해를 통해 얻어지는 것이 아니라 하나님 자신에 대한 즉각적이고 직접
적인 지식에 의해서 얻어진다는 믿음에 기초하고 있다. 로이드존스는 신
비주의란 본질적으로 이해보다는 감정과 감각에 의존한다고 생각했다.
그는 만일 신비주의의 역사를 조사해보면 신비주의가 언제나 교회가 지
나치게 지식에 기울었을 때 등장했던 것을 발견할 수 있다고 주장했다.
그에 따르면 신비주의란 교회 안에서 생겨나는 일종의 형식화와 죽은 믿
음에 대한 반발이었다. 따라서 신비주의는 복음 전체가 합리적인 체계와
교리에 대한 단순히 기계적인 진술로 전락할 때 항상 발생했다.[13]
　신비주의의 전형적인 태도는 성경을 멀찍이 떼어놓고 많이 읽지 않는
것이며 성경에 대해 많이 말하지 않는 것이다. 이런 태도는 객관적인 계

---

12) Lloyd-Jones, *Soldier*, pp. 202-203.
13) D.M. Lloyd-Jones, *Fellowship with God*, Studies in 1 John, vol. 1 (Cambridge: Crossway Books, 1993), pp. 90-91.

시를 원하는 대신 하나님에게서 직접 오는 무언가를 바라기 때문이다. 이런 견해에 분명히 반대하면서 로이드존스는 진정한 하나님 지식에 이르는 복음적 방법을 진술했다: "그 방법이란 항상 성경에서 시작하는 것이다. 성경이 나의 유일한 권위이며 이 문제들과 하나님 지식에 대한 최종적 기준이라고 말하는 것이다." [14] 그에게 있어 모든 것은 성경에 의해 판단되어야만 했는데 이는 마치 사도 바울이 자신의 모든 주장을 위해 성경만을 철저히 의존했던 것과 같다. 로이드존스는 우리가 하는 무슨 경험이든 무슨 생각이든 무슨 가르침이든 성경이 이 모든 것에 관한 유일한 판단잣대라고 단언했다. [15]

로이드존스는 종교와 기독교를 구별했다. 그에 따르면 종교란 어떤 사람이 신을 경배하고 만족시키기 위해 무엇을 할 것인가에 강조점을 둔다. 그러나 기독교에서 하나님께서는 성경을 통해 말씀하시며 우선적인 것은 이 말씀하시는 하나님께 귀를 기울이는 것이다. 그는 설교에 관한 청교도들의 생각을 따랐는데 청교도들이 설교를 목회의 중심으로 삼은 이유에 동의했다. "그들은 설교란 하나님 말씀을 강해하는 것이라고 말했다. 따라서 하나님 말씀이 모든 것을 통제해야 한다." [16]

따라서 만일 설교자들이 성경으로 시작하지 않고 하나의 생각으로부터 시작한다면, 아무리 좋은 생각이라 해도 그들은 매번 설교 때마다 같은 이야기만 반복하게 될 것이다. 로이드존스는 모든 설교는 특별한 본문에 대한 강해여야 한다고 믿었다. 따라서 성경이 강대상에 늘 펼쳐져 있어야

---

14) Lloyd-Jones, *Fellowship*, p. 95.
15) D.M. Lloyd-Jones, *Saving Faith: An Exposition of Romans Chapter 10* (Edinburgh: The Banner of Truth, 1997), p. 397.
16) D.M. Lloyd-Jones, "Preaching," in *The Puritans: Their Origins and Successors, Addresses Delivered at the Puritan and Westminster Conferences 1919-1978* (Edinburgh: The Banner of Truth, 1987), p. 379.

하며 설교자들은 자신들의 메시지가 전적으로 객관적인 성경 본문에 근거하고 있다는 인상을 청중에게 주어야 한다고 주장했다. 그는 "우리가 말하고 있는 것은 성경으로부터 온 것임이 사람들에게 명백해져야 한다. 우리는 성경과 성경의 메시지를 전달하고 있는 것이다"고 말했다. 설교자는 말씀의 전령이며 성경에 표현된 진리로 사람들을 교훈하도록 부르심을 받은 자이다. 로이드존스는 설교자의 우선적 관심은 이 말씀, 즉 객관적 진리를 제대로 드러내는 것이라고 믿었다. 따라서 그는 설교자는 설교를 준비하기 위해 기독교 지식의 원천인 성경을 바로 이해하는 것으로부터 시작해야 한다고 강조했다.[17]

기독교 지식의 본질: 교리와 명제

1927년 2월 6일 샌드필즈(Sandfields) 강단에서 디모데후서 1:7을 본문으로 한 자신의 첫 번째 설교에서 로이드존스는 자신의 미래 사역의 방향이 어떠할 것인지 분명히 보여주었다. 성경의 흔들릴 수 없는 권위에 근거하여 그는 교회의 급박한 필요는 교회안에서 성경의 진리를 온전하게 회복하는 것이라고 주장했다. 그의 목회에서 최우선의 목표는 신자들이 자신들이 갖고 있는 보물인 복음의 가치와 능력을 다시 발견하도록 돕는 것이었다. 만일 교회가 복음에 대한 진정한 기독교적 경험을 회복한다면 세상은 교회가 말하는 것을 듣기 위해 교회로 나올 것으로 그는 확신했다.[18] 그는 교회의 무기력함과 당시 교인들의 숫자가 급격히 감소하는 것을 걱정했는데 "왜 기독교회가 그렇게 허약하게 되었는가?" 하는 질문에 대해 "나는 오직 한 가지 대답을 가지고 있다. 나는 오늘날 교회의 상태는

---

17) D.M. Lloyd-Jones, *Preaching and Preachers* (London: Hodder & Stoughton, 1971), p. 75.
18) I.H. Murray, *David Martyn Lloyd-Jones: The First Forty Years 1899-1939* (Edinburgh: The Banner of Truth, 1982), pp. 136-137.

오직 한 가지 사실로 설명되어야 한다고 믿는다. 그것은 복음의 메시지가 설교되지 않고 있다는 것인데 실제로는 오랫동안 제대로 설교되지 않았다"고 대답했다. 그는 사람들이 거짓 복음과 거짓 설교에 식상하여 자신들이 가졌던 믿음을 버리고 교회를 떠나고 말았다고 생각했다. 이것이 왜 설교자들이 진정한 복음에 먼저 관심을 가져야 하는가 하는 이유이다. 로이드존스에게 진정한 복음이란 기본적으로 진리에 대한 지식으로 구성되어 있다.[19] 그는 기독교 진리는 합리적이기 때문에 무엇보다 먼저 이해되어야 하고 가르쳐져야 한다고 주장했다. 그는 자신의 바람을 다음같이 표현했다.

> 젊은 남녀 여러분, 여기 에버라본(Aaberavon)에서 제가 꼭 하고 싶은 일 한 가지는, 하나님께서 제게 그렇게 할 수 있는 힘을 주신다면, 여러분에게 기독교가 단지 합리적이기만 한 것이 아니라 궁극적으로 우리 모두가 언젠가 삶과 죽음의 엄청난 사실에 직면할 때 기독교 외에 다른 아무것도 이치에 맞지 않는다는 것을 입증하는 것입니다. 이는 제가 믿기로 현대 세계에 대한 그리스도의 복음의 도전인 것입니다.[20]

당시 복음주의 교회에서는 신자들로 하여금 전도를 목적으로 간증하게 하는 것이 통상적이었다. 설교자들 역시 종종 자신들의 설교에 여러 가지 개인적 간증들을 포함시켰다. 우리는 로이드존스의 설교에서 그의 평범하지 않은 경력이나[21] 회심과 관련한 영적 경험에 대한 간증들이 종종 등장하리라고 기대할 수 있다. 그러나 실제로는 그 반대다. 로이드존스가 자신에 관해 언급하는 것은 아주 드문 일이었다. 그는 의도적으로 설교에

---

19) Lloyd-Jones, *Faith*, p. 298.
20) Lloyd-Jones, 재인용, Murray, *Years*, pp. 135-136.
21) 각주 108번 참조.

서 자기 자신의 이야기를 끌어들이는 것을 회피했다. 왜냐하면 개인적 간
증들은 사람들의 회심을 비슷한 모양으로 제한하는 경향이 있고 성경을
벗어나 어떤 특별한 경험들을 표준화하는 경향이 있기 때문이다. 그는
"우리의 주장은 경험에 근거한 것이 아니라 위대한 객관적 사실들에 근거
하고 있다"고 선언하기를 결코 멈추지 않았는데 이것이 바로 객관적 실재
에 기초한 복음의 역사성이다.[22]

로이드존스는 왜 교회가 그처럼 약해졌는가 하는 이유를 다음같이 지
적했다. 즉 교회가 현대적 가르침을 받아들였는데 이 가르침이란 성령의
인도와 능력 안에서 수세기 동안 가르쳐졌던 성경의 위대하고 영광스러
운 가르침을 부인하는 것이었다. 에베소서 4:20~21 강해에서 그는 신자들
이 그리스도의 울타리 안에 있는 이유는 그들이 특별한 경험을 가졌기 때
문이 아니라 그리스도를 알았기 때문이라고 주장했다. 그 당시 교회가 안
고 있는 커다란 문제는 기독교 진리를 느낌과 감상의 언어로 표현하는 것
이었는데 대조적으로 신약성경의 일차적 강조는 언제나 배움, 지식, 이해
에 있었다. 기독교인들은 자신들이 무엇을 믿는지를 반드시 알아야 하는
데 교회 나오는 사람들조차도 진리를 배우고 이해하는 일에 우선권을 주
지 않는다는 사실에 그는 주목했다.

> 기독교는 공허하고 막연하고 불투명한 느낌이나 경험이 아닙니다. 기독교는 명백
> 하게 정의되고 묘사될 수 있는 어떤 것입니다. 기독교는 일차적으로 지식의 문제
> 입니다. 한 사람의 그리스도인은 우선 무엇보다 자신의 이해의 영역 안에 무언가
> 를 받아들인 사람입니다.[23]

---

22) Lloyd-Jones, 재인용, Murray, *Years*, pp. 150-151.
23) D.M. Lloyd-Jones, *Darkness and Light: An Exposition of Ephesians 4:17-5:17*
   (Edinburgh: The Banner of Truth, 1982), p. 92.

비록 로이드존스에게 말씀과 경험은 분리될 수 없는 것이었지만 말씀이 항상 경험보다 우선하였으며 말씀의 특징은 이치에 맞는 타당성에 있었다. 이 점에서 그는 당시의 설교가 일반적으로 근본적인 잘못을 범하고 있다고 생각했다. 왜냐하면 설교가 성경에 대한 충분한 지식에 의해 조절되는 것이 아니라 당시의 유행이나 사람들의 욕구들에 의해 지배를 받기 때문이었다. 그에 따르면 현대 설교자들은 자신들의 청중을 안심케 하고 만족시키려고 노력하는 반면 그들에게 성령의 첫 번째 역사로서 깨달아지는 죄나 전적 부패와 같은 중요한 성경 교리들을 확신시키는 데는 실패했다. 결과적으로 그들은 결코 사람들이 하나님을 두려워하거나 하나님 앞에서 자신들을 겸손히 낮추게 하지는 못했다. 로이드존스는 이는 하나님을 기쁘시게 하는 설교가 되지 못한다고 생각했다.[24]

한 걸음 나아가 그는 현대 설교가 회심자들을 얻지 못하는 이유는 설교자들이 설교를 여흥(entertainment)으로 바꾸어버렸기 때문이라고 주장했다. 당시 설교자들은 무엇을 말할까 하는 것보다는 자신들이 준비한 설교를 어떻게 표현할까에 훨씬 많은 관심을 가지고 있었다. 그들은 예화들이나 이야기들을 사용하는데 전문가들이었다. 로이드존스는 강단에서 그들의 목표는 감동적인 이야기를 통해 듣는 자들에게 효과를 유발시키는 것이었고 설교에 대한 개념은 일종의 재미나 여흥으로 격하되고 말았다고 진단했다.[25] 많은 목회자들이 기독교인과 불신자 사이에 진짜 다른 점은 아무것도 없다는 것을 보여줌으로 교회 바깥의 사람들을 끌어들이려

---

24) Murray, *Years*, pp. 205-207.
25) D.M. Lloyd-Jones, "What Is Preaching?," in *Knowing the Times: Addresses Delivered on Various Occasions 1942-1977* (Edinburgh: The Banner of Truth, 1989), p. 265. 이는 지금 '신 설교학'이 실제로 강조하고 있는 내용이다. 그러나 로이드존스는 새로운 설교학의 주장이 크게 주목을 끌기도 전에 이미 그 특징과 치명적인 약점을 날카롭게 지적했다.

고 한 반면 로이드존스는 기독교의 독특성을 강조했다. 그는 만일 본문이
말하는 깊은 영적 지식과 특별한 가르침은 주지 않은 채 설교자가 사람들
로 하여금 교회 안에서도 편안하게 느끼도록 만든다면 이는 전혀 성경적
인 설교가 아니라고 단언했다. 그럴 때 교회는 "여흥의 장소나 사교 클
럽"이 되고 말 것이다.[26]

따라서 로이드존스에게 교회를 위해 가장 중요한 것은 진리에 대한 정
확하고 분명한 지식이었다. 오늘날의 교회는 매우 훌륭하고 놀랍고 경험
적인 무언가를 좇아가는 한편 진리를 명제적인 형태로 정의하거나 분석
하거나 표현하려는 시도는 하지 않는다. 사람들은 느낌을 얻기 위해 애쓰
고 진리에 대한 자세한 지식은 더 이상 문제가 되지 않는다고 생각한다.
로이드존스는 "우리는 정확성이나 무엇에 대한 설명을 싫어하는 시대를
살고 있다. 이 시대는 명제들과 정확한 지식을 싫어하는 반 신학적이며
반 교리적인 시대다. 이는 모든 면에서 게으르고 감상적이며 깊이가 없는
시대다. 즉 여흥을 원하고 노력을 싫어하는 시대다"라고 말했다.[27]

로이드존스는 칼 바르트와 그 추종자들이 성경이 명제적 진리를 포함
하고 있다는 것을 믿지 않았던 반면 복음주의자들은 성경에 기록된 것처
럼 명제적인 형태의 진리를 확고히 믿고 있다고 지적했다.[28]

신약성경 자체가 이 모든 것에 대하여 아주 명확합니다. 진리는 정의될 수 있으며
명제들로 설명될 수 있습니다. 이것이야말로 우리가 서신서들에서 발견하는 것입
니다. 신약성경은 따라서 여러분들이 다른 가르침은 틀렸다고 말해야 하며 그것을

---

26) Lloyd-Jones, 재인용, Murray, *Years*, p. 142. 그는 오늘날 유행하는 청중 중심 설교
의 위험성을 올바로 지적했다.
27) Lloyd-Jones, *Faith*, p. 29.
28) D.M. Lloyd-Jones, "What Is an Evangelical?," in *Knowing the Times: Addresses
Delivered on Various Occasions 1942-1977* (Edinburgh: The Banner of Truth,
1989), p. 342.

비판해야한다고 분명히 가르쳐줍니다. 신약성경은 주장합니다. 신약성경은 논증적 입니다. 만일 진리가 설명될 수 없다면, 만일 여러분이 명제적 형태로 진리를 말할 수 없다면 사도신경과 아타나시우스 신경(Athanasian Creed)과 니케아 신경(Nicene Creed)을 폐기해 버리십시오.[29]

로이드존스는 기독교의 영광스러운 모습을 여러 명제들로 축소시키면 안 된다는 인기 있는 주장을 경계했다. 대신 그는 기독교를 "일련의 정의들," 혹은 "일련의 명제들"로 정의했다. 교회의 역사가 명백히 보여주듯이 여러 신경들은 교회가 자신의 믿음을 지키기 위해 만들어낸 "정성들인 설명들이며 진리에 대한 묘사들"이다.[30] 사람을 우주의 중심으로 만드는 세속적인 인본주의에도 불구하고 설교자는 인간의 필요와 구원에 대해 설교하기 전에 하나님 자신에 관해 설교해야 한다고 그는 주장했다. 로이드존스는 복음은 교리로 더불어 시작하며 특별한 교리들을 믿지 않고서 그리스도인이 되기란 불가능하다고 생각했다. 그는 다음같이 질문했다.

기독교의 설교란 무엇입니까? 여기 대답이 있습니다. 그것은 성육신의 교리입니다. 나의 친구 여러분, 여러분은 교리 없이는 아무것도 할 수 없습니다. 만일 여러분이 그렇게 하려고 하면 여러분은 아무 복음도 가질 수 없게 될 것이고 미화된 인본주의 외에는 아무것도 설교할 것이 없게 될 텐데 이는 전혀 기독교가 아닌 것입니다. 기독교는 교리적입니다. 기독교란 정의의 문제입니다. 기독교는 언어이며 신학이며 여기 나타나 있는 대로 성육신인 것입니다. 이것은 교리입니다. 예수님, 하나님의 아들 — 한 인격 안에 존재하는 양성 말입니다.[31]

많은 사람들이 오늘날 기독교의 문제는 의사소통의 문제라고 생각한

29) Lloyd-Jones, *Purpose*, pp. 200-201.
30) D.M. Lloyd-Jones, "Not in Word Only," in Sargent, *Anointing*, p. 279.
31) Lloyd-Jones, "Word," p. 284.

다. 그들은 구식의 성경적 표현에 더 이상 익숙지 못한 사람들에게 복음 메시지를 전달하기 위해 새로운 방법들이 필요하다고 주장한다. 로이드 존스는 그러나 현재의 상황이 새로운 것이 아님을 알아야 한다고 지적했다. 오늘날의 교회는 기독교 교회가 항상 직면해왔던 정확히 동일한 문제를 직면하고 있다. 교회가 진실로 필요로 하는 것은 새로운 어떤 것이 아니다. 대신 로이드존스에 의하면 교회가 긴급하게 해야 할 일은 오직 한 가지인데 그것은 "신약성경으로 돌아가서 사도적인 방법을 발견하는 것이다. 우리가 정말로 필요로 하는 것은 바로 이 오래된 복음이 오래된 사도적 방식을 따라서 설교되는 것이다."32)

그가 믿었던 오래된 방법이란 설교는 언제나 성경 강해여야 한다는 것이었다. 이는 설교자가 성경으로 시작해야 함을 의미한다. 따라서 설교의 중심 주제나 중요한 교리를 본문의 특별한 문맥과 관련하여 분문에서 추출하는 데 먼저 초점을 맞추어야 한다.33) 이런 이유로 로이드존스는 결코 윤리적이거나 도덕적인 가르침에 일차적으로 강조점을 두는 법이 없었다. 예를 들어 담배나 술을 끊는 것과 같은 훌륭한 삶을 살도록 사람들을 채근하는 일이었다. 그는 본문 구절이 담고 있는 교리를 먼저 제시하지 않은 채 설교에서 주어지는 어떠한 명령도 새로운 종류의 율법으로 바뀔 수 있으며 이는 사도들이 전해준 복음이 될 수 없다고 생각했다.34) 그가 보기에 설교에 대한 영국 국교회(Anglican Church)의 방법은 윤리적 주제나 신학적 주제 한 가지를 선택하여 이 특별한 주제에 관한 교훈을 설교하는 것이었다. 그러나 그는 청교도들의 방법을 따랐다. 즉 설교자는 무엇보다 우선 본문의 해석에 관심을 갖고 본문의 정확한 의미를 발견하려

32) Lloyd-Jones, "Word," pp. 272-274, 인용은 p. 274.
33) Lloyd-Jones, Preaching, pp. 71-72.
34) Lloyd-Jones, Faith, p. 300.

고 애써야 한다. 이렇게 하여 본문 안에서 자연스레 핵심 주제를 발견하
는 것이다. 이에 대해 그는 다음같이 권고했다.

> 여러분은 말씀에다 어떤 교리를 강요할 수 없습니다. 여러분은 교리로 시작해서
> 거기에 맞는 본문을 찾으려 해서는 안 됩니다. 여러분은 말씀으로부터 출발해야
> 하며 그리고 난 다음 본문 안에서 교리를 발견해야 합니다. 사람들이 성경을 읽은
> 후 곧 그것을 덮어버리고 한쪽으로 치워놓고는 자신들이 준비한 설교 원고에 따라
> 설교하는 것은 언제나 바람직하지 않은 징조입니다.[35]

로이드존스에 따르면 설교의 메시지는 성경 말씀에서 나온 것이어야
하며 이는 본문의 특별한 명제나 교리를 포함하는 것이어야 한다. 설교를
준비함에 있어 이러한 핵심 교리나 명제에 도달하는 것이 해석의 목표다.
그는 강해 설교를 "단순히 설교자의 아이디어를 표현하는 것보다 하나님
말씀을 강해하는 데 관심을 갖고 있는 설교, 순전히 주제 중심이어서 현
재 유행하는 인기 있는 관심사들이나 형편에 꿰어 맞추려고 하지 않는 설
교"라고 정의했다.[36] 이안 머레이(Iain Murray)가 말한 대로 1950년대에
소위 강해 설교를 실천하는 사람은 말 그대로 로이드존스 혼자였다.[37]
설교자는 본문의 구조를 분석할 수 있고 몇 가지 특별한 표현들을 연구
할 수 있고 이어 본문에 관해 계속해서 주해적인 설명을 할 수도 있다. 설
교의 전체 내용은 복음적일 수 있지만 이것만으로는 충분치 못하다. 설교
자의 성경 강해란 단지 본문에 대한 정확한 문법적 설명이나 주해를 하는

---

35) Lloyd-Jones, "Preaching," pp. 381-382.
36) Lloyd-Jones, *2 Peter*, p. 135.
37) 로이드존스는 설교를 기록된 원고의 형태로 출판하는 것이 바람직하지 않다고 믿
   었다. 그 이유는 듣기보다는 읽기를 위해 준비된 설교 원고는 설교적 형태를 갖기보다
   문어적인 형태를 갖기 때문이다. 그럼에도 불구하고 그는 한 가지 이유 때문에 자신의
   설교를 출판하는 일에 동의했다. 즉 설교를 출판하는 데 있어 자신의 간절한 바람은
   강해 설교에 대한 관심을 자극하는 것이었다. Lloyd-Jones, *Studies*, vol. 1, p. vii 참조.

그 이상이기 때문이다. 로이드존스는 "성경 강해란 본문의 말씀이 전달하고자 의도하는 원리나 교리를 풀어 설명하는 것이다. 따라서 진정한 강해 설교는 교리적 설교이며 하나님으로부터 사람에게 주어진 특별한 진리를 언급하는 설교"라고 주장했다.[38] 그는 강해 설교에서 가장 문제가 되는 것은 성경 본문의 이 특별한 교리적인 요점을 붙잡는 것이라고 믿었는데 이것이 설교자가 전해야 하는 특별한 메시지인 것이다. 만일 설교자들이 성경 본문의 한 구절이나 단원을 제대로 이해했다면 그들은 언제나 하나님께서 본문 안에 담아두신 특별한 명제나 중요한 교리를 얻게 될 것이다.

두 종류의 지식

로이드존스에 의하면 교리에 대한 지식은 신자를 위해 대단히 중요한 것이다. 왜냐하면 자신이 무엇을 믿고 있는지 알지 못하면 아무도 성숙한 신자가 될 수 없기 때문이다. 그러나 그는 교리와 신학에 대한 이러한 이해가 순전히 지적이고 신학적인 방식으로만 전해져서는 안 된다고 생각했다. 로이드존스는 위대한 진리들에 대해 그저 학구적이고 지적으로 익숙해지기만 하는 것은 아무 가치도 없다고 단언했다.

진리는 여전히 여러분 밖에 있습니다. 진리는 아직 여러분을 감동시키지 않았습니다. 여러분의 삶을 사로잡지도 않았고 여러분을 변화시키지도 않았고 우리 주 예

38) Murray, *Fight*, p. 261. 로이드존스가 말하는 '교리'란 딱딱하고 굳어있는 틀 속에 갇힌 고정된 기독교적 내용을 말하는 것이 아니라 설교 본문 속에 담긴 하나님께서 원래 의도하신 독특한 기독교적 내용을 의미한다. 그는 본문의 독특한 내용을 드러내는 강해 설교에 대한 확신을 계속적으로 견지했고 후에도 비슷하게 언급했다: "오늘날 가장 커다란 필요는 강해 설교로 돌아가는 것입니다. 우리가 사람들에게 성경의 장엄함과 영광과 그 위엄과 그 뜻을 보여줄 수 있는 것은 강해 설교로 돌아갈 때뿐입니다." D.M. Lloyd-Jones, *Atonement and Justification: An Exposition of Romans Chapters 3.20-4.25* (Edinburgh: The Banner of Truth, 1971), p. xii 참조.

수 그리스도가 살았던 삶의 방식이나 모범에 더 일치된 삶을 살도록 여러분을 만들어주지도 않았습니다.[39]

그는 기독교 교리를 단지 교훈적인 가르침이나 과거에 지나간 단순한 역사처럼 대하는 태도를 전혀 받아들일 수 없었다. 로이드존스는 성경적 교리란 항상 현재적인 것이며 지금도 여전히 우리에게 말하고 있는 것이며 그 원리들은 영원하고 결코 시대에 뒤떨어진 것이 아니라고 확신했다. 설교자는 우리 삶과 동떨어진 학구적이고 신학적인 관심만을 가지고 성경을 대하기보다 살아있는 관심을 가지고 성경에 접근해야 한다. 그는 진정한 성경적 지식이란 언제나 개인적이고 경험적인 요소를 내포하고 있다고 믿었다.[40]

나아가 모든 성경적 교리들의 궁극적인 목표는 그리스도의 사랑을 아는 것이라고 로이드존스는 주장했다. 따라서 그리스도의 이러한 인격성을 잊어버린 채 성경 지식을 탐구하는 일은 위험할 수 있다. 그는 성경 지식에서 그치고 하나님의 인격성을 놓치는 경향을 끊임없이 경고했다. 그는 성경 진리란 언제나 하나님의 임재를 인식하면서 경배와 기도의 분위기 안에서 추구되어야 한다고 생각했다. 성경은 "살아있는 인격에 대한 살아있는 진리"이며 이런 이유 때문에 신학교에서 성경 주제들에 대해 공부하는 것은 여타의 대학에서 다른 어떤 주제를 배우는 것과 전혀 다를 수밖에 없다.[41] 그는 다음과 같이 주장했다.

우리는 그에 관한 개념들이나 명제들을 얻는 것에 만족하지 말아야 합니다. 교리

---

39) Lloyd-Jones, *Darkness*, p. 98.
40) D.M. Lloyd-Jones, *To God's Glory: An Exposition of Romans Chapter 11* (Edinburgh: The Banner of Truth, 1998), p. 148.
41) D.M. Lloyd-Jones, *The Unsearchable Riches of Christ: An Exposition of Ephesians 3:1 to 21* (Edinburgh: The Banner of Truth, 1979), p. 208.

나 신학이나 지적인 이해가 신자들에게 절대적으로 필요한 것이지만 여기에서 그 친다면 이는 언제나 잘못된 것이라고 강조해야 합니다. 우리는 이런 것들을 넘어서 모든 교리적 지식의 목표가 우리를 그리스도의 인격에 대한 지식으로 인도하는 것임을 인식해야 합니다.[42]

로이드존스에게 있어 기독교 윤리나 성경의 가르침을 사람들과 오늘날의 세계에 적용하는 것은 기독교적 삶에서 매우 중요한 부분이긴 하나 본질은 아니다. 그에 따르면 복음주의 신자들에게 존재하는 커다란 위험은 올바른 성경 교리와 그것을 적용하는 것에만 관심을 갖고 거기서 그쳐버리는 것이다. 그러나 신앙적 삶의 본질은 그 이상인데, 다시 말하면 하나님 자신과의 살아있는 인격적 교제가 핵심이다.[43]

로이드존스는 '지식'이란 말을 임시적이고 엉성한 앎이라는 의미로 사용하지 않았다. 예를 들어 하나님의 속성에 관해 조직적인 방식으로 학습할 수 있지만 그는 이런 지식이 하나님에 대해 어떤 것을 지적이고 신학적으로 아는 데서 그쳐버릴 수도 있음에 주목했다. 이는 구원하는 지식이 아니라 관념적이고 명제적인 지식일 뿐이다. 그는 만일 여기서 그친다면 하나님에 대한 불충분하고 피상적인 이해를 낳을 뿐이라고 단언했다. 로이드존스는 하나님께서 자신을 역사와 자연 세계와 유대인의 율법 안에 계시하셨으며 이런 것들을 통해 하나님에 대한 일반적인 지식을 가질 수 있다는데 동의했다. 그러나 이는 사도들이 표현하고자 했던 하나님 지식

---

42) Lloyd-Jones, *Riches*, p. 259. 로이드존스는 각각 다른 심리적인 특성과 기질들 때문에 영적 경험에 많은 다양성이 있다고 시인했다. 그러나 그의 견해에 의하면 신자의 영적 경험은 언제나 동일한 객관적 진리인 생명의 말씀으로부터 생겨나기 때문에 동일성의 요소를 가지고 있다. 그는 다음같이 단언했다: "그것은 항상 그리스도에 근거합니다. 그것은 항상 그로부터 생겨납니다. 모든 것이 그와 관련되어 있습니다. 그리고 그것은 항상 같은 진리로부터 생겨나기 때문에 본질적으로 같은 경험일 수밖에 없습니다." Lloyd-Jones, *Fellowship*, pp. 62-63 참조.

43) Lloyd-Jones, *Fellowship*, p. 78.

과는 거리가 먼 것이다. 즉 신자가 갖는 하나님 지식이란 심오하고 완벽한 지식이다.

로이드존스는 하나님에 대한 진정한 지식은 언제나 개인적이고 친밀하며 경험적인 것이라고 믿었다. 이는 회중이 특별하게 즉각적으로 개인적인 차원에서 하나님을 알 수 있도록 하기 위해 설교자가 전달해야 하는 특별한 종류의 지식이다. 이러한 지식은 단지 일반적인 믿음만을 생산하는 것이 아니다. 이런 경우에는 지식 자체가 궁극적으로 하나님과의 만남이 되며 '나와 너의 관계'(I-Thou relationship)를 개인적으로 경험하는 것이 된다. 로이드존스는 지식에 대한 바울 사도의 언급이 이론적이거나 학구적이거나 추상적인 어떤 것이 아님을 주시했다. 그보다 "이는 개인적이고 즉각적이고 실제적인 만남이다. 이러한 지식을 말로 옮기기란 거의 불가능하지만 이는 하나님께서 우리에게 실재가 되셔야 하며 우리는 하나님을 의식하고 그의 임재를 의식해야 한다는 것을 의미한다."[44] 진정한 기독교 지식이란 단지 하나님에 관한 지식일 뿐 아니라 하나님을 직접 아는 지식이다. 그는 하나님을 아는 이러한 지식이 자라나서 하나님과의 개인적인 관계에 관한 우리의 감각이 점점 증가해야 한다고 주장했다. 그는 다음같이 계속했다.

여러분은 어떻게 바울이 이 점을 매우 완벽하게 묘사하면서 우리에게 자신의 한 가지 소원을 말하고 있는지를 기억하실 것입니다. "내가 그를 알도록." 바로 그것입니다! 우리에게 가능한 그리스도에 대한 신비적인 지식이 존재합니다. 신자는 그리스도에 관한 단순한 지식만 갖도록 방치된 것이 아니라 그리스도를 직접 아는 지식이 존재합니다. 여러분은 어떻게 베드로가 그의 첫 번째 편지에서 이 점을 묘사하고 있는지 기억할 것입니다. "너희가 보지도 못한 자를 사랑한다." 여러분은 오직 여러분이 아는 사람만을 사랑할 수 있습니다. 여러분은 그리스도에 관한 것

---

44) Lloyd-Jones, *Purpose*, pp. 342-344, 인용은 p. 344.

들을 아는 데서만 그치면 안 됩니다. 개인적인 차원의 지식을 반드시 가져야 합니다. 베드로는 그러한 지식에서 자라가기를 원한다고 말합니다. 여러분도 그러한 지식에서 반드시 자라가야 합니다. 따라서 우리는 이중적인 의미로 은혜 안에서 자라가고 또한 주 예수 그리스도의 지식 안에서 자라가는 것입니다.[45]

교리적인 지식이 없다면 그리고 진리가 명제적으로 이해되지 않는다면 잘못된 신비주의와 주관주의에 빠질 위험이 분명히 존재한다. 그러나 사람들은 종종 다른 극단으로 넘어가 이번에는 철저하게 객관적이 되고 만다. 로이드존스는 "복음의 영광은 전체 인간, 즉 정신과 마음과 의지와 실로 전 인간성을 다룬다는 것"이라고 주장했다.[46] 그에게 있어 진정한 기독교 지식이란 본질상 경험적인 것이다. 즉 우리의 마음과 느낌을 포함하는 것이다. 그는 설교에서 언제나 진리에 대한 이러한 경험적 지식을 청중의 마음에 전달하고자 애썼고 이로 인해 그들의 감정에 끼친 영향력은 엄청났다. 결과적으로 청중들의 의지와 삶의 변화가 뒤따랐다. 이것이 사도적 방식의 설교였으며 시대를 막론하고 모든 위대한 설교자들의 설교 방식이었다. 로이드존스는 비록 사도 바울이 탁월한 지성의 소유자였지만 그가 설교할 때 자주 울었음을 환기시켰다. 위대한 지성의 소유자는 어떤 감정도 보여서는 안 된다는 잘못된 편견에 반하여 그는 진리를 깊이 이해하고 있었던 사도가 종종 감동하여 눈물을 흘렸던 사실을 강조했다. 로마서 6:17을 인용하면서 그는 이렇게 말했다.

만일 어떤 사람의 마음이 포함되지 않았다면 나는 그 사람이 정말 머리로 이해했는지 질문하고자 합니다. 왜냐하면 우리가 지금 다루고 있는 진리의 성격 때문입니다. 과거에 위대한 설교를 언제나 특징짓게 했던 설교에서의 열정은 어디에 있

45) Lloyd-Jones, *2 Peter*, p. 227.
46) Lloyd-Jones, *Riches*, p. 259.

습니까? 왜 현대의 설교자들은 과거의 위대했던 설교자들이 종종 그랬던 것처럼 진리에 감동하고 스스로를 잃어버릴 만큼 도취되지 못하는 것입니까? 진리는 변화되지 않았습니다. 여러분은 이 사실을 믿습니까? 우리는 진리에 사로잡혀 있습니까? 진리 때문에 겸손해지고 경이로움 가운데 사랑과 찬양으로 스스로를 잊어버릴 만큼 고무되어 있습니까?[47]

로이드존스는 언젠가 산데마니아니즘(Sandemanianism)[48]이단을 자세히 다루면서 이를 '믿음주의'(believism)와 동일시했다. 산데마니아니즘의 가르침을 따랐던 사람들은 극단적인 칼빈주의자들이었다. 이들은 지적인 지식만을 강조한 나머지 심정적인 이해가 있어야 할 자리를 허용하지 않았다. 그들이 추구했던 것은 관념적인 믿음이요, 소위 '벌거벗은' 신앙이었는데 이들은 한결같이 복음 진리의 감정적인 측면을 부인했다. 그들은 특별히 웨슬리나 휫필드와 같은 설교자들을 반대했는데 이유는 이들이 열정적으로 설교했고 심정적인 지식을 청중들 가운데 유발시켰기 때문이었다. 로이드존스는 산데마니아니즘으로 인한 결과가 즉각적으로 복음 전도와 설교에 부정적인 영향을 끼쳤다고 생각했다. 그는 "산데마니안 견해를 가진 자들은 예외 없이 뜨겁고 감정적인 설교에 반대한다. 또한 사람들에게 그들이 죄인들이란 사실과 율법의 공포를 느끼도록 해주는 설교, 이에 대한 감각적인 지식을 가져다주는 어떤 설교에도 반대한

---

47) Lloyd-Jones, *Preaching*, p. 90.
48) 산데마니아니즘(Sandemanianism)은 믿음의 성격에 관한 특별한 가르침으로 로버트 산데만(Robert Sandeman)에 의해 주장되었다. 그는 18세기에 살았던 극단적인 칼빈주의자(a very high Calvinist)였는데 구원 얻는 믿음의 진정한 본질은 단순히 그리스도의 죽음에 관한 '사도적 보고'를 사실로 인정하는 것이라고 주장했다. 그는 복음의 진리에 대한 감정적인 반응을 철저히 무시했고 아울러 내적인 움직임이나 느낌을 추구한 사람들을 비판했다. D.M. Lloyd-Jones, "Sandemanianism," in *The Puritans: Their Origins and Successors, Addresses Delivered at the Puritan and Westminster Conferences 1919-1978* (Edinburgh: The Banner of Truth, 1987), pp. 171-174 참조.

다"고 말했다.[49]

그는 교회 안에 진리에 대한 얄팍한 지식으로 치장된 '가짜 지성주의' (a pseudo-intellectualism)가 존재한다고 생각했다. 로이드존스가 처음 웨일즈에서 잉글랜드로 왔을 때 그는 "복음주의가 비신학적이고 경건주의적이고 감상적"이라는 것을 발견하게 되었고 따라서 그는 "지성을 최대한 포함시킬 것"을 매우 강조했다. 그러나 동시에 그는 "날카로운 신학적인 이해와 따뜻한 마음 둘 다" 우리에게 필요하다고 역설했다.[50] 진정한 지식이란 항상 마음과 의지를 움직인다는 사실을 그는 확고히 믿었고 따라서 만일 진리가 단지 우리의 머리에만 머물러 있다면 이는 뭔가 잘못된 것이다. 그는 한 걸음 더 나아가 "만일 진리에 대한 지식이 당신을 감동시키지 않는다면, 당신의 감정을 자극하지 못한다면, 당신으로 하여금 뭔가를 하도록 만들지 못한다면 당신은 그 진리를 제대로 알고 있는 것이 아니다"라고 주장했다.[51]

조나단 에드워즈를 따라 로이드존스 역시 두 종류의 지식을 분명히 구별했는데 개념적인 지식(conceptual knowledge)과 경험의 영역 안에 있는 경험적 지식(experiential knowledge)으로 나누었다. '개념적인 지식'은 개념들과 아이디어들로 구성되는데 이는 우리가 지적으로 이해할 수

---

49) Lloyd-Jones, "Sandemanianism," p. 185. 그는 약 5년 동안 산데마니안 가르침에 영향을 받았던 탁월한 침례교 설교자 크리스마스 에번스(Christmas Evans)를 예로 들고 있다. 이 잘못된 가르침이 설교에서 에번스에게 미쳤던 영향은 그가 기계적이고 냉정한 태도로 설교하도록 만들어버린 것이었다. 따라서 그는 이전에 15년 동안이나 경험해왔던 설교에서의 따뜻함과 감동을 잃어버리고 말았다. 에번스는 "나는 강단에서 영혼들을 그리스도에게로 회심시키기 위하여 내 마음을 열심과 확신과 간절함으로 채웠던 능력을 상실했다. 나의 심정은 일종의 퇴보를 경험했고 나는 뗏뗏한 마음의 증거를 실감할 수 없었다"고 고백했다. Lloyd-Jones, "Sandemanianism," p. 186 참조.

50) D.M. Lloyd-Jones, in C.F.H. Henry, "Martyn Lloyd-Jones: From Buckingham to Westminster," An interview by Carl F.H. Henry, *Christianity Today* (8 Feb, 1980), p. 32.

51) Lloyd-Jones, *Faith*, p. 26.

있는 것들로 지성을 사용하여 우리 것으로 만들 수 있는 지식이다.[52] 그러나 오직 개인적 경험에 의해서만 얻을 수 있는 다른 종류의 지식이 있다. 즉 개념적인 지식이라고 하기보다 '경험적 지식'이라고 불러야 하는 지식이 존재한다. 희랍 어휘사전을 참조하면서 그는 단순한 이해와 진정으로 아는 것 사이의 차이를 명백하게 구별했다. 나아가 그는 성경에 사용되고 있는 '안다'라는 단어는 항상 직접적이고 즉각적인 지식을 의미한다고 주장했다. 이러한 지식은 바로 개인적인 경험의 영역에 속하는 것이다. 그에게 있어 강조의 요점은 지성의 활동에 있지 않고 마음이 포함되어야 한다는 점에 있었다. 로이드존스는 예를 들어 사람들이 그리스도의 사랑에 대해 이러한 경험적 지식을 가질 때는 성경 안에 있는 진리를 그저 표면적으로만 바라보지 않는다고 주장했다. 어떤 것이 그들에게 또 그들 안에서 발생한다. 그들은 이 사실을 깨닫고 경험하게 되며 이를 맛보고 이것으로 충만하게 채워진다.

로이드존스에게 중요한 것은 이 두 종류의 지식 사이에 순서가 있다는 사실이었다. 그는 "개념적인 지식이 언제나 먼저 와야 한다는 것이 명백하다. 그리고 실제로 이것이 먼저 온다. 그러나 이 개념적 지식은 한 걸음 나아가 우리를 경험적인 지식으로 인도해야한다"고 말했다.[53] 그는 회중들에게 설교되는 것은 진리이며 개념적인 지식과 진리는 일차적으로 우리의 지성에 전달된다고 생각했다. 지성이 진리를 붙잡고 이해할 때 그 다음으로 감정이 자극을 받고 움직이게 된다. 설교된 진리가 청중들의 마음속에서 경험적 진리가 될 때 이번에는 의지가 설득을 당하게 되고 그

---

52) Lloyd-Jones, *Riches*, pp. 230-231. 그에 따르면 예를 들어 어떤 주제에 관한 기본적인 원리나 생각들을 학습하고 공부하는 것은 정신적 과정을 통해 이런 종류의 지식을 습득하는 전형적인 방법들이다. 이런 형태의 지식은 절대적으로 지성과 관계가 있다. 로이드존스는 사도 바울이 에베소의 신자들에게 보내는 편지에서(엡 3:18-19) 이 지식을 위해 기도하고 있다고 생각했다.
53) Lloyd-Jones, *Riches*, p. 234.

다음 순종이 따라오는 것이다. 로이드존스에 의하면 순종이란 결코 처음에 오는 것도 아니요 의지에 직접 압력을 가한다고 생기는 것도 아니다. 그가 믿기에 순종이란 항상 "깨달은 지성과 녹아진 마음의 결과"인데 이것이야말로 기독교 신앙에서 결정적으로 중요한 요점이었다.[54]

> 우리는 이것들을 항상 바른 순서로 배열해야 합니다. 언제나 진리가 먼저입니다. 교리가 먼저이고 가르침의 기준이 먼저이고 복음의 메시지가 먼저입니다. 우리는 단순히 사람들을 감정적으로나 혹은 의지의 영역 안에서 매혹시키는 데 관심을 두지 않습니다. 우리는 "말씀을 설교하라"는 명령에 관심이 있습니다. 진리는 지성에게 찾아오고 성령으로 조명된 이해에 다가옵니다. 진리를 보고난 후에 신자는 비로소 진리를 사랑하게 됩니다. 진리가 그의 마음을 감동시키는 것입니다.[55]

로이드존스에 따르면 신자는 "자신 안에 존재하는 희망에 관한 이유를 댈" 준비가 되어있어야 한다. 그리스도인은 그리스도인이 된다는 것이 무엇을 의미하는지 또 왜 자신이 그리스도인인지를 알아야 한다. 그리스도인은 진리를 받아들이기 이전에 단순히 마음에 감동을 받거나 의지적으로 어떤 결정을 내리도록 압력을 받지 않는다. 진리에 대한 경험적인 지식은 지성 안에서 지적인 지식을 먼저 얻지 않고는 불가능하다. 복음에 대한 교리는 우선 듣는 자들의 지성을 향해 설교되어야 한다. 그러나 그는 "단지 지성뿐만 아니라 마음이 포함됩니다. 사람들은 진리에 의해 감동을 받습니다. 이 때문에 그들은 진리에 순종하고 그들의 의지는 행동으로 바뀌게 됩니다"라고 말했다.[56] 그가 사역하는 동안 그는 쉬지 않고 감

---

54) Lloyd-Jones, 재인용, P. Lewis, "The Doctor as a Preacher," in C. Catherwood (ed.), *Martyn Lloyd-Jones: Chosen by God* (Crowborough: Highland Books, 1986), p. 84.
55) D.M. Lloyd-Jones, *Spiritual Depression: Its Causes and Cure* (Basingstoke: Marshall Pickering, 1965), p. 61.
56) Lloyd-Jones, *Faith*, pp. 23-24. 로이드존스는 언제나 감성보다 지성을 우선시했고

정주의(emotionalism)를 반대했는데 이는 그가 "감정주의란 복음주의의 가장 실제적이고 가장 교묘한 적수"라고 확신했기 때문이다. 그는 진정한 감정이란 언제나 진리를 이해한 결과로서 주어지는 것이라고 굳게 믿었다. 따라서 그는 음악이나 합창이나 아니면 몇 가지 감동적인 이야기를 언급하여 감정 자체를 부추기는 종류의 설교를 강하게 반대했다.[57]

　로이드존스에 의하면 그리스도인의 생활에서 객관적인 것과 주관적인 것 사이의 관계를 정확하게 이해한다는 것은 결정적으로 중요하다. 그는 많은 문제점들은 사람들이 이 문제를 제대로 다루는데 실패할 때 생긴다고 생각했다. 그는 신약성경이 보여주는 신자와 진리와의 관계는 "객관적이면서 동시에 주관적인" 것이라고 주장했다. 다른 말로 하면 성경 진리란 교리의 집합체이면서 동시에 경험적이며 활동적인 어떤 것으로 믿어야 한다. 그는 "복음의 영광은 복음이 언제나 전체 인간, 즉 지성만이 아니고 마음만이 아니고 의지만이 아닌, 지성과 마음과 의지 전체를 함께 다루고 있는 것"이라고 말했다.[58] 그에게 있어 진정한 기독교 지식이란

___

진정한 뜨거움이란 진정한 지식의 결과라고 주장했다. 그는 진리에 대한 이해가 먼저 오고 이어서 느낌과 이 진리를 실천하고자 하는 소원으로 인도된다고 믿었다. 그는 이 순서에 대해 "지성으로 진리를 받아들이면 이 진리는 마음을 움직이고 다음으로 의지가 이를 행동화 합니다. 이것이 언제나 바른 순서입니다"라고 단언했다.

57) 예를 들면 1931년 9월 9일 행했던 요한복음 2:23-25에 대한 설교에서 로이드존스는 "눈물이란 믿음에 대한 빈약한 증거에 불과합니다. 모임에서 연설이나 노래나 흥분 상태에 도취된다는 것은 자신을 그리스도에게 위탁하는 것과 같지 않습니다"라고 말했다. Murray, *Years*, p. 216 참조.

58) D.M. Lloyd-Jones, *The Love of God*, Studies in 1 John, vol. 4 (Nottingham: Crossway Books, 1994), pp. 144-145. 예를 들면 그는 로마서 11:33-36 해석에 대한 윌리엄 바클레이(William Barclay)의 잘못된 접근을 지적했는데 바클레이 교수는 여기서 마음과 지성 사이의 대조를 언급했다. 바클레이가 바울이 이제 자신의 지성을 사용하기를 멈추고 자신의 심성이 말하도록 허락하고 있다고 보았던 반면 로이드존스는 "사도의 심성에 불을 붙이고 있는 것은 그의 지성"이라고 선언했다. 그는 한 걸음 더 나아가 "그의 마음을 움직인 것은 이해력이었습니다. 여러분은 성경을 다룰 때 결단코 지성과 심성을 대조시키면 안 됩니다"라고 주장했다. Lloyd-Jones, *Glory*, p. 253 참조.

항상 인간 전체를 포함하는 것이었다. 로이드존스는 기독교 진리의 객관적이고 주관적인 측면들은 항상 함께 가야 함을 쉬지 않고 강조했다.

따라서 충실한 설교의 목표는 정확한 성경 강해가 아니라 궁극적으로 "하나님 말씀을 설교함으로 인해 사람들을 말씀의 하나님께로 이끄는 것"이다. 설교에 대한 그의 이러한 경험적 신학은 그로 하여금 사람들을 하나님께로 가까이 가게 하여 하나님의 음성과 임재를 느끼게 하고자 하는 강렬한 열망을 갖게 했다. 이것이 그가 왜 칼빈주의자와 은사주의자의 중간에 서있다고 비난 받아왔는가 하는 이유이다.[59] 그의 설교에서 두드러졌던 것은 이성에 대한 호소이며 그의 설교적 명제들이 정당했던 이유는 그것들이 성경의 객관적인 진리만을 엄격하게 의존하고 있었기 때문이다.[60] 그리스도인이 주관적 경험을 얻는 올바른 방법은 자신의 지성으로 객관적인 말씀을 먼저 이해하는 것이다.

도날드 메클레오드(Donald Macleod) 교수는 로이드존스에 관해 다음 같이 증언했다.

> 그는 자신의 전 생애를 통해 마음이란 오로지 머리를 통해서만 접촉할 수 있다는 원리를 실현해냈다. 따라서 지적인 동의를 얻어내기 위하여 빈틈없는 논증과 그침 없는 노력을 다했다. 그러나 그의 설교는 결코 강의가 아니었다. 진리가 신속하게 그 자신의 영혼을 점화시켰고 이어 그는 신속하게 그 불꽃을 자신의 청중들에게 전달했던 것이다.[61]

영적 지식을 위한 성령의 인도

요한일서 2:20-21 강해를 보면, 로이드존스가 영적 이해를 위한 성령의

---

59) Sargent, *Anointing*, pp. 181-182.
60) Sargent, *Anointing*, p. 313.
61) Donald Macleod, "Obituary Martyn Lloyd-Jones," *The Monthly Record* (Free Church of Scotland, April 1981), p. 84.

인도하심이 교회가 세워진 초기부터 논란의 대상이 되어왔다는 것을 충분히 인식하고 있음을 알 수 있다. 그는 성령께서 사람들을 영적인 이해로 이끄신다는 것이 정확히 무엇을 의미하는지 보여주기 위해 구체적인 몇 가지 역사적 실례들에 주목했다. 그는 특별히 17세기에 청교도들과 퀘이커 교도들 사이에서 일어난 역사적 논쟁에 주의를 기울였다. 특히 퀘이커들이 객관적인 하나님 말씀을 무시하고 '내적인 빛'(inner light)이라 불리는 직접적인 계시만 추구하는 경향이 있었다고 지적했다. 로이드존스에 따르면 그들은 하나님께서 그들 안에 충만하게 내주해 계시기 때문에 자신들이 마치 사도들이 가졌던 것과 같은 성령의 '기름 부으심'을 소유하고 있는 것으로 잘못 믿고 있었다. 그들은 자신들이 거룩한 분에게서 진리를 직접적이고 즉각적으로 받았다고 주장했다. 따라서 하나님 말씀으로부터 오는 다른 어떤 교훈이나 인도도 필요치 않다고 생각했다. 그러나 로이드존스는 신자들이 이처럼 성령과 신앙 생활의 주관적인 측면을 지나치게 강조할 때 위험은 피할 수 없다고 주장했다. 즉 "이러한 주관적인 상태나 형편을 강조하면 할수록 객관적인 말씀의 필요성은 그만큼 적어진다."[62)

앞에서 살펴본 것처럼 로이드존스의 최대 관심사는 말씀과 경험 둘 중 어느 하나에 특권을 부여하는 것보다 이 둘을 함께 통합하는 것이었다. 그는 경험을 성경보다 우위에 둔 나머지 광신주의로 전락하고 마는 위험성을 끊임없이 지적했다. 그러나 로이드존스는 그 반대의 극단에 더 큰 관심을 보였다. 즉 편견을 가지고 성경을 마음대로 해석하여 성경적인 가르침을 자신이 갖고 있는 생각에 제한 시키는 위험이다. 성령의 예외적이고 초자연적인 능력을 두려워한 나머지 통제와 규율에만 관심을 갖고서

---

62) D.M. Lloyd-Jones, *Walking with God*, Studies in 1 John, vol.2 (Cambridge: Crossway Books, 1993), pp. 121-123, 인용은 p. 123.

결국 신약성경이 실제로 제공하고 있는 것보다 훨씬 못한 상태에 만족하고 마는 것이다. 이것이 바로 '성령을 소멸' 하는 것인데 경험을 추구하는 것보다 더 위험한 것이라고 그는 주장했다. 교회의 빈약한 상태는 이처럼 사람들이 각자 자신이 가지고 있는 바에 따라서 성경을 해석하고 자신의 지식과 경험을 기준으로 삼는다는 사실에 기인한다.[63]

로이드존스에 의하면 아무리 대단한 인간적인 지혜가 있는 사람이라도 하나님을 아는 진정한 지식에 도달할 가능성은 없다. 그는 모든 인간은 유한하며 죽음을 면할 수 없는 존재이기 때문에 유한한 존재가 무한하고 영원하신 하나님을 품을 수 없다고 생각했다. 인간의 두뇌가 모든 면에서 완벽하고 절대적이며 영원하신 하나님을 능가하지 않는 한 인간의 지적인 능력만으로 하나님을 이해할 수 없는 것이다.[64] 로이드존스는 영적 영역의 사고 방식은 예를 들어 철학적 사고와는 전적으로 다른 것이라 주장했다. 평범한 지성과 영적 지식을 가지고 있는 그리스도인일지라도 대단한 지력을 소유하고 있으나 아무 영적 이해도 구비하지 못한 사람보다는 성경을 더 정확하고 깊이 있게 이해할 수 있다. 자연인에게는 영적인 것들이 아무것도 아니지만 '새 사람' 은 영적인 진리를 이해하게끔 해주는 새로운 영적 감각을 가지고 있기 때문이다.[65]

로이드존스에 따르면 영적 이해와 하나님 지식에 관해 알아야 할 기본적 진리란 모든 사람이 죄의 결과로 '육신' 이 되었으며 따라서 자연적인 능력과 지혜로써 하나님을 찾으려는 모든 노력은 무익한 것이 되고 말았다는 사실이다. '자연적' 인간(고전 2:14)은 어떤 기량이나 지식을 갖고 있다 해도 결코 하나님을 발견할 수 없다. 그들은 자신들이 하나님을 아

63) D.M. Lloyd-Jones, *Joy Unspeakable: The Baptism with the Holy Spirit* (Eastbourne: Kingsway Publications, 1984), pp. 18-19.
64) Lloyd-Jones, *Soldier*, p. 214.
65) Lloyd-Jones, *Riches*, p. 293.

는 문제에서 어린아이처럼 전적으로 무력하고 이 문제에 관한 한 철저히 파산된 상태임을 알아야한다고 로이드존스는 주장했다.[66]

> 하나님을 아는 지식의 문제에서 인간은 완전히 무력하며 소망이 없습니다. 이는 그의 지성이나 이해력이 얼마나 대단하냐 하는 것과는 상관이 없습니다. 인간은 날 때부터 더 이상 영적이지 않습니다. 인간은 '육체'가 되었고 '죄 아래 팔린' 것입니다. 창조시 원래 그에게 주어졌던 영적 능력은 위축되었고 더 이상 사용될 수 없게 되었습니다. 사람이 무엇을 행하든, 얼마만큼 자신을 끌어올리고 지성을 자극하기 위해 노력하든 그는 하나님을 아는 지식에 도달하기 위해 필요한 능력이나 성질을 만들어낼 수 없습니다.[67]

로이드존스는 많은 그리스도인들이 갖는 문제점은 자신들이 이미 기독교 지식의 전체를 섭렵했으며 이미 거기에 도달했다고 생각하는 경향이라고 지적했다. 그들이 자유주의 신학자들이나 불신자들보다는 더 많은 영적 지식을 가지고 있다는 것은 분명하다. 그러나 사도 바울이 에베소 교인들을 위해 기도했던 것처럼 보다 큰 영적 지식을 갖추기 위해 우리들 자신을 채찍질하는 것이 중요하다.[68] 비록 건전한 내용을 가지고 있지만 성령의 능력의 아무런 나타남도 없는 신학은 유익이 없다고 그는 믿었다.[69]

따라서 로이드존스는 만일 신자들이 영적 방식을 무시한 채 순전히 지적 방식으로만 성경에 접근한다면 이미 문제가 있는 것이라 생각했다. 예

---

66) Lloyd-Jones, *Purpose*, pp. 350-354.
67) Lloyd-Jones, *Purpose*, p. 355.
68) Lloyd-Jones, *Purpose*, p. 368.
69) 로이드존스는 기독교의 지적인 측면이 피상적이고 사변적인 신학과 복음에 대한 잘못된 대안들에 충분히 맞설 수 있을 만큼 강화되도록 모든 노력을 다하였다. 그러나 그는 동시에 일부 복음주의자들이 자신들의 지성을 의존하는 점에서 지나치게 멀리 나간 것으로 생각했고 따라서 기독교의 지적 차원만으로는 충분치 않다고 주장했다. Henry, "Lloyd-Jones," p. 32 참조.

를 들어 성경을 하나의 교과서처럼 취급할 수도 있고 그것을 분석할 수도 있다. 또 성경이 마치 사람들의 기록을 모아놓은 집합체인 것처럼 다루기 쉬운 작은 분량으로 나눌 수도 있다. 나아가 전문가인 듯한 태도를 가지고 성경을 주제별로 다룰 수도 있다. 그러나 로이드존스는 만일 성경을 영적으로 접근하기보다 단순히 지적으로만 접근한다면 성경 이해에서 즉시 치명적인 문제점에 부딪치게 될 것이라고 단언했다.[70] 그에게 하나님의 말씀을 이해하는 데서 더 중요한 것은 하나님 말씀의 영적 차원이었다. 그는 다음같이 주장했다.

> 정확성이 우선입니다. 그러나 더 중요한 것은 영적인 의미입니다. 특별한 말씀에 대한 여러분의 이해가 정확한지를 결정하는 것은 궁극적으로 학식이 아니라 본문의 영적인 의미입니다. 여러분은 권위 있는 학자들이 늘 그러진 않는다 해도 종종 서로에게 전혀 동의하지 않고 있음을 발견할 것입니다. 또한 성경 말씀의 의미는 궁극적으로 몇 가지 정확한 과학적 지식에 의해서가 아니라 영적인 지각력과 영적인 이해력에 의해 결정되어야 한다는 것을 발견할 것입니다.[71]

로이드존스에 따르면 이러한 영적 이해나 심정적 지식은 지적인 연역법(intellectual deduction)을 통해 얻을 수 있는 어떤 것이 아니다. 이 지식은 진리에 대한 즉각적이고 직접적인 확신을 내포하는데 이는 단순한 지적 인식을 넘어서는 것이다. 이 심정적 지식은 이를테면 내적이고 경험적인 지식으로 설교자에게 절대적인 확신을 가져다준다. 예를 들어 만일 신자들이 하나님 사랑에 대한 심정적 지식을 가졌다면 이는 즉각적으로 감정과 느낌에 영향을 끼치게 되고 따라서 이를 맛보고 느낄 수 있다. 로이드존스는 성령께서 우리의 지성과 마음에 하나님 사랑을 실제적인 것으

---

70) Lloyd-Jones, *Studies*, vol. 2, p. 290.
71) Lloyd-Jones, *Preaching*, p. 201.

로 만드셔서 이에 대한 지식이 감각적이고 경험적인 것이 된다고 주장했다. 물론 이러한 충만하고 추가적인 경험이 없을지라도 그리스도인이 될 수 있다. 그러나 로이드존스는 에베소 교인들이 이런 경험적이고 감각적인 차원에서 하나님 사랑을 알도록 바울 사도가 기도하고 있다는 것에 주목했다.[72] 하나님 말씀은 이같은 영적인 차원을 열어 독자를 말씀에 대한 심정적 이해로 인도하기 위해 하나님의 영을 필요로 한다.

> 성령과 말씀은 언제나 반드시 함께 결합되어야 합니다. 성령은 우리에게 말씀 안에서 발견된 교훈을 제공합니다. 그러나 우리는 성령의 도움이 없으면 이를 사용할 수 없습니다. 말씀은 우리에게 죽은 문자가 될 수도 있습니다. "문자는 죽이지만 성령은 생명을 주신다"고 말합니다. 필요한 것은 성령께서 말씀을 여는 것이고 내 지성과 내 마음을 열어주시는 것입니다. 여러분이 사도가 여기서 그런 것처럼 두 가지를 함께 유지하는 한 여러분은 잘못 나갈 수 없습니다. 그러나 만일 여러분이 이 둘을 분리시킨다면 말하자면 악마가 이미 여러분을 "정복하기 위해 분리시켜놓은" 것입니다.[73]

로이드존스는 성경이 이를 지속적으로 가르치고 있다고 주장했다. 예를 들어 구약의 선지자들은 자신들 스스로 판단해서 그리스도가 장차 오실 것을 기록하거나 예언하지 않았다. 그것은 그들의 사사로운 해석이 아니었다. 그보다 성경을 기록하도록 그들을 인도하셨던 성령의 조명하시는 능력에 의해 그들은 이 진리를 이해했다. 그들이 진정한 하나님 지식

---

72) D.M. Lloyd-Jones, *Assurance: An Exposition of Romans Chapter 5* (Edinburgh: The Banner of Truth, 1971), pp. 80, 83-85. 로이드존스의 생각에 성령 세례로 인한 결과들 중의 하나는 진리에 대한 영적 이해에서 대단한 진보가 있다는 것이다. 그는 성령의 기름 부으심은 우리가 그 전엔 결코 알지 못했던 방식으로 진리를 알게끔 만들어준다고 주장했다. 진리에 대한 이해가 없다면 아무것도 말할 것이 없으며 증인이 된다는 것은 불가능하다. 따라서 성령은 설교자에게 "명료한 이해를 위한 일종의 빛"을 제공해준다. Lloyd-Jones, *Joy*, p. 111 참조.

73) Lloyd-Jones, *Soldier*, p. 329.

을 얻을 수 있도록 영적 이해가 주어졌는데 그렇지 않았다면 그들은 여전히 영적인 어둠 속에 남아있었을 것이다.[74]

　로이드존스가 보기에 이 원리는 오늘날도 바뀌지 않았다. 그는 신자들이 이 땅 위에서 살 동안은 이런 초자연적인 도움을 필요로 하지 않는 경우란 결코 없을 것이라고 생각했다. 따라서 신자들이 하나님 말씀을 읽을 때 의식적으로 성령의 능력을 의존하지 않는다면 성경은 그들에게 많은 것을 말하지 않을 것이다. 그 결과 하나님 말씀에서 많은 것을 얻지 못할 것이라고 로이드존스는 단언했다. 신자는 여전히 죄로 가득 찬 세상에 살고 있고 죄의 영향력이 아직 그들 안에 남아있다. 때문에 말씀을 해석할 때 진정한 이해를 위해 성령의 조명하시는 역사와 기름부음이 필요한 것이다.[75] 성령만이 사람들로 하여금 경험적이며 진정한 하나님 지식을 갖게 해줄 수 있다는 것은 성경 전체에 나타나 있는 분명한 가르침이다. 로이드존스에게 성령은 말씀에 대한 영적 지혜와 이해를 얻을 수 있게 해주는 유일한 매개자이다. 그는 다음같이 주장했다.

　성령만이 이 말씀을 해석할 수 있도록 우리를 도우실 수 있습니다. 이는 전적으로 성령의 역사입니다. 이 말씀과 관련된 모든 것은 항상 처음부터 끝까지 성령이 역사하신 결과입니다. 자연적인 의미에서 아무리 유능한 사람이라 해도 인간적인 유능함이 성경을 해석하도록 돕는 것은 아닙니다. 그 사람은 천재일 수 있고 아니면 위대한 학자일 수 있지만 여기서는 그런 것들이 도움이 되지 못합니다. 진리란 "영적으로 분별됩니다." 진리는 영적인 방식으로 해석되어야 합니다. 어느 것도 그리고 누구도 하나님의 성령과 동떨어져서 우리가 성경을 해석하도록 돕지는 못합니다. 그러므로 우리가 도처에서 깨닫는 것은 이 말씀의 무기가 '성령의 검'이라는 것입니다.[76]

---

74) D.M. Lloyd-Jones, *Life in God*, Studies in 1 John, vol. 5 (Nottingham: Crossway Books, 1994), pp. 188-189.
75) Lloyd-Jones, *Purpose*, p. 367.
76) Lloyd-Jones, *Soldier*, pp. 327-328.

로이드존스는 말씀과 성령의 관계를 설명하기 위해 '기름부음' (unc-
tion)이라는 단어를 사용했다. 그에게 '기름부음' 이란 단순히 설교자가
설교 때 체험하는 하나님의 초자연적인 능력에 대한 예외적 경험만을 의
미하는 것이 아니었다.[77] '기름부음' 이란 "어떻게 그리스도인이 되는
가?"와 "어떻게 영적인 것들을 진정으로 이해하는가?"와도 밀접한 관련
이 있다. 그는 이 단어를 매우 광범위하게 사용했다. 그의 생각에 성령의
기름부음은 무엇보다 모든 신자가 신앙 생활 맨 처음 단계에서 갖는 근본
적인 경험을 말한다. 따라서 어떤 사람이 성령의 기름부음을 받지 않고도
그리스도인이 될 수 있다고 주장하는 것은 비성경적이다. 그에 의하면 기
름부으심은 신자에게 주어지는 어떤 영적 경험들보다 앞서는 경험이다.[78]

로이드존스는 말씀을 이해하는 것과 관련하여 사도 요한이 요한일서
2:20-21에서 '기름부음' 이라는 말로 의미한 바는 사도 바울이 고린도전서
2:13에서 의미한 바와 정확히 같은 것이라고 주장했다. 모든 그리스도인
들이 성령을 받았다는 사실은 말씀에 대한 영적 이해를 가능하게 해주는
데 이는 불신자에게는 불가능한 일이다. 그는 생활 속에서 성령의 나타남
을 보이는 신자들이라도 어떤 문제나 교리에 관해 서로 의견이 다를 수
있음을 시인했다. 또 성령을 통해 영적인 진리 전체를 세세한 부분까지
자동적으로 알 수 있다고 하는 것은 상상할 수 없는 일이다. 그러나 로이
드존스는 성령에게 기름부음을 받은 그리스도인이라면 적어도 그리스도
의 인성이나 죽으심의 교리와 같은 기독교의 기본적인 진리들에 관한 한

---

77) cf. Sargent, *Anointing*.
78) 로이드존스는 "어떤 사람이 먼저 그리스도인이 된 다음 그 후에 성령을 받는다는
것은 불가능합니다. 그리스도 안에 있다는 것은 당신이 성령을 받았음을 의미합니
다. 아무도 이 기름부음, 즉 성령의 선물을 먼저 받지 않고는 어떤 의미로든 그리스
도인이 될 수 없습니다"고 말한다. Lloyd-Jones, *Walking*, p. 120 참조.

같은 이해와 확신을 가져야한다고 주장했다.[79]

　우리는 로이드존스가 성령의 기름부음으로 말미암은 영적 이해에는 예외 없이 깊은 개인적 확신이 따른다는 것을 믿었음을 기억할 필요가 있다. 나아가 그는 성령을 통한 이러한 경험적 이해는 무지함이나 문맹과 상관없이 누구에게나 주어질 수 있다고 선언했다.[80] 그에 따르면 복음을 듣는다 해서 꼭 믿음으로 인도되는 것은 아니다. 즉 그저 복음을 듣는 것과 믿음에 이르는 영적 감각 안에서 복음을 듣는 것은 서로 다른 일이다. 같은 말을 듣는 모든 사람이 같은 메시지를 듣는 것은 아니기 때문이다.

　로이드존스에 의하면 듣기에는 두 종류가 있는데 "기계적인 듣기"(a mechanical hearing)와 "믿음의 듣기"(a hearing of faith)이다. 후자는 일반적인 듣기와는 구별되는 것으로 믿음을 만들어내는 특별한 종류의 듣기이다. 예를 들면 성령의 기름부으심의 특별한 영향 아래 루디아는 빌립보에서 바울이 했던 설교에 의해 첫 번째 회심자가 되었다. 로이드존스는 이처럼 예배 시간에 모든 사람이 설교자가 하는 말을 함께 들을지라도 오직 일부만이 그 말을 진정으로 듣고 영적인 것들에 대한 경험적 이해에 도달하게 된다고 생각했다. 로마서 10:17에 대한 강해에서 그는 같은 설교자의 설교를 들을 때 두 가지 다른 반응이 일어날 수 있다고 언급했다.

<hr />

79) 로이드존스는 이것이 자유주의 학자들과 전체 가톨릭교회가 성경의 중요한 교리들에 대해 잘못 나갔던 반면 평범한 그리스도인들은 진리 안에 확고부동하게 남아있을 수 있었던 주요한 이유였다고 믿었다. 성령의 기름부음이 그리스도인들 안에 내주하시고 그들을 지키기 때문에 그들은 성경의 기본적인 가르침들에 관한 한 잘못될 수가 없다. 로이드존스에 따르면 성령의 기름부으심은 진정한 성경 해석을 위한 가장 기본적인 필요이다. Lloyd-Jones, *Walking*, pp. 126-128 참조.

80) Lloyd-Jones, *Darkness*, p. 96. 로이드존스는 성령께서 심지어 문맹인에게도 이러한 영적 통찰과 이해를 주실 수 있다는 것을 교회 역사가 증거 한다고 믿었다. 그는 사도행전 16:14에 나타난 두아디라 성의 자주 장수였던 루디아의 예를 들었다. 루디아는 바울이 전하는 복음을 들었을 때 하나님 말씀을 경청하였고 유럽에서 처음으로 회심한 그리스도인이 되었다. 로이드존스는 주께서 루디아의 마음을 여셨다는 바울의 진술에 주목했는데 이는 언제나 성령의 역사인 것이다.

성령께서 듣는 자의 마음을 열어주실 때는 긍정적인 반응을 보이겠지만 그렇지 않을 때는 이전보다 오히려 더욱 부정적인 반응을 보일 수 있다. 즉 어떤 사람들은 주께서 그들의 마음을 열고 성령께서 다루실 때까지 들었던 복음을 받아들이지 않고 조롱할 것이다.[81]

로이드존스에 따르면 평생 동안 교회에 나가고 복음을 듣지만 개인적이고 경험적인 차원에서 복음을 이해해 본 일이 없기 때문에 한 번도 복음에 반응을 보이지 않은 사람들이 있다. 예를 들어 어떤 사람이 성경에 나타난 기독교적 주제 하나를 지적으로 분석할 수 있다. 나아가 바울의 서신서들 중 하나의 내용을 설명할 수도 있다. 그러나 성령의 기름부음과 능력 아래서 그리스도의 말씀을 듣는다는 것은 이런 것들 이상이다. 루디아는 단지 바울의 설교를 들었을 뿐 아니라 그것을 '경청' 했다.[82] 로이드존스는 만일 성령의 기름부으심이 주어진다면 진리에 함의된 내용까지도 이해할 수 있다고 단언했다.

> 이는 입심 좋고 유창한 믿음주의가 아닙니다. 이는 전 인격을 사로잡는 어떤 것입니다. 다른 말로 하면 우리는 말씀의 의미와 특히 우리를 위한 의미를 깨닫게 됩니다. 메시지가 그 사람을 붙잡고 그는 메시지를 이해하게 됩니다. 이 말은 그 사람이 자신을 메시지에 굴복시켰다는 의미입니다. 어떤 사람이 그리스도에 대해 진정으로 들었을 때 그리스도와 그 복음은 그의 삶 속에서 중요한 것이 됩니다. 그는 거기에 사로잡히며 지배당하며 조절되는 것입니다.[83]

---

81) Lloyd-Jones, *Faith*, pp. 324, 327-329 참조.
82) 한 걸음 나아가 로이드존스는 요한복음 5:24에 주께서 "내가 진실로 진실로 너희에게 이르노니 내 말을 듣고 또 나 보내신 이를 믿는 자는 영생을 얻었고 심판에 이르지 아니하나니 사망에서 생명으로 옮겼느니라"고 말씀하실 때 주님 자신이 그저 듣기와 경청하기를 구별하신다고 생각했다. 주님의 설교를 들었던 사람들 모두가 반드시 들어야 할 방식으로 들었던 것은 아니었다. Lloyd-Jones, *Darkness*, pp. 111-112 참조.
83) Lloyd-Jones, *Darkness*, pp. 111-112.

로이드존스는 하나님 말씀이 능력 있게 사람들에게 다가가 그들로 하여금 믿음을 갖게 하는 것은 오직 성령이 역사하신 결과라고 확신했다. 그는 "그렇습니다. 이는 성령에 의해 적용된 말씀입니다. 씨앗은 말씀 안에 있습니다. 성령께서 그것을 심으시고 이를 적용하십니다. 그가 우리의 마음을 여십니다"[84] 라고 주장했다. 그는 진리를 신자의 삶에 적용하는 것이 절대로 필요하다고 강조했는데 왜냐하면 성경의 교리를 이해하는 것만으로는 충분치 않기 때문이다.

그러나 신자들이 그들 앞에 놓인 진리를 생활화할 필요성을 깨닫는다는 것이 언제나 쉬운 일은 아니다. 만일 진리가 생활화되지 못한다면 아무런 영향도 끼치지 못할 것이다. 성경을 해석하는 것이 하나의 일이라면 해석된 성경의 내용을 어떻게 적절하고 구체적으로 적용할 것인지를 아는 것은 전혀 다른 일이다. 로이드존스는 성령님만이 매일의 삶 속에서 만나는 실제적인 문제들에 성경 말씀을 정확하게 사용할 수 있도록 하신다고 믿었다. 성령은 성경의 의미를 깨닫게 해주실 뿐 아니라 이를 적용하는 데서도 우리를 도우신다. 말씀과 성령의 관계는 영적 지식의 모든 측면과 관련하여 매우 중요한 것이다.[85] 따라서 로이드존스의 주장처럼 설교자들의 책임은 청중의 눈이 영적 지식에 대해 뜨여지도록 성령의 조명을 끊임없이 간구하는 일이다.[86]

---

84) Lloyd-Jones, *Faith*, p. 331.
85) Lloyd-Jones, *Soldier*, p. 328.
86) 로이드존스는 다음처럼 도전적인 질문을 던진다. "우리는 날마다 하나님, 즉 우리 주 예수 그리스도의 하나님이신 영광의 아버지께 이해의 눈을 열어달라고 기도합니까? 이것이 우리가 하는 매일의 기도가 되어야 합니다. 우리는 항상 이 조명을 위한 기도를 하는 것으로 성경 읽기를 시작해야 합니다. 우리 삶 속에서 지속적으로 구할 것은 우리가 은혜와 주님을 아는 지식에서 자라는 것입니다." Lloyd-Jones, *Purpose*, p. 368 참조.

2. 로이드존스의 설교에 대한 개념

앞에서 살펴보았듯이 로이드존스는 심정적 이해의 필요성과 아울러 객관적 이해와 주관적 이해 사이의 연관성도 강조했다. 이를 염두에 두면서 이제 그가 어떻게 자신의 생각을 설교에 적용하고 있는지 살펴보려 한다. 말씀 중심의 경험적 설교에 대한 그의 관심이 오늘날 말씀을 도외시하는 경험 중심적인 설교와 대조되어 논의될 것이다.

설교에 대한 정의와 우선권

로이드존스는 자신이 살던 시대가 예전처럼 설교가 사람들에게 보편적인 설득력을 지니고 있는 시대가 아니라는 것을 인식하고 있었다. 심지어 교회 안에도 설교에 대한 반감이 명백히 존재했다. 그는 "사람들은 단지 10분, 15분, 혹은 20분 동안의 '연설'이나 '소견'을 허용할 뿐인데 이는 설교라고 부를 수도 없는 것이다"고 말했다.[87] 로이드존스는 이것이 일반적으로 설교에 대해 현대인들이 갖고 있는 태도이며 사람들은 그전만큼 설교의 가치를 믿지 않는다고 생각했다. 그는 이런 태도가 신자들에게까지 영향을 미쳐서 설교를 경시하는 풍조를 조성하는 것은 매우 심각한 문제라고 지적했다. 그에 따르면 사람들은 설교보다 독서를 선호하기 때문에 집에 머물면서 성경이나 성경에 관한 책들을 읽고 싶어 한다는 것이다. 따라서 그들은 왜 매 주마다 설교를 듣기 위해 교회에 가야 하는지 이해하지 못한다. 그러나 로이드존스는 설교가 하나님의 사람들에게 하나님의 계시를 드러내는 주요한 도구이며 성경 자체가 이를 증명하고 있다고 주장했다: "우리는 성경이 설교에 굉장한 강조점을 두고 있다는 사실

---

87) Lloyd-Jones, *Faith*, p. 266.

을 깨달아야만 합니다. 설교는 하나님의 정상적인 도구입니다." 로이드
존스는 "설교자가 없다면 어떻게 들을 수 있겠는가"(롬 10:14)라는 사도
바울의 말을 인용하면서 "성경은 의심할 바 없이 설교를 독서보다 앞에
둡니다…결국 설교란 하나님에 의해 제정된 것입니다"[88]라고 확언한다.

로이드존스는 설교가 하나님께서 제정하신 방법이기 때문에 "설교는
해 아래 가장 중요한 것"[89]이라고 주저 없이 단언하면서 이를 "설교 우
선"(preaching first!)이라는 말로 요약했고.[90] 그는 "오늘날의 교회에 가
장 시급하게 필요"한 것이 있다면 그것은 진정한 설교이며 이는 또한 "이
세상의 가장 절실한 필요"라고 확신했다. 설교 사역이 너무 중요했기 때
문에 로이드존스에게 그것은 "어떤 사람이 부름 받는 중에 가장 높고 가
장 위대하고 가장 영광스러운 소명"이었다.[91] 설교는 교회 사역자에게
다른 무엇보다 "우선적인 과제"였고[92] 교회의 기능과 관련하여 "가장 위
대한 활동"이었다.[93] 설교의 우선권에 대한 그의 진술은 성경의 증거들
뿐 아니라 이를 지지하는 교회 역사의 증거에도 근거하는 것이었다.

> 교회의 역사에서 교회가 쇠퇴한 시기나 시대는 언제나 설교가 쇠퇴할 때였습니다.
> 교회의 개혁이나 부흥의 새벽이 왔음을 언제나 예고하는 것은 무엇입니까? 그것은
> 새로워진 설교입니다. 설교에 대한 새로운 관심만이 아니라 새로운 종류의 설교 말
> 입니다. 진정한 설교의 회복은 교회사에서 언제나 이런 위대한 운동들을 예고하는
> 것이었습니다. 그리고 교회 개혁이나 부흥이 왔을 때 이는 항상 교회가 아는 가장
> 위대한 설교가 행해지는 위대하고 주목할 만한 시대로 이끄는 것입니다.[94]

---

88) Lloyd-Jones, *Faith*, p. 266.
89) Lloyd-Jones, *Faith*, p. 283.
90) Lloyd-Jones, *Faith*, p. 271.
91) Lloyd-Jones, *Preaching*, p. 9.
92) Lloyd-Jones, *Preaching*, p. 19.
93) Lloyd-Jones, *Preaching*, p. 163.
94) Lloyd-Jones, *Preaching*, pp. 24-25.

로이드존스에게 복음주의의 주요한 특징은 설교에 우선권을 주는 것이었다. 따라서 교회가 더 이상 설교에 관심 갖기를 그칠 때 교회는 복음주의적이기를 그치는 것이라고 단언했다. 복음주의자에게는 설교에 비하면 다른 모든 것은 부차적인 것이요 설교와 같은 위치에 설 수 있는 것은 아무것도 없다. 그는 만일 신자들이 토론이나 이론이나 심지어 신학을 설교보다 우위에 둔다면 스스로 자신들의 복음주의를 거부하는 것이라고 주장했다. 그에 의하면 과거 교회사에서 일어났던 모든 부흥과 개혁에는 한 가지 공통된 특징이 있다. 즉 이때는 언제나 대대적인 설교의 회복을 수반했다. 그는 "교회는 설교로 시작한다"고 반복하여 강조했다.[95]

그러나 로이드존스는 당시 교회에 나오는 사람들도 점차 설교의 가치를 경시하고 예배 때 여러 가지 악기를 동원한 노래나 성경에 대한 연극 상연이나 댄스와 같은 외적 표현들로 관심이 바뀐 것에 주목했다. 좋은 의도에도 불구하고 성경 이야기를 연극화하여 표현함으로 교회는 사람들의 주의를 진리로부터 벗어나게 하였고 설교의 중요성을 경시하게 되었다.[96] 그는 설교가 무시되고 있으며 특히 20세기에 크게 쇠퇴했다고 고통스럽게 시인했다. 설교자들의 부족 현상을 경험하는 이유 역시 "설교란 일종의 배경에 불과한 것으로 설교에 대한 전반적인 개념이 하락하였고" 결과적으로 아무도 이전처럼 설교의 가치를 믿지 않게 되었기 때문이었다.[97] 사람들은 대부분 낡은 구식의 설교보다 현대적인 의사소통 방법들을 선호했다. 그러나 그는 신학적 토론이나 대화와 같은 설교에 대한 대안들을 강하게 반대했다.[98] 심리학이나 개인적인 상담 같은 것들이 목회 사역과 교회 생활에 들어온 후 이런 것들이 실제로는 설교에 큰 해악을

95) Lloyd-Jones, "Evangelical," p. 334.
96) Lloyd-Jones, "Preaching," p. 373.
97) Lloyd-Jones, "What Is Preaching?," p. 263.
98) Lloyd-Jones, Preaching, pp. 45-47.

끼치는 것으로 생각했다. 그는 "상담에 대한 강조가 증가할수록 이에 상
응하여 설교에 대한 강조는 감소한다"고 말했다.[99]

따라서 1927년 남웨일즈 에버라본의 샌드필즈에 있는 베들레헴 교회
(Bethlehem Forward Movement Church)에서 사역을 시작하던 초기부터
로이드존스는 교회의 전통적인 기능, 즉 정규적인 주일 예배와 기도·모임
같은 것들에 지대한 관심을 가졌다. 설교는 언제나 그의 사역에서 맨 첫
자리를 차지했고 특히 불신자들과 교회 밖 사람들의 주의를 끌 목적으로
고안한 행위들은 곧 그치게 되었다.[100] 그는 자신의 두 번째 교회인 웨스
트민스터 교회에서도 설교의 우선권에 대한 자신의 믿음을 계속 실천했
다. 그가 1943년에 전임자인 켐벨 모건의 뒤를 이어 그 교회의 담임목사
가 되었을 때 먼저 했던 중요한 일 가운데 하나는 예배 시간에 성가대를
해산하고 설교에 좀더 많은 관심과 시간을 할애하는 것이었다.

하지만 우리는 로이드존스에게 있어서 설교가 기독교의 메시지를 전달
하는 유일한 수단이 아니었다는 것을 기억할 필요가 있다.[101] 실제로 교
회에는 여러 종류의 기독교 사역들이 존재하며 설교 사역은 그중 하나에
불과한 것으로 여겨질 수 있다. 그러나 로이드존스에게 설교는 항상 사역
의 첫 번째 임무였고 여기 비하면 "다른 모든 것은 부수적인" 것이었
다.[102] 왜냐하면 다른 어떤 사역도 할 수 없는 특별한 어떤 것을 설교가
할 수 있다고 확신했기 때문이다. 그는 설교가 개개의 영혼들과 교회에

99) Lloyd-Jones, "What Is Preaching?," p. 266.
100) Murray, *Years*, p. 135.
101) 예를 들어 사도들처럼 교제 모임 때는 로이드존스 역시 대화나 토론을 즐겨했다.
    그는 적절한 질문을 던져서 참석자들로 하여금 자신들의 신앙의 빛에 비추어 당면
    문제들을 숙고하도록 유도했다. 에버라본의 첫 번째 목회도 현장에서 일하는 남녀
    들의 실생활에 대한 자신의 진정한 관심과 참여를 보여준다. 또한 사적인 상담을
    위해 그를 찾아왔던 사람들의 문제에 대한 뛰어난 통찰력은 그가 가졌던 "하나님
    이 주신 가장 효과적인 은사들 중 하나"였다. Lewis, "Doctor," p. 82 참조.
102) Lloyd-Jones, *Preaching*, 26.

미치는 영향력과 그 기능 때문에 독특하고 유일한 것이라고 주장했다. 즉 설교는 본질상 설교자와 청중 양자의 전 인격을 포함하게 된다. 그는 설교만이 사람들의 정신과 마음, 지성과 감정 둘 다에 동시에 영향을 미칠 수 있다고 믿었다. 따라서 설교만이 성경 말씀을 경험과 통합시킬 수 있는 것이다. 이 점은 설교의 정의에 대한 그의 견해를 살펴보면 분명해진다.

신학생들에게 행한 강연에서 그는 "설교란 무엇인가?"라는 질문에 대답하기가 어렵다는 점을 시인했다. 자신의 오랜 설교사역에도 불구하고 그는 "나는 지난 40년 동안 이 질문과 씨름해 왔습니다. 그런데도 나는 처음 시작할 때보다 해결점에 더 가까이 다가섰다고 생각하지 않습니다"라고 겸손하게 고백했다.[103] 그러나 로이드존스는 비록 설교가 항상 "위대한 신비"의 요소를 내포하고 있지만 설교의 기본적인 원리를 확신 있게 제시했다. 그는 설교의 정의에 관한 질문과 대답으로 다음같이 자신의 요점을 명백히 했다.

설교란 무엇입니까? 불붙은 논리입니다. 웅변적인 이성입니다! 이것들은 서로 모순일까요? 물론 그렇지 않습니다. 진리에 관한 분별은 사도 바울과 다른 사람들의 경우에서 볼 수 있듯이 대단한 설득력이 있어야 합니다. 그것은 불붙은 신학입니다. 불이 붙지 않은 신학은 결함이 있는 신학이라고 저는 주장합니다. 아니면 적어도 진리에 대한 그 사람의 이해는 불완전한 것입니다. 설교는 불붙은 사람을 통해 다가오는 신학입니다. 진리에 대한 진정한 이해와 경험은 반드시 이리로 이끕니다. 저는 이러한 것들에 대해 아무 열정도 없이 말하는 사람은 강단에 설 자격이

---

103) 이 강의는 미국 필라델피아에 있는 웨스트민스터 신학교(Westminster Theological Seminary)의 학생들에게 1967년 가을에 한 것이다. 2년 후 로이드존스는 같은 학교에서 설교에 관한 일련의 주목할 만한 강의를 했고 후에 『목사와 설교』라는 제목으로 출판되었다. Lloyd-Jones, "What Is Preaching?," p. 258 참조.

없으며 결코 강단에 서게끔 허용해도 안 된다고 반복하여 말하는 바입니다.104)

그의 생각에 진정한 설교는 두 가지 기본적인 요소, 즉 논리와 불, 이성과 감성, 혹은 지성과 감정으로 구성되어 있다. 다른 말로 하면 그는 설교의 특징을 객관적인 말씀과 주관적인 경험이라는 두 가지 측면을 통합하는 것이라고 이해했다. 그러나 일부 설교자들은 자신들이 논리의 영역에 들어가는 순간 필히 마음과 웅변을 잃어버릴 것이라고 생각한다. 로이드존스에 따르면 실제는 이와 다르다. 왜냐하면 논리와 웅변은 설교에서 하나로 결합되어야 하기 때문이다. 이것이 그가 믿었던 설교의 근본적인 원리이다. 그는 나아가 논리가 빠진 진정한 웅변이란 있을 수 없다고 주장했다. 정말로 웅변적이려면 말할 무언가가 있는 것이 필수적이다. 또한 "주제가 위대할수록 논증이 탄탄할수록 웅변은 더 뛰어나게 된다."105) 그의 견해로는 설교행위에서 보이는 이런 웅변은 가르침 받을 수 없는 것인데 왜냐하면 "설교자들은 태어나는 것이지 만들어지는 것이 아니기" 때문이다. 따라서 그는 설교학 책들이 약간의 도움은 주겠으나 큰 도움은 되지 못한다고 생각했다. 그는 만일 어떤 사람이 이미 설교자가 아니라면 그를 제대로 설교할 수 있도록 가르치는 것은 불가능하다고 주장했다.106)

자신의 외할아버지였던 로이드존스의 설교에 대하여 크리스토퍼 캐더우드(Christopher Catherwood)는 "만일 설교가 불붙은 논리라면 마틴 로이드존스는 인간적인 견지에서 볼 때 의심할 바 없이 자신의 웨일즈 배경에서 이 불을 물려받았다"고 단언한다.107) 웨일즈 사람들은 일반적으로

104) Lloyd-Jones, *Preaching*, p. 97.
105) Lloyd-Jones, *Assurance*, p. 141.
106) Lloyd-Jones, *Preaching*, p. 119.
107) C. Catherwood, *Five Evangelical Leaders* (Ross-shire: Christian Focus Publications,

매우 감정적이며 로이드존스 역시 예외는 아니었다. 그러나 당시 많은 웨일즈 설교자들이 보여준 대로 감정만으로 설교에 깊이를 더하기란 어려운 노릇이다. 따라서 그의 설교를 힘 있게 만든 것은 설교의 논리였다고 캐더우드는 진단한다. 로이드존스가 어렸을 때 받았던 엄격한 의학적 훈련은 '논리'의 관점에서 그의 이후 설교사역을 위한 훌륭한 준비였다. 그의 감정적인 웨일즈 본성과 의학적으로 잘 훈련된 분별력은 로이드존스가 "불을 동반한 논리"라고 불렀던 진정한 설교에서 하나로 결합되었다.[108]

이렇게 볼 때 로이드존스가 '설교'라고 불렀던 것은 예외 없이 인격성과 메시지의 두 국면을 결합하는 것이었다. 그에 의하면 어떤 설교자가 매우 좋은 사람이고 대단히 학식이 많은 사람이고 또 개혁주의 노선을 따르는 사람일 수 있지만 동시에 둔감하고 지루한 설교자일 수 있다. 그러나 설교를 행하는 시간에 설교자는 "가장 흥미롭고 가장 스릴 넘치며 이 세상에서 가장 흥미 있는 주제"에 관해서 말하고 있는 중이다. 따라서 그는 "지루한 설교자"라는 말 자체가 모순이라고 생각했다. 그는 만일 어떤 사람이 강단에서 지루하다면 이는 그 사람이 설교자가 아니라는 사실을 보여주는 것이라고 주장했다. 설교자가 진리를 차갑고 초연하고 객관적인 태도로만 선언할 가능성이 매우 높은 것이다. 이럴 때 설교의 내용이나 구조에는 아무 문제가 없을지 모른다. 그러나 로이드존스는 이런 설교는 전적으로 '불'을 결핍하고 있다고 지적했다. 어떤 사람의 말하는 방식

1994), p. 61.
108) Catherwood, *Leaders*, pp. 56, 61. 강해 설교자로 본격적인 헌신을 하기 전에 로이드존스는 런던에 있는 성 바돌로메 병원(St. Bartholomew's Hospital)에서 인정받는 젊은 심장 전문의였다. 그는 후에 호더경(Lord Thomas Horder)의 임상 조수로 일했고 호더경의 훈련 방식은 그의 설교에 지대한 영향을 끼쳤다. 그의 설교의 특징은 분석적인 기술에 있으며 그는 이를 자신의 의학 훈련을 통해 얻었다. Brencher, *Lloyd-Jones*, p. 30; J. Peters, *Martyn Lloyd-Jones Preacher* (Exter: The Paternoster Press, 1986), p. 64 참조.

이 종종 그 사람이 전하는 말의 내용과 모순 될 수 있는 것이다. 그는 한 걸음 더 나아가 설교자가 만일 자신이 믿으라고 외치는 성경 진리를 진정으로 이해했다면 자연히 자신이 말하고 있는 내용에 도취되고 거기 사로잡힌 듯한 인상을 줄 것이라고 믿었다. 강의와 비교하여 설교가 갖는 구별된 특징 중 하나는 설교에는 언제나 설교자의 인격성이 포함된다는 것이다. 즉 설교엔 불과 열정과 감격이 있어야만 하는 것이다.[109]

이것이 왜 로이드존스가 조지 휫필드를 의심할 바 없이 "모든 시대에 가장 뛰어난 영국의 설교자"로 생각했는가 하는 이유이다. 휫필드는 즉흥적인 설교자였는데 그에겐 가만히 앉아서 설교 원고를 작성할 시간이 없었다. 로이드존스는 휫필드의 설교를 출판했던 사람이 휫필드의 설교에서 어떻게 "고상한 부주의(noble negligence)가 그의 표현법 전체에 나타나고 있는지"를 강조하고 있다는 것에 주목했다. 휫필드는 종종 영어 문법의 법칙들을 깨뜨렸고 때로는 심지어 어떻게 문장을 끝맺을지도 몰랐다. 그러나 로이드존스는 휫필드의 설교를 특징짓는 것은 그의 열성이요 불이요 열정이었다고 주장했다.[110]

그가 보기에 설교 원고를 작성하는 일과 실제로 그것을 설교하는 일 사이에는 큰 차이가 있다. 분명히 이 둘이 서로 모순은 아니다. 왜냐하면 둘

---

109) Lloyd-Jones, *Preaching*, pp. 87-89. 따라서 로이드존스에게 있어서 '냉정하게' 설교한다는 것은 불가능한 일이었다. 그는 어떤 사람이 냉정하고 객관적인 태도로 논문을 읽거나 성경에 관한 강의를 하거나 심지어 설교문을 읽을 수도 있지만 냉정한 태도로 설교할 수는 없다고 생각했다. 설교에서 설교자는 성령의 능력으로 불이 붙은 설교자를 통해 백성들에게 주시는 하나님의 메시지에 사로잡히는 것이다. Lloyd-Jones, "What Is Preaching?," p. 276 참조.

110) D.M. Lloyd-Jones, "John Calvin and George Whitfield," in *The Puritans: Their Origins and Successors, Addresses Delivered at the Puritan and Westminster Conferences 1919-1978* (Edinburgh: The Banner of Truth, 1987), p. 122. 해리 스토웃(Harry Stout)은 휫필드가 소유했던 특별한 연극적인 기술을 언급한다. H.S. Stout, *The Divine Dramatist: George Whitefield and the Rise of Modern Evangelicalism* (Grand Rapids: Eerdmans, 1991), pp. xviii-xxiv 참조.

다 진정한 설교에 필수적 요소들이며 따라서 설교자는 둘 중 어느 하나만
의존해서는 안 되기 때문이다. 로이드존스는 효과적인 설교란 항상 이 두
가지를 결합시킨 결과라고 반복하여 강조했다. "여러분은 반드시 빛과
열, 설교 내용에 더하여 설교 행위를 가져야만 합니다. 열이 없는 빛은 결
코 아무에게도 영향을 주지 못합니다. 또한 빛이 없는 열은 영원한 가치
가 없습니다."[111]

　그러나 우리는 설교에 대한 로이드존스의 정의가 저절로 생겨난 것이
아니라는 점을 기억할 필요가 있다. 여러 가지 영향들 가운데 설교에 대
한 그의 생각은 특히 그 뿌리를 청교도주의에 두고 있다. 1925년 리처드
박스터의 새 전기를 읽은 후에 그는 "청교도들과 그들의 저작들에 대한
진실하고 살아있는 관심이 나를 사로잡았다. 그리고 나는 나의 전체 사역
이 이것에 의해 지배되어왔음을 거리낌 없이 고백한다"고 말했다.[112] 그
는 청교도들의 저서를 읽는 것이 목회자와 설교자로서 자신의 사역에 언
제나 도움이 되었다고 고백했다. 청교도들은 무엇보다도 설교자들이었고
그들의 설교는 신학적이거나 추상적인 것이 아니었다. 로이드존스는 청
교도들이 매우 실제적이고 경험적인 방법으로 설교했다고 생각했다. 청
교도들은 목회자로서 맡겨진 사람들을 돌보는데 우선 관심을 가졌고 이
러한 목회적 관심을 결코 다른 어떤 것에도 양보하지 않았다. 그는 청교
도들의 글을 읽도록 권면했는데 그들의 글이 단지 지식과 정보만 주는 것
이 아니라 또한 독자들에게 "무엇인가를 행하고" 있음을 발견할 것이라
고 자신했다.[113]

---

111) Lloyd-Jones, *Preaching*, p. 97.
112) D.M. Lloyd-Jones, "Puritanism and Its Origins," in *The Puritans: Their Origins and
　　Successors, Addresses Delivered at the Puritan and Westminster Conferences
　　1919-1978* (Edinburgh: The Banner of Truth, 1987), p. 238.
113) Lloyd-Jones, *Preaching*, pp. 174-175.

패커교수는 로이드존스의 설교가 비록 오늘날의 표현법과 언어를 사용
하긴 하지만 "전체적으로 그 철학과 방법과 내용에서 청교도적"이라는
사실에 동의한다.[114] 로이드존스는 광범위하게 독서했는데 그의 독서는
신학자들과 설교자들과 당시의 거의 모든 기독교적 쟁점들을 망라했
다.[115] 그러나 그는 자신의 영적 영양분을 대부분 청교도들로부터 얻었
다. 그는 청교도의 저작들을 읽음으로 자신이 경험했던 죄와 구원의 문제
에 관한 만족할 만한 결론에 도달했다.[116] 그들 가운데 조나단 에드워즈
만큼 그의 설교에 영향을 끼친 사람은 없었다. 사역의 초기에 그는 우연
히 에드워즈의 책 두 권을 발견하고 이를 5실링에 구입했다. 그는 "나는
주님의 비유 중 매우 값비싼 진주를 발견한 사람과 같았다. 그것들이 내
게 미친 영향은 글로 표현할 수가 없다"고 말했다.[117]

그는 에드워즈를 심지어 다니엘 로우랜드(Daniel Rowland)나 조지 휫
필드보다 우위에 두었다. 그는 이 두 사람 다 능력 있는 설교자들이었다
고 시인했다. 그러나 그의 견해로는 그들 중 누구도 에드워즈가 소유했던
분별력과 지성을 갖지는 못했다. 그는 어떤 청교도도 에드워즈만큼 기독
교의 신학과 철학에 대하여 심오하게 이해하지는 못했다고 생각했다. 로
이드존스는 루터와 칼빈을 히말라야 산맥에 비유하지만 에드워즈는 에베

---

114) J.I. Packer, "A Kind of Puritan," in C. Catherwood (ed.), Martyn Lloyd-Jones:
  Chosen by God (Crowborough: Highland Books, 1986), p. 51.
115) J.M. Gordon, *Evangelical Spirituality* (London: SPCK, 1991), p. 287. 예를 들어
  로이드존스는 포사이스(P.T. Forsyth)를 통해 설교에서 십자가의 중심성을 발견했
  다. 또 교리적인 자원들은 워필드(B.B. Warfield)에게서 얻었는데 워필드의 변증
  과 저술들은 특히 성경의 무오성을 변호하는데 있어 그에게 지대한 도움을 주었
  다.
116) Gordon, *Spirituality*, p. 287.
117) D.M. Lloyd-Jones, "Jonathan Edwards and the Crucial Importance of Revival," in
  *The Puritans: Their Origins and Successors, Addresses Delivered at the Puritan
  and Westminster Conferences 1919-1978* (Edinburgh: The Banner of Truth, 1987),
  p. 352.

레스트산에 비유했다.[118] 그는 자신이 왜 그토록 에드워즈를 높이 평가
하는지 그 이유를 다음같이 설명했다.

> 조나단 에드워즈와 더불어 새로운 요소 혹은 새로운 요인이 청교도주의에서 보이
> 게 됩니다. 대다수 위대한 청교도들은 우리가 스콜라주의(scholasticism)라고 묘사
> 할 수밖에 없는 경향이나 기질을 그들 안에 가지고 있었습니다. 이는 그들의 저작
> 을 특징짓는 복잡한 표현법이나 분할이나 세분화의 특징을 초래케 했습니다. 에드
> 워즈는 이로부터 비교적 자유로웠고 그 결과 그의 방법은 더욱 직접적이고 더욱
> 생생합니다. 더욱이 저는 성령의 요소가 다른 어떤 청교도들보다 에드워즈에게서
> 더욱 두드러짐을 말하고자 합니다.[119]

로이드존스에 따르면 에드워즈는 우리에게 '진정한 종교란 무엇인가?'
라는 근본적 질문을 상기시킬 뿐 아니라 여기에 분명한 답변을 주고 있
다. 에드워즈에게 있어 종교의 본질이란 "주로 마음의 문제이며 머리에
무슨 영향을 끼쳤든지 마음에 영향을 미치기 전에는 아무 가치도 없는 것
이다." 진정한 종교라면 사람들은 하나님의 영광이나 거룩함을 단순히 이
성적으로만 믿지 않는다. 이에 대한 감각이 마음에 또한 존재하는 것이
다. 로이드존스는 에드워즈에게 있어 진정한 종교란 본질적으로 머리보
다 마음에 속한 것이라고 주장했다. 그는 이를 "하나님과의 실존적인 만
남" 혹은 "하나님과의 살아있는 만남"으로 표현하면서 진정한 종교는 근
본적으로 경험적이고 실제적이라고 선언했다. 에드워즈는 위대한 신학자
였지만 다른 어떤 사람보다 이러한 경험적 종교에 관해 많은 것을 알고
있었다.[120] 로이드존스는 칼 헨리(Carl F.H. Henry)와의 개인적인 인터뷰
에서 이렇게 주장했다.

---

118) Lloyd-Jones, "Jonathan Edwards," p. 355.
119) Lloyd-Jones, "Jonathan Edwards," p. 350.
120) Lloyd-Jones, "Jonathan Edwards," pp. 356-358.

우리는 거짓 지성주의의 영역에서 또 의지를 강조하는 영역에서 너무 많이 살고 있습니다. 마음은 무시됩니다. 저는 우리가 조나단 에드워즈가 보여주었던 중요한 강조로 돌아가기 전에는 아무 희망이 없다고 생각합니다. 그는 비록 뛰어난 지성의 소유자였고 탁월한 철학자였지만 궁극적인 강조점을 마음에 두었습니다. 마음이란 말로 저는 특히 감정적인 요소에 대한 강조와 더불어 전체 인간을 의미합니다. 오늘날 헛된 감상주의가 심오한 감정을 대신하고 말았습니다…현대의 복음주의는 18세기의 복음주의나 청교도들의 복음주의와는 아주 다른 것입니다.[121]

로이드존스는 종교에 대한 에드워즈의 견해를 특징짓는 것은 종교의 전체성이며 지성과 감성 사이의 완벽한 균형이라고 주장했다. 그는 "이 사람[에드워즈]의 균형 감각보다 더 놀라운 것은 없습니다. 여러분은 반드시 신학을 가져야만 합니다. 그러나 그것은 반드시 불붙은 신학이어야 합니다. 빛뿐만 아니라 반드시 따뜻함과 열이 있어야 합니다. 에드워즈에게서 우리는 이상적인 결합을 발견합니다. 즉 위대한 교리들 위에 성령의 불이 임하는 것 말입니다"라고 말했다.[122] 로이드존스는 에드워즈에게서 기독교 신학의 본질을 발견했고 설교에 대한 자신의 신학을 형성하는 데 있어 에드워즈가 주장했던 지성과 감성의 결합에 많은 빚을 졌다.

1943년 캠벨 몰간이 은퇴한 후에도 로이드존스의 설교 사역은 25년간 계속되었다. 웨스트민스터 교회의 집사들 중 한 사람은 그의 설교에 관해 "1892년 스펄전의 죽음 이래 영국에서 볼 수 있는 가장 위대한 사역"이라고 평가했다. 그는 요한복음 6:68에 관한 로이드존스의 설교를 처음 들었던 때를 이렇게 회상한다. "나는 설교자의 설득력 있는 주장에 매혹되었을 뿐 아니라 그보다 더욱 그의 열정과 온 마음이 담긴 진지함에 매혹되었다. 나는 결코 그런 설교를 전에 들어본 적이 없었다."[123] 설교자로서

---

121) Lloyd-Jones, in Henry, "Lloyd-Jones," p. 32.
122) Lloyd-Jones, "Jonathan Edwards," p. 368.

로이드존스를 평가함에 있어 피터 루이스(Peter Lewis)는 그가 "지성과 열정, 논증과 설득, 역사적인 기독교 믿음을 변호하는데 있어서 대단한 변증적 능력과 저항할 수 없는 개인적인 자력을 유일하게 결합시켰다"고 말한다.[124] 로이드존스는 교회에 대해 깊은 우려를 가지고 있었는데 특히 설교를 습관적으로 행하는 것을 비판했다. 그가 설교의 우선권을 강조한 것은 실제로는 설교의 독특성에 대한 자신의 믿음에 근거를 둔 것이었다. 즉 설교만이 동시에 빛과 열, 양자를 주는 일을 할 수 있다는 것이다.[125]

설교자, 청중, 그리고 설교의 목표

로이드존스가 1927년 에버라본에서 사역을 시작했을 때 주일 아침 예배 출석은 모든 교파를 막론하고 영국 전역에 걸쳐 이미 심각한 감소 추세를 보이고 있었다. 이는 당시 영국의 신학교 사정과 밀접한 관련이 있었다. 웨일즈에도 여러 교단들과 신학교가 있었지만 당시 웨일즈에서 목회 사역을 위한 훈련의 공통 분모는 웨일즈 신학사 학위가 훈련 과정을 지배한다는 것이었다.[126] 그러나 로이드존스는 교회에 활기를 불어넣기 위해 무엇보다 필요한 것은 지식이 많은 사람들이 아니라 설교자들이라고 주장했다. 그는 당시의 신학교들이 설교자들을 만들어내는데 전적으로 실패했다고 지적했다. 신학교들이 세워진 취지와는 정반대로 교회 생

123) G. Thomas, "Personal Recollections of Westminster Chapel (1933-70)," *The Evangelical Magazine of Wales* 25, no. 5 (1986), pp. 14-15.
124) Lewis, "Doctor," p. 76. 루이스는 1981년 웨스트민스터 교회에서 행해진 로이드존스의 추도 예배에서 설교했다.
125) Lloyd-Jones, "Jonathan Edwards," p. 360.
126) 그러나 머레이가 지적하듯이 학문적 학위에 근거한 이러한 훈련 방식이 효과적인 강단 사역이나 목회 사역과 연관이 있다고 모든 사람이 믿지는 않았다. 어떤 사람들은 신학생들을 위한 이런 종류의 훈련이 실제로는 영성과 하나님 나라에 대한 열정을 감소시킨다고 주장했다. Murray, *Years*, pp. 132-133 참조.

활에 오히려 해를 끼쳤던 것이다.

> 현존하고 있는 신학교들은 설교자들을 양산하는 것과는 반대로 대개 설교자들을
> 질식시키고 파괴하는 경향을 가져왔습니다. 젊은이들이 하나님 말씀을 설교하고
> 자 하는 열정으로 가득 차서 신학교에 입학하지만 지적으로 피곤하고 지친 채로
> 거기에서 나옵니다. 그들은 말씀의 설교자들이 되고자 하는 소원과 그들에게 주셨
> 던 처음의 욕구를 잃어버리고 맙니다.[127]

런던신학교(London Theological Seminary)의 개교식 연설에서 로이드
존스는 설교자들이 시급하게 필요하다고 반복해서 강조했다. 그는 "우선
적인 필요"는 설교자들이라고 단언했는데 왜냐하면 "하나님께서는 이 세
상과 교회 안에서 자신의 가장 위대한 사역을 설교자들을 통해 행해 오셨
기 때문이다. 또한 오늘날보다 설교자들에 대한 필요성이 더 컸던 때는
없었기" 때문이다.[128] 설교자들은 영광스러운 복음의 전령들로 하나님에
의해 보내심을 받았다. 또한 그들은 하나님으로부터 받은 메시지를 전달
하기 때문에 "절대적인 권위"를 갖는다. 그러나 동시에 설교자들은 자신
들이 하고 있는 일의 성격 때문에 반드시 "엄청난 책임감"을 의식해야 한
다.[129]

바울의 은유에서 설교자는 "그리스도를 위한 대사"이며 하나님의 대
변자로서 임무를 위탁 받아 강단에 선다. 로이드존스는 여기에 예외가 있
다고 시인했다. 즉 어떤 사람은 설교자나 다른 인간 매개자로부터 복음을
듣지 않고 혼자 성경을 읽음으로 회심할 수도 있다. 그러나 이것은 하나

127) D.M. Lloyd-Jones, "A Protestant Evangelical College," in *Knowing the Times: Addresses Delivered on Various Occasions 1942-1977* (Edinburgh: The Banner of Truth, 1989), p. 358.
128) Lloyd-Jones, "College," p. 361.
129) Lloyd-Jones, "What Is Preaching?," p. 275.

님께서 일하시는 정상적인 방식이 아니다. 그에 따르면 하나님의 방법은 언제나 성경을 강해하는 설교자를 통하여 즉각적으로 그리고 인격적으로 진리를 전달하는 것이다. 그는 "성경 자체를 단순히 배포하는 것은 오늘날의 문제를 해결하기 위한 열쇠가 되지 못한다. 하나님께서는 여전히 우리와 같이 진리를 강해하고 설명하는 자들, 즉 말씀을 가지고는 있지만 이를 이해하지 못하는 자들을 위해 마치 빌립처럼 행동하는 남자와 여자를 필요로 하신다"고 주장했다.[130]

로이드존스는 설교가 성경에 대한 강의나 연속적인 주해와는 다른 것이라고 확신했다. 비록 설교가 본문에 대한 가르침과 강해의 요소를 포함하긴 하지만 그에게 설교란 그 이상이었다. 그는 필립스 브룩스의 정의처럼 설교가 "인격을 통해 전달되는 진리"라는 데 동의한다. 설교에는 설교자의 전 인격이 포함되어야 하는데 이는 강의나 연속적인 주해가 종종 결여하고 있는 것으로 로이드존스는 이것이 강의와 설교의 결정적인 차이라고 생각했다. 설교는 설교자가 말하는 내용만 의미하는 것이 아니라 설교자가 그것을 말하는 방식까지 포함한다. 진정한 설교는 이처럼 설교자의 인격 전체가 총체적으로 설교에 참여할 때 만들어진다. 진정한 설교에는 지성과 감정, 심지어는 몸 전체와 모든 기능이 포함된다.[131]

사람들은 유명 인사가 어떤 주제에 관해 생각하고 말했던 것을 그럴듯하게 인용하는 것을 들으러 교회 오는 것이 아니라고 로이드존스는 주장했다. 그보다 사람들은 자신들의 설교자가 하는 말을 듣기 위해 온다. 사

130) Lloyd-Jones, *Studies*, vol. 2, pp. 193-194.
131) Lloyd-Jones, "What Is Preaching?," p. 273. 로이드존스의 견해로는 설교의 기능은 단순히 진리를 설명하는 데서 그치지 않는다. '강의'가 우선적으로 관심 갖는 것은 지적인 면에 대한 호소이고 강의의 가장 큰 목표는 특별한 주제에 관한 지식과 정보를 주는 것이다. 따라서 강의는 듣는 자들의 심령에는 별 관심을 안 갖는 경향이 있다. 그러나 그는 심령에 대한 호소야말로 설교에서는 결정적으로 중요한 요소라고 생각했다. Lloyd-Jones, *Preaching*, p. 71.

람들에게 설교자란 이 특별한 사역을 위해 세움 받고 부름 받은 하나님의
사람이다. 로이드존스에 따르면 사람들은 성경의 위대한 진리가 마치 설
교자의 전 존재를 통해 방금 나온 것인 것처럼 듣기를 원한다. 그들은 설
교자 자신의 생각과 경험을 먼저 통과한 진리를 기대한다. 그들이 원하는
것은 "이러한 진정한 개인적인 해석"이다.[132]

　로이드존스는 오로지 설교 내용에만 관심을 갖는 설교자가 아니었다.
그의 우선적인 관심은 그가 설교하는 대상인 사람들이었다. 그의 설교는
비록 철저하게 교리적이고 강해적이었지만 당시 모든 종류의 청중들에게
이해될 만한 것이었다. 그는 자신이 깊은 동정을 가지고 목회하였던 사람
들과 의사소통 하는 능력을 소유했던 것으로 알려져 있는데 항상 "오래된
메시지에 새 옷을 입혀" 청중들의 주의를 끌려고 시도했다.[133] 그의 설교
를 들었던 한 목회자는 "그는 많은 회중을 앞에 놓고 설교하는데 있어 당
신이 마치 그가 이야기하고 있는 단 한 사람인 것처럼 느끼게 만들 수 있
는 내가 들어본 유일한 사람이었다. 그는 설교자에게 필요한 완벽할 정도
의 친근한 말투를 갖고 있었다"고 말했다.[134] 예를 들어 로이드존스의 전
도 설교는 명백히 설교에서 '관련성'에 관한 모델을 보여준다.[135]

---

132) Lloyd-Jones, *Preaching*, p. 222.

133) C. Pond, "The Burning Question," *Evangelicals Now* (August 1994), p. 19.

134) T.N. Smith, "D. Martyn Lloyd-Jones: The Preacher," *Reformation & Revival* 1, no.
4 (1992), p. 90. Cf. M. Greene, "Is Anybody Listening?," *Anvil* 14 (1997), no. 4,
pp. 289-290. 스미스에 따르면 로이드존스는 역사, 정치, 그리고 현재의 쟁점들에
깊은 관심을 가지고 있었고 그의 독서는 기독교와 비기독교의 영역을 모두 망라할
만큼 넓었다. 그는 뛰어난 설교자일 뿐만 아니라 또한 뛰어난 경청가 이기도 했다.
그는 신문을 읽고 라디오를 듣고 생애의 마지막 수십 년 동안은 텔레비전을 시청
하기도 했다. 학자들과 지성인들 뿐 아니라 농부와 상인들도 그의 친구였다. 시대
를 뛰어넘는 그의 설교의 이러한 연관성 때문에 어떤 열두 살 소녀는 그가 병석에
있을 때 그의 회복을 위해 기도하면서 자신의 설교자가 왜 다시 돌아오기를 바라
는지 그 이유를 이렇게 적었다: "왜냐하면 목사님은 우리가 이해할 수 있는 유일한
설교자이기 때문이에요." Lloyd-Jones, *Preaching*, p. 127.

135) Lloyd-Jones, *Evangelistic Sermons* (Edinburgh: The Banner of Truth, 1983) 참조.

따라서 설교자들은 복음이 마치 그들 외부에 존재하는 무엇인 것처럼 단지 하나의 '주제'로서 복음에 대해 말해서는 안 된다. 설교자들은 말씀의 통로로 부름을 받았고 그들은 복음 자체를 청중 개개인에게 직접 전달해야 한다. 이에 덧붙여 로이드존스는 진정한 설교에서는 설교자만이 아니라 청중의 인격도 포함된다고 생각했다.[136) 하나님의 말씀을 열망하는 청중들의 존재는 복음을 효과적으로 설교하기 위해 필수적이다. 그는 교회가 하나님의 사람들의 공동체로서 함께 모일 때 세상의 어떤 장소에서도 느낄 수 없는 뭔가 특별한 것, 즉 영적인 분위기가 존재한다고 믿었다. 로이드존스에 의하면 비록 교회에 처음 나온 사람들은 설교자가 무엇에 대해 말하고 있는지 이해하지 못한다 해도 전에는 경험해본 적이 없는 영적 분위기가 그들로 복음을 경청하도록 만들 수 있다. 이처럼 준비된 회중은 하나님에 의해서 사용되며 이러한 "성령께서 내주하시는 사람들의 전체 분위기는 진리에 대한 증거"가 된다.[137)

따라서 그는 진정한 설교를 무관심한 태도로 듣는 것은 불가능하다고 주장했다. 성령의 영향을 받고 있는 회중 역시 설교에 기여하기 때문에 로이드존스는 설교를 책으로 출판하는 것에 반대했다. 또한 텔레비전이나 라디오에서 설교하는 것도 반대했다. 설교자와 청중들 사이에는 하나 됨이 존재하며 양자 사이에는 항상 "무엇인가가 일어나고 있다."[138) 사람들이 설교하는 것을 들을 때 사람들의 마음과 경험에는 무엇인가 발생하게 되며 이는 그들의 전체 삶에 영향을 미치게 된다. 설교를 들은 후 그들은 밖으로 나가면서 "나는 다시는 내가 전에 살았던 것처럼 살 수 없다. 설교말씀이 내게 무언가를 해주었으며 나를 다르게 만들었다. 이 설교를

---

136) Lloyd-Jones, *Preaching*, pp. 67-68.
137) Lloyd-Jones, *Faith*, pp. 268-269.
138) Lloyd-Jones, "What Is Preaching?," p. 273.

들은 결과로 나는 다른 사람이 되었다"라고 말한다.[139]

따라서 설교자는 단지 사람들에게 정보를 주기 위해서, 혹은 그들을 즐겁게 하기 위해서 존재하는 것이 아니다. 로이드존스에 따르면 "훨씬 더 큰 무엇이 포함되어 있다. 인간 전체가 양측[설교자와 청중]과 관계가 있으며 이를 깨닫지 못하면 우리의 설교는 실패하게 될 것이다." 설교를 준비할 때 설교자는 어떤 결과를 만들어내고 또 청중들에게 영향력을 끼칠 것을 기대한다. 로이드존스는 설교에서 뭔가 결정적이고 살아있는 것이 설교자와 청중 사이에 일어나야 한다고 주장했다.[140] 설교자가 강단에서 실제로 무엇을 하는가를 그는 다음같이 말했다.

> 그는[설교자] 단순히 그들에게 말하기 위해 거기 있는 것이 아닙니다. 그는 그들을 즐겁게 하기 위해서 거기 있는 것이 아닙니다. 그가 거기 있는 것은 — 나는 이 점을 강조하려고 합니다 — 그 사람들에게 뭔가를 행하고자 하기 때문입니다. 그는 다양한 결과들을 만들어내기 위해 거기 있습니다. 그는 사람들에게 영향을 끼치기 위해 있습니다. 그는 단지 일부 사람들에게만 영향을 끼치려는 것이 아닙니다. 그는 청중들의 지적인 면에만 영향을 끼치거나 그들의 감정에만 영향을 끼치거나 혹은 그들의 의지에 압력을 가하여 어떤 종류의 행위들을 유발하려고 거기 있는 것이 아닙니다. 그는 전체 인간을 다루고자 거기 있습니다. 그의 설교는 삶의 정 중앙에서 인격 전체에 영향을 끼치고자 하는 것입니다. 설교는 이를 듣는 사람에게 결코 다시는 이전과 똑같지 않은 차이점을 만들어내야 합니다. 다시 말하면 설교는 설교자와 청중 사이의 일인 것입니다. 설교는 인간의 영혼에, 인간의 전체에, 전체적인 인간에 무언가를 행합니다. 설교는 지극히 중요하고 근본적인 방식으로 사람을 다룹니다.[141]

진정한 설교에서는 하나님의 메시지 자체가 설교자의 전 존재로부터

---

139) Lloyd-Jones, *Preaching*, p. 56.
140) Lloyd-Jones, *Preaching*, pp. 54-55.
141) Lloyd-Jones, *Preaching*, p. 53.

청중의 전 존재로 직접 전달된다고 로이드존스는 믿었다. 설교는 이 '전체 인간'을 다루는 것이며 청중 역시 자신들의 전 인격이 설교자를 통해 하나님에 의해 다루어지고 있음을 안다. 예를 들어 로버트 올리버(Robert Oliver)는 1956년 런던에서 대학을 다니기 시작한 첫 학기 동안 로이드존스의 설교를 들었는데 당시를 이렇게 회상한다.

> 얼마나 자주 우리 중 많은 사람들이 존재의 가장 깊은 곳까지 감동하였으며 거룩하신 하나님 앞에서 겸손해졌으며 복음의 영광스러움에 의해 녹아졌음을 느꼈던가? 한번 이상 나는 내 시계를 쳐다보면서 설교자가 아직 반밖에 설교하지 않았기를 바랐던 것을 기억한다. 설교는 본문에 대한 주의 깊은 분석으로 시작했는데 상세한 내용들이 다루어지기 전에 항상 본문의 넓은 문맥 안에서 다루어졌다. 설교는 전체 인간, 즉 지성과 마음과 의지에 대한 강력한 호소로 끝을 맺었다. 이러한 설교를 통해 사도 바울의 위대한 사역이 20세기 중반 런던에서 다시 살아났던 것이다.142)

설교자는 자신이 준비한 것을 '받아들이든지 아니면 내버려두라'는 태도로 말하지 않는다.143) 설교자는 무언가를 하기 위해, 사람들에게 영향을 끼치기 위해, 나아가 바람직한 결과를 만들어내기 위해 강단에 있는 것이다. 설교자의 가장 큰 임무는 사람들이 하나님과 올바르고 살아있는 교제를 할 수 있도록 "사람들에게 영감을 불어넣는 일"이다.144) 다른 말로 하면 설교의 주요 목표는 말씀을 통해 "남자와 여자에게 하나님에 대한 감각과 하나님의 임재를 부여하는 것이다."145) 설교자가 하는 주요한

---

142) R. Oliver, "Friday Nights at Westminster-A Personal Testimony," *Grace* (Nov. 1999), p. 8. 또한 Brencher, *Lloyd-Jones*, pp. 37-45 참조.
143) Lloyd-Jones, *Preaching*, p. 92.
144) Lloyd-Jones, *Preaching*, p. 30.
145) Lloyd-Jones, *Preaching*, p. 97.

일은 성경이 살아나게끔 전달하는 것이다. 즉 본문 안에 무엇이 있는지를 보여주는 것뿐 아니라 청중이 설교를 들을 때 전율할 만큼 감동을 주는 것이다. 로이드존스는 만일 설교자가 사람을 감동시키려 한다면 "사람들은 지성만이 아니라 마음을 가지고 있다는 것과 사람들이 설교에 감동하지 않는다면 그들이 설교로부터 얻는 지적인 지식은 심지어 위험할 수도 있다는 것을 기억해야 한다"고 경고했다.[146]

이와 관련하여 그는 청교도이자 "영국 장로교의 진정한 아버지"라 할 수 있는 토마스 카트라이트에 관해 언급했다. 카트라이트 역시 하나님 말씀은 청중의 마음에 적용될 때만 살아있고 생생한 것이 된다고 주장했다. 로이드존스는 카트라이트가 "휘저어진 불꽃이 더 많은 열을 내듯이 이를테면 하나님 말씀도 설교에 의해 휘날리게 되면 말씀을 읽을 때보다 청중들 안에 더 큰 불길로 타오르는 것이다"라고 한 말을 인용했다. 그는 전적으로 카트라이트에게 동의하면서 이것이 영국국교와 청교도 설교의 결정적인 차이라고 지적했다.[147] 이어서 그는 다음같이 주장했다.

> 저에게 이것은 매우 충격적이며 가장 가치 있는 진술입니다. 이 진술은 우리에게 설교의 목표에 관해 무언가를 부수적으로 말해주고 있습니다. 설교의 진정한 기능은 정보를 주는 것이 아닙니다. 설교는 카트라이트가 말하고 있는 것을 행합니다. 설교의 기능은 말씀에 더 많은 열을 주는 것이고 활력을 주는 것이고 거기에 힘을 주는 것이고 청중들로 말씀을 명심하게 하는 것입니다. 설교자는 사람들에게 단순히 지식이나 정보를 주기 위해 강단에 있는 것이 아닙니다. 그는 사람들에게 영감을 불어넣기 위해 있고, 그들을 감격시키기 위해 있고, 그들에게 생기를 주기 위해 있고, 성령 안에서 기쁨에 겨워 [교회 밖으로]나가도록 하기 위해 있는 것입니다.[148]

---

146) Lloyd-Jones, "College," p. 362.
147) Lloyd-Jones, "Preaching," p. 376.
148) Lloyd-Jones, "Preaching," pp. 376-377

로이드존스에게 설교에서 중요한 것은 사람들이 설교를 듣고 난 후에 무엇을 기억하는가 하는 것이 아니었다. 정말로 중요한 것은 그들이 설교를 들었을 때 영혼에 잊을 수 없는 인상을 심어주는 일이었다. 설교자의 전 인격을 통해 전달된 말씀으로 청중에게 그리스도에 대한 살아있는 경험을 창조해내는 것이 설교자가 할 일이다. 그는 이것이 결국에는 인간의 힘과 노력의 영역을 넘어선 것이라고 믿었다. 성령의 역사가 없다면 청중의 진정한 말씀 경험이나 사람들에게 끼쳐지는 설교자의 힘 있는 영향력은 발생하지 않는다. 로이드존스의 설교 신학, 곧 말씀과 경험의 통합 배후에는 그의 성령론이 놓여있다.

성령의 능력과 연구의 필요성

패커는 설교자 로이드존스와 성경 연구에 저명한 신학자인 브루스(F.F. Bruce)를 자신의 청년 시절에 가장 뛰어난 두 사람의 복음주의자들로 회상한다. 두 사람 다 칼빈주의자들이었고 두 사람 다 하나님의 교회가 필요로 하는 것들, 즉 믿음 있는 신학과 설득력 있는 설교를 행하고 있었다. 패커는 "브루스는 거의 혼자서 복음주의적인 성경적 신학의 부흥을 위한 산파 역할을 하고 있었고 로이드존스는 거의 단독으로 성령의 능력 안에서 수행되는 경험적 강해 설교의 갱신을 선도하고 있었다"고 진술한다.[149] 패커는 "결코 이런 설교를 듣지 못했으며" 자신이 로이드존스의 설교를 들었을 때 이는 마치 "전기 쇼크"와 같은 충격이었다고 고백한다. 패커에게 설교에서 로이드존스 만큼 하나님 감각을 갖게 해준 사람은 없었다. 그는 자신이 설교에 대해 알고 있는 모든 것은 '닥터'로부터 배운

---

149) J.I. Packer, "The Whale and the Elephant," *Christianity Today* (4 Oct., 1993), p. 11.

것이라고 시인한다.[150]

설교자들은 로이드존스가 설교에서 언급한 내용으로부터 많은 것을 배울 수 있다. 또한 그가 어떻게 그것들을 제시하는가 하는 설교전달 방식에서도 배울 수 있다. 설교 사역 초기부터 그리고 이후 오랫동안 계속된 그의 설교 사역 전체를 통해 성령의 놀라운 능력과 임재는 분명했고 많은 회심이 뒤따랐다. 킴브렐(C. Kimbrell)은 다음같이 증언한다.

> 금세기의 다른 어떤 영국의 설교자보다 그의 설교는 많은 청중을 끌어들였는데 해가 갈수록 영국 전역에 걸쳐 청중석을 메웠다. 현대적인 사고로는 닥터의 접근 방식에 군중을 매료시킬 만한 것이 없음에도 불구하고 그는 군중들을 모았다. 그의 접근 방법에는 성공을 예측할 만한 것이 전혀 없었지만 그의 설교는 성공했다. 아마 이는 로이드존스가 무척 웅변적으로 언급했던 하나님의 능력에 의해 설명될 수 있을 것이다.[151]

신문기자였던 샘 존스(Sam Jones)는 1927년 7월 3일 주일 아침 예배에 참석했고 자신이 이 "특별한 설교"에 대해 느꼈던 인상을 보도했다. 그는 자신의 칼럼을 다음 같은 질문으로 마감했다. "미래는 그를 이 나라의 위대한 지도자로 기록할 것인가? 분명히 그럴 것이라고 나는 확신한다. 만약 누군가 정말 목회 사역으로 부름 받은 사람이 있다면 그것은 마틴 로이드존스이다."[152]

로이드존스에 관한 가장 특이한 점은 의사에서 설교자로 바뀐 경력의 변화가 아니었다. 그의 설교가 다른 설교와 구별되는 것은 메시지 자체였고 메시지가 전달되는 방식이었다. 그에 따르면 설교 준비만 의존하는 것

---

150) Catherwood, *Leaders*, p. 183. 로이드존스는 원래 의사 출신이었고 이에 대한 애칭으로 사람들은 그를 종종 '닥터'라고 불렀다.
151) Kimbrell, "Preaching," p. 18.
152) Murray, *Years*, p. 146.

은 "모든 것 중 가장 위험한 것"이다. 설교자는 자신의 준비를 완벽하게 마쳤다고 생각한 나머지 좋은 설교가 될 것으로 기대한다. 그러나 설교 사역과 관련하여 이보다 더 위험한 일은 없다.[153] 로이드존스는 "죄를 확신시킬 수 있는 분은 성령님뿐입니다. 어두워진 인간의 정신을 밝혀줄 수 있는 것도 그분밖에 없습니다. 사람에게 생명을 새롭게 주실 수 있는 분도 성령님뿐입니다"라고 단언한다.[154] 설교자들은 자신들이 준비한 메시지를 확신할 수 있겠지만 그는 그것으로 충분치 않다고 생각했다. 그들은 메시지를 전달할 때 반드시 어떻게 전달할 것인지에 주의해야 하는데 로이드존스는 사도들의 방법은 항상 성령의 능력을 의존하는 것이었다고 주장했다.[155] 그는 설교자들에게 다음같이 권면했다.

이 능력을 구하십시오. 이 능력을 기대하십시오. 이 능력을 갈망하십시오. 그리고 이 능력이 왔을 때 그에게 굴복하십시오. 저항하지 마십시오. 필요하다면 여러분의 설교에 대한 모든 것을 잊어버리십시오. 그가 여러분을 자유롭게 하도록 하십시오. 그가 여러분 안에서 여러분을 통하여 자신의 능력을 나타내도록 하십시오. 제가 이전에 여러 번 말씀 드렸던 것처럼 우리의 설교에서 성령의 이같은 능력이 회복되는 것보다 우리를 쓸모 있게 만드는 것은 없습니다. 이것이 진정한 설교를 만듭니다. 이것은 이전에 유례가 없을 만큼 오늘날 모든 것 중에서 가장 필요한 것입니다.[156]

그는 성경의 어떤 교훈들과 교리들을 믿는 것이 설교자를 진정한 증인으로 만드는 것은 아니라고 생각했다. 성령의 기름부음을 경험한 것이 오순절 날 이후에 사도들을 증인으로 만들었고 그러자 그들은 절대적인 확

153) Lloyd-Jones, *Preaching*, p. 254.
154) Lloyd-Jones, "Word," p. 290.
155) Lloyd-Jones, "Word," p. 288.
156) Lloyd-Jones, *Preaching*, p. 325. 또한 Eaton, *Baptism*, pp. 180-182, 190-191 참조.

신을 가지고 복음을 설교하기 시작했다.[157] 사람들이 성령으로 충만할 때 그들의 증거와 말은 사적인 대화에서든 공적인 설교에서든 놀랄 만큼 달라진다. 따라서 로이드존스는 지난 수백 년 동안 좋은 설교자를 만들기 위해 학문적인 훈련과 학습에 그렇게 많은 강조점을 두었던 것은 전적으로 어리석은 것이라고 믿었다. 그는 빅토리아주의(Victorianism)가 교회 생활에 많은 해를 끼쳐왔으며 '품위'나 '격식' 같은 단어들이 중요한 말이 되었다고 비판했다. 그는 성령의 능력을 무시했기 때문에 교회가 텅 비게 되었다고 확신했다.[158]

로이드존스는 복음이 무엇보다 우선 언어 표현과 정의들과 명제들과 교리의 형태로 사람들에게 전달되었다는 데 전적으로 동의했다. 그러나 그는 복음이 어떻게 데살로니가인들에게 전달되었는지를 회상했다. 바울이 선언하고 있듯이 복음은 그들에게 말로만이 아니라 능력과 성령과 많은 확신을 통해 전달되었다. 로이드존스는 전자만큼 후자를 강조하고자 했다. 그에 의하면 비록 "정통이라는 것이 절대적으로 중요하지만…정통만으로는 충분치 않다." 그는 어떤 교회가 완벽하게 정통적일 수 있지만 동시에 그 교회가 완벽하게 죽은 상태일 수 있다고 주장했다.[159] 흥미롭게도 그는 존 칼빈을 조지 휫필드와 비교하면서 설교자에게는 이 두 사람 다 필요하다고 결론을 내렸다.

---

157) Lloyd-Jones, *Joy*, p. 90. 로이드존스는 어떤 설교자가 말에 능할 수 있고 매우 웅변적이며 요점을 제시하는데 논리적일 수 있지만 그가 증인으로서 보다는 단지 변호사로 말할 수 있다고 생각한다. 설교자는 자신이 그 내용을 잘 알기 때문에 변호사처럼 그 문제에 관해 진술할 수 있지만 진정한 설교자는 마치 증인처럼 여기에 뭔가를 더 가져야 한다. 즉 그가 말하고 있는 바에 대한 '확신'이 필요하다. 로이드존스는 이런 종류의 확신은 이성의 기능이라기보다 성령으로부터 직접 오는 것이라고 주장했다.

158) Lloyd-Jones, *Joy*, pp. 120-122.

159) Lloyd-Jones, "Word," pp. 287-288.

정통 교리는 필수적입니다. 그러나 정통 교리만으로는 결코 부흥이 오지 않습니다. 앞으로도 오지 않을 것입니다. 제가 이야기를 마치면서 칼빈과 휫필드에 관해 말하는 주된 정당성은 이것입니다. 어떤 점에서 존 칼빈은 항상 조지 휫필드를 필요로 합니다. 제가 의미하는 바는 이것입니다. 칼빈의 가르침을 따르는 사람들이 갖는 위험은 그들이 이지주의자들(intellectualists)이 될 경향이 있으며 제가 '경직된 정통'이라고 묘사하는 것에 빠져들 경향이 있다는 것입니다. 친애하는 여러분, 이는 아무 가치가 없는 것입니다. 여러분은 그 위에 성령의 능력을 필요로 합니다. 진리를 언급하는 것만으로는 충분치 못합니다. 진리는 반드시 "성령의 나타남과 능력 안에서" 진술되어야 합니다. 이것이 이 위대한 인물이 보여주었던 것입니다. 그는[휫필드] 정통적이었습니다. 그러나 이 특별한 현상을 만든 것은 그에게 임한 성령의 능력이었습니다.[160]

그러나 동시에 로이드존스는 설교에 있어 성령의 능력에 관한 함정에 대하여 경고하는 것을 잊지 않았다. 설교자들의 자연스러운 기질이 그들을 열심 있고 열정적으로 만드는 것은 극히 당연하지만 이는 진정한 영적 열심이 아니라 육신적 열심일 뿐이다. 설교에서 설교자들은 진리보다 그들 자신의 열정적인 기질이나 웅변에 도취될 수 있다. 감정적인 사람은 쉽게 흥분하고 감동할 수 있지만 이는 영적인 것과는 아무 상관이 없다. 로이드존스는 "설교에서 열정이나 열심이 설교자의 자연적인 기질 때문이 아니라는 사실보다 설교자가 더욱 확실히 해야 할 것은 없다"고 말했다.[161]

이와 관련하여 로이드존스는 17세기 영국 국교회의 유명한 설교자들의

---

160) Lloyd-Jones, "Calvin," p. 126. 그러나 앞에서 보았던 것처럼 칼빈 자신은 성령의 능력을 항상 추구했고 말씀에 근거한 경험적 설교를 목표로 삼았다. 이지주의에 치우친 일부 추종자들과는 대조적으로 칼빈 자신은 심정적 종교를 강조하였다. 그러나 로이드존스는 '심정'(the heart)의 문제에 관한 한 조나단 에드워즈의 영향을 많이 받았기 때문에 에드워즈나 휫필드를 이 점에서 칼빈보다 우위에 놓는다.

161) Lloyd-Jones, *Studies*, vol. 2, p. 266.

특별한 설교 스타일을 회상한다. 그들의 방식은 웅변적이고 수사적이었는데 한편으론 설교의 근본 요소로서 라틴과 그리스의 고전에 대한 지식을 과시하는 것이었다. 이러한 설교가 대단히 칭송을 받았음에도 불구하고 로이드존스의 생각에 이는 진리를 수사학에 종속시키는 것이었으며 이것이 이런 종류의 설교가 갖고 있는 특징이었다.162) 즉 이런 설교는 복음 진리에 대한 명백한 진술보다 주로 웅변적이고 문학적인 특징 때문에 주목을 받았다. 리처드 박스터와 토마스 굿윈의 말을 인용하면서 로이드존스는 이런 스타일의 설교를 "웅변적인 연기"를 하는 설교라고 비판했다.163) 대조적으로 진정한 설교는 그에 의하면 항상 "하나님께서 행동"하시는 것이다. 이는 단지 몇 가지 거룩한 말을 유창하게 내뱉는 것이 아니다. 진정한 설교는 설교자가 성령의 능력과 영향력 아래 하나님에 의해 사용될 때 가능한 것이다.164)

로이드존스는 설교자에게 임하는 성령의 기름부음은 효과적인 설교자가 되기 위해서 '필수적'이라고 계속 주장했다. 그는 예수님의 제자들의 경우를 들어 요점을 예시했다. 그에 의하면 성령세례의 주요 목적은 그들을 주 예수 그리스도와 구원의 복음을 위한 능력 있는 증인들로 만드는 것이었다.165) 성령께서 설교자들에게 임하실 때 그들은 능력과 권위로

---

162) 그러나 존 돈(John Donne), 틸롯슨(Tillotson)이나 캠브리지의 플라톤주의자들(Cambridge Platonists)의 경우처럼 일부 영국 국교회 설교자들의 설교들은 가볍게 무시되어서는 안 된다. 왜냐하면 그들의 설교는 매우 영적인 가치들을 지니고 있기 때문이다.

163) Lloyd-Jones, "Preaching," pp. 383-384.

164) Lloyd-Jones, Preaching, p. 95.

165) 로이드존스에 따르면 제자들은 언뜻 증인 노릇하기에 완벽한 조건을 갖춘 것처럼 보일 수 있다. 그들은 예수님과 함께 있었고 설교하는 것을 들었으며 십자가의 죽으심과 부활을 직접 목격했다. 더욱이 그들 스스로 복음을 설교한 경험도 가지고 있었다. 이렇게 볼 때 그들은 최상의 훈련을 받은 셈이었고 다른 어떤 것도 더 이상 필요하지 않은 것처럼 보인다. 그러나 로이드존스는 부활하신 예수께서 그들에게 효과적인 증인이 되려면 위로부터 능력으로 덧입혀질 때까지 예루살렘에 머물

충만해지고 무엇인가 놀라운 일이 일어났음을 의식한다. 이것은 명백하고 아주 특이한 경험이다. 따라서 그들은 자신들 안에 무슨 일이 일어났는지를 묘사할 수 있다. 로이드존스는 이러한 경험이 위대한 설교자들의 생애에서 종종 발견되는 것이며 교회 역사에서 특히 부흥의 시기에 반복적으로 발견된다고 지적했다. 또한 이 경험은 과거에 속한 것이 아니라 지금도 여전히 설교자들의 설교 행위에서 계속 발생한다.

> 설교 중에 있는 사람이 갑자기 하나님의 성령께서 그에게 임하셔서 그를 사로잡는 것을 의식하게 됩니다. 그는 자신으로부터 벗어나게 되고 그에게 빛과 이해력과 능력이 주어지며 확신을 가지고 말할 수 있게 됩니다. 이어서 놀라운 일들이 벌어집니다. 설교자 자신은 아주 분명하게 이를 의식할 수 있으며 이를 듣는 사람들도 마찬가지입니다. 교회의 오랜 역사 동안에 이러한 예들은 아주 많이 존재합니다.166)

설교자가 이같이 특별한 성령 체험을 할 경우 그의 설교에 당장 구별되게 나타나는 요소는 자유로움과 능력이다. 이런 현상은 아모스와 예레미야 같은 구약 선지자들로부터 세례 요한이나 베드로나 바울 사도와 같은 신약의 예들에 이르기까지 설교 역사 전반에 걸쳐 명백하게 나타나는 것이라고 로이드존스는 생각했다. 그들 모두는 성령으로 충만했으며 성경을 강해할 때 큰 능력과 권위와 특별한 자유로움을 가지고 말하기 시작했다. 로이드존스는 고린도에서 바울이 복음을 설교할 때 인간의 지혜로 하지 않고 성령의 나타남과 능력으로 했던 것을 상기시켰다. 교회가 생명력을 잃고 죽어있을 때 하나님의 능력이 갑자기 어떤 사람과 그의 설교에

러 있으라고 반복해서 말씀하셨다고 지적했다. Lloyd-Jones, *Joy*, p. 82.

166) D.M. Lloyd-Jones, *Life in the Spirit in Marriage, Home and Work: An Exposition of Ephesians 5:18 to 6:9* (Edinburgh: The Banner of Truth, 1974), p. 44.

부어지고 하나님께서 변화된 그를 매우 힘 있게 사용하기 시작하신다. 그의 설교는 더 이상 인간의 지혜나 말이 아니라 성령의 능력이 된다. 로이드존스는 수세기에 걸쳐 이런 일들이 교회 안에 발생해왔다고 믿었다.[167]

성령의 기름부으심의 필요성에 대한 로이드존스의 강조는 이미 넓게 주목을 받아왔다.[168] 그러나 우리는 동시에 설교자의 책임에 관한 그의 강조를 기억할 필요가 있다. 그는 항상 설교자 자신의 노력과 설교를 위한 연구를 똑같이 강조했다. 로이드존스의 설교관에서 가장 중요한 것은 인간의 행위와 하나님의 행위가 함께 결합해야 한다는 것에 대한 확고한 믿음이다. 그에 의하면 진정한 영적 기름부으심은 설교 내용과 설교자 자신을 적절히 준비한 이후에야 온다. 따라서 그는 '능력 전도'나 '제3의 물결'과 같은 은사주의 운동에 조금도 동조하지 않았다. 비록 복음이 성령의 능력과 나타남 안에서 설교되어야 한다고 주장했지만 그는 결코 방언이나 예언과 같은 은사주의 운동의 전형적인 형태들 중 어느 것도 권면한 적이 없었다. 그는 "한편으론 성령을 소멸하는 지식주의를, 다른 한편으론 인간 중심적이며 흥미위주의 비 교리적인 감정주의"를 거절했다.[169]

로이드존스에게 설교자들은 하나님 말씀의 감독자들이고 무엇보다 성경을 강해하는 자들이다. 그는 책임이 무거운 이런 임무를 수행하기가 결

---

167) Lloyd-Jones, *Joy*, pp. 122-130. 그는 존 타울러(John Tauler), 존 낙스(John Knox), 휴 라티머(Hugh Latimer), 존 리빙스톤(John Livingstone), 하웰 해리스(Howell Harris), 조지 휫필드(George Whitefield), 존 웨슬리(John Wesley), 찰스 피니(Charles G. Finney), 데이빗 몰간(David Morgan), 무디(D.L. Moody)와 같은 위대한 인물들의 예를 들고 있다. 하나님께서 그들을 붙잡으셔서 성령으로 채우신 결과 그들의 설교 전체가 변화되었다.

168) 예를 들어 Sargent, *Anointing*, pp. 50-72.

169) J. Piper, 재인용, G. Thomas, "Third Wave Meets Lloyd-Jones," *Evangelical Times* 26, no. 4 (1992), p. 11.

코 쉽지 않은 일이라고 생각했다. 만일 설교자들이 정신적으로 게으르다면 연구를 위해 시간을 들여도 어떤 통찰력 있는 결과를 얻을 수 없다. 그러나 만일 그들이 하나님 말씀을 신중하게 취급한다면 성령의 기름부음을 위한 기도만이 아니라 충분한 연구와 준비가 절대적으로 필요하다는 것을 깨달아야 한다고 주장했다.[170] 로이드존스는 따라서 설교에서 능력만을 구하는 태도를 비판했다. 그는 직접적인 접근보다 간접적인 접근 방식을 선호했는데 이는 우리가 해야 할 것을 하기 이전이 아니라 필요한 것을 행한 이후에 축복을 구하는 태도를 의미한다. 그는 "능력을 소유하는 방법은 여러분의 메시지를 주의 깊게 준비하는 것입니다. 하나님의 말씀을 연구하십시오. 이를 생각하고 분석하고 정리하십시오. 여러분의 최선을 다하십시오. 이러한 메시지야 말로 하나님께서 가장 축복할 만한 것입니다"라고 말했다.[171] 한 걸음 나아가 그는 이같이 단언했다.

> 만일에 제가 우선적이라고 말했던 모든 것을 우리가 행하거나 행하려고 한다면 기름부으심이 그 위에 임하리라고 저는 믿습니다. 저는 이미 어떤 사람들이 기름부음만을 의존하는 잘못에 빠져 스스로 준비해서 할 수 있는 어떤 것도 무시하려 든다고 지적한 바 있습니다. 성령의 기름부음을 바라보는 올바른 방법은 준비한 다음에 기름부음이 임하는 것으로 생각하는 것입니다.[172]

로이드존스는 성경의 내용은 베드로 사도가 말한 것처럼 가끔 이해하기 어렵기(벧후 3:16) 때문에 "우리는 나태함과 싸워야만 한다"고 주장했다. 그는 계속하여 "우리는 독서해야 하고 연구해야 하고 묵상해야 하고 우리의 기능을 사용해야 하고 이 엄청난 것들과 씨름해야만 합니다"라고

---

170) Lloyd-Jones, *Studies*, vol. 2, p. 193.
171) Lloyd-Jones, *Depression*, p. 298.
172) Lloyd-Jones, *Preaching*, p. 304.

말했다. 그는 만일 설교자들이 기꺼이 진리와 씨름하려 한다면 "성령께서 항상 여러분의 도움이 되실 것"이라고 확신시켰다.[173]

로이드존스는 그러나 설교를 위해 철저히 준비하는 것은 잘못된 것이며 이는 믿음의 부족을 나타내는 것이라고 생각하는 사람들도 있다는 것을 알고 있었다. 그에 의하면 그들은 예를 들어 시편의 "네 입을 넓게 열라 내가 이를 채우리라"(시81:10)와 같은 구절을 인용한다. 나아가 설교자가 해야 하는 모든 것은 강단에 올라가서 이 약속을 믿고 믿음으로 말하기 시작하는 것이라고 주장한다. 그들은 또한 마태복음 10:19의 "어떻게 또는 무엇을 말할까 염려치 말라 그때에 무슨 말할 것을 주시리니"와 같은 말씀을 인용한다. 그들은 설교자가 자신의 지성이나 이해력이나 웅변적인 힘을 사용해서는 안 된다고 주장한다. 대신 그들이 해야 할 유일한 일은 전적으로 성령만을 의존하는 것이다. 로이드존스는 이 사람들이 이런 구절들을 문맥과 상관없이 취하여 성경 저자들이 여기서 설교 사역에 관해 말하고 있지 않다는 것을 잊고 있다고 지적했다. 그는 실제로 하나님께서 놀랍게 사용하셨던 설교자들은 다음 같은 사람들이라고 주장했다.

가장 많이 연구하고 성경을 가장 잘 알고 있으며 준비에 시간을 들이는 사람들입니다…성령은 일반적으로 인간이 최상으로 준비한 것을 사용하십니다. 이는 성령이냐 준비냐 하는 문제가 아닙니다. 우리의 준비에 더하여 기름부음이 필요합니다. 그리고 성령만이 이를 가능하게 하십니다. 위험은 항상 이 두 가지 극단 중 어느 하나로 치우치는 것입니다.[174]

173) D.M. Lloyd-Jones, *The New Man: An Exposition of Romans Chapter 6* (Edinburgh: The Banner of Truth, 1972), pp. 253-254.
174) Lloyd-Jones, *Soldier*, p. 135. 그는 극단주의자들의 성향에 주목한다. 즉 어떤 설교자들은 자신들의 준비만 의존하는 반면에 다른 이들은 준비를 무시하고 성령의 기름 부으심만 추구한다. 그러나 설교자의 메시지와 성령의 기름부음 이 두 가지는

우리가 본 것처럼 로이드존스는 설교의 기본적인 원리를 '논리'와 '불', 혹은 '빛'과 '열'을 결합하는 것으로 생각했다. 그에게 설교란 전체 인격, 즉 지성과 감정 모두를 포함하는 것이다. 그는 진정한 사도적 설교란 항상 말씀과 성령의 능력을 결합시키기 위해 노력하는 것이라고 믿었다. 설교는 우선 성경에 관한 지적 이해와 관계가 있다. 그러나 동시에 설교는 '말씀하시는 하나님'을 경험하는 데까지 나아가야 한다. 설교에서 말씀에 대한 진정한 경험은 설교자가 하나님의 영에 사로잡힌 인격적 도구가 되어 주의 깊게 준비된 메시지를 전달할 때 가능하다. 이것이 로이드존스가 믿고 실천하고 자신의 전 설교 사역을 통해 보여주었던 바람직한 설교방식이었다.

3. 결론

로이드존스에 따르면 우리는 하나님 자신의 형상으로 만들어졌는데 이러한 형상의 가장 위대한 요소는 진리를 이해할 수 있는 지적인 능력이다. 따라서 감정이나 의지는 설교에서 직접적으로 접근해서는 안 된다. 그에 따르면 이성의 임무는 무엇을 믿을 것인지를 결정하는 것이 아니라 어떻게 믿을 것인지를 가르치는 것이다. 만일 설교자들이 자신들을 성경에 복종시키기보다 인간의 철학이나 이성이나 학식에 복종시킨다면 위험은 피할 수 없게 된다. 그에게 성경은 기독교 설교의 유일한 근거이자 권위의 원천이다.

항상 함께 가야한다. 그는 "주의 깊은 준비와 성령의 기름부음은 결코 양자택일이 아닌 서로 보완적인 것으로 여겨져야 한다"고 주장했다. Lloyd-Jones, *Preaching*, p. 305.

로이드존스는 비록 하나님께서 우리에게 지성을 부여하셨지만 설교의 영광스러운 점은 거기서 멈추지 않는다고 생각했다. 진정한 설교에서는 감정 역시 중요한 위치를 차지한다. 따라서 만일 어떤 사람이 설교를 듣고도 마음이 감동되는 경험을 하지 못했다면 그 사람의 영적인 기초를 점검해봐야 한다. 복음은 분명히 전체 인간을 포함하고 있으며 감정의 요소도 균형 잡힌 설교에는 반드시 포함되어야 한다. 그러나 그는 어떤 특별한 감정을 목표로 설교하는 것을 경계했다. 로이드존스는 설교자가 감정에 지나치게 집중하는 실수를 피해야 한다고 확신했는데 왜냐하면 설교에서 감정이란 결코 우선적이거나 지배적이면 안 되기 때문이다.

이런 점에서 '신 설교학'이 청중의 경험이나 느낌에 초점을 맞추는 경향은 로이드존스의 성경적 설교관과는 반대된다. 그는 성경 본문을 주의 깊게 고려하지 않고 사람들을 단지 즐겁게 하거나 인생의 문제들에 대한 피상적 해답만 주는 설교는 항상 교회에 큰 해악을 끼친다고 믿었다. 설교자는 단순한 지식주의자나 도덕주의자로 머물러서는 안 되며 동시에 너무 많은 시간을 감정이나 영적 기질을 분석하는데 소모해서도 안 된다. 대신 감정은 언제나 진리를 이해한 결과이어야 한다. 비록 '신 설교학'이 여전히 성경을 사용하는 것의 중요성을 언급하지만 실제 강조점은 성경 본문보다는 경험에 치우쳐 있고 따라서 궁극적으로는 말씀의 우선권에 대한 시각을 잃어버릴 가능성이 크다. 그러나 로이드존스가 강조한 것처럼 설교자가 추구해야 할 절대적인 순서는 '빛'이 '불'보다 항상 먼저 온다는 것이다. 설교자가 우선적으로 질문해야 할 것은 느낌에 대한 질문이 아니라 진리에 대한 질문이다.[175]

경험과 관련된 성령의 위치에 대해 로이드존스는 사람들이 성경적 균형을 유지하는 대신 하나의 극단에서 다른 극단으로 옮겨가는 경향이 있

175) Lloyd-Jones, *Depression*, pp. 114-115.

다고 지적했다. 그는 성경의 놀라운 균형이야말로 이 문제에 대한 전형적인 성경적 접근 방식이며 성경의 가장 영광스러운 면이라고 생각했다. 그는 만일 설교자들이 성경적 균형을 따른다면 그들의 설교는 이 논쟁적인 주제에 관한 많은 갈등을 피할 수 있다고 믿었다. 설교의 큰 문제는 "경험이나 교리 둘 중 다른 하나는 희생한 채 어느 하나만을" 강조할 때 생기기 때문이다.

로이드존스에 따르면 이는 교회가 시작된 초기부터 있어온 문제였다. 사람들은 설교를 쉽게 둘로 나눠놓는다. 즉 교리적이고 교의적인 가르침에 근거한 '신학적인 종교'의 설교와 자유로우신 성령의 역사와 영향력을 추구하는 '성령의 종교'의 설교이다. 전자의 권위가 믿음의 체계와 교리들에 근거한 반면 후자의 권위는 특별한 경험에 있다. 문제는 사람들이 이 둘을 보완적으로 보기보다는 대립적으로 본다는 것이다.[176] 종교개혁자들이 이 두 가지 극단과 동시에 싸워야 했듯이 로이드존스도 중립적인 위치를 고수하기 위해 끊임없이 싸웠다. 그가 평생 애썼던 것은 설교의 "진정한 성경적 위치"를 보여주려는 것이었는데 이는 성령과 교리, 경험과 말씀을 함께 강조하는 것이다. 로이드존스는 설교자들에게 "여러분은 이를 이것이냐 저것이냐 하는 문제로 말해선 안 됩니다. 이는 둘 다의 문제입니다"라고 말했다.[177]

---

176) Lloyd-Jones, *Love*, pp. 13-14.
177) Lloyd-Jones, *Love*, p. 16.

제 7 장

미래를 위하여

　이 책은 개혁주의 설교의 본질이 무엇인가에 대한 대답이다. 편의상 연구의 범위를 종교개혁 이후의 시대로 제한했다. 개혁주의 전통에 서있는 몇 사람의 대표적인 설교자들에게 특별한 관심이 주어졌고 '말씀과 경험의 통합'이란 주제와 관련하여 그들의 설교에 대한 생각과 실제 설교를 조사했다. 그들은 개신교 설교의 확고한 신학적 기초를 놓았는데 그들 스스로 설교 사역에서 그 원리를 실천했던 사람들이었다.

　우리는 연구를 통해 개신교 설교의 몇 가지 중요한 요소들을 발견했다. 우선 "말씀 중심적인 경험 설교"(Word-centered experiential preaching)가 개신교 설교의 본질임을 살펴보았다. 우리가 연구했던 설교자들은 각기 다른 시대에 다른 환경 가운데 살았던 사람들이었지만 그들의 설교에는 몇 가지 공통점이 존재한다. 무엇보다 이 설교자들은 객관적이고 이성적인 말씀을 주관적이고 경험적인 차원과 통합하는데 많은 관심을 가지고 있었다. 여기서 우리가 무엇을 배웠는지 돌아보고 오늘날의 설교를 위한 의의가 무엇인지를 생각해보는 것이 유익할 것이다.

　우리는 위대한 조직신학자로 알려진 존 칼빈과 함께 논의를 시작했다. 그러나 살펴본 것처럼 그는 신학적 교리들을 세우는 일에만 집착하는 따분한 신학자가 결코 아니었다. 반대로 교구목사로서 그가 가졌던 주요한 목표는 하나님 말씀을 통해 신자들의 삶을 거룩하게 변화시키는 것이었다. 그는 효과적인 성경 강해의 임무에 자신을 헌신하였고 따라서 그의 관심은 신학 연구 자체에 머물지 않았다. 비록 칼빈에게 성경의 객관적 권위는 논의의 여지가 없는 것이었지만 그는 동시에 말씀의 주관적이고 경험적인 측면을 인식하고 있었다. 즉 말씀에 대한 진정한 지식은 감정적 요소를 필요로 한다는 것을 믿고 있었다.

따라서 그는 개인적인 경험을 바탕으로 성경에서 도출된 신학적 명제들을 세워나가고자 노력했다. 그에게 설교란 성경의 의미를 설명하고 이어서 살아있는 말씀에 청중을 참여시킴으로 그들의 전 인격에 호소하는 것이었다. 칼빈은 성령의 도우심으로 설교에서 분석적이고 정적인 언어는 관계적이고 설득적인 언어로 변환될 수 있다고 주장했다. 이 때문에 궁극적으로 청중이 하나님 자신을 만나는 것이 가능해진다. 칼빈주의의 핵심은 이처럼 조직적 방법으로 성경의 명제적 진리를 종교적인 경험과 조화시키려는 데 있다. 이 점에서 칼빈은 개신교 설교의 신학적 기초를 놓았는데 바로 성경을 말씀 중심적으로 경험과 통합하는 것이다.

영국 청교도들은 로마 가톨릭 교회에 반대하여 개혁운동을 강화했다. 그들은 진정한 종교적 경험에 근거한 마음의 종교를 추구하는 한편 종교적 형식주의에 대항했다. 청교도들에게도 진정한 경건이란 필히 종교적 감정을 포함하는 것이었다. 청교도들은 공통적으로 하나님 말씀의 순수함과 단순함에 지대한 관심을 가지고 있었다. 그러나 또한 하나님 말씀이 개인과 사회를 변화시킬 수 있는 막대한 능력을 가지고 있다고 믿었다. 영국 국교 설교자들이 일반적으로 감정적인 웅변을 거부하고 평이하고 이성적인 설교를 추구했던 반면 청교도들은 평이함을 능력과 결합시키고자 했다. 비록 청교도들은 설교에서 학식을 사용해야 한다고 강조했지만 동시에 생명력과 열기를 담아 말씀을 전해야 한다는 긴박감도 가지고 있었다.

번연에게서 볼 수 있듯이 설교에서 이러한 능력과 생명력은 설교자 자신의 말씀 경험과 밀접하게 관련되어 있다. 12년 동안 감옥에서 당한 고통과 그가 겪었던 영적 투쟁의 엄청난 강렬함이 그를 말씀에 깊이 잠기게 했고 전에는 결코 경험해 본 적이 없는 분명한 방식으로 말씀의 의미를 그에게 열어주었다. 이 때문에 그는 구체성과 직접성을 겸비하여 자신의 마음으로부터 하나님의 말씀을 강해하는 효과적인 설교자가 되었다. 그리고 이는 설교 말씀의 생명력을 청중이 경험할 수 있게 하는 데 직접 영향을 미쳤다. 영국 청교도들은 이처럼 칼빈 이후에 여러 상황들을 통해 '말씀 중심적인 경험 설교'의 원리를 확정했다.

조나단 에드워즈는 이성과 지성이 사실을 다루고 개념적 지식을 전달하지만 이는 직접적이고 실존적인 이해와는 다르다고 생각했다. 그에 따르면 단순히 이성적인 판단만으로는 영적인 것들을 이해할 수 없으며 오직 '마음의 감각'만이 영적 실재를 이해할 수 있는 영적 지각을 우리에게 줄 수 있다. 에드워즈는 '개념적 지식'과 '심정적 지식'을 명확히 구별하였는데 특히 설교에서 이 둘을 통합할 필요성은 에드워즈에게서 그 강도가 절정에 이르게 되었다. 그는 형이상학적 통찰의 깊이와 더불어 영적 감각에 대한 칼빈주의 신학을 발전시켰다. 이처럼 종교적 문제에 마음을 포함시키는 일은 '마음의 신학자'라 불리는 에드워즈에 의해 극대화되었고 철저히 연구되었다. 에드워즈에게 평생 중요했던 주제는 영적 실재에 대한 추구였다. 이를 위해 그는 자신의 설교에서 종교적인 이해를 지성에 전달하는 데서 그치지 않았다. 그는 나아가 종교적 열기와 감정을 마음에 전달하는 것을 설교의 목표로 삼았다.

우리가 살펴본 대로 개신교 설교는 처음부터 말씀과 경험을 통합하는 것을 그 본질로 확정했다. 그리고 이 원리는 20세기에 로이드존스의 설교 안에서 다시 예증되었다. 그가 설교의 우선권을 강조했던 이유는 설교만이 빛과 열을 동시에 영혼에게 주는 일을 할 수 있기 때문이었다. 그러나 그는 빛이 항상 열보다 앞서야한다고 생각했고 열은 빛의 자연스런 결과라고 믿었다. 그에게 빛의 원천은 하나님 말씀인 성경이었다. 따라서 문제에 대한 그의 진단기술과 감탄할 만한 논리와 유력한 분석 능력은 전적으로 성경의 지배를 받았다. 그는 논리와 논증에서 각별한 능력을 지니고 있었지만 설교에서 논리가 감정과 상관없는 것이 되어서는 안 된다고 믿었다. 그가 설교를 통해 성경의 교리를 자신의 회중에게 가르칠 때 이는 단순히 지적인 행위나 개념이나 정보로 가득 찬 강의가 아니었다. 그에게 설교는 새로운 삶을 살도록 감정을 깊이 자극하는 가장 중요한 수단이었다.

개신교 설교의 전통에 서있는 오늘날의 설교자들은 이상에서 거론한 뛰어난 설교자들로부터 배울 것이 참으로 많다. 칼빈을 비롯한 개혁주의 설교자들은 무엇보다 성경의 객관적인 권위와 하나님 말씀으로서 성경이 영감되었다는 것을 확고히 믿었다. 그들은 자신들을 성경의 진리를 강해하는 일에 헌신했다. 그들에게 설교란 설교자가 다루고자하는 어떤 특별한 주제에 관한 논리적인 강연이 아니었다. 그들은 본문이 스스로 말하도록 하는 것을 목표로 하면서 강해했다. 또한 적용에서도 적용하고자 하는 성경 본문의 메시지에 엄격하게 자신들을 제한시켰다. 칼빈주의적 전통을 따르는 오늘날의 개혁주의 설교자 역시 설교를 위해 같은 기초를 가지고 있다. 즉 성경만이 설교의 중심이고 근원이며 설교자의 우선적 임무는 성경 말씀을 있는 그대로 강해하는 것이다. 이 원리는 지금과 같이 혼란스러운 포스트모던 세계에서도 결코 포기될 수 없다.

한 걸음 나아가 그들은 성경 진리가 우리의 마음을 바꿀 수 있는 잠재력을 가지고 있다고 믿었다. 또한 하나님에 대한 진정한 지식은 자연스럽게 종교적인 감정을 고양시킨다고 생각했다. 그들은 성경이 지닌 설득력과 비교할 수 있는 것은 아무것도 없다고 주장했다. 하나님의 영감으로 기록된 성경에는 이러한 힘이 내포되어 있는데 이는 지성만이 아니라 사람의 마음까지 관통할 수 있는 것이다. 그들에 의하면 성경은 전 인격을 포함한 독특한 종류의 지식으로 구성되어 있다. 즉 영적 진리는 머리와 지성만이 아니라 마음과 감정까지를 포함하는 것이다. 따라서 그들은 하나님에 관한 추상적인 지식에는 관심이 없었고 그보다 하나님에 대한 경험적 지식에 지속적으로 관심을 쏟았다.

이와 마찬가지로 오늘날 설교자들 역시 진리에 대한 지식적인 이해나 진리의 외적 권위만을 추구해서는 안 된다. 대신 설교자들은 진리를 영적으로 확신하고 개인적으로 경험하기를 갈망할 필요가 있다. 이는 주석들이나 인터넷 웹 사이트의 정보를 이용하여 노력하지 않고 쉽게 설교를 작성하는 것과 반대되는 일이다. 설교자들이 경험적인 메시지를 얻기 위해서는 성경 본문 자체와 힘든 씨름을 해야 하기 때문이다. 설교에서 진리는 설교자의 인격을 통해 전달되는데 만일 설교자가 먼저 진리를 확신하지 못하면 청중 역시 피상적인 말에 아무 감동도 느끼지 못할 것이다. 조나단 에드워즈가 보여준 것처럼 우리의 전 인격이 성경의 진리에 사로잡힐 때까지 성경 진리를 탐구하는 데 많은 시간과 정력을 쏟아 붓는 것 외에는 다른 방법이 없다. 그러나 일단 진리에 대한 경험적이고 설득적인 지식을 얻으면 설교자가 청중에게 열과 생명력을 가져다주는 것은 놀라운 일이 아니다.

우리가 살펴본 대로 설교는 개혁주의 설교자들의 사역에서 최우선 순위였고 그들은 대부분의 힘을 설교에 쏟았다. 그들에게 설교는 하나님 나라의 적들에 대항하는 영적 전쟁을 위한 무기였다. 또한 이 세상의 위협과 유혹을 이기면서 어떻게 의미 있는 삶을 살 수 있는지를 가르쳐주는 수단이었다. 그러나 그들 생각에 설교의 가장 큰 유익은 설교를 들을 때 청중의 마음에 끼쳐지는 영향력이었다. 설교는 그들이 섬기던 사람들의 마음에 영적인 영향을 주기 위한 최상의 수단이었고 설교를 통해 성경 지식을 따뜻하고 감동적인 것으로 만들 수 있었다. 로이드존스가 확신 있게 논증했듯이 진정한 개신교 설교와 가장 거리가 먼 것은 그저 머리의 지식에만 초점을 맞추는 생명력 없는 설교이다. 오늘날 개혁주의 교회는 설교에 대해서 동일한 확신을 회복하는 것이 시급하다. 오늘날도 여전히 설교는 경험을 중시하는 포스트모던 사람들에게 영향을 미치고 그들을 변화시키기 위해 하나님께서 사용하시는 가장 효과적인 수단이다.

개신교 선구자들은 설교에서 평범한 사람들이 이해할 수 있도록 평이한 말을 사용했고 언어의 남용을 비판했다. 그러나 또한 설교에서 감정적인 웅변도 자유롭게 사용하여 청중의 마음을 움직이려 했다. 우리가 살펴보았던 것처럼 그들은 감정적으로 청중에게 호소하기 위해 은유와 상상의 언어를 사용했다. 청중은 그들의 말을 듣고 회심하고 깊이 감동했는데 이는 설교가 명제적 차원에서 성경 진리에 정확하게 부응했기 때문만은 아니었다. 비록 두 종류의 지식을 구분했지만 그들은 설교에서 지적인 진리를 진정한 감정과 통합하려고 끊임없이 애썼다. 그들이 믿기에 설교자는 더 많은 정보를 주기 위해 강단에 서는 것이 아니었다. 그들은 최상의 기독교는 최소한의 감정만을 포함해야 한다는 생각을 부인했다. 그들은 교회 안에 명백하게 존재하는 배타적인 감정주의와 죽은 지식주의의 양극단을 모두 거절하고자 했다.

하나님께서는 다른 시대에 다른 사람들을 위해 다른 목적으로 그들을 사용하셨다. 그들 가운데는 예외적인 설교자가 되기에 필요한 모든 은사를 갖춘 경우도 있고(로이드존스), 설교에 필요한 은사가 부족할 수도 있고(에드워즈) 학식이 부족한 경우(번연)도 있었다. 그러나 한 가지 그들

모두가 공통적으로 추구했던 것은 '빛' 과 '열,' '진리' 와 '감정,' '신학'
과 '불' 의 결합이었다. 이런 방법을 통해 하나님의 말씀은 청중들과 인격
적으로 만났고 이러한 통합적 설교는 듣는 이들의 귀를 열어주고 마음에
빛을 비추었다.

나아가 그들은 모두 이런 설교가 성령의 역동적인 영향력 안에서만 가
능하다는 것을 알고 있었다. 성령께서 역사하실 때 성령은 우리의 지성과
느낌을 함께 자극하실 수 있고 영적인 실재들에 대하여 감정적으로 이해
하게끔 우리를 인도하실 수 있다. 이는 성경적이며 경험적인 설교와 관련
하여 결정적으로 중요한 문제다. 설교자가 설교를 전달하는 마지막 단계
만이 아니라 설교를 준비하는 첫 단계부터 성령을 의지하는 것은 절대로
필요한 일이다. 우리는 오직 성령만이 지성에 빛을 비추실 수 있고 또한
거룩한 감정에 불을 붙일 수 있는 분이라고 반드시 인식해야 한다. 다른
어떤 것도 성령의 역할을 대신할 수 없고 따라서 간절하고 쉬지 않는 기
도를 통한 성령과의 지속적인 교제가 필수적이다. 개인적으로 충분한 기
도가 없다면 설교자들은 강단에서 충분한 능력을 발견하지 못할 것이다.
오늘날 설교자 역시 이에 대한 변명의 여지가 없다.

특히 우리의 관심을 끄는 것은 우리가 살펴본 설교자들이 이성과 감성
을 조화롭게 결합하기를 추구하면서 언제나 이성을 감정보다 우위에 두
었다는 사실이다. 그들은 지성과 감성의 진정한 결합은 오직 하나님의 은
혜로만 이루어질 수 있다고 믿었다. 그러나 개신교 설교에 관한 한 진리
에 대한 합리적인 이해가 항상 감정을 조절하고 이끌어야 한다. 설교의
감정적 측면을 중시한다는 것은 저속한 감정이 말씀에 대한 지적인 이해
를 대신하는 감정주의와는 아무 상관이 없다. 진정으로 영적이며 실제적
인 지식은 언제나 개념적인 지식을 먼저 요구한다. 따라서 개신교의 경험
적 설교는 이성이나 적절한 논증을 희생한 채로는 불가능하다.

'신 설교학'에 대한 비판은 바로 여기에 있다. 우리는 새로운 설교학이 발견한 통찰들에 높은 가치를 둘 수 있다. 즉 메시지에 대한 청중의 반응을 위해 설교에 인간의 주관적이고 경험적인 측면을 포함시키는 것은 매우 중요하다. 새로운 설교학은 이 점에서 전통적인 설교의 약점을 상기시켜준다. 예를 들어 설교 형태에 대한 귀납적인 접근은 분명히 설교자가 청중의 주의를 끌고 설교 말씀에 대한 경험을 증대하는 데 도움을 준다.

그러나 앞서 지적했듯이 새로운 설교학은 본문에 대한 지적인 접근이 잘못된 것인 반면 직관과 느낌은 실제적이고 살아있는 설교를 즉각적으로 가능하게 할 수 있다는 잘못된 생각을 부추긴다. 새로운 설교학은 마치 설교자가 본문의 의미를 깨닫기 위해 사용해야 하는 합리적 사고 과정을 거부하도록 격려하고 있는 것처럼 보인다. 그러나 살펴본 대로 진정한 성경적 설교에서 경험이 중요하다고 해서 직관이나 느낌만을 전적으로 의존해야 한다는 말은 아니다. 어떤 설교이든 설교자가 합리성을 배제한 채 청중의 경험에만 초점을 맞추면 안 된다. 비록 청중의 개인적인 경험과 사람 대 사람의 의사소통이 중요하지만 개혁주의 전통 안에서는 진리와 교리, 정의, 그리고 신조 등이 성경적 설교에 더욱 중요하고 필수적인 것이라는 점을 기억할 필요가 있다.

필자는 설교의 목표가 청중의 경험을 불러일으키는 것이라는 새로운 설교학의 선언에 전적으로 동의한다. 우리가 살펴본 대로 개신교 설교의 전통 역시 설교가 사건적(eventful)임을 보여준다. 설교는 청중의 삶에 무언가를 행하고 어떤 차이를 만들어내야 한다. 효과적인 설교는 청중의 감정과 경험을 포함한다는 견해 또한 이미 개혁주의 설교의 전통 안에 들어 있다. 그러나 우리가 계속 제기했던 질문은 청중의 경험이 과연 어디에서 도출되어야 하는가 하는 점이었다. 즉 설교의 효과에 대한 질문 이전에 효과의 근거에 대한 질문을 먼저 던져야 한다.

설교에서 하나님을 만난다는 생각은 새로운 것이 아니다. 그러나 오늘날 설교자들은 설교에서 무엇이 말해지는가 보다 무엇이 발생하는가에 훨씬 많은 주의를 기울인다. 하지만 감정 이외에 다른 기능들에 대해 배타적 태도를 취하는 것은 최상의 성경적 강해에 실제로 방해가 된다. 진정한 성경적 설교에는 감정뿐 아니라 지성이나 의지와 같은 다른 기능들도 균형 있게 참여된다. 이럴 때 설교는 말씀 사건(Word-event)이 되는데 이 말씀 사건은 언제나 성경을 적절하게 설명하고 적용하는 것에 근거해야 한다. 다른 말로 하면 설교에서 추구해야 할 경험이란 말씀 없는 경험이 아니라 말씀 자체를 경험(the experience of the Word)하는 것인데 이는 성경 진리에 대한 정확하고 분명한 이해의 결과로 주어지는 것이다. 설교자의 임무는 이러한 경험적 진리가 설교 준비와 전달을 통해 설교의 전 과정을 지배하도록 만드는 일이다.

설교자들은 성령께서 그들에게 기름을 부으시고 힘 있게 사용하셔서 청중의 삶을 변화시킬 수 있도록 기도하는 마음으로 설교를 준비할 필요가 있다. 설교에는 어떠한 이원론도 존재하지 않는다. 객관적인 말씀과 주관적인 경험, 지성과 마음, 빛과 열, 연구와 성령의 기름부음, 인간의 책임과 하나님의 은혜, 이 모두는 하나님 말씀을 정확히, 깊이 있게, 그리고 풍성하게 강해하고자 하는 이 한 가지 목표를 위해 균형 있게 통합되어야 한다. 이것이 개혁교회가 지향하는 성경적 설교의 핵심이다. 칼빈에서 로이드존스까지 우리가 살펴본 설교자들은 설교에 대한 자신들의 생각과 실제 설교사역을 통해 이 같은 개신교 설교의 원리를 보여주었다.

오늘날 복음주의 설교자들 역시 '말씀 중심적인 경험 설교'의 원리를 믿고 실천했던 개신교의 선구자들과 같은 위치에 서있다. 필요한 것은 새로운 방법들이 아니라 전통적인 설교 유산이 지니고 있는 본질을 회복하고자 하는 새로운 정신이다. 마치 예수께서 부활 후에 자신의 제자들에게 성경을 열어주셨던 것처럼(눅 24:27, 32, 45) 설교자가 이런 방법으로 청중들에게 성경을 열어줄 때 청중은 거룩한 말씀의 세계 안으로 들어가서 말씀하시는 하나님을 만나게 될 것이다. 이것이 하나님께서 지금도 여전히 설교자를 사용하셔서 자신의 왕국을 건설하시고 자신의 자녀들을 변화시키시는 방법이다.

약 어

Angl Th R	Anglican Theological Review
BQ	The Baptist Quarterly
ChH	Church History
Chmn	Churchman
Chr Cent	The Christian Century
Cov Q	The Covenant Quarterly
CTJ	Calvin Theological Journal
Curr Th Miss	Currents in Theology and Mission
EAL	Early American Literature
EMW	The Evangelical Magazine of Wales
EQ	The Evangelical Quarterly
Eva	Evangel
EvM	Evangelical Magazine
Found	Foundations
HTR	Harvard Theological Review
Interp	Interpretation
J Comm Rel	The Journal of Communication and Religion
JETS	Journal of the Evangelical Theological Society
JPT	Journal of Pentecostal Theology
NEQ	The New England Quarterly
ReT	Reformation Today
RTR	The Reformed Theological Review
RvEx	Review & Expositor
SBET	Scottish Bulletin of Evangelical Theology
SJT	Scottish Journal of Theology
SWJTh	Southwestern Journal of Theology
ThT	Theology Today
WC	Papers read at the Westminster Conference
WTJ	The Westminster Theological Journal

참고문헌

A. 기본 자료

1. 존 칼빈(John Calvin)

Calvin, J., *The Acts of the Apostles 14-28* (Edinburgh: The Saint Andrew Press, 1966) eds. D.W. Torrance and T.F. Torrance, tr. J.W. Fraser.

_____ , *Commentaries on the Book of the Prophet Daniel*, vol. 2 Grand Rapids: Eerdmans, 1948) ed. T. Myers.

_____ , *Commentaries on the Book of the Prophet Jeremiah and the Lamentations*, vol. 1 (Grand Rapids: Eerdmans, 1950) ed. and tr. J. Owen.

_____ , *Commentaries on the Four Last Books of Moses Arranged in the Form of a Harmony*, vol. 2 (Grand Rapids: Eerdmans, 1950) tr. C.W. Bingham.

_____ , *Commentaries on the Twelve Minor Prophets*, vol.1: *Hosea* (Grand Rapids: Eerdmans, 1950) ed. J. Owen.

_____ , *Commentary on the Book of the Prophet Isaiah*, vols. 1 and 4 (Grand Rapids: Eerdmans, 1948) tr. W. Pringle.

_____ , *Commentary on the Book of Psalms*, vol.1 (Grand Rapids: Eerdmans, 1949) tr. J. Anderson.

_____ , *The Epistles of Paul the Apostle to the Galatians, Ephesians, Philippians and Colossians* (Edinburgh: The Saint Andrew Press, 1965) eds. D.W. Torrance and T.F. Torrance, tr. T.H.L. Parker.

_____ , *The Epistle of Paul the Apostle to the Hebrews and the First and Second Epistles of St Peter* (Edinburgh: The Saint Andrew Press, 1963) eds. D.W. Torrance and T.F. Torrance, tr. W.B. Johnston.

_____ , *The Epistles of Paul the Apostle to the Romans and to the Thessalonians* (Edinburgh: The Saint Andrew Press, 1961) eds. D.W. Torrance and T.F. Torrance, tr. R. Mackenzie.

_____ , *The First Epistle of Paul the Apostle to the Corinthians* (Edinburgh: The Saint Andrew Press, 1960) eds. D.W. Torrance and T.F. Torrance, tr. J.W. Fraser.

_____ , *The Gospel according to St. John 1-10* (Edinburgh: The Saint Andrew Press, 1959) eds. D.W. Torrance and T.F. Torrance, tr. T.H.L. Parker.

_____ , *The Gospel according to St. John 11-21*(Edinburgh: The Saint Andrew Press, 1961) eds. D.W. Torrance and T.F. Torrance, tr. T.H.L. Parker.

_____ , *A Harmony of the Gospels Matthew, Mark and Luke*, vol. 1 (Edinburgh: The Saint Andrew Press, 1972) eds. D.W. Torrance and T.F. Torrance, tr. A.W. Morrison.

_____ , *A Harmony of the Gospels Matthew, Mark and Luke*, vol. 2 (Edinburgh: The Saint Andrew Press, 1972) eds. D.W. Torrance and T.F. Torrance, tr. T.H.L. Parker.

_____ , *A Harmony of the Gospels Matthew, Mark and Luke, vol. 3 and The*

Epistles of James and Jude (Edinburgh: The Saint Andrew Press, 1972) eds. D.W. Torrance and T.F. Torrance, tr. A.W. Morrison.

_____ , *The Second Epistle of Paul the Apostle to the Corinthians and the Epistles to Timothy, Titus and Philemon* (Edinburgh: The Saint Andrew Press, 1964) eds. D.W. Torrance and T.F. Torrance, tr. T.A. Smail.

_____ , *Sermons on the Epistle to the Ephesians* (Edinburgh: The Banner of Truth, 1973).

McNeill, J.T. (ed.), F.L. Battles (tr.), *Calvin: Institutes of the Christian Religion*, 2 vols (Philadelphia: Westminster, 1960).

Reynolds, B. (ed.), *Sermons on Jeremiah by Jean Calvin* (Lampeter: The Edwin Mellen, 1990).

2. 영국 청교도(The English Puritans)

Baxter, R., *The Reformed Pastor* (London: Banner of Truth, 1974 [5th ed.]).

Bernard, R., *The Faithfull Shepheard* (London, 1621).

Bunyan, J., *Grace Abounding to the Chief of Sinners* (Oxford: Clarendon Press, 1962) ed. R. Sharrock.

Burton, J., "The Epistle Writ by Mr. Burton, Minister at Bedford," in G. Offor (ed.), *The Works of John Bunyan*, vol. 2 (London: black and Son, 1857), 139-141.

Doe, C., "The Struggler," in G. Offor (ed.), *The Works of John Bunyan*, vol.3 (London: black and Son, 1857), 763-768.

Duffield, G.E., (ed.), *The Work of William Tyndale* (Appleford: The Sutton Courtenay Press, 1964).

Durham, J., *A Commentary upon the Book of the Revelation* (Amsterdam, 1660).

Fenner, W., *A Treatise of the Affections; or, the Soules Pulse* (London, 1642).

Goodwin, J., *The Divine Authority of the Scriptures Asserted* (London, 1648).

Goodwin, T., *The Works of Thomas Goodwin*, vols. 8 and 9 (Edinburgh: James Nichol, 1861-65).

Offor, G. (ed.), *The Works of John Bunyan*, 3 vols (London: Black and Son, 1857).

Owen, J., *The Works of John Owen*, vols. 4 and 16 (London: Johnstone & Hunter, 1850-55).

Perkins, W., *Workes*, vols. 1, 2, and 8 (London: Cambridge University Press, 1612-13).

Sibbes, R., *The Complete Works of Richard Sibbes*, vols. 5 and 6 (Edinburgh: James Nichol, 1862-64).

Tyndale, W., *Doctrinal Treatises* (Cambridge: Parker Society, 1848) ed. H. Walter.

3. 조나단 에드워즈(Jonathan Edwards)

Backhouse, R. (ed.), *Experiencing God: Jonathan Edwards, Selected Readings from*

His Spiritual Classics (London: Marshall Pickering, 1995).

Chamberlain, A. (ed.), *The Works of Jonathan Edwards*, vol. 18: The *'Miscellanies'*, *501-832* (New Haven: Yale University Press, 2000).

Dwight, S.E. (ed.), *The Life of President Edwards*, vol. 1 (New York: G. & C. & H. Carvill, 1830).

Edwards, J., *The Works of President Edwards*, vol. 1 (New York: Jonathan Leavitt & John F. Trow, 1843[reprint of the Worcester ed. with additions]).

Goen, C.C. (ed.), *The Works of Jonathan Edwards*, vol. 4: *The Great Awakening* (New Haven: Yale University Press, 1972).

Hickman, E. (ed.), *The Works of Jonathan Edwards*, 2 vols (Edinburgh: The Banner of Truth, 1974 [1834]).

Kimnach, W.H. (ed.), *The Works of Jonathan Edwards*, vol. 10: *Sermons and Discourses, 1720-1723* (New Haven: Yale University Press, 1992).

_____ , K.P. Minkema, and D.A. Sweeney (eds.), *The Sermons of Jonathan Edwards: A Reader* (New Haven: Yale University Press, 1999).

Schafer, T.A. (ed.), *The Works of Jonathan Edwards*, vol. 13: The *'Miscellanies'*, *a-500* (New Haven: Yale University Press, 1994).

Smith, J.E. (ed.), *The Works of Jonathan Edwards*, vol. 2: *Religious Affections* (New Haven: Yale University Press, 1959).

4. 마틴 로이드존스(David Martyn Lloyd-Jones)

Lloyd-Jones, D.M., *Assurance: An Exposition of Romans Chapter 5* (Edinburgh: The Banner of Truth, 1971).

_____ , *Atonement and Justification: An Exposition of Romans Chapters 3:20-4:25* (Edinburgh: The Banner of Truth, 1971).

_____ , *Authority* (Chicago: IVP, 1958).

_____ , *The Christian Soldier: An Exposition of Ephesians 6:10 to 20* (Edinburgh: The Banner of Truth, 1977).

_____ , *The Christian Warfare: An Exposition of Ephesians 6:10 to 13* (Edinburgh: The Banner of Truth, 1976).

_____ , *Darkness and Light: An Exposition of Ephesians 4:17-5:17* (Edinburgh: The Banner of Truth, 1982).

_____ , *Evangelistic Sermons* (Edinburgh: The Banner of Truth, 1983).

_____ , *Expository Sermons on 2 Peter* (Edinburgh: The Banner of Truth, 1983).

_____ , *Faith on Trial: Studies in Psalm 73* (London: Inter-Varsity Fellowship, 1965).

_____ , *Fellowship with God*, Studies in 1 John, vol. 1 (Cambridge: Crossway Books, 1993).

_____ , *The Final Perseverance of the Saints: An Exposition of Romans 8: 17-39* (Edinburgh: The Banner of Truth, 1975).

_____ , *God's Ultimate Purpose: An Exposition of Ephesians 1:1 to 23* (Edinburgh:

The Banner of Truth, 1978).

_____ , *Growing in the Spirit*, Exposition of John 17 (Eastbourne: Kingsway Publications, 1989).

_____ , *Joy Unspeakable: The Baptism with the Holy Spirit* (Eastbourne: Kingsway Publications, 1984).

_____ , *Knowing the Times: Addresses Delivered on Various Occasions 1942-1977* (Edinburgh: The Banner of Truth, 1989).

_____ , *Life in God*, Studies in 1 John, vol. 5 (Nottingham, Crossway Books, 1994).

_____ , *Life in the Spirit in Marriage, Home and Work: An Exposition of Ephesians 5:18 to 6:9* (Edinburgh: The Banner of Truth, 1974).

_____ , *The Love of God*, Studies in 1 John, vol. 4 (Nottingham: Crossway Books, 1994).

_____ , *The New Man: An Exposition of Romans Chapter 6* (Edinburgh: The Banner of Truth, 1972).

_____ , "Not in Word Only," in T. Sargent, *The Sacred Anointing* (London: Hodder & Stoughton, 1994), 271-291.

_____ , *The Plight of Man and the Power of God* (Grand Rapids: Eerdmans, 1942).

_____ , *Preaching and Preachers* (London: Hodder & Stoughton, 1971).

_____ , "Preaching," in *The Puritans: Their Origins and Successors, Addresses Delivered at the Puritan and Westminster Conferences 1919-1978* (Edinburgh: The Banner of Truth, 1987), 372-389.

_____ , *The Puritans: Their Origins and Successors, Addresses Delivered at the Puritan and Westminster Conferences 1919-1978* (Edinburgh: The Banner of Truth, 1987).

_____ , *Saving Faith: An Exposition of Romans Chapter 10* (Edinburgh: The Banner of Truth, 1997).

_____ , *Spiritual Depression: Its Causes and Cure* (Basingstoke: Marshall Pickering, 1965).

_____ , *Studies in the Sermon on the Mount* (Grand Rapid: Eerdmans, 1971), one volume edition.

_____ , *To God's Glory: An Exposition of Romans Chapter 11* (Edinburgh: The Banner of Truth, 1998).

_____ , *The Unsearchable Riches of Christ: An Exposition of Ephesians 3:1 to 21* (Edinburgh: The Banner of Truth, 1979).

_____ , *Walking with God*, Studies in 1 John, vol. 2 (Cambridge: Crossway Books, 1993).

_____ , "What Is an Evangelical?," in *Knowing the Times: Addresses Delivered on Various Occasions 1942-1977* (Edinburgh: The Banner of Truth, 1989), 299-355.

_____ , "What Is Preaching?," in *Knowing the Times: Addresses Delivered on Various Occasions 1942-1977* (Edinburgh: The Banner of Truth, 1989), 258-277.

B. 보조 자료들

Achtemeier, E., *Creative Preaching: Finding the Words* (Nashville: Abingdon, 1980).

Adam, P., *Speaking God's Words: A Practical Theology of Preaching* (Leicester: IVP, 1996).

Adams, J.E., *Preaching with Purpose: The Urgent Task of Homiletics* (Grand Rapids: Zondervan, 1982).

Alderson, R., "Dr. Martyn Lloyd-Jones: A Biographical Sketch," *The Westminster Record*, vol. 56, no. 6 (1981), 469-472.

Alexander, J.W., *Thoughts on Preaching* (Edinburgh: The Banner of Truth, 1975 [1864]).

Allen, D., *Christian Belief in a Postmodern World: The Full Wealth of Conviction* (Louisville: Westminster/John Knox Press, 1989).

Allen, R.J., *Interpreting the Gospel* (St. Louis: Chalice Press, 1998).

_____ , *Patterns of Preaching* (St. Louis: Chalice Press, 1998).

_____ , B.S. Blaisdell, and S.B. Johnston, *Theology for Preaching : Authority, Truth, and Knowledge of God in A Postmodern Ethos* (Nashville: Abingdon, 1997).

Anderson, K.C., "The Place of the Pulpit," *Preaching* 15, no.1 (1999), 23-25.

_____ , *Preaching with Conviction: Connecting with Postmodern Listeners* (Grand Rapids: Kregel Publications, 2001).

Anderson, M., "John Calvin: Biblical Preacher (1539-1564)," *SJT* 42 (1989), 167-181.

Angoff, C. (ed.), *Jonathan Edwards: His Life and Influence* (New Jersey: Associated University Press, 1975).

Bacon, E.W., *Pilgrim and Dreamer* (Exeter: Paternoster, 1983).

Baker, R.O., "Pentecostal Bible Reading: Toward a Model of Reading for the Formation of Christian Affections," *JPT* 7 (1995), 34-48.

Barth, K., *Homiletics* (Louisville: Westminster/John Knox Press, 1991).

Bartlett, D., *Between the Bible and the Church: New Methods for Biblical Preaching* (Nashville: Abingdon, 1999).

Bartow, C.L., *The Preaching Moment: A Guide to Sermon Delivery* (Nashville: Abingdon, 1980).

Batson, E.B., "The Artistry of John Bunyan's Sermons," *WTJ* 38 (1976), 166-181.

Battles, F.L., "God Was Accommodating Himself to Human Capacity," *Interp* 31 (1977), 19-38.

_____ , *Interpreting John Calvin* (Grand Rapids: Baker Book, 1996).

Baumann, J.D., *An Introduction to Contemporary Preaching* (Grand Rapids: Baker Book House, 1972).

Becton, M.D., "An Analysis of John Stott's Preaching as 'Bridge-Building' as Compared to the Preaching of David Martyn Lloyd-Jones" (PhD thesis, Southwestern Baptist Theological Seminary, 1995).

Beecher, H.W., *Lectures on Preaching* (London: T. Nelson and Sons, 1872).

Beeke, J.R., *Assurance of Faith: Calvin, English Puritanism, and the Dutch Second Reformation* (New York: Peter Lang, 1991).

Bennett, C., "The Puritans and the Direct Operations of the Holy Spirit," *WC* (1994), 108-122.

Bickel, B., *Light and Heat: The Puritan View of the Pulpit* (Morgan: Soli Deo Gloria, 1999).

Black, J.W., *Reformation Pastors: Richard Baxter and the Ideal of the Reformed Pastor* (Carlisle: Paternoster, 2004).

Blackwood, A.W., *The Preparation of Sermons* (London: Church Book Room Press, 1951).

Blair, R., *The Life of Mr. Robert Blair*, Ed. by Thomas M'Crie (Edinburgh: Wodrow Society, 1848).

Blench, J.W., *Preaching in England in the late 15th and 16th Centuries* (Oxford: Basil Blackwell, 1964).

Boorman, D., "The Puritans and Preaching," *EvM* 17, no. 6 (1978), 16-17, 21.

Bouwsma, W.J., *John Calvin: A Sixteenth Century Portrait* (Oxford: Oxford University Press, 1988).

Bradshaw, W., *English Puritanism and Other Works* (Westmead: Gregg, 1972).

Breen, Q., "John Calvin and the Rhetorical Tradition," in N.P. Ross (ed.), *Christianity and Humanism: Studies in the History of Ideas* (Grand Rapids: Eerdmans, 1968), 107-129.

Brencher, J., *Martyn Lloyd-Jones (1899-1981) and Twentieth- Century Evangelicalism* (Carlisle: Paternoster, 2002).

Broadus, J.A., *On the Preparation and Delivery of Sermons* (New York: Harper & Row, 1944 [2nd ed.]).

Brooks, P., *Lectures on Preaching* (London: Macmillan and Co., 1907).

Brown, J., "John Bunyan as a Life-Study for Preachers," in *Puritan Preaching in England* (London: Hodder and Stoughton, 1900), 131-162.

_____ , *John Bunyan: His Life, Times, and Work* (London: The Hulbert, 1928).

Brown, P., *In and For the World* (Minneapolis: Fortress, 1992).

Browne, R.E.C., *The Ministry of the Word* (London: SCM, 1958).

Bruce, F.F., Book Reviews: *David Martyn Lloyd-Jones : The Fight of Faith 1939-1981*, by Iain H. Murray, in *EQ* 63 (1991), 68-71.

Brueggemann, W., *Finally Comes the Poet* (Minneapolis: Fortress, 1989).

_____ , *Texts under Negotiation: The Bible and Postmodern Imagination* (Minneapolis: Fortress, 1993).

Bush, D., *English Literature in the Earlier Seventeenth Century: 1600-1660* (Oxford: Clarendon Press, 1945).

Butin, P.W., *Revelation, Redemption, and Response* (Oxford: Oxford University Press, 1995).

Buttrick, D., *Homiletic: Moves and Structures* (London: SCM, 1987).

_____ , "Interpretation and Preaching," *Interp* 35 (1981), 46-58.

Cady, E.H., "The Artistry of Jonathan Edwards," *NEQ* 22 (1949), 61-72.

Caiger, J.A., "Preaching-Puritan and Reformed," *WC* (1961), 46-61.

Campbell, C.L., *Preaching Jesus: New Directions for Homiletics in Hans Frei's Postliberal Theology* (Grand Rapids: Eerdmans, 1997).

Carson, D.A., *The Gagging of God: Christianity Confronts Pluralism* (Grand Rapids: Zondervan, 1996).

Catherwood, C., *Five Evangelical Leaders* (Ross-shire, Scotland: Christian Focus Publications, 1994).

_____, (ed.), *Martyn Lloyd-Jones : Chosen by God* (Crowborough: Highland Books, 1986).

Chapell, B, *Christ-Centered Preaching* (Grand Rapids: Baker Books, 1994).

_____, "When Narrative Is Not Enough," *Presbyterion* 22, no. 1 (1996), 3-16.

Chauncy, C., *Seasonable Thoughts on the State of Religion in New England* (Boston: Rogers and Fowle, 1743).

Cherry, C., "Symbols of Spiritual Truth: Jonathan Edwards as Biblical Interpreter," *Interp* 39 (1985), 263-271.

_____, *The Theology of Jonathan Edwards: A Reappraisal* (Garden City: Doubleday, 1966).

Clifford, N., "John Bunyan," in *Christian Preachers* (Bridgend: Evangelical Press of Wales, 1994), 119-128.

Coggan, F.D., *The Ministry of the Word* (London: Lutterworth Press, 1964 [2nd ed.]).

Cohen, C.L., *God's Caress: The Psychology of Puritan Religious Experience* (Oxford: Oxford University Press, 1986).

Collinson, P., *The Birthpangs of Protestant England: Religious and Cultural Change in the Sixteenth and Seventeenth Centuries* (Hampshire: Macmillan Press, 1988).

_____, *The Elizabethan Puritan Movement* (London: The Trinity Press, 1967).

Cone, J.H., *God of the Oppressed* (New York: Seabury Press, 1975).

Cook, P., "Understanding Calvin," *SBET* 2 (1984), 51-59.

Cottret, B., *Calvin: A Biography* (Edinburgh: T&T Clark, 2000).

Cox, J.W., *Preaching* (San Francisco: Harper & Row, 1985).

Craddock, F.B., *As One without Authority* (Nashville: Abingdon, 1971).

_____, *Overhearing the Gospel* (Nashville: Abingdon, 1990).

Cross, T.L., "Toward a Theology of the Word and the Spirit: A Review of J. Rodman Williams's *Renewal Theology*", *JPT* 3 (1993), 113-135.

Daane, J., *Preaching with Confidence: A Theological Essay on the Power of the Pulpit* (Grand Rapids: Eerdmans, 1980).

Dakin, A., *Calvinism* (London: Duckworth, 1940).

Dale, R.W., *Nine Lectures on Preaching* (London: Hodder and Stoughton, 1932 [4th ed.]).

Daniel, S.H., *Philosophy of Jonathan Edwards: A Study in Divine Semiotics* (Indianapolis: Indiana University Press, 1994).

Danner, D.G., *Pilgrimage to Puritanism: History and Theology of the Marian Exiles at*

Geneva, 1555-1560 (New York: Peter Lang, 1999).

Davies, A., "Spirit and Word: Some Lessons from Puritanism," *Found* 34 (1995), 19-27.

Davies, H., *The Worship of the English Puritans* (Morgan: Soli Deo Gloria, 1997 [1948]).

Davis, H.G., *Design for Preaching* (Philadelphia: Fortress, 1958).

Deuel, D.C., "Expository Preaching from Old Testament Narrative," in J. McArthur, JR. (ed.), *Rediscovering Expository Preaching* (Dallas: Word Publishing, 1992), 273-287.

DeVries, D., *Jesus Christ in the Preaching of Calvin and Schleiermacher* (Louisville: Westminster John Knox, 1996).

DeVries, P., *John Bunyan on the Order of Salvation* (New York: Peter Lang, 1994).

Dix, K., *John Bunyan: Puritan Pastor* (Rushden: The Faconberg Press, 1978).

Dowey, E.A., *The Knowledge of God in Calvin's Theology* (New York: Columbia University Press, 1952).

Duffield, G.E. (ed.), *John Calvin: A Collection of Essays* (Grand Rapids: Eerdmans, 1966).

Eaton, M.A., *Baptism with the Spirit: The Teaching of Martyn Lloyd-Jones* (Leicester: IVP, 1989).

Erdt, T., "The Calvinist Psychology of the Heart and the 'Sense' of Jonathan Edwards," *EAL* 13 (1978), 165-180.

_____ , *Jonathan Edwards: Art and the Sense of the Heart* (Amherst: Massachusetts University Press, 1980).

Erickson, M.J., and J.L. Heflin, *Old Wine in New Wineskins: Doctrinal Preaching in a Changing World* (Grand Rapids: Baker Books, 1997).

Eslinger, R.L., *A New Hearing: Living Options in Homiletic Methods* (Nashville: Abingdon, 1987).

_____ , *Pitfalls in Preaching* (Grand Rapids: Eerdmans, 1996).

Fant, C.E., Jr. and W.M. Pinson, Jr., *20 Centuries of Great Preaching: An Encyclopedia of Preaching*, vol. 11 (Waco: Word Books Publisher, 1971).

Farris, S., *Preaching that Matters: The Bible and Our Lives* (Louisville: Westminster John Knox Press, 1998).

Ferguson, S.B. and D.F. Wright (eds.), *New Dictionary of Theology* (Leicester: IVP, 1988).

Fiering, N., *Jonathan Edwards's Moral Thought and Its British Context* (Chapel Hill: North Carolina University Press, 1981).

Ford, D.W.C., *The Ministry of the Word* (London: Hodder and Stouhgton, 1979).

Forstman, H.J., *Word and Spirit: Calvin's Doctrine of Biblical Authority* (Stanford: Stanford University Press, 1962).

Forsyth, P.T., *Positive Preaching and the Modern Mind* (London: Paternoster, 1998 [1907]).

Fosdick, H.E., *The Living of These Days* (New York: Harper and Brothers, 1956).

_____ , "What is the Matter with Preaching?," *Harper's Magazine* 157 (July 1928),

133-141.

Froehlich, K. and T.E. Fretheim, *The Bible as Word of God in a Postmodern Age* (Minneapolis: Fortress, 1998).

Gamble, R.C., "*BREVITAS ET FACILITAS:* Toward an Understanding of Calvin's Hermeneutics," *WTJ* 47(1985), 1-17.

_____ , "Calvin as Theologian and Exegete: Is There Anything New?," *CTJ* 23 (1988), 178-193.

Garrett, C.H., *The Marian Exiles* (Cambridge: Cambridge University Press, 1938).

George, T., *Theology of the Reformers* (Leicester: Apollos, 1988).

Gibson, A.F., "John Bunyan: "Grace Abounding to the Chief of Sinners," *WC* (1978), 53-66.

Gibson, S.M. (ed.), *Making a Difference in Preaching* (Grand Rapids: Baker Books, 1999).

Gordon, J.M., *Evangelical Spirituality* (London: SPCK, 1991).

Graves, M., *The Sermon as Symphony: Preaching the Literary Forms of the New Testament* (Valley Forge: Judson Press, 1997).

Greaves, R.L., *John Bunyan* (Abingdon: The Sutton Courtenay Press, 1969).

Greene, M., "Is Anybody Listening?," *Anvil* 14 (1997), 283-294.

Greidanus, S., *The Modern Preacher and the Ancient Text: Interpreting and Preaching Biblical Literature* (Grand Rapids: Eerdmans, 1988).

Grenz, S., *A Primer on Postmodernism* (Grand Rapids: Eerdmans, 1996).

Grime, P.J., and D.W. Nadasdy (eds.), *Liturgical Preaching* (Saint Louis: Concordia Publishing House, 2001).

Grindal, E., *Remains* (Cambridge: Cambridge University Press, 1843).

Haigh, C., *English Reformations: Religion, Politics, and Society under the Tudors* (Oxford: Clarendon Press, 1993).

Hall, D.J., *Thinking the Faith: Christian Theology in a North American Context* (Minneapolis: Augsburg, 1989).

Hanbury, B. (ed.), *Ecclesiastical Polity*, vol. 2 (London: Holdsworth and Ball, 1830).

Harris, J., "Moving the Heart-the Preaching of John Bunyan," *WC* (1988), 32-51.

Harrison, F.M., *John Bunyan* (London: The Banner of Truth, 1964).

Hatch, N.O. and H.S. Stout (eds.), *Jonathan Edwards and the American Experience* (Oxford: Oxford University Press, 1988).

Hawkes, R.M., "The Logic of Assurance in English Puritan Theology," *WTJ* 52 (1990), 247-261.

Heimert, A., *Religion and the American mind: From the Great Awakening to the Revolution* (Cambridge: Harvard University Press, 1966).

Helm, P. and O.D. Crisp (eds.), *Jonathan Edwards: Philosophical Theologian* (Aldershot: Ashgate Publishing Limited, 2003).

Henry, C.F.H., "Martyn Lloyd-Jones: From Buckingham to Westminster," An interview by Carl F.H. Henry, *Christianity Today* (8 Feb, 1980), 27-34.

Hill, C., A *Turbulent, Seditious, and Factious People: John Bunyan and His Church*

(Oxford: Oxford University Press, 1988).

Hindson, E. (ed.), *Introduction to Puritan Theology* (Grand Rapids: Baker Book House, 1976).

Hjelm, J.R., "Growing Edges in Homiletics," *Cov Q* 48 (Feb. 1990), 38-48.

Holbert, J.C., *Preaching Old Testament: Proclamation & Narrative in the Hebrew Bible* (Nashville: Abingdon, 1991).

Holmes, S.R., *God of Grace and God of Glory: An Account of the Theology of Jonathan Edwards* (Edinburgh:T&T Clark, 2000).

Hughes, P.E., "Preaching, Homilies, and Prophesyings in Sixteenth Century England," *Chmn* 89, no. 1 (1975), 7-32.

Hunter, A.M., *The Teaching of Calvin: A Modern Interpretation* (London: James Clarke, 1950).

Ivimey, J., *The Life of Mr. John Bunyan* (London: Button & Burdett, 1825 [2 ed.]).

Jensen, R.A., *Telling the Story* (Minneapolis: Augsburg, 1980).

Jenson, R.W., *America's Theologian: Recommendation of Jonathan Edwards* (New York: Oxford University Press, 1992).

Johnson, G.K., *Prisoner of Conscience: John Bunyan on Self, Community and Christian Faith* (Carlisle: Paternoster, 2003).

Johnston, G., *Preaching to a Postmodern World: A Guide to Preaching Twenty-First Century Listeners* (Grand Rapids: Baker Books, 2001).

Jones, S., *Calvin and the Rhetoric of Piety* (Louisville: Westminster John Knox, 1995).

Jowett, J.H., *The Preacher: His Life and Work* (London: Hodder & Stoughton, 1912).

Kaiser Jr., W.C., *Preaching and Teaching from the Old Testament: A Guide for the Church* (Grand Rapids: Baker Academic, 2003).

Kay, J.F., "Theological Table Talk: Myth or Narrative," in *ThT* 48 (Oct. 1991), 326-332.

Keith, J.M., "The Concept of Expository Preaching as Represented by Alexander Maclaren, George Campbell Morgan, and David Martyn Lloyd-Jones" (ThD thesis, Southwestern Baptist Theological Seminary, 1975).

Kendall, R.T., "Puritans in the Pulpit and 'Such as run to hear Preaching'", *WC* (1990), 86-102.

Killinger, J., "Preaching and Worship," in M. Duduit (ed.), *Handbook of Contemporary Preaching* (Nashville: Broadman Press, 1992), 432-443.

Kimbrell, C., "The Evangelistic Preaching of Dr D Martyn Lloyd-Jones," *ReT* 136 (Nov-Dec, 1993), 11-18.

Kimnach, W.H., "The Brazen Trumpet: Jonathan Edwards's Conception of the Sermon," in W.J. Scheick (ed.), *Critical Essays on Jonathan Edwards* (Boston: G.K. Hall, 1980), 277-286.

_____ , "Jonathan Edwards's Pursuit of Reality," in N.O. Hatch, and H.S. Stout (eds.), *Jonathan Edwards and the American Experience* (Oxford: Oxford University Press, 1988), 102-117.

Knappen, M.M., *Tudor Puritanism: A Chapter in the History of Idealism* (Chicago: Chicago University Press, 1939).

Knott, J.R., *The Sword of the Spirit: Puritan Responses to the Bible* (Chicago: Chicago University Press, 1980).

_____ , " 'Thou must live upon my Word' : Bunyan and the Bible," in N.H. Keeble (ed.), *John Bunyan: Conventicle and Parnassus* (New York: Oxford University Press, 1988), 153-170.

Kolodny, A., "Imagery in the Sermons of Jonathan Edwards," *EAL* 7 (1972-73), 172-182.

Kraus, H.-J., "Calvin's Exegetical Principles," *Interp* 31(1977), 8-18.

Lane, A.N.S., *John Calvin: Student of the Church Fathers* (Grand Rapids: Baker Books, 1999).

Laurence, D., "Jonathan Edwards, John Locke, and the Canon of Experience," *EAL* 15 (1980), 107-123.

Lea, T.D., "The Hermeneutics of the Puritans," *JETS* 39 (1996), 271-284.

Lee, S.H., "Mental Activity and the Perception of Beauty in Jonathan Edwards," *HTR* 69 (1976), 369-396.

_____ , *The Philosophical Theology of Jonathan Edwards* (Princeton: Princeton University Press, 1988).

_____ and A.C. Guelzo (eds.), *Edwards in Our Time: Jonathan Edwards and the Shaping of American Religion* (Grand Rapids: Eerdmans, 1999).

Leith, J.H., "Calvin's Doctrine of the Proclamation of the Word and Its Significance for Today in the Light of Recent Research," *RvEx* 86 (1989), 29-44.

_____ , "John Calvin-Theologian of the Bible," *Interp* 25 (1971), 329-344.

Lesser, M.X., *Jonathan Edwards* (Boston: Twayne Publishers, 1988).

Lewis, A.E., "Ecclesia Ex Auditu: A Reformed View of the Church as the Community of the Word of God," *SJT* 35 (1982), 13-31.

Lewis, P., *The Genius of Puritanism* (Morgan: Soli Deo Gloria, 1996).

_____ , "Preaching from Calvin to Bunyan," *WC* (1985), 33-50.

Lewis, R.L., and G. Lewis, *Inductive Preaching: Helping People Listen* (Wheaton: Crossway Books, 1983).

Lischer, R., "The Limits of Story," *Interp* 38 (1984), 26-58.

Litchfield, H., "Changes in Preaching," *SWJ Th* 42, no. 3 (2000), 22-37.

Locke, J., *An Essay Concerning Human Understanding* (Oxford: Clarendon Press, 1947 [1924]) ed. A.S. Pringle-Pattison.

Logan, S.T., "The Hermeneutics of Jonathan Edwards," *WTJ* 43 (1980), 79-96.

_____ , (ed.), *Preaching: The Preacher and Preaching in the Twentieth Century* (Phillipsburg: Presbyterian and Reformed Publishing Company, 1986).

Long, T.G., *Preaching and the Literary Forms of the Bible* (Philadelphia; Fortress, 1989).

_____ , *The Witness of Preaching* (Louisville: Westminster John Knox Press, 1989).

Loscalzo, C.A., "Apologizing for God: Apologetic Preaching to a Postmodern World," *RvEx* 93, no 3 (Summer 1996), 405-418.

_____ , *Evangelistic Preaching that Connects* (Downers Grove: IVP, 1995).

Lose, D.J., *Confessing Jesus Christ: Preaching in a Postmodern World* (Grand Rapids: Eerdmans, 2003).

_____ , "Narrative and Proclamation in a Postliberal *Homiletic*," in *Homiletic* 23, no.1 (1998), 1-14.

Lowance, M.I., "Images or Shadows of Divine Things: The Typology of Jonathan Edwards," *EAL* 15 (1970-71), 141-181.

Lowry, E.L., *Doing Time in the Pulpit: The Relationship between Narrative and Preaching* (Nashville: Abingdon, 1985).

_____ , *The Homiletical Plot: The Sermon As Narrative Art Form* (Atlanta: John Knox Press, 1980).

_____ , *The Sermon: Dancing the Edge of Mystery* (Nashville: Abingdon, 1997).

Luccock, H.E., *In the Minister's Workshop* (Nashville: Abingdon, 1944).

MacArthur, J.F. Jr.(ed.), *Rediscovering Expository Preaching* (Dallas: Word Publishing, 1992).

Maier, G., *Biblical Hermeneutics* (Wheaton: Crossway Books, 1994).

Marsden, G.M., *Jonathan Edwards: A Life* (New Haven: Yale University Press, 2003).

Martin, J.-P., "Edwards' Epistemology and the New Science," *EAL* 7 (1972-73), 247-255.

Martin, R.P., *The Worship of God* (Grand Rapids: Eerdmans, 1982).

Massey, J.E., *The Burdensome Joy of Preaching* (Nashville: Abingdon, 1998).

McClure, J.S., "Expository Preaching," in W.H. Willimon and R.Lischer (eds.), *Concise Encyclopedia of Preaching* (Louisville: Westminster John Knox, 1995), 130-132.

_____ , *The Roundtable Pulpit* (Nashville: Abingdon, 1995).

McClymond, M.J., *Encounters with God: An Approach to the Theology of Jonathan Edwards* (New York: Oxford University Press, 1998).

_____ , "God the Measure: Toward an Understanding of Jonathan Edwards' Theocentric Methaphysics," *SJT* 47 (1994), 43-59.

McDougall, D.G., "Central Ideas, Outlines, and Titles," in J. MacArthur (ed.), *Rediscovering Expository Preaching* (Dallas: Word Publishing, 1992), 225-241.

McGrath, A.E., *A Life of John Calvin: A Study in the Shaping of Western Culture* (Oxford: Blackwell, 1990).

McGrath, P., *Papists and Puritans under Elizabeth I* (London: Blanford, 1967).

McLure, M., *The Paul's Cross Sermons 1534-1642* (London: Oxford University Press, 1958).

McNeill, J.T., "The Significance of the Word of God for Calvin," *ChH* 28 (1959), 131-146.

Mead, L., *The Once and Future Church: Reinventing the Congregation for a New Mission Frontier* (Washington: The Alban Institute, 1991).

Medlicott, A., "In the Wake of Mr. Edwards's 'Most Awakening' Sermon at Enfield," *EAL* 15 (1980/81), 217-221.

Meyer, F.B., *Expository Preaching: Plans and Methods* (London: Marshall, Morgan & Scott, 1954).

Meyers, R.R., *With Ears to Hear* (Cleveland: ThePilgrim Press, 1993).

Miller, P. (ed.), *Errand into the Wilderness* (Cambridge: Harvard University Press, 1956).

_____ , *Jonathan Edwards* (New York: William Sloane, 1949).

_____ , "Jonathan Edwards on the Sense of the Heart," *HTR* 41 (1948), 123-145.

_____ and T.H. Johnson, *The Puritans* (New York: American Book Company, 1938).

Milner, B.C. Jr., *Calvin's Doctrine of the Church* (Leiden: E.J. Brill, 1970).

Mitchell, H.H., *The Recovery of Preaching* (New York: Harper & Row, 1977).

Morgan, G.C., *Preaching* (London: Oliphants, 1964).

Morgan, I., *The Godly Preachers of the Elizabethan Church* (London: The Epworth Press, 1965).

Morgan, J.P., *Godly Learning: Puritan Attitudes towards Reason, Learning and Education, 1560-1640* (Cambridge University Press, 1986).

Mounce, R.H., *The Essential Nature of New Testament Preaching* (Grand Rapids: Eerdmans, 1960).

Murray, I.H., *David Martyn Lloyd-Jones: The First Forty Years 1899-1939* (Edinburgh: The Banner of Truth, 1982).

_____ , *D. Martyn Lloyd-Jones: The Fight of Faith 1939-1981* (Edinburgh: The Banner of Truth, 1990).

_____ , *Jonathan Edwards: A New Biography* (Edinburgh: The Banner of Truth, 1987).

Naphy, W.G., *Calvin and the Consolidation of the Genevan Reformation* (Manchester: Manchester University Press, 1994).

Neal, D., *The History of the Puritans; or Protestant Nonconformists* (London: William Baynes and Son, 1822).

Neuser, W.H. (ed.), *Calvinus Sacrae Scripturae Professo: Calvin as Confessor of Holy Scripture* (Grand Rapids: Eerdmans, 1994).

Nicoll, W.R., *Princes of the Church* (London: Hodder & Stoughton, 1921).

Nixon, L., *John Calvin, Expository Preacher* (Grand Rapids: Eerdmans, 1950).

Norn, C.M., "The Fall-and Rise-of Contemporary Preaching," *Cov Q* 54 (August 1996), 14-25.

Nuttall, G.F., "Church Life in Bunyan's Bedfordshire," *BQ* 32 (1976), no. 7, 305-313.

_____ , *The Holy Spirit in Puritan Faith and Experience* (Chicago: Chicago University Press, 1992).

Oberman, H.A., "Preaching and the Word in the Reformation," *ThT* 18 (1961), 16-29.

O'Day, G.R. and T.G. Long (eds.), *Listening to the Word* (Nashville: Abingdon, 1994).

O'Day, R., *The English Clergy* (Leicester: Leicester University Press, 1979).

Olford, S.F. and D.L. Olford, *Anointed Expository Preaching* (Nashville: Broadman & Holman Publishers, 1998).

Oliphint, S., "Jonathan Edwards: Reformed Apologist," *WTJ* 57 (1995), 165-186.

Oliver, R., "Friday Nights at Westminster-A Personal Testimony," *Grace* (Nov. 1999).

Owst, G.R., *Literature and Pulpit in Medieval England* (Cambridge: Cambridge University Press, 1933).

Packer, J.I., "A Kind of Puritan," in C. Catherwood (ed.), *Martyn Lloyd-Jones: Chosen by God* (Crowborough: Highland Books, 1986), 33-57.

_____ , *Among God's Giants: Aspects of Puritan Christianity* (Eastbourne: Kingsway Publications, 1991).

_____ , "Calvin: A Servant of the Word," *WC* (1964), 36-55.

_____ , "Calvin the Theologian," in G.E. Duffield (ed.), *John Calvin: A Collection of Essays* (Grand Rapids: Eerdmans, 1966), 149-175.

_____ , *Knowing God* (Downers Grove: IVP, 1973).

_____ , "Preaching as Biblical Interpretation," in R.R. Nicole and J.R. Michaels (eds.), *Inerrancy and Common Sense* (Grand Rapids: Baker Book House, 1980).

_____ , "Theology on Fire," *Christian History* 41 (1994), 32-35.

_____ , "The Whale and the Elephant," *Christianity Today*, (Oct. 4, 1993).

Parker, T.H.L., "Calvin the Biblical Expositor," *Chmn* 78 (1964), 23-31.

_____ , *Calvin's New Testament Commentaries* (Grand Rapids: Eerdmans, 1971).

_____ , *Calvin's Old Testament Commentaries* (Edinburgh: T&T Clark, 1986).

_____ , *Calvin's Preaching* (Edinburgh: T&T Clark, 1992).

_____ , *John Calvin: A Biography* (London: J.M. Dent & Sons, 1975).

_____ , *The Oracles of God* (London: Lutterworth Press, 1947).

Partee C., "Calvin and Experience," *SJT* 26 (1973), 169-181.

Paul, I., *Knowledge of God: Calvin, Einstein, and Polanyi* (Edinburgh: Scottish Academic Press, 1987).

Perry, L.M., *Biblical Preaching for Today's Word* (Chicago: Moody Press, 1973).

Peters, J., *Martyn Lloyd-Jones Preacher* (Exter: Paternoster, 1986).

Pettegree, A., *Marian Protestantism: Six Studies* (Hampshire, England: Scolar Press, 1996).

Piper, J., *The Hidden Smile of God: The Fruit of Affliction in the Lives of John Bunyan, William Cowper, and David Brainerd* (Wheaton: Crossway Books, 2001).

_____ , *The Supremacy of God in Preaching* (Leicester: IVP, 1990).

Poe, H.L., "Bunyan's Departure from Preaching," *EQ* 58 (1986), 149-155.

Pond, C., "The Burning Question," *Evangelicals Now* (August 1994).

Pooley, R., "Plain and Simple: Bunyan and Style," in N.H. Keeble (ed.), *John Bunyan: Conventicle and Parnassus* (New York: Oxford University Press, 1988), 91-110.

Proudfoot, W., "From Theology to a Science of Religions: Jonathan Edwards and William James on Religious Affections," *HTR* 87 (1989), 149-168.

Prust, R.C., "Was Calvin a Biblical Literalist?," *SJT* 20 (1967), 312-328.

Puckett, D.L., *John Calvin's Exegesis of the Old Testament* (Louisville: Westminster John Knox, 1995).

Ramm, B., *The Evangelical Heritage: A Study in Historical Theology* (Grand Rapids: Baker Book House, 1973).

Reid, J.K.S., *The Authority of Scripture* (London: Methuen, 1957).

Reid, R., D. Fleer, and J. Bullock, "Preaching as the Creation of an Experience: The Not-So Rational Revolution of the New Homiletic," *J Comm Rel* 18 (1995), 1-9.

Reid, R.S., "Postmodernism and the Function of the New Homiletic in Post-Christendom Congregations," in *Homiletic* 20, no. 2 (1995), 1-13.

Reid, W., "John Calvin, Pastoral Theologian," *RTR* 41 (1982), 65-73.

Reynolds, B., *The Relationship of Calvin to Process Theology as Seen through His Sermons* (Lampeter: The Edwin Mellen Press, 1993).

Rice, C.L., *The Embodied Word* (Minneapolis: Fortress, 1991).

Richard, L.J., *The Spirituality of John Calvin* (Atlanta: John Knox, 1974).

Riegert, E.R., "What is Authoritative for the 'Post-modern' Listener?," *Curr Th Miss* 25 (Feb. 1998), 5-14.

Ritschl, D., *A Theology of Proclamation* (Richmond: John Knox Press, 1960).

Robinson, H.W., *Expository Preaching: Principles and Practice* (Leicester: IVP, 1986).

Robinson, M., "Post What? Renewing Our Minds in a Postmodern World," *On Being* 24, no. 2 (March 1997), 28-30.

Rose, L.A., *Sharing the Word* (Louisville: Westminster John Knox, 1997).

Runia, K., *The Sermon under Attack* (Exeter: Paternoster, 1983).

Sangster, W.E., *The Craft of the Sermon* (London: The Epworth Press, 1954).

Sargent, T., *The Sacred Anointing* (London: Hodder & Stoughton, 1994).

Sasek, L.A. (ed.), *Images of English Puritanism: A Collection of Contemporary Sources 1589-1646* (Baton Rouge: Louisiana State University Press, 1989).

Schlafer, D.J., *Surviving the Sermon: A Guide to Preaching for Those Who Have to Listen* (Boston: Cowley Publications, 1992).

Seaver, P.S., *The Puritan Lectureships* (Stanford: Stanford University Press, 1970).

Segler, F.M., *Understanding, Preparing for, and Practicing Christian Worship* (Nashville: Broadman and Holman Publishers, 1996).

Selinger, S., *Calvin against Himself: An Inquiry in Intellectual History* (Hamden: The Shoe String Press, 1984).

Shepherd, Jr., W.H., "A Rickety Bridge: Biblical Preaching in Crisis," *Angl Th R* 80 (Spring 1998), 186-206.

Simeon, C. *Expository Outlines on the Whole Bible*, vol. 1 (Grand Rapids: Zondervan, 1956 [8th ed. of *Horae Homiliticae*, 1847]).

Simonson, H.P., *Jonathan Edwards: Theologian of the Heart* (Grand Rapids: Eerdmans, 1974).

Sleeth, R.E., *God's Word and Our Words: Basic Homiletics* (Atlanta: John Knox Press, 1986).

Smart, J.D., *The Strange Silence of the Bible in the Church: A Study in Hermeneutics* (Philadelphia: Westminster, 1970).

Smith, C.A., "Jonathan Edwards and 'the Way of Ideas'," *HTR* 69 (1976), 154-173.

Smith, J.E., Jonathan Edwards: *Puritan, Preacher, Philosopher* (London: Geoffery Chapman, 1992).

_____ , "The perennial Jonathan Edwards," in S.H. Lee and A.C. Guelzo (eds.),

Edwards in Our Time: Jonathan Edwards and the Shaping of American Religion (Grand Rapids: Eerdmans, 1999), 1-11.

Smith, T.N., "D. Martyn Lloyd-Jones: The Preacher," *Reformation & Revival* 1, no. 4 (Fall 1992), 80-100.

Speight, H.E.B., *The Life and Writings of John Bunyan* (London: Harper & Brothers, 1928).

Spurgeon, C.H., *An All-Round Ministry* (Edinburgh: The Banner of Truth, 1960 [1900]).

_____ , *Autobiography*, vol. 2 (Edinburgh: The Banner of Truth, 1973 [4 vols., 1897-1900]).

_____ , *Lectures to My Students* (Pasadena: Pilgrim Publications, 1990 [1881]).

Steele, T.J. and E.R. Delay, "Vertigo in History: the Threatening Tactility of 'Sinners in the Hands'," *EAL* 18 (1983-84), 242-256.

Stein, S.J., "The Spirit and the Word: Jonathan Edwards and Scriptural Exegesis," in N.O. Hatch and H.S. Stout (eds.), *Jonathan Edwards and the American Experience* (New York: Oxford University Press, 1988), 118-130.

_____ , "The Quest for the Spiritual Sense: The Biblical Hermeneutics of Jonathan Edwards," *HTR* 70 (1977), 99-113.

Stewart, J.S., *Heralds of God* (London: Hodder & Stoughton, 1946).

Stibbe, M., "This is That: Some Thoughts Concerning Charismatic Hermeneutics," *Anvil* 15 (1998), 181-193.

Stitzinger, J.F., "The History of Expository Preaching," in J. MacArthur, Jr.(ed.), *Rediscovering Expository Preaching* (Dallas: Word Publishing, 1992), 36-60.

Stott, J.R.W., *The Contemporary Christian: An Urgent Plea for Double Listening* (Leicester: IVP, 1992).

_____ , "Creating the Bridge," in M. Duduit (ed.), *Communicate with Power: Insights from America's Top Communicators* (Grand Rapids: Baker Books, 1996), 186-192.

_____ , *The Cross of Christ* (Leicester: IVP, 1986).

_____ , *I Believe in Preaching* (London: Hodder & Stoughton, 1982).

_____ , *The Preacher's Portrait* (London: The Tyndale Press, 1961).

Stout, H.S., *The Divine Dramatist: George Whitefield and the Rise of Modern Evangelicalism* (Grand Rapids: Eerdmans, 1991).

_____ , "Introduction," in S.H. Lee and A.C. Guelzo (eds.), *Edwards in Our Time: Jonathan Edwards and the Shaping of American Religion* (Grand Rapids: Eerdmans, 1999), ix-xvi.

Talon, H., *John Bunyan: The Man and His Works* (London: Rockliff, 1951).

Thomas, G., "Personal Recollections of Westminster Chapel (1933-70)," *EMW* 25, no. 5, 6 (1986); vol. 26, no.1 (1987).

_____ , "Third Wave Meets Lloyd-Jones," *Evangelical Times* 26, no. 4 (1992).

Tisdale, L.T., *Preaching as Local Theology and Folk Art* (Minneapolis: Fortress, 1997).

Toon, P., "English Puritanism," in *Puritans and Calvinism* (Swengel: Reiner Publications, 1973), 9-50.

Townsend, H.G. (ed.), *The Philosophy of Jonathan Edwards* (Eugene: Oregon University Press, 1955).

Troeger, T.H., *Imaging a Sermon* (Nashville: Abingdon, 1990).

_____ , *Preaching While the Church Is under Reconstruction* (Nashville: Abingdon, 1999).

Turnbull, R.G., *Jonathan Edwards the Preacher* (Grand Rapids: Baker, 1958).

Underwood, T.L., *Primitivism, Radicalism, and the Lamb's War: The Baptist-Quaker Conflict in Seventeenth-Century England* (New York: Oxford University Press, 1997).

Unger, M.F., *Principles of Expository Preaching* (Grand Rapids: Zondervan, 1955).

Van der Walt, A.G.P., "Calvin on Preaching," in B.J. Van der Walt (ed.), *John Calvin's Institutes: His Opus Magnum*, Proceedings of the Second South African Congress for Calvin Research 2 (Potchefstroom: Potchefstroom University for Christian Higher Education, 1986), 326-341.

_____ , "John Calvin and the Reformation of Preaching," in T. Van der Walt, L. Floor (et al.), *Our Reformational Tradtion: A Rich Heritage and Lasting Vocation* (Potchefstroom: Potchefstroom University for Christian Higher Education , 1984), 192-202.

Van Harn, R.E., *Pew Rights: For People Who Listen to Sermons* (Grand Rapids: Eerdmans, 1992).

Van Seters, A., "The Problematic of Preaching in the Third Millennium," *Interp* 45 (1991), 267-280.

Van Zyl, J., "The Centrality of Preaching among the Puritans," *ReT* 105(1988), 17-20; 110 (1989), 15-20.

Vet, M., "Spiritual Knowledge according to Jonathan Edwards," tr. M.J. McClymond, *CTJ* 31 (1996), 161-181.

Wainwright, W.J., *Reason and the Heart: A Prolegomenon to a Critique of Passional Reason* (London: Cornell University Press, 1995).

Wakefield, G., *John Bunyan the Christian* (London: Harper Collins, 1992).

Wallace, R.S., "Calvin's Approach to Theology," *SBET* 5 (1987), 123-150.

_____ , *Calvin's Doctrine of the Word and Sacrament* (Edinburgh: Oliver and Boyd, 1953).

_____ , *Calvin, Geneva and the Reformation* (Edinburgh: Scottish Academic Press, 1988).

Wardlaw, D.M. (ed.), *Preaching Biblically: Creating Sermons in the Shape of Scripture* (Philadelphia: The Westminster Press, 1983).

Warren, J., *Elizabeth I: Religion and Foreign Affairs* (London: Hodder & Stoughton, 1993).

Watkins, O.C., "John Bunyan and His Experience," *WC* (1957), 28-35.

_____ , *The Puritan Experience* (London: Routledge & Kegan Paul, 1972).

Webster, T., *Godly Clergy in Early Stuart England: The Caroline Puritan Movement c. 1620-1643* (Cambridge: Cambridge University Press, 1997).

Westhead, I.N., "Calvin and Experimental Knowledge of God," *Eva* 11:3 (Autumn

1993), 71-73.

_____ , "Calvin and Experimental Knowledge of God," *WC* (1995), 7-27.

Westminster Confession of Faith, *The Confession of Faith: the Larger and Shorter Catechisms* (Edinburgh: Johnstone & Hunter, 1855).

Westra, H.P, "Jonathan Edwards and the Scope of Gospel Ministry," *CTJ* 22 (1987), 69-90.

_____ , "Jonathan Edwards and 'What Reason Teaches'," *JETS* 34 (1991), 495-503.

Willhite, K., *Preaching with Relevance* (Grand Rapids: Kregel Publications, 2001).

Williams, D.R., "Horses, Pigeons, and the Therapy of Conversion: A Psychological Reading of Jonathan Edwards's Theology," *HTR* 74 (1981), 337-352.

Willimon, W.H., *The Intrusive Word* (Grand Rapids: Eerdmans, 1994).

_____ , *Peculiar Speech: Preaching to the Baptized* (Grand Rapids: Eerdmans, 1992).

_____ , "Preaching: Entertainment or Exposition?," *Chr Cent* 28 (Feb. 1990).

_____ , "This Culture is Overrated," *Leadership* (Winter 1997), 29-31.

_____ , and R. Lischer (eds.), *Concise Encyclopedia of Preaching* (Louisville: Westminster John Knox, 1995).

_____ and S. Hauerwas, *The Intrusive Word: Preaching to Strangers* (Louisville: Westminster John Knox, 1992).

Willis, E.D., "Rhetoric and Responsibility in Calvin's Theology," in A.J. McKelway and E.D. Willis (eds.), *The Context of Contemporary Theology: Essays in Honor of Paul Lehmann*, (Atlanta: John Knox, 1974), 43-63.

Wilson-Kastner, P., *Imagery for Preaching* (Minneapolis: Fortress, 1989).

Wilson, P.S., *The Four Pages of the Sermon: A Guide to Biblical Preaching* (Nashville: Abingdon, 1999).

_____ , *Imagination of the Heart: New Understandings in Preaching* (Nashville: Abingdon, 1988).

_____ , *The Practice of Preaching* (Nashville: Abingdon, 1995).

Wingren, G., *The Living Word: A Theological Study of Preaching and the Church* (London: SCM, 1960).

Winslow, O.E., *Jonathan Edwards: 1703-1758* (New York: Macmillan, 1941).

Yarbrough, S.R. and J.C. Adams, *Delightful Conviction: Jonathan Edwards and the Rhetoric of Conversion* (London: Greenwood, 1993).